第十一輯

饒宗頤 主編

粵學

中山大學傳統文化研究中心 主辦

中山大學出版社
·廣州·

版權所有　翻印必究

圖書在版編目（CIP）數據

華學・第十一輯/饒宗頤主編．—廣州：中山大學出版社，2014.6
ISBN 978-7-306-03812-8

Ⅰ．①華…　Ⅱ．①饒…　Ⅲ．①漢學—文集　Ⅳ．①K207.8-53

中國版本圖書館 CIP 數據核字（2010）第 248467 號

出 版 人：徐　勁
責任編輯：裘大泉
裝幀設計：方楚娟
責任校對：莫　文
責任技編：黃少偉
出版發行：中山大學出版社
　　　　　　編輯部電話（020）84111996，84113349
　　　　　　發行部電話（020）84111998，84111160，84111981
地　　址：廣州市新港西路135號
郵　　編：510275　　傳　　真：（020）84036565
網　　址：http://www.zsup.com.cn　　E-mail：zdcbs@mail.sysu.edu.cn
印 刷 者：廣州家聯印刷有限公司
規　　格：889mm×1194mm　16開本　14印張　415千字
版　　次：2014年6月第1版
印　　次：2014年6月第1次印刷
定　　價：70.00圓

本書如有印裝質量問題影響閱讀，請與出版社聯繫調換

《華學》編輯委員會

主　　編：饒宗頤

編　　委：蔡鴻生　陳春聲　陳偉武（常務）
　　　　　馮達文　葛兆光　李焯芬
　　　　　李學勤　林悟殊　姜伯勤
　　　　　饒宗頤　汪德邁　吳承學
　　　　　曾憲通（常務）張榮芳

執行編輯：陳斯鵬　陳偉武　裴大泉
　　　　　謝　湜

（按姓名拼音次序排名）

本書承饒宗頤基金贊助

目　錄

"禮經"責我開生面
　——選堂先生論禮的"宇宙義"及"禮"與"史"的關係 ……… 姜伯勤（1）

說上博簡《緇衣》中用為"望（䗖）"、"湯"的字 …………… 施謝捷（6）
《上博七・凡物流行》校讀述議 ……………………………… 楊澤生（14）
郭店楚墓竹書學派判定研究述評 ……………………………… 李　鋭（30）
望山楚簡"述瘨"考釋 ………………………………………… 蘇建洲（53）
《保訓》釋文商補 ……………………………………………… 孟蓬生（58）
秦漢簡帛所見病名輯證 …………………………… 張光裕　陳偉武（65）
《陶文字典》釋字補正例 ……………………………………… 羅　艷（78）
利用古文字知識校讀《尚書・盤庚》"由蘖"一詞 …………… 雷燮仁（92）

《陳寅恪詩箋釋》商榷 ………………………………………… 陳永正（101）
《〈韻鏡〉李校補遺》商榷 …………………………………… 麥　耘（108）
江淹的兩個夢 …………………………………………………… 朱曉海（117）
王粲《登樓賦》主旨探索
　——兼論其歸曹後的心境 …………………………………… 郭永吉（128）

太一信仰與西漢郊祀 …………………………………………… 陳麒仰（138）
唐代胡姓術士事蹟 ……………………………………………… 蔡鴻生（150）
景教《志玄安樂經》敦煌寫本真僞及録文補説 ……………… 林悟殊（156）
十六世紀江南城鄉商貿與市鎮網絡 …………………………… 謝　湜（173）

論夏商周時期南北基本格局的改變
　——兼論《燹公盨銘》"廼黎方克征"解讀 ………………… 郭偉川（185）
璀璨的藝術結晶
　——論中國古代橋梁的科學文化價值 ……………………… 於賢德（195）

附：《華學》總目（第一至十輯）…………………………………（203）

"禮經"責我開生面
——選堂先生論禮的"宇宙義"及"禮"與"史"的關係

姜伯勤

前 言

被譽為清初三大思想家之一的王夫之,在其自題畫像的堂聯中有語云:"六經責我開生面。"今仿其意,略述饒宗頤先生在禮學上別開生面的成就。

《饒宗頤二十世紀學術文集》卷四《〈春秋左傳〉中之"禮經"及重要禮論》有云:

> 七十年代末,余自大學退休,任教法京,主講"中國古代宗教",發憤研讀禮書,有重理"殷禮"寫作計畫,以上諸篇,稍示其大輅椎輪,牽涉頗廣……(二〇〇二年謹識)

又云:

> 一九八六年九月下旬,法國高等研究院宗教部慶祝一百周年紀,舉辦世界禮學研討會議,本篇(按指《〈春秋左傳〉中之"禮經"及其重要禮論》)法文提要即在該會宣讀。[1]

這裏,自"世界禮學研討會議"一語,可知"禮學"為一世界性學問。而從禮學會議由法國高等研究院宗教部主持,啟發我們討論禮學與宗教及法的關連。

一、關於"禮經"

在《〈春秋左傳〉中之"禮經"及重要禮論》一文中,饒先生指出:

> "禮經"二字見隱(隱公)七年《傳》,原指禮之大經。[2]

在論及子產之"禮經"時,說:

> 他指出禮不是"儀";禮是天之經、地之義、民之行。禮的宇宙義是經天緯地的……子

產是春秋時賦與禮以宇宙義構成的新的重要理論之一人。[3]

饒先生進一步解釋說：

> 這些"經"字，意思都是經緯之經，禮是王者之大經，不能逾越。所云"禮之經"、"禮經"，猶言禮之大道大法……不必如杜預注很拘泥地把它說成……周公所制的《禮經》。[4]

文章又說：

> 晏子指出"禮與天地並"。先王所以尚禮，因為禮是稟受於天地而作為民之行，這一說法亦給予禮以宇宙義……到了戰國，"法"已實際代替了"禮"，故荀子講禮，每每把法的概念運用至禮之上面。他說，禮、法之大分，群類之綱紀也。(《勸學》)[5]

二、論"禮"的宇宙義

在上引論文中，饒先生又云：

> 根據燕京大學《引得》，《左傳》全書中禮字總共見四百五十三次，又言"禮制"者十條。出現的頻率可和印度《梨俱吠陀》(R·g Veda) 中 Rta 一字出現超過三百次，互相比擬。《吠陀》的 Rta，意義是指天地的秩序……這種秩序是代表禮儀上道德上的宇宙性的經常之道……它和"禮"表示天經地義的"禮經"，有點相似。一談到"禮"，很容易把它說成禮義、禮節，把它翻成 ritual，但春秋以來的儒家（如叔向、晏嬰）以至初期的法家（如子產）都給予宇宙義。這一點是需要重新認識和加以抉發的。[6]

這樣看來，"禮"不能僅以 ritual 目之，禮的性質簡直可視為印度的 rta[7]，即天地宇宙與社會人倫存在與運行的秩序和法則。此論對於後學研治禮學無疑是一個重大的啟迪。

三、史與禮

1. 引史以禮為綱紀

《文集》卷四"經學·禮樂"部分，有《史與禮》一文，文章提出："史以禮為綱紀。"文章引《禮器》云："先王之立禮也，有文有本。忠信，禮之本也，義理，禮之文也。"[8]

饒先生解釋說：

> 故知"義理"一詞，實本諸禮。禮有時順、體、宜、稱諸涵義。"順"是其中之一項，制禮要以行為恰當合理為主體。[9]

又云：

> 故禮者實為"理"之同義詞，故曰，"禮民，理萬物者也。"[10]

又云：

> 禮與法固有共通之處，其述禮數四則，亦本諸禮以立論。[11]

最後作結論說：

> 史不能離乎禮，禮可以釋回邪，增美質。其在人也，如竹簡之有筠，松柏之有心（見《禮記·禮器》）。吾華重人學，史經人事，必以禮為綱紀，此溫公之歷史哲學，以禮字貫穿整部歷史，其說所以歷久而不磨者也。[12]

何謂"綱紀"？饒先生引《白虎通》云："何謂綱紀？綱者，張也，紀者，理也。大者為綱，小者為紀，所以張理上下，整齊人道也。"[13]

饒先生注意到"紀者，理也"，注意到"禮之文為義理"，從而提出一個創見："可見'義理'一義，漢人皆已慣用之，而其原蓋本諸禮，非至宋人始揭橥之。"[14]

2. 殷禮的發掘

《文集》卷四有《殷禮提綱》[15]。這裏僅以殷代"日祭"中的"尸祭"為例作一說明，以一斑窺全豹，來考察選堂先生在發掘殷禮中的創新。

關於殷代的日祭與日書。

選堂先生受到1975年12月湖北雲夢睡虎地出土竹簡《日書》的啟發，整理出"殷代卜日及日祭之記載甚繁"。所謂"日祭於寢"就是一日四次上食於寢的制度[16]，即一日四次禮拜。卜辭中，"吉日"又謂之"福日"[17]、"祥日"。不吉之日謂之"丑日"[18]。禱告之日謂之"告日"[19]。

另一個例子是解說"殷祭禮賓尸義"。

《春秋·宣公八年》有"壬午猶繹"，杜預注："繹，又祭，陳昨日之禮，所以賓尸。"凌廷堪《禮經釋例》十三云："蓋正祭以神事尸，繹祭與儐尸，則以賓客之禮事之也。"[20]《朱子語類》卷九十亦云："今蠻夷猺洞中，有尸之遺意，每遇祭祀鬼神時，必請鄉之魁梧姿美者為尸，而一鄉之人相率以拜祭。"[21]

3. 論"宋初之禮學"

《文集·卷四》有《宋學之淵源》一文[22]，中有《宋初之禮學》一節。

饒先生指出：

> 北宋禮學盛行，承後周未竟之業。《宋史·禮志》云："即位之明年，因太常博士聶崇義上書重集《三禮圖》。"[23]

又指出宋初禮學中又有《通禮義纂》一百卷，《開寶通禮》二百卷[24]。到南宋時則有清人徐松從明代《永樂大典》中輯出的《中興禮書》及《中興禮書續編》[25]。有宋一代禮學之盛，當是"宋初之禮學"的發展。

饒先生又指出：

> 《禮記》自五代以來，即有"禮記博士"之設，《中庸》、《儒行》在太宗時已出單行本（《大學》篇早已出現於敦煌寫經卷中）。因此我們不能認為《中庸》是出於釋氏的提倡。《禮記》列入官學，是北宋尊重禮學的表現。[26]

四、餘　論

本文起首處記云：選堂先生上世紀70年代末在法京主講《中國古代宗教》，因而，饒先生的禮學研究，頗注重"禮"的宗教義，亦即"禮"的形而上的終極追尋。

環觀國內外"禮"的研究，近年來十分密集，蔚為潮流，然其間大體有這樣一種趨向，就是對"儀"的詳盡解說，如陳戍國教授《中國禮制史》[27]、Wechsler教授《玉與帛的奠祭》[28]與吳麗娛先生《唐禮摭遺》[29]等的詳盡研究。

而宗頤先生則另闢蹊徑，一是通過與印度梨俱吠陀的比較研究，來研究禮的"宇宙義"和"宗教義"，二是通過對《資治通鑑》這一傑構及宋代禮書的開掘來闡明禮與人文歷史的關連。

選堂先生的這些卓識對後學有深刻的影響。筆者在中山大學圖書館善本室讀書的過程中，獲見嶺南藏書家曾釗面城樓所藏清初徐松從《永樂大典》中輯出的宋代《中興禮書》。筆者曾陪同選堂先生到中山大學圖書館善本室檢讀此書，饒先生對其價值有高度評價。筆者除在《敦煌藝術宗教與禮樂文明》[30]一書中引用此書外，吳羽博士更對《中興禮書》進行了系統研究，並寫出了專著[31]。又如，選堂先生在法國指導了法國學者汪德邁先生寫出禮學大著，宗頤先生九十壽辰國際學術討論會上筆者私下曾與汪德邁先生熱烈討論禮的話題，我們熱切盼望著汪德邁先生的這本大著能早日出版問世。

這裏，我還想論及選堂先生關於殷代儺禮的重大發現。

1989年，固庵先生之《固庵文錄》於臺北出版，其中有《世本微作裼解》，此為一關於殷代儺禮之重大發現。2003年，先生之《饒宗頤二十世紀學術文集》卷二《甲骨集林》中有《殷上甲微作裼（儺）考》，此大作今又收入即將出版的新書《西南上古史》中。此作之發明厥為：

> 總結而言，儺肇於殷，本為殷禮，於宮室驅除疫氣，其作始者實為上甲微。卜辭先公之囲，即是其人。唐代始以儺納於軍禮。一般昧於"裼"即儺之異文，故對微之事，茫無所知，幸《御覽》尚存《世本·作篇》佚文，得以重新發掘而獲得真解，知儺的起源可追溯到殷代。此治儺文化者所宜同聲稱快者也。

選堂先生的這一"重新發掘"，是先生所提倡的三重證據法的一個光輝例子。

注　釋：

［１］　饒宗頤：《〈春秋左傳〉中之"禮經"及重要禮論》，《饒宗頤二十世紀學術文集》卷四，第6冊，第

306 頁，臺北，新文豐出版公司，2003 年。
[2]　前揭書，第 296 頁。
[3]　前揭書，第 297—298 頁。
[4]　前揭書，第 299 頁。
[5]　前揭書，第 300 頁。
[6]　前揭書，第 298 頁。
[7]　前揭書，第 304 頁。
[8]　饒宗頤：《史與禮》，《饒宗頤二十世紀學術文集》卷四，第 6 册，第 234 頁。
[9]　前揭書，第 235 頁。
[10]　同上。
[11]　前揭書，第 238 頁。
[12]　前揭書，第 239 頁。
[13]　前揭書，第 237—238 頁。
[14]　前揭書，238 頁。
[15]　饒宗頤：《殷禮提綱》，《饒宗頤二十世紀學術文集》卷四，第 6 册，第 240 頁。
[16]　前揭書，第 241 頁。
[17]　前揭書，第 245 頁。
[18]　前揭書，第 246 頁。
[19]　前揭書，第 247 頁。
[20]　前揭書，第 291 頁。
[21]　前揭書，290 頁。
[22]　饒宗頤：《宋學的淵源——後周復古與宋初學術》，《饒宗頤二十世紀學術文集》卷四，第 6 册，第 436 頁。
[23]　前揭書，第 439 頁。
[24]　前揭書，第 440 頁。
[25]　（宋）禮部太常寺纂修，（清）徐松輯《中興禮書》，據北京圖書館藏清蔣氏寶彝堂抄本影印。
[26]　參見注［22］前揭書，第 443 頁。
[27]　陳戍國：《中國禮制史》（6 卷），湖南教育出版社，2002 年。
[28]　Wechsler H J. *Offerings of Jade and silk, Ritual and Symbol in the Legitimation of T'ang Dynasty*. Yale Univesity Press, 1985.
[29]　吳麗娛：《唐禮摭遺》，北京，商務印書館，2003 年。
[30]　姜伯勤：《敦煌藝術宗教與禮樂文明》，第 585—588 頁，北京，中國社會科學出版社，1996 年。
[31]　吳羽：《唐宋禮典與社會變遷——以〈中興禮書〉為中心》，廣州，中山大學博士論文，2007 年。

說上博簡《緇衣》中用為"望（朢）"、"湯"的字

施謝捷

傳本《緇衣》第十章：

子曰：為上可望而知也，為下可述而志也，則君不疑於其臣，而臣不惑於其君矣。《尹吉〈告—誥〉》曰："惟尹躬及湯，咸有壹德。"《詩》云："淑人君子，其儀不忒。"[1]

其中"望"字，郭店簡本作"㸇"（簡3）[2]，上博簡本作"㠯"（簡2）[3]；"湯"字，郭店簡本同（簡5）[4]，上博簡本作"㵥"（簡3）[5]。

先說"望"字。

郭店簡本的"㸇"乃"朢（望）"字異構，從"見（或視）"為纍加之義符，對其構形的理解，諸家所說大同小異，意見比較一致。而上博簡本的"㠯"字，諸家多據傳本徑釋為"朢（望）"，對其構形的分析，則眾說紛紜。

上博簡本《緇衣》整理者陳佩芬先生將"㠯"隸定作"亣"，謂："亣，從介、亡聲。《說文》所無。"[6]李零先生謂此字"下所從或是立人之變，不一定是'介'字。"[7]趙平安先生將"㠯"徑釋為古文"望"，謂此字"主體為亡，八為飾筆。"[8]徐在國、黃德寬先生持類似看法，謂"㠯，似應分析為從'人'，'亡'聲，'人'左右所從的兩撇可看作飾筆。……'㠯'字可隸定作'亣'，釋為'望'。"[9]鄒濬智先生謂"'亣'字實從人、亡聲，'人'形兩側加'八'形飾筆。《郭店》此字作'㸇'，從視、𡈼聲，𡈼從壬、亡聲，與《上博一》此字同形，字當同'望'。"[10]馮勝君先生謂"上博《緇衣》的'朢'字寫作㠯，則是將𡈼形所從的'壬'省減為'人'旁（'壬'字本來就是由'人'字加飾筆分化出來的），為了避免字形頭重腳輕，所以又在'人'旁左右兩側各加飾筆。"[11]上引諸家均認為"㠯"字下半所從"川"是"人"加上飾筆"八"，與"介"無涉。楊澤生先生根據見於甲骨文和楚簡的"介"字，都是"人"大而"八"小，而"㠯"字把"人"寫在"八"中，"八"大而"人"小，亦不同意"㠯"下半所從是"介"字之說。不過楊氏認為"㠯"字從"亡"從"人"，"人"旁外有"八"字形，寫法比較特別，懷疑所從的"八"並非飾筆，而是具有意符的作用，表示"八方"[12]。虞萬里先生則沿襲原整理者意見，以為"㠯"字下半確是"介"，謂"'介'為居間傳命之人。析言之，介為人之一種，渾言之，介即人。亡下置介，猶亡下置人，形聲字也；亦猶人上置臣（目）之會意字：皆以望為義，固不必拘泥於亡下之為介為人"[13]。

今按上博簡本的"🉐"字，上半所從為"亡"，諸家均無異議，毋庸置疑；下半所從")|("，與出土文字資料中確定無疑的"介"字寫法有明顯差別，當非同字異構，楊氏已有很好的說明。虞氏承襲原整理者釋"介"之說，曲為解析，看似有理，因於形無據，實不可信。至於諸家將")|("中間部分看作"人（或亻）"，將"八"形視為飾筆或意符，認為"🉐"字主體為"宀"或將其隸定作"宀"，釋為"望（望）"字異構，其實也是有問題的。目前已發表的古文字尤其是戰國簡帛文字資料中的"人"或"從人"之字似乎無一例可以佐證者[14]。既不能將"🉐"字下半所從")|("的中間部分看作"人（或亻）"，則將"🉐"隸定作"宀"，視為"室"之省簡，釋為"望（望）"字異構這一說法，顯然就沒有了依據。我們認為")|("應該是個相對獨立的偏旁，其所從的"八"形並非可有可無的飾筆，楊氏疑其為表示"八方"義的意符，亦失之[15]。

《說文》川部："𑆃（州），水中可居曰州。（小徐本"居"下有"者"。）周遶其旁，從重川。（小徐本"遶"作"繞"。段注"周"上補"水"字。）昔堯遭洪水，民居水中高土，故曰九州。《詩》曰：在河之州。一曰：州，疇也。各疇其土而生之。（小徐本"生之"作"生也"。）)|（｜)|，古文州。""州"字篆文"𑆃"這一寫法僅見於秦系文字，古文")|("這種寫法則屢見於六國文字：

秦[16]

楚[17]

三晉[18]

燕[19]

齊[20]

其中燕系、齊系文字的"州"或從"土"作。上揭楚系"州鉨"以下等五璽及三晉系"陽州左邑右朱司馬"等三璽的"州"字與上博簡本"㐬"字下半所從")川("的寫法完全相同，知"㐬"當隸定作從"州"從"亡"的"㐬"。"㐬"，諸字書未載，應該是"㐬"字異構。《說文》川部："㐬，水廣也。從川、亡聲。《易》曰：包㐬用馮河。"若按《說文》篆文"州"分析為"從重川"，則將"㐬"視為"從川、亡聲"的"㐬"字異體，可以有很多同類的例子，如沝部：

沝（沝），二水也。闕。凡沝之屬皆從沝。

㳰（㳰），水行也。從沝、㐬。（小徐本作"從水、從㐬"。）㐬，突忽也。流（流），篆文從水。（小徐本作"篆文流從水"。）

㴇（㴇），徒行厲水也。從沝、從步。（小徐本作"從步、沝"。）涉（涉），篆文從水。（小徐本作"篆文涉從水"。）

𨸏部：

𨸏（𨸏），兩𨸏之間也。從二𨸏。凡𨸏之屬皆從𨸏。

𨽏（𨽏），陋也。從𨸏、㒸聲。㒸，籀文嗌字。（小徐本無"㒸，籀文嗌字"五字。）隘（隘），篆文𨽏從𨸏、益。（小徐作"篆文𨽏從𨸏"。）

㸌（㸌），塞上亭守烽火者。從𨸏、從火，遂聲。（小徐本作"從𨸏、從火、從遂，遂亦聲"。）燧（燧），篆文省。（小徐本作"篆文㸌省"。）

所舉各例重文的情況似乎與從"川"的"㐬"作從"重川"(州)的"𠕎"相似。實際上"州"及古文"㕬"本為"洲"的初文，字形象河川中的一塊陸地，本義如《說文》所言是"水中可居者"[21]。上舉諸例其實是不適合跟"㐬"、"𠕎"類比的。唐蘭先生曾經指出："凡同部（即由一個象形文字裏孳乳出來的）的文字，在偏旁裏可以通用——祇要在不失本字特點的時候。"[21] 就這個角度看，將從"州"的"𠕎"釋為從"川"的"㐬"字異體，也是很合適的。"州（㕬）"、"川"二字作為表意偏旁可以通用，也是這一現象的一個實例，與裘錫圭先生曾經指出的"界"與"矢"[23]、"絲"與"絲"[24]及我們以前討論過的"𦣻（齒）"與"目"[25]、"川"與"水"[26]等通用情況相似。

如此看來，上博簡本"𠕎"（𠕎）極可能就是"㐬"字異體，在簡文中"㐬"用作"朢（望）"，諸家遂將其徑釋為"朢（望）"字，應該是不對的。上引《說文》川部"㐬"下引《易》"包㐬用馮河"，其中"㐬"字傳本《易·泰》作"荒"，馬王堆帛書本作"妄"。《老子》"荒兮其未央哉"，馬王堆帛書《老子》乙本"荒"作"朢"。《戰國策·楚策四》"世有無妄之福，又有無妄之禍"，《史記·春申君列傳》"無妄"作"無望"[27]。"㐬"、"朢（望）"均從"亡"得聲，上博簡本"朢（望）"借"㐬"為之，屬於常見的通假現象。

下面附帶說說見於齊系古璽中的"𠂤"字，出於下揭古璽：

（《古璽彙編》2197） （《古璽彙編》2198） （《古璽彙編》2199）

其中的姓氏字，馮勝君先生在對郭店簡本與上博簡本寫法不同的"朢（望）"字進行文字對比時討論過，其說如下[28]：

> 劉釗先生也曾指出上引古璽文字左右兩側的飾筆是為了追求"布局上的平衡"[29]。陳劍先生曾進一步認為這個字所從就是上博《緇衣》的"𠕎"字，因為"邑"旁寫在下面而將原來所從的"人"旁擠掉了，但"人"旁兩側的飾筆還保留著[30]，很有可能。但齊璽還有一個從亼從邑的字，寫作（《璽文》377），與上引齊璽文字的不同之處祇在於兩側飾筆的有無。所以也可能是加飾筆而成，應該分析為從亼從邑，而非從朢從邑。

其實將璽文"𠂤"字下半所從"邑"旁左右兩側的筆畫看作是為了"追求佈局上的平衡"的飾筆，類似情況在齊系古璽文字中很難找出另外的字例，其說甚為可疑；至於說"𠂤"字也可能是加飾筆而成，亦不可信。所引陳劍先生之說很有道理，雖然我們不同意釋"𠕎"為"朢（望）"之說，但根據上面的討論，"𠂤"與"𠕎"確實有關，我們過去曾經釋"𠂤"為"邟"，讀為荒氏之"荒"[31]，現在看來這個說法應該還是可信的。

再說用為"湯"的所謂"康"字。

上博簡本的"𣘽"字，《緇衣》整理者陳佩芬先生徑釋為"康"，謂："'康'、'湯'經籍通用。"[32]虞萬里先生謂："康、湯兩字雖古音皆在陽部，然文獻尚未見有直接相通之證據。考《書·咸有一德》內野本、天理本、足利本、上圖影天正本、上圖八行本、書古文訓本、唐石經均作'湯',無異文[33]。……湯,卜辭作'唐'[34]。頗疑上博簡之'康',乃'唐'之誤字,唐'昜'聲之字多有相通者,而'唐'與'湯'或乃《書·咸有一德》之別本異文。"[35] 據虞氏說,原謂"康"、"湯"經籍通用,顯屬失檢。上博簡本"㴒",實從"水"、從"庚",可隸定作"㴒",原逕釋為從"米"、從"庚"的"康(穅)",或謂"康"乃"唐"之誤字,恐不妥當。從"水"之字在戰國文字中或有寫作從"米"者,如"襄"字:上博簡《孔子詩論》作"㠯"(簡7)[36]、《周易》作"㠯"(簡53)[37]、《三德》作"㠯"(簡4)[38],三晉古璽作"㠯"(《珍秦齋藏印·戰國篇》[39],戲襄),魏石經古文作"㠯"(《魏石經古文彙編》[40],尚書·梓材);"淫"字,魏石經古文作"㠯"(同上,尚書·多士)等,是其例。但確釋的從"米"之字似乎無可以寫作從"水"的字例,所以說不能將從"水"的"㴒(穅)"直接視為"康(穅)"字異構而釋作"康"。今謂"㴒(穅)"從"水"、從"庚"聲,當是從"水"、從"昜"聲的"湯"字異構。《說文》口部:"唐,大言也。从口、庚聲。㗃,古文唐,从口、昜。"殷墟甲骨卜辭有"心悤"語,即"心惕",《左傳·莊公四年》作"心蕩",馬王堆帛書《陰陽十一脈灸經》甲本作"心腸"[41],"悤"即"惕"字異體。"湯"之作"㴒",與"㗃"之作"唐"、"惕"之作"悤",例同。上博簡《曹沫之陣》簡37B"或興或康"之"康"作"㴒"[42],簡65B"禹湯桀紂"之"湯"作"㴒"[43],從"米"者為"康(穅)",從"水"者為"湯(㴒)",判然有別,更是我們釋"㴒"為"㴒",即"湯"字異構的佳證[44]。至於簡文中確實作為"康(穅)"用的"康",如上博簡《緇衣》簡15"康誥"的"㴒"[45]、《用曰》簡1"康樂"的"㴒"[46]、簡4"悳徑于康"的"㴒"[47]等,則宜看作"康(穅)"的借字,二字均從"庚"得聲,固可相通。

戰國古璽中也有一個舊釋為"康"的字,主要有以下三種寫法:

A: 㴒 (《古璽彙編》0887)

B: 㴒 (《古璽彙編》2059)

C: 㴒 (私人藏印)

其中A、B兩種寫法較為常見,羅福頤主編《古璽文編》"康"下所錄除2475例出於秦陽文印"李康"外,餘諸例均未超出這兩種寫法[48]。C例出於私人藏印:

明顯是作從"水"從"庚"之形,與A的結構完全相同,祇是A將所從"水"的直畫穿過了從"庚"的橫畫;B在所從"水"的直畫頂端加了個斜畫,其變化情況與下列二古璽中"襄"所從"㒵"相同:

 (《古璽彙編》1528)  (《古璽彙編》1654)

現在看來,古璽中原釋為"康"的從"水"從"庚"諸字,亦當改釋為"㴒",即"湯"字異

體。淅川下寺楚墓出土的倗鼎銘曰:"楚叔之孫倗之🔲(湯)鼎。"[49] 用為"湯鼎"之"湯"的"🔲",現在看來應該就是"湯"或"盪"的異體。

【補記】

清華大學藏戰國竹簡《保訓》簡 9 "成湯"之"湯"寫作"康"(《文物》2009 年第 6 期封二),原整理者釋為"康",謂:"'康'為'唐'字之誤,'成唐'即'成湯'。"(清華大學出土文獻研究與保護中心《清華大學藏戰國竹簡〈保訓〉釋文》注釋 (9),《文物》2009 年第 6 期 74 頁)李零先生謂:"'成康',相當'成唐'(殷墟甲骨文這樣寫)或'成湯'(傳世文獻這樣寫),'唐'、'湯'作'康'是通假關係,不是形近致誤。"(《讀清華簡〈保訓〉釋文》,《中國文物報》2009 年 8 月 21 日第 7 版)現在看來,《保訓》的"康"也是"湯"的異體,原釋"康"以為"唐"字之誤,顯然是不對的。這一點我本於 2009 年 7 月 9 日在子居先生《清華簡〈保訓〉解析》(復旦大學出土文獻與古文字研究中心網站,http://www.gwz.fudan.edu.cn/SrcShow.asp?Src_ID=842,2009 年 7 月 8 日首發)一文後的跟帖中已經指出。本文 2010 年 8 月 1 日據舊稿改寫,倉促間《保訓》之材料失於徵引。後提交 8 月 7—8 日由臺灣大學中國文學系主辦的 "先秦文本與思想國際學術研討會",並在會上宣讀,蒙周鳳五先生再次提示,謹致謝忱! 2010 年 8 月 10 日於復旦大學光華樓。

注 釋:

[1]　引文據《十三經注疏》本《禮記·緇衣》。
[2]　荊門市博物館:《郭店楚墓竹簡》,北京:文物出版社 1998 年,圖版部分第 17 頁。
[3]　馬承源主編:《上海博物館藏戰國楚竹書 (一)》,上海:上海古籍出版社 2001 年,圖版部分第 46 頁。
[4]　《郭店楚墓竹簡》圖版部分第 17 頁。
[5]　《上海博物館藏戰國楚竹書 (一)》圖版部分第 47 頁。
[6]　《上海博物館藏戰國楚竹書 (一)》釋文考釋部分第 176 頁。
[7]　李零:《上博楚簡校讀記 (之二):緇衣》,《上博館藏戰國楚竹書研究》(上海大學古代文明研究中心、清華大學思想文化研究所編),上海:上海書店出版社 2002 年,第 409 頁;又氏著《上博楚簡三篇校讀記》,北京:中國人民大學出版社 2007 年,第 39 頁。
[8]　趙平安:《上博藏〈緇衣〉簡字詁四篇》,《國際簡帛研究通訊》第二卷第三期,2002 年 1 月,第 9 頁;又《上博館藏戰國楚竹書研究》第 440 頁;又氏著《新出簡帛與古文字古文獻研究》,北京:商務印書館 2009 年,第 354 頁。
[9]　徐在國、黃德寬:《〈上海博物館藏戰國楚竹書 (一) 緇衣·性情論〉釋文補正》,《古籍整理研究學刊》2002 年第 2 期,第 1 頁;又黃德寬、何琳儀、徐在國:《新出楚簡文字考》,合肥:安徽大學出版社 2007 年,第 101 頁。
[10]　說看季旭昇主編《〈上海博物館藏戰國楚竹書 (一)〉讀本》,臺北:萬卷樓圖書股份有限公司 2004 年,第 86 頁。
[11]　馮勝君:《郭店簡與上博簡對比研究》第 85 頁,線裝書局,2007 年。
[12]　詳看楊澤生《上海博物館所藏楚簡文字說叢》,簡帛研究網,2002 年 2 月 3 日 (http://www.jianbo.org/Wssf/2002/yangzesheng02.htm);又氏著《戰國竹書研究》,廣州:中山大學出版社 2009 年,第 150 頁。
[13]　虞萬里:《上博簡、郭店簡〈緇衣〉與傳本合校補證 (上)》,《史林》2002 年第 2 期第 6—7 頁;又氏著:《上博館藏楚竹書〈緇衣〉綜合研究》,武漢:武漢大學出版社 2009 年,第 40—41 頁。

[14] 具體可參看湯餘惠主編《戰國文字編》（福州：福建人民出版社 2001 年），李守奎、曲冰、孫偉龍《上海博物館藏戰國楚竹書（一——五）文字編》（北京：作家出版社 2007 年），滕壬生《楚系簡帛文字編（增訂本）》（武漢：湖北教育出版社 2008 年），蔣文《上海博物館藏戰國楚竹書（六）文字編》（2009 年復旦大學中文系學士學位論文，指導教師：陳劍）等字編所收錄諸相關字例。

[15] 在《戰國竹書研究》第 150 頁，楊澤生先生還舉出《古文四聲韻》引錄出於《崔希裕纂古》用作"芳"的"岕（芬）"（捷按：原實訛作從"山"從"分"之形），謂"其上部為'亡'，下部從'人'從'八'，當是借'望'為'芳'。"進而懷疑"可望而知"之"望"讀作"方"亦通，有比擬、比方之義，說亦不妥。

[16] "州璽"，戰國秦官印，私人藏品。"州"兩漢時期為河內郡屬縣。相家巷出土秦封泥有"豐璽"、"請璽"等，例同。著錄於施謝捷《新見秦漢官印二十例》08，《古文字研究》第二十八輯，北京：中華書局 2010 年。"州丞之印"兩件，秦封泥，均私人藏品。前者著錄於文雅堂編《新出封泥彙編》，杭州：西泠印社出版社 2010 年；後者未見著錄。"泉州丞印"，秦封泥，1979 年 4 月遼寧省凌源縣安杖子村古城遺址出土，現藏遼寧省博物館，著錄於李恭篤、高美璇《遼寧凌源安杖子古城址發掘報告》圖二九：10，《考古學報》1996 年第 2 期。

[17] "李是（氏）之州"，著錄於菅原石廬輯《中國璽印集粹》（日本東京：二玄社 1996 年）及《鴨雄綠齋藏中國古璽印精選》（日本東京：アートライフ社 2004 年）等。這種寫法的"州"屢見於楚簡，可看《楚系簡帛文字編（增訂本）》第 953—954 頁。"州鉨"，著錄於羅福頤主編《古璽彙編》0184，北京：文物出版社 1981 年。"右州之鉨"，著錄於《古璽彙編》0185。"北州之鉨"，著錄於《古璽彙編》5554。"西州巨四"，著錄於《古璽彙編》0316。"安州之鉨"，著錄於《文物》1988 年第 6 期、韓自強主編《阜陽·亳州出土文物文字篇》9（阜陽：阜陽市博物館、阜陽市老年專家協會 2004 年）等。"□（均?）州序大夫"，私人藏品，著錄於黃錫全《介紹兩枚楚官璽》，復旦大學出土文獻與古文字研究中心網站，2010 年 6 月 7 日首發（http://www.gwz.fudan.edu.cn/SrcShow.asp?Src_ID=1177）。

[18] "陽州左邑右朱司馬"，著錄於《古璽彙編》0046。"武州瓶（?）"，著錄於《古璽彙編》1325；"武州"當是複姓。"事州"，著錄於《古璽彙編》1722。

[19] "右泉州瞏"銅矛，採自河北省博物館、文物管理處編《河北省出土文物選集》92，北京：文物出版社 1980 年。銘文釋讀參看吳振武《燕國銘刻中的"泉"字》，《華學》第二輯 48 頁，廣州：中山大學出版社，1996 年。"右宮者州"、"左宮者州"二例陶文戳印，採自史樹青主編《中國歷史博物館藏法書大觀·第三卷·陶文、磚文、瓦文》（上海：上海教育出版社 2000 年）第 24 頁 40、第 22 頁 26，"州"字從"土"作。

[20] "陽州"，據傳出於山東大汶河，現為私人藏品，未見著錄。"州"字本從"土"作。

[21] 參看裘錫圭《文字學概要》，北京：商務印書館 1988 年，第 118 頁。

[22] 唐蘭：《古文字學導論》（增訂本），濟南：齊魯書社 1981 年，第 235 頁。

[23] 看裘錫圭《"畀"字補釋》，《古文字論集》，北京：中華書局 1992 年，第 96—97 頁。

[24] 看裘錫圭《戰國璽印文字考釋三篇》之"釋'孫'及從'孫'諸字"，《古文字論集》第 479 頁。

[25] 看施謝捷《古璽印文字考釋五篇》之"釋'鐸'"，《南京師大學報》1996 年 4 期，第 124—125 頁。按，劉釗先生也討論過《古璽彙編》3666 璽的"鐸"，認為"鐸"所從"睪"的上部作"⌘"是目字之變，與我的理解不同。說看《古文字構形學》（福州：福建人民出版社 2006 年）第 304 頁。另外在 303 頁討論的見於《古璽彙編》0306 璽的"斁"字左半所從"睪"的寫法其實與"鐸"所從"睪"相同，上部所從也不應視為飾筆。高明《古陶文彙編》（北京：中華書局 1990 年）3·93 有字作✍，劉釗先生以為即"睪"字，可信。（説看姚孝遂主編《中國文字學史》，長春：吉林教育出版社 1995 年，第 445 頁）這也是"茍（苜）"與"目"作為表意偏旁通用的例子。

[26] 看施謝捷《宰獸簋銘補釋》，《文物》1999 年第 11 期，第 78 頁。

[27] 參看高亨纂著《古字通假會典》，濟南：齊魯書社 1989 年，第 318—319 頁。

[28] 馮勝君：《郭店簡與上博簡對比研究》第 85—86 頁。
[29] 原注：劉釗：《古文字構形研究》第 553 頁，吉林大學博士學位論文，1991 年，長春。
[30] 原注：陳劍先生在國學網古文字論壇的發言。
[31] 施謝捷：《〈古璽彙編〉釋文校訂》，《容庚先生百年誕辰紀年文集》，廣州：廣東人民出版社 1998 年，第 647 頁。
[32] 《上海博物館藏戰國楚竹書（一）》釋文考釋部分第 177 頁。
[33] 原注：顧頡剛、顧廷龍《尚書文字合編》，上海：上海古籍出版社 1996 年，第 815—856 頁。
[34] 原注：參楊樹達《積微居甲文說》卷下《竹書紀年所見殷王名疏證》，上海：上海古籍出版社 1986 年版，第 53 頁。
[35] 虞萬里：《上博簡、郭店簡〈緇衣〉與傳本合校拾遺》，《上博館藏戰國楚竹書研究》第 430—431 頁。
[36] 《上海博物館藏戰國楚竹書（一）》圖版部分第 19 頁。
[37] 馬承源主編：《上海博物館藏戰國楚竹書（三）》，上海：上海古籍出版社 2003 年，圖版部分第 65 頁。
[38] 馬承源主編：《上海博物館藏戰國楚竹書（五）》，上海：上海古籍出版社 2005 年，圖版部分第 130 頁。
[39] 《珍秦齋藏印·戰國篇》，蕭春源輯，澳門·澳門基金會 2001 年。
[40] 施謝捷撰集：《魏石經古文彙編》，待刊。
[41] 參看裘錫圭《馬王堆醫書釋讀瑣議》，《古文字論集》，北京：中華書局 1992 年，第 530 頁；又裘錫圭《殷墟甲骨文考釋四篇·一、釋"悳"》，《海上論叢》（李學勤、祝敏申主編）第二輯，上海：復旦大學出版社 1998 年，第 8—10 頁。
[42] 馬承源主編：《上海博物館藏戰國楚竹書（四）》，上海：上海古籍出版社 2004 年，圖版部分第 128 頁。
[43] 《上海博物館藏戰國楚竹書（四）》圖版部分第 156 頁。捷按，此例釋文考釋部分 285 頁亦是釋為"康"讀為"湯"。
[44] 愚釋"䗍（康）"為"湯"之異體說，曾告之虞萬里先生，蒙不棄，收入其新著《上博館藏楚竹書〈緇衣〉綜合研究》第 44 頁："筆者原疑'䗍'為'唐'之誤字，施謝捷告筆者，謂上博簡此字直可釋成'唐'。'易'聲與'庚'聲之字相通極多，故簡文從'水'之'䗍'與'湯'或即異文。"所轉述愚說似有歧義，今特為表出。
[45] 《上海博物館藏戰國楚竹書（一）》圖版部分第 59 頁。
[46] 馬承源主編：《上海博物館藏戰國楚竹書（六）》，上海：上海古籍出版社 2007 年，圖版部分第 105 頁。
[47] 《上海博物館藏戰國楚竹書（六）》圖版部分第 108 頁。
[48] 羅福頤主編：《古璽文編》，北京：文物出版社 1981 年，第 177—178 頁。
[49] 劉彬徽、劉長武：《楚系金文彙編》，武漢：湖北教育出版社 2009 年，第 98 頁。

《上博七·凡物流形》校讀述議

楊澤生

《上海博物館藏戰國楚竹書（七）》（簡稱《上博七》）收入《武王踐阼》、《凡物流形》等五篇竹書[1]。本文僅對《凡物流形》篇已有校讀成果進行簡要敘述，並略陳管見，以供參考。

為節省篇幅，文中引述學者意見直稱其名；敘述整理者曹錦炎看法徑自括注《上博七》頁碼；需要多次稱引的論著一般使用簡稱，見於文後簡稱表的論著不再出注。

《凡物流形》有甲乙兩本，甲本較完整而乙本殘缺較多，故下面所作釋文以甲本為底本。原整理者所作排序未盡合理，本釋文大多依據復旦大學出土文獻與古文字研究中心研究生讀書會（後面簡稱"讀書會"）的《重編》。簡號用粗黑體阿拉伯數字標於該簡末字右下角；校讀序號用粗黑體小寫漢字外加圓括號標在所校讀簡文後面；釋讀所用通用字外加圓括號（ ）；根據乙本或上下文義補出的缺文、殘文外加中括號［ ］；校正訛誤字或衍文外加尖括號〈 〉。

釋 文

凸（凡）勿（物）淲（流）型（形）3背

凸（凡）勿（物）淲（流）型（形），紊（奚）旻（得）而坓（成）？淲（流）型（形）坓（成）豐（體），紊（奚）旻（得）而不死？既坓（成）既生，紊（奚）募（顧？）而訇（名）？（一）既杲（本？）既歎（根），紊（奚）逡（後）1之紊（奚）先？侌（陰）昜（陽）之尿〈尻〉，紊（奚）旻（得）而固？水火之呋（和），紊（奚）旻（得）而不匡（差）？（二）酣（問）之曰：民人淲（流）型（形），紊（奚）旻（得）而生2？淲（流）型（形）坓（成）豐（體），紊（奚）逹（失）而死？又（有）旻（得）而坓（成），未督（知）右（左）古（右）之請（情）。天陞（地）立丹（終）立惪（始），天隆（降）五尺（度），虛（吾）紊（奚）3正臭（衡）紊（奚）從（縱）？（三）五既（氣）竝（並）至，虛（吾）紊（奚）員〈異〉紊（奚）同？五音才（在）人，箮（孰）為之公？九囻（域）出諆（畝），箮（孰）為之圭（封）？虛（吾）既長而4或老，箮（孰）為辨（薦）弄（奉）？（四）絫（鬼）生於人，紊（奚）古（故）神票（明）？骨＝（骨肉）之既林（靡），亓（其）督（知）愈暈（彰），亓（其）曼（魂）紊（奚）堂（適）？箮（孰）督（知）5亓（其）疆？（五）絫（鬼）生於人，虛（吾）紊（奚）古（故）事之？骨＝（骨肉）之既林（靡），身豐（體）不見，虛（吾）紊（奚）自畝（食）

之？亓（其）坙（來）亡（無）尾（度）6，虗（吾）奚（奚）旹（待）之窋（窟）？祭員（饌）奚（奚）进（升），虗（吾）女（如）之可（何）思（使）欮（飽）？(六) 川（順）天之道，虗（吾）奚（奚）㠯（以）為頁（首）？虗（吾）欲昃（得）7百眚（姓）之呋（和），虗（吾）奚（奚）事之？吹（敬？）天之粱（明）奚（奚）昃（得）？粜（鬼）之神奚（奚）飤（食）？先王之智（智）奚（奚）備？䎽（聞）之曰：进（登）8高從埤（卑），至遠從迡。十回（圍）之木，亓（其）訡（始）生女（如）蓺（蘖）。足牀（將）至千里，必從夲（寸）訡（始）。(七) 日之又（有）9耳，牀（將）可（何）聖（聽）？月之又（有）軍（輪），牀（將）可（何）正（征）？水之東濇（流），牀（將）可（何）浧（盈）？(八) 日之訡（始）出，可（何）古（故）大而不燿（耀）？亓（其）人（至）10审（中），奚（奚）古（故）少（小）雁（更）晕（彰）致（著）？䎽（問）天箮（孰）高歟（歟）？陞（地）箮（孰）猿（遠）與（歟）？(九) 箮（孰）為天？箮（孰）為陞（地）？箮（孰）為雷11神？箮（孰）為啻（帝）？土奚（奚）昃（得）而坪（平）？水奚（奚）昃（得）而清？屮（艸）木奚（奚）昃（得）而生12A？含（禽）獸奚（奚）昃（得）而䳓（鳴）13B？夫雨之至，箮（孰）雺（唾）濂（津）之？夫岀（風）之至，箮（孰）颰（噓）飄（吸）而迸之？(十)

䎽（聞）之曰：戠（執）道，坐（坐）不下箈（席）；耑（端）冕（冕）14，筫（佇）不异（與）事，之智（知）四海（海），至聖（聽）千里，達見百里。是古（故）聖人层〈尻〉（處）於亓（其）所，邦（邦）豕（家）之16卮（危）佚（安）鳶（存）忘（亡），惻（賊）惎（盜）之复（作），可之智（知）。(十一) 䎽（聞）之曰：心不券（勝）心，六躑（亂）乃复（作）；心女（如）能券（勝）心26，是胃（謂）少（小）散（徹）。奚（奚）胃（謂）少（小）散（徹）？人白（泊）為戠（執）。(十二) 奚（奚）㠯（以）智（知）亓（其）白（泊）？卄（終）身自若。能暴（寡）言，虗（吾）能乙（一）18虗（吾），夫此之胃（謂）省（小？）壂（城一成）。曰：百眚（姓）𠫔（之所）貴售（唯）君（君，君）𠫔（之所）貴售（唯）心（心，心）𠫔（之所）貴售（唯）乙（一）。(十三) 昃（得）而解之，上28㝬（賓）於天，下番（播）於囦（淵）。坐（坐）而思之，每於千里；记（起）而用之，練（陳）於四海（海）。(十四) 䎽（聞）之曰：至意（靜）而智（智）15，戠（執）智（智）而神，戠（執）神而同，戠（執）同而僉，戠（執）僉而困，戠（執）困而逞（復）。(十五) 氏（是）古（故）陳為新，人死逞（復）為人，水逞（復）24於天咸，百勿（物）不死女（如）月。出惻（則）或內（入），卄（終）勛（則）或又（又）訽（始），至勛（則）或反（返）。(十六) 戠（執）此言，记（起）於乙（一）耑（端）25。䎽（聞）之曰：乙（一）生兩，兩生厽（三），厽（三）生女〈四〉，女〈四〉壂（城一成）結（結）。是古（故）又（有）乙（一），天下亡（無）不又（有）；亡（無）乙（一），天下亦亡（無）乙（一）又（有）。(十七) 亡（無）21[目]而智（知）明（名），亡

（無）耳而聝（聞）聖（聲）。岀（艸）木戛（得）之㠯（以）生，含（禽）獸戛（得）之㠯（以）卲（鳴）。遠之干13A天，忩（近）之苹（察?）人，是古（故）12B戠（執）道，所㠯（以）攸（修）身而詞（治）䤩（邦）豕（家）。（十八）聝（聞）之曰：能戠（執）乙（一），䝛（則）百勿（物）不莑（失）；女（如）不能戠（執）乙（一），䝛（則）22百勿（物）鼻（全）莑（失）。女（如）欲戠（執）乙（一），卬（仰）而貝（視）之，㑒（俯?）而囗（察?）之，母（毋）遠忒（求），厇（度）於身旨（稽）之。（十九）戛（得）乙（一）23〔而〕悳（圖）之，女（如）并天下而虞（担）之；戛（得）乙（一）而思之，若并天下而詞（治）之。〔囗〕乙（一）以為天陛（地）旨（稽）17。（二十）〔是〕古（故）乙（一）〈一〉，虞（咀）之又（有）未（味），斁（嗅）〔之又（有）斁（臭）〕，鼓（鼓）之又（有）聖（聲），忎（近）之可見，舦（操）之可操，舒（握）之䝛（則）莑（失），敗之䝛（則）19高（搞），槷（測）之䝛（則）㣎（滅）。（二一）戠（執）此言，記（起）於乙（一）耑（端）。聝（聞）之曰：乙（一）言而禾（和）不磢（窮），乙（一）言而又（有）眾20，〈眾〉乙（一）言而萬民之秝（利），乙（一）言而為天陛（地）旨（稽）。舒（握）之不涅（盈）舒（握），奙（敷）之亡（無）所衿（容）。大29之㠯（以）晳（知）天下，少（小）之㠯（以）詞（治）䤩（邦）。↓之子古之力乃下（?）上（?）30（二二）

歆（尋）璋（牆）而豊（履），并（屏）熨（氣）而言，不莑（將）丌（其）所然，古（故）曰斁（堅）厌（折）佣（朋），呋（和）熨（氣）齊聖，孛（好）〔色〕⊿27（二三）

校 讀

（一）"凸"，這裏出現兩次。整理者說簡1"凸""為'凡'字之繁構"，"概括之辭"（223頁）；把簡3"凸"隸定作"咠"，說"其構形是在'凸'字上又增'口'為繁構（230頁）。讀書會《重編》讀作"品"。吳國源《零釋》指出"凸"又見於《上博二·從政》簡9"凸此七者"，"凸"即"凡"，當訓為皆、一切，"凡物"即"萬物"。季旭昇《議三》認為"凡"與"品"音義俱近。顧史考《試探》認為"品物"與"凡物"差別不大，"凡物"一辭亦見於文獻，如《莊子·齊物論》："凡物無成與毀，復通為一"。按，"凸"字本篇凡五見，除了甲本簡1此字左上部分殘掉，甲本簡14和乙本簡1、9左上部皆作八字形夾著二横，故簡3背此字左中部作封閉性的扁圓形當是二橫所訛，整理者所作隸定及解說均有所不妥；甲本簡14和乙本簡9"夫凸之至"的"凸"，整理者讀作"風"（250、277頁），甚是。"溰"、"浯"，整理者直接釋作"流"，"泛指物體移動，變換位置"（229、223頁）。廖名春《校一》解作"具、生"，"流形"即具有形質。《零釋》謂"流"即"化"，"化"即"成"，意即"化成"。《議三》說"流"可訓為"傳"，引伸為"化"。《試探》說"雖此'流'字義近於'化'、'成'等詞，然'流'字之本義也不該忽略。" "募"，整理者說是"寡"字省體，讀為"呱"（225頁）。《重編》疑讀為

"顧"。《校一》亦讀為"顧",意為念。我們曾在《補說》中懷疑讀作"畫","奚畫而名"意思是怎樣書繪並予以命名;現在看來或求之過深,仍應讀作"顧",當顧念、考慮講。"鳴",整理者說簡文指嬰兒哭聲(225頁)。陳偉《小劄》讀為"名",是命名、稱謂一類的意思,郭店竹書《語叢一》簡2"有物有名"可參照。

(二)"杲",整理者釋作"杲(拔)",抽拔(225頁)。《重編》改隸作"杲",與李銳《新編》同釋為"本"。我們曾以"杲"上部和戰國竹簡"萬"字上部相同,懷疑應分析為從"木"、"萬"省聲,是"末"字的異體[2]。今按,《曹沫之陳》簡20也有此字,整理者李零隸定作"杲","疑是'本'字的異寫"[3],李守奎等改隸作"杲",以為"本"字異體;簡文原句作"是故夫陣者,三教之末。君必不已,則由其杲乎!"[4]兩處"杲"到底應釋作"本"還是"末"仍不能論定。"之",《校一》認為表並列或聯合關係,相當於"與",可從。"尻",整理者看作"尻"之誤字,訓為"処(處)",義同"居"(226—227頁)。《重編》疑讀為"序"。季旭昇《議二》說"尻"字"於簡2似可假借為'彝',義為'常'";《議三》則改讀為"濟"。凡國棟讀作"徙",意為遷移[5]。《重編》執筆者鄔可晶將銀雀山漢簡的數術文獻篇題"天地八風五行客主五音之居"與之比較,認為簡文"陰陽之尻"與"五音之居"語例相同,"尻"和"居"的意思應該相近或相同[6]。《試探》認為整理者讀"處"亦本可通,似不必改讀。"固",整理者解作穩固、固定(227頁)。上引凡文疑讀為"痼",指長久不愈之病[7]。上引鄔文說"固"有"定"義,與"正陰陽之序"之"正"相近,可從。"厔",整理者釋作"厔(厚)"(277頁)。《重編》釋為"危(詭)"。《新編》釋作"座(挫)"。宋華強《四則》隸釋作"碰(磋)",讀為"差",說《管子·宙合》"和之不差"一語可以和簡文參照。秦樺林說實為"危"之異體,從厂、坐聲,坐、危同為歌部字;簡文"危"應從《重編》讀為"詭"[8]。上引鄔文說"危"讀"詭",訓為"變"或"違"。按,古代之"坐"本即"跪","危"為"跪"之初文,"危"與"坐"形音義關係皆密切,很可能本為一語一形之分化[9]。故此字讀"差"和"詭"均有所據。

(三)"左右之請",整理者說"左右"表方位,"指左面和右面","請"即"請求"(228頁)。《校一》認為"左右"當指支配、掌控;"請"當讀為"情"。《零釋》說此句前後問的是事物形質體貌的成因問題,"左右"當指支配或促成形質體貌的原由。曹峰說"左右之請"很可能與法則有關,指"世界萬物的根本原理"[10]。陳惠玲據傳世醫籍《素問》提到的陰陽概念,認為簡文"左右"指"陰陽",簡2"水火之和"的"水火"也指"陰陽",而"情"指"自然運作規律",簡文"左右之請"就是"天地陰陽之氣運行的規律"[11]。"五度",整理者指出見於《鶡冠子·天權》,其內容即陸佃注所說"左木、右金、前火、後水、中土是也"(229頁)。《零釋》以為是五種系統配套的測度標準、方法或工具,或者引申為五種治國管理的法度。"虞",整理者讀作第一人稱"吾"(230頁)。《新編》讀為"乎"而屬之上句;並懷疑本篇"虞"多讀為"乎",某一些"乎"在句中的作用,或相當於"兮"[12]。

(四)"立",原文作，整理者說經典多作"並"(231頁)。孫飛燕《讀記》說當為"齊"字省寫。按,此字所從"立"旁與簡3"立"字作相近,原釋可從。"異",整理者訓為不同(231頁)。《重編》文後網名"水土"跟帖指出此"員"乃"異"之誤字。"五音",整理者釋作"五言",指《書·益稷》"五德之言"(231頁)。《校一》說"五"猶今所謂"三令五申"、"五花八門"之"五",都是虛數,表示多,"五言"當指各種各樣的說法,也就是毀譽。《零釋》說"五言"即政教號令,後文正承其義發問"孰為之公?",亦即政教號令在於人,孰能秉公而行?

《新編》說此"言"與曾侯乙墓"音"字接近,疑為"音"字,說"五音在人"比整理者引《書·益稷》"五言"作解合適。宋華強指出《新編》對"言"、"音"字形辨析細緻,並作補充,證明確是"音"字,"五音"即宮、商、角、徵、羽[13]。"才人",整理者讀作"在人","在"意為由於、取決於(231頁)。上引宋文疑讀為"薦至"(又作"薦至"),說"薦"是"頻"、"數"之義,"五音薦至"與《楚辭·九歌·東皇太一》"五音兮繁會"義近,是說五音紛至沓來。"公",整理者解作公正、公平(231頁)。《新編》讀作"頌"。上引宋文疑訓為"君",說"此亦古書常訓。五音紛至,若無統紀倫次,則不能成樂,故須有君臣統屬","古人以'宮'為五音之'君'",簡文"孰為之公"是問:是誰為之(五音)立君(宮)的呢?"九囗",整理者釋作"九區",泛指廣大的區域(232頁)。《重編》疑"囗"釋為"域"或"攝"。何有祖《劄記》讀"囗"為"有",說九有即九州,代指天下。《議二》說此字從"囗""又"聲,應釋為"囿",通"域","九域"典籍或作"九有",即"全天下"的意思。"誨",整理者釋作"誨",意為"勸諫的話"(232頁),《重編》疑讀作"謀"。《劄記》認為讀"謀"當是,並將"出"讀作"拙"。凡國棟讀為"牧"[14]。李銳讀作"海","九有出海"是說九州的範圍在海之外[15]。沈培認為應讀為"畮(畝)",簡文意思是"九域之人出於田畝,那麼誰給他們劃分田界呢?"[16]"逆",整理者釋作逆迎之"逆",引申為接受(232頁)。《重編》釋寫作"逢(逢?)"。《劄記》讀作"縫",訓為補合。《新編》雖然認為字形為"逆",但疑為"逢"字之省訛。《校一》疑此"逢"字當訓為"大"。凡國棟、范常喜讀作"封"[17],上引沈文肯定其讀作"封"是正確的。"侍",整理者釋作"秧(侍)"(232、233頁),《重編》以為是"箭"字,讀作"薦"。

(五)"祟",整理者釋作"祟(盟)",意為神前約誓、結盟,"神盟"即"當作神靈來對待"(233頁)。《重編》讀作"明",可從。"暲",整理者讀作"障",意為阻塞、阻隔(234頁)。《新編》如字讀,謂《玉篇·日部》:"暲,明也。與章同。"《重編》也讀作"障",執筆者鄔可晶跟帖認為應改讀為"彰"。《議二》認為這是對的,並主張"彰"後標點應為問號,意思是:"骨肉都已經糜滅了,為什麼他們留下來的智慧卻越加明彰?""殳",整理者釋作"夬(缺)",殘缺、缺少(234頁)。《重編》讀作"慧"。張崇禮認為應讀為"決"或"訣",釋為"別"[18]。宋華強《釋讀》列舉楚簡"夬"及從"夬"之字與之比較,指出二者有別,認為可隸定作"殳",當分析為從"又"從"〇",疑從"〇"得聲,讀作"魂"。按,宋說可從。"奎",整理者隸釋為"奎(適)",意為符合,引申為補滿(234頁)。《零釋》將"奚適"理解為"去往何方?"上引張文說"適"當訓為"往";蘇建洲認為此字從"土"[19];皆是。"疆",整理者讀為"彊",訓為強壯。《零釋》說其不可信,認為當依本字訓邊際、止境。上引張文和《釋讀》皆認為應理解為疆域,可從。

(六)"宅",整理者說"即'宅'字古文,此處讀為'託'",意為寄託、憑藉(235頁)。《重編》讀作"度"。《校一》也讀為"度",謂"亡託"即"無度",指不一定、難以預料。孟蓬生以"所"從戶聲,而從戶聲的"妒"或作"妬",與"宅"相通,從而把"亡宅"讀作"無所",簡文猶言無時;"所"表示時間,乃由處所義引申而來[20]。《釋讀》認為"現在既然知道'其來無宅'指的是死者遊魂,那麼'宅'字也許可以按其本意理解,而無需破讀",並引古書證明"古人把魂之居舍稱為'宅'"。"旹",整理者釋作"時",指時候(236頁)。《新編》疑讀為"待"。《議二》釋為"善"。按,讀"待"可從。"窒",整理者認為是"塞"字異體,意為酬神(236頁)。《重編》隸定作"窒"。羅小華懷疑從"穴","圣"聲,據《說文》"圣"字

"讀若窋",疑"穴"為贅加形旁[21]。《新編》據孫飛燕認為此字從"六"得聲而讀為"祝",懷疑應讀為"竃"或"造"。凡國棟則主張釋作"竃"[22]。單育辰認為應隸作"窒",據網名"水土"所推測此字應為表示頻繁祭祀的副詞,讀為"屢"[23]。上引孟文認為"窒"可看作雙聲符字,是在"穴"的基礎上加"圣"為聲符,"穴"為"墓穴"義。《議三》認為所從"圣"與《說文》之"聖"並非同字,應視為從"穴"從"左"聲,讀為"隋",是古代的一種祭祀。劉信芳以此字從六聲,讀為櫺祭之"櫺",乃祭天神之禮[24]。凡國棟懷疑所從"又"、"土"很可能是楚文字中"坒"字省形,有讀為"腐"、"祔"和"附"等三種可能[25]。宋華強《散劄》曾懷疑當釋為堂奧之"奧";後來在《釋讀》中認為當從羅小華分析為從"穴"、"圣"聲;"窋"可訓"穴","圣"字《說文》說"讀若窋",因此"窒"可能是"窋"字異體,其義則當如孟蓬生所釋,指墓穴,簡文"其來無宅,吾奚待之窋?"是說:死者之魂即便歸來,也無宅可舍,我為何要待之於墓穴呢?"員",整理者釋作"異",讀為"禩(祀)"(236頁)。《重編》改釋為"員";《議三》從其說,讀為"煮",指祭祀的香氣。上引凡文疑讀為"云","云奚"即"云何",表示怎麼樣、如何。上引孟文認為"祭員"可讀如"祭饌",簡文"祭饌奚升"意思是"如何給他進獻食物"。上引劉文說"員"讀為"雲","在句例中是祭祀對象而不是祭名或祭品"。"进",整理者認為是"升"字繁構,意為進獻、進奉(236頁)。《重編》讀作"登"。郭永秉在其跟帖中釋為"逐"。蘇建洲認為郭釋可從,說"豕"、"犬"二旁可以替換,所以楚竹書"逐"或從"犬"或從"豕"[26]。上引孟文、凡文皆讀作"升",意為進獻。"思",整理者解作思念、懷念(237頁)。《重編》讀作"使",可從。"猒",整理者說是"饗"字異體,而"饗"為"飽"字古文(237頁)。上引劉文認為是《說文》"餾"字異構,讀為"留"。

(七)"欲",整理者釋作"既"(236頁),《重編》、《新編》均改釋為"欲",甚是。"攵"字左旁不甚清晰,整理者釋作"敬"(238頁),《試探》將其連上句讀。蘇建洲懷疑是"敂(造)"字,讀作"昭",古籍有所謂"昭大"或"昭天之明"的說法[27]。高佑仁釋作"敹(通)"[28]。叢劍軒認為從"攴"、"昏"聲,讀為"旻"[29]。"事",整理者如字讀(238頁),《新編》讀作"使",此從原釋。"䎽",整理者讀作"問",《重編》、《新編》均讀為"聞"。"进",整理者認為是"升"字繁構,意為登、上(239頁)。《重編》、《新編》皆讀作"登"。上面主張簡7原釋"进"應改釋為"逐"的學者,認為此字也應改釋為"逐"。其實此字與簡7"进"字並不相同。"萌",整理者釋作"萠(蘗)",意為旁生萌芽(240頁)。《重編》釋寫作"薛(蘗)"。按,簡文左下部當為"屰","屰"古音在見母月部,"蘗"和"月"均在疑母月部,見、疑同屬喉音,"屰"和"月"皆應是此"蘗"字的聲旁。

(八)"耳",整理者讀作"珥",指日、月兩旁的光暈(242頁),《重編》如字讀。"聖",整理者讀為"聽"(242頁),《校一》讀為"聲",意為說明。"軍",整理者讀作"暈",指日、月周圍的光圈(242頁)。《四則》讀作"輪",古人認為月有"輪"。凡國棟認為整理者讀為"日珥"、"月暈"是正確的[30]。"正",整理者讀作"征",意為征伐(242—243頁)。《校一》讀為"證",意為證明、象徵。《零釋》如字讀,又謂或讀為"政",訓為匡正或治理。《四則》認為整理者讀為"征"可信,祇是應理解為長征之"征",即行進。

(九)"㴋",整理者讀作"耀"(243頁)[31]。宋華強說"㴋"讀為"耀"在字音上是沒有問題的。不過把"㴋"讀為"耀"從語音上看畢竟還隔了一層,故懷疑"㴋"當讀為"炎"[32]。《重編》從宋說;後來其執筆者鄔可晶考慮到其與下句"敢"押韻,認為應該是個侯部字,若其間並無脫文,則讀為"炎"是錯誤的[33]。按,"㴋"字從押韻關係看應屬侯部字,加上在簡文中形容日光狀況,故讀"耀"較勝。"人",整理者看作"入"的訛字,意為進入、到達(244頁)。上引文宋文懷疑此處"人"字未必有誤,或當讀為"日";之所以上文用"日"而此處用"人",可能是為了避免重複。《新編》從宋說。後來宋氏改讀為"至",說"至中"和甲骨文"羞中"類似,其所指時間段可能相同[34]。"雁",整理者釋作"雁",意即鴻雁(244頁)。上引宋文據整理者所釋並引劉建民說讀為"焉"。《新編》指出簡文字形非"雁",疑為"隹"字,讀為"益"。蘇建洲認為从"封"聲,讀為"方"[35]。按,此字从"丰"得聲當無疑問,蘇氏讀為"方"在語音上也沒有任何問題,而《新編》將其與"隹"、"益"義聯繫起來也頗有啟發。既然"封"可讀"方",而楚簡"病"字多从"方"聲作"疠",故"雁"可讀作从"丙"得聲的"更"[36]。"暲",整理者釋作"暲(障)",意為遮蔽(244頁)。上引宋文疑讀為"煬",意為暴曬、炙烤;說"炎"、"煬"義近,故上文用"炎",下文用"煬"。《新編》如字讀,引《集韻·陽韻》:"暲,日光上進皃",又說或讀為"彰"。"豉",整理者釋作"尌(樹)",引申為"屏",訓為遮蔽(245頁)。上引宋文讀為"脰"或"頭",認為楊雄《甘泉賦》"南煬丹崖"與簡文"煬頭"用法相同。《新編》疑讀為"屨",與下一字連讀為"屨聞"。《校一》讀為"屬",謂"豉聞"就是"屬聞",也就是連問。孫飛燕認為當讀為"暑",意為炎熱[37]。按,"豉"、"尌"从"豆"得聲,"著"、"屠"从"者"得聲,古書从"尌"得聲的"躕"跟从"著"、"屠"得聲的"躇"、"蹢"有相通之例[38],故"豉"可讀作"著","暲豉"即彰著。簡文說日中"小更彰著",文義頗順。"箸",整理者讀為"孰",當"何"用,是"為什麼"的意思(245頁)。按,"孰"應作"哪一種"講,簡文"問天孰高歟?地孰遠歟?"是承接上文"日之始出,何故大而不耀?其至中,奚故小更彰著?"來問的,意思是"問天哪一種情況高?地哪一種情況(離日)遠?"[39]

(十)"神",整理者缺釋(246頁),《重編》釋作"神(電)",並在其前補"箸(孰)為"二字。《小劄》疑"神"字讀如字,引《山海經·海內東經》:"雷澤中有雷神,龍身而人頭,鼓其腹。"按,整理者說簡11、12皆為完簡,故陳釋當可從。"啻",整理者謂即"商"字,讀為"電"(246頁)。《重編》讀為"霆"。《小劄》讀為"帝",指上帝。李銳讀為"零"[40]。"屮",整理者釋作"卉","卉木"即"草木"(247頁)。《重編》、《新編》皆釋為"艸(草)",可從。"霋瀀",整理者釋作"雩漆"(249—250頁)。郭永秉指出其釋不可信,待考[41]。《劄記》認為第二字當从水从廌,讀作"薦",指祭祀時獻牲。《四則》將"霋"隸定作"雹",讀為"唾";"瀀"讀作"津",可從。"颷",整理者讀為"披",意為飄動(250頁)。《讀記》說"颷飄"當為連綿詞,似即《莊子·天運》的"披拂"。《四則》懷疑"颷飄"當讀為"噓吸",說《莊子·天運》"風起北方⋯⋯孰噓吸是?"與簡文類似。"进",整理者讀為"屏",訓為逐(250頁)。《四則》疑不必改讀,謂"进"古書多訓為"散","散"可用來描寫氣體;其說當是。

(十一)簡14、16連讀是顧史考《小補》和王中江《新見》的意見。"𧨄"字整理者釋作"𧨄(識)"(250頁);廖名春《校二》釋為"識(得)"。《重編》懷疑讀為"守"或"執";《新見》一律寫為"執"。《劄記》說該字與郭店簡作"𧨄"、"𧨄"之形的"察"字接近,當釋為"察",指體察、諒察。徐在國認為"簡文'𧨄'字應分析為從'言','𢧵(截)'聲,疑'詧'字異體,讀為'察'"[42]。《補說》指出徐氏隸定為"𧨄"非常正確,但郭店簡讀為"察"的那個字,所从"小"形和"言"、"戈"連為一體,與此字所从"少"、"言"、"戈"作分離之形有所不同;根據《說文》言部"从言、少聲"的"訬"字"讀若毚",而"讒"與"崇"相通,故疑簡文"𧨄"應讀作"崇"。後經重新考慮,我們認為讀作"執"最為可行。從語音關係來看，"𢼸"所從的"少"古音在書母宵部，"執"在章母緝部，聲母同為舌上音，韻母可以旁轉，古書"靮"和從"執"得聲的"馽"也有相通之例，而"靮"的聲旁"勺"為宵部入聲，故從"少"得聲的"𢼸"可讀作"執"。從文義看，簡 14、22 的"執道"意為掌握、執持道；簡 18"人白（泊）為執"意為執持自若的態度；簡 20、25"執此言，起於一端"的"執"意思是依照、遵照；簡 22—23 說是否能"執一"與百物之"不失"或"全失"構成反義關係，其實就是"執"和"失"的對應關係，這跟《管子》"執一不失，能君萬物"等可以相互印證；簡 23"如欲執一"如何如何是說要掌握一的途徑，如讀作"崇"或"守"，則不好解釋此句；簡 24"執智而神，執神而同"與《荀子·儒效》"執神而固"句意相同[43]。"耑𥄂"，整理者讀作"端文"（251 頁）。秦樺林《二則》從其說，認為"端"為"詳審"之義；張崇禮說"端"應訓為"正"，"正"有"持"義，即"端持"、"正持"之意，簡文"端文書"就是拿著書的意思[44]。巫雪如認為"'端'由'正'義引申而有'持'義，這種說法是很難成立的"[45]。《重編》讀作"揣文"。《新編》、《校二》均讀為"端冕"，《新見》說此讀"甚當"。"箸"，整理者讀作"書"。《小補》讀作"圖"，意為謀，"圖不與事"亦即"計不下席，謀不出廊廟"之謂。《新見》說"如讀為'書'，令人費解。這個字應當有類似於'清靜'、'寧靜'、'安閒'等詞語的意思，也許可釋讀為'舒'"。曹峰認為"不與事"是不親自參與的意思，那麼，"箸"可能是"佇"的假借字；此處的"佇"和前面的"坐"相應，指的都是身體的姿態，如果將這段話的前後文斷為"聞之曰：察道，坐，不下席；端冕，佇，不與事"，可能更為明白易懂[46]。按，本文初稿也將"箸"讀作"佇"；簡文前面說"坐不下席"，這裏可能說"立不與事"，而"佇"字與"立"同義又和"箸"音近，古書從"者"得聲的字可與從"寧"得聲的字相通，如《說文》木部"楮"字或作"柠"，羊部"羜"字讀若"煮"[47]。《全唐文·黃滔〈白日上昇賦〉》說"端冕而玉皇有佇"或淵源有自。"䢜"，整理者釋作"與"，意為參與；"事"解作實踐、從事，與"之"字連讀（253—254 頁）。凡國棟讀為"預"，作預先、事先講，說句意人致與今人常說的"秀才不出門，能知天下事"相近[48]。《小補》說"不與事"是不親自參與的意思，然"與事"一詞先秦罕見，故以讀"舉事"為宜。上引張文說"與事"即親身參與其事。"屋㚔"，整理者分開釋作"屋（厚）"和"㚔"（267 頁）。《新編》將其與後二字釋作"座（維）㚔（乎）存亡"。《重編》釋作"危安"，可從。"之知"，凡兩見，乙本簡 11、19 皆作"先知"。整理者認為甲本前一"之"字正確，乙本作"先"乃訛誤；而甲本後一"之"字訛誤，乙本作"先"正確，並讀"可"為"何"（279、267 頁）。《重編》認為甲本兩"之"字都是"先"字的訛誤，"可"如字讀。宋華強認為把"之知四海"改為"先知四海"從文義上看其實是有問題的，因而懷疑"之知四海"的"之"當讀為"周"[49]。按，"之"可當動詞"至"或"致"講[50]，此兩處"之"不必看作"先"之誤字，也不一定要改讀為"周"。"惻怸"，整理者讀作"賊盜"，亦即"盜賊"（267 頁）。《新編》從之，又謂"或疑讀為'徵兆'"。

（十二）"六"，整理者釋作"大"（266 頁），《讀記》指出其與甲本簡 10、29 和乙本簡 8、22 的"大"字寫法不同，當為"六"字。《重編》文後網名"月下聽泉"跟帖認為其說可信，說"六亂"應即《左傳·隱公三年》所謂"六逆"。"少徹"，整理者讀為"小徹"，"徹"意為通達、通曉（257 頁）。曹峰認為"徹"意為澄澈通明；有了"小徹"，應該還有"大徹"纔是，可是《凡物流形》中並未出現。因此，"少"字不必讀為"小"，所謂"少徹"，意為有所澄澈[51]。"白"，整理者訓作清楚、明白（257 頁）。《重編》讀作"泊"，網名"水土"在文後跟帖說"人白"可與《上博（三）·彭祖》的"心白身澤（懌）"相對照。曹峰認為"人白"應該就是人通過"潔官"、"虛欲"以潔白其心,屬於一種養心之術。按,我們曾在《補說》中贊同整理者意見,將"白"理解為明白,但是根據後面簡文所說"奚以知其白?終身自若",《重編》的意見應該是對的。

(十三)"募",整理者讀為"顧",募言即顧言(257頁)。按,簡文"募言"當與《禮記·內則》"慎而寡言"、《大戴禮記·文王官人》"沉靜而寡言"的"寡言"相同,無需改讀。"虖",此處凡兩見,整理者將前者讀作"吾"(257頁),將後者和下一"夫"字連讀為"虖(嗚)夫(乎)!"(270頁)《新編》皆讀為"乎"。此從《重編》釋。"乙",本篇甲、乙本共出現32次,整理者隸作"豸",說是楚文字"豹"字的省寫,讀為"貌"(256頁)。沈培將其釋作"一",認為甲本簡21"聞之曰:一生兩,兩生厽〈三〉,厽〈三〉生女〈四〉,女〈四〉成結"是釋其為"一"的堅強證據,中山王䂜壺銘文"曾亡(無)一夫之救"的"一"和《東大王泊旱》簡5的"一"皆可互相印證;並指出《重編》將其隸作"鼠"不可行[52]。我們認為此為"燕乙"之"乙"字,簡13上段"鳴"字作"乙旦",是改意符"鳥"為善鳴的"乙(鳦)",而"一"和"乙"都是影母質部字,故"乙"可讀作"一"[53]。"峇",整理者說其下從"口",為"少"之繁構,"少城"讀為"小成",即略有成就(270頁)。我們曾根據"口"、"言"用作意符可以相通換用,懷疑"峇"為《說文》"讀若𪚎"的"訬"字的異體;而從"𪚎"得聲的"讒"與"崇"可以相通,故"峇"可讀作"崇","峇城"即"崇成",意為"大成"[54]。顧史考《試解》"疑此'峇'字或可視為從口、少聲而看作'喿'字異體,在此讀'操'"。今按,"峇"似乎是修飾"成"的一個詞,釋"操"當非是;是否應讀作"崇"也有待進一步研究。

(十四)此處簡文,《新編》引述文獻與此簡文對照,如《管子·內業》:"一言之解,上察於天,下極於地,蟠滿九州。何謂解之?在於心安。"馬王堆帛書《十六經·成法》:"一之解,察於天地;一之理,施於四海。""宁",整理者釋作"視"(252頁)。《重編》釋作"宁(賓)",文後網名小疋認為"賓"訓"列","播"訓"布"。李銳說此為賓字初文,可隸作"宲",讀為"眒",義為視、審視[55]。鄔可晶從用字習慣考慮,認為讀作"眒"不合理,指出"賓"可訓"至",與"播"對文義近[56]。宋華強認為應該是"完"字,在簡文中疑讀為"干",古書常見"干於天"之語[57]。"番",整理者認為是"審"字省寫,意為詳究、知悉(252頁)。《重編》讀作"播"。上引鄔文指出"番"是滂母元部字,"審"是書母侵部字,二者聲韻都差得很遠,無由相通;而"播"本從"番"得聲,故可相通。上引宋文指出主張讀"播"諸家所引文獻祇有"播於地",而古書不見"播於淵"之語;地以廣為特點,故可稱"播";淵以深為特點,稱"播"則詞義不切,故疑"番"當讀為"蟠",而"蟠於淵"之語古書常見。"淵",整理者釋為"國"字異體(252頁)。《重編》、《新編》均改釋為"淵",甚是。"每",整理者讀為"謀"(252頁)。魏宜輝以為即"䋣"字之省而在此讀為"播",意為傳佈、傳揚[58];《試解》贊同魏氏的字形分析而讀作"滿"。《四則》釋為"姊",讀為"至"。"練",整理者讀為"陳",指佈陣(253頁)。《議二》隸作"紳",讀為"申"或"伸",意為伸張。《四則》釋為"緥",讀為"敷"或"布"。王連成釋作"縺",意為增益[59]。李銳、蘇建洲皆認為當讀為"通","通於四海"屢見於古書[60]。按,據《淮南子·原道》"是故一之理,施四海;一之解,際天地"和上述《新編》所引帛書"一之理,施於四海",此"練"應與"施"義相當,故整理者讀"陳"或可從,而其釋義則非。

(十五)"乇",整理者直接釋為"曰"(251頁),侯乃峰釋寫作"汨(曰)"[61]。按,此字釋"曰"無疑,但如何解說仍存疑。"意",整理者直接釋作"情",訓為"實情、真實"(264

頁)。《新編》讀作"精"。《校二》則讀作"靜","至靜而智"是說達到靜,做到靜,就會有智。《試解》將"至意"讀作"致情"。"智",整理者讀作"知",指知識(264頁)。《新編》如字讀。"神",整理者解作精神(264頁)。《二則》引《荀子·儒效》說:"此其道出乎一。曷謂一?曰:執神而固。曷謂神?曰:盡善挾治之謂神,萬物莫足以傾之之謂固。""同",整理者解作相同(264頁)。《新編》疑讀作"通"。"僉",整理者讀為"險"(264頁)。《校二》說當訓為多、過甚。《二則》認為當讀如本字,引《小爾雅·廣言》:"僉,同也。"說此處"僉"當是比"同"更進一步的"虛靜為一"的境界。《試解》以"僉"應有正面意義,認為讀作"險"和如字讀皆難通而改讀為"驗"。

(十六)"天咸",整理者認為是"天一"的異稱,也就是"太一"(265頁)。《劄記》認為所謂"咸"當是凡字,屬下讀;《試解》從其說。凡國棟指出該字明顯是從"戍",其"戈"形比較明顯,與"凡"字寫法不同;所謂"天咸"似應徑釋作"天弌(一)"[63]。陳峻誌認為"天咸"或許是"咸池"的異名[64]。宋華強《零劄》認為字釋"咸"無誤,但說"天咸"是"天一"的異稱以及"天咸"與"咸池"有關,都沒有確證,懷疑"咸"當讀為"坎","坎"即坑坎,《周易》卦象"坎"與水有關,《說卦》"坎為水,為溝瀆",《國語·晉語四》亦云:"坎,水也。""天坎"之"天"大概是為了使"坎"神秘化,猶謂神奇的大坎。大概上古有人以"天坎"為萬水之源,故云"水復於天坎"。"出惻",整理者釋作"此賊"(266頁)。《重編》、《新編》均改釋為"出則",甚是。

(十七)"一生兩"此句整理者釋為"豸(貌)生亞=(惡,惡)生厽=(參,參)生弔城(成)結"(260頁)。《重編》改釋為"鼠(一)生兩,兩生厽(參—三),厽(參—三)生女(母?),女(母?)城(成)結"。秦樺林贊同並發揮"女"字為"母"之訛的觀點[65]。沈培和《新編》皆將"女"直接釋作"四",前者說"簡文的'四'字實際上被錯寫成了'女'字",指出古書有類似說法,如《後漢書·律曆志》"皆三生四",明代朱載堉《聖壽萬午曆·曆律融通》"由三生四";至於"四成結","結"當終結講,"世間萬事萬物中常見以'四'為單位表示一個終結",如《春秋繁露·官制象天》說"四轉而終"、"四選而止,儀於四時而終也",可見"四成結"就是"至四而終"[66]。簡文二"有"後皆有標點,分別作 ╯ 和 ╲,整理者釋作"丨(章)"(260頁)。《新編》則疑讀為"順"。《重編》把它們看作句讀符號。我們曾在《補說》中提出三點理由贊同《重編》的意見;後來總結為四個證據,證明其確為標點[67]。

(十八)簡21和簡13上段連讀是《新編》的意見,《小補》和《新見》均採其說。"𩾤",整理者隸定作"豹"(248頁)。我們認為左旁是燕乙(鳦)的"乙"字;"乙"、"鳥"偏旁替換,故"鳴"字可寫作"𩾤"[68]。"干",原文作 ，整理者隸定作"戈",認為是"弋"字繁構(249頁)。《重編》表示懷疑;《新編》釋作"矢(施)";《小劄》釋作"察"。羅小華釋作"至(箭)"[69]。宋華強釋作"步",疑讀為"薄",訓作"至",謂《楚辭·九章·哀郢》"瞭杳杳而薄天"與簡文"遠之薄天"可以參照,前者是說德行之高可以薄天,後者是說"一"的功用高遠可以薄天[70]。按,從文義看,宋說甚是,但從字形看仍有困難。"干"字上博簡《容成氏》26號作 ，《慎子曰恭儉》簡2作 、 ,包山簡牘和望山簡分別作 、 和 、 [71],其中豎偏左者與此字極近,故疑應釋作"干"。"干天"常見於古書,如《鹽鐵論·憂邊》"不干天則入淵"、《抱朴子·極言》"干天之木","干"當觸講[72]。"忥",整理者釋為"悗",意為無心貌(247頁)。《重編》隸作"忥",釋為"忻(近)"。《新編》釋為"邇"。《小劄》懷疑所從是"尼"字變體,疑釋為"怩",讀為"邇"。上引宋文指出釋"忥"可從,"忥"可能是"忎

(忻)"字異體。"඼",原文作𥄑,整理者釋作"矢",訓為"施",謂"矢人"即施布於人(247頁)。《新編》從之。《重編》隸定作"඼",釋為"箭(薦)"。《小劄》贊同《新編》以此字與"天"前之字相同的意見,皆釋作"察"。上引宋文認為"矢"實際上可讀為"施",而"施人"之語古書常見。按,"඼"或可暫從《重編》釋作"箭"而從陳氏讀作"察",而其為"干"之繁體的可能性也不能排除,《公羊傳·隱公元年》:"公將干國而返之桓。"何休注:"干,治也。""干人"意即治理人。"道",整理者釋作"從",意為跟、隨(262頁)。《重編》、《新編》均改釋為"道"。後者讀作"導",連下句讀,當不可從。

（十九）"඼",整理者隸定作"具",說"字從雙手奉'員',為'具'字繁構",簡文用作副詞,"相當於'都'、'皆'"(263頁)。劉雲認為"整理者對文意的理解是很正確的",說此字"字形不是太清晰,並且拉得特別長,但還是大略可以看出其上部為員,下部為卄",字"從卄從員,員亦聲,應是'巽'字的一種異體","應該讀為'全'"[73]。"卬",整理者釋作"丩(糾)"(263頁)。《重編》改釋作"卬(仰)"。"伀",整理者釋作"任",意為放縱、聽憑(263頁)。《重編》表示懷疑;網名"裘迷"跟帖認為可能從"勹",讀為"包";網名"小疋"跟帖則說如從"勹",當讀為"俯"。《小劄》認為此字與仰對文,可釋為"伏"或"俯"。凡國棟認為釋為"俯"應該沒有問題[74]。按,此字或為"望"之變體。"伀而"後面之字,整理者釋為"伏",意為守候(263頁)。《重編》表示懷疑,文後網名"小疋"跟帖說此句"俯而蔡之,即俯而察之"。《小劄》說"似是從亡從人,疑'望'字異寫"。李銳以小疋之說近是,認為此字與《汗簡》、《古文四聲韻》所引《古尚書》之"殺"字更為接近,可讀為"察"[75]。劉剛釋為"癸(揆)",說"揆,度也。揆亦察也"[76]。鄔可晶懷疑讀作"履"或"癸(揆)"[77]。"㡇",整理者認為是"宅"字古文,讀為"託",意為憑籍(263頁)。《重編》、《新編》讀作"度"。《校二》以《爾雅·釋言》"宅,居也"為釋,說簡文意思是:衹要立足本身就可以至之,就可以得到它。按,諸家所讀意義差別不大。"旨",整理者讀作"稽",意為考核(263頁)。《校二》也讀作"稽",但訓作"至、及"。按,簡文"旨(稽)"當與前面"悚(求)"字相近,意為考求。

（二十）"㥯",整理者讀作"圖",意為謀取(263頁),《校二》讀作"度",意為效法,此從整理者釋。"虘",整理者釋作"担",意為取(255頁)。《新編》讀作"助"。"思",整理者訓為"思索,考慮"(256頁)。《校二》讀為"使",意為用。張崇禮認為讀為"使""從前後文語意上看,似乎更好"[78]。"詢",整理者釋作"訣"(256頁)。《重編》、《新編》皆讀為"治",可從。"□",原簡似有輕微墨痕,整理者釋作"此"(256頁),《重編》作空缺號"□"。高佑仁認為當釋作"又(有)"[79]。鄔可晶疑是"肘"之初文,讀為"守"[80]。按,從"之"和"乙"之間的有限位置和簡29"一言而為天地旨"與此"一以為天地旨"相近來看,此處似無字。"旨",整理者解作主張、用意(256頁)。《校二》從《新編》將簡17、19連讀為"旨(稽)之",說"稽之"當讀為"楷式",指法式、準則。按,簡17、19連讀和"稽"讀為"楷"皆不妥,但"旨"讀作"稽",意為法式仍然可從。馬王堆漢墓帛書《經法·四度》:"周䁂(遷)動作,天為之稽。""日月星辰之期,四時之度,動靜之立(位),外內之處,天之稽也。"其意相近。

（二一）"是",原簡殘存"正"旁,整理者釋作"之"(258頁)。《重編》"懷疑這個'正'是'是'字未寫全"。李銳指出其為"是"字當無可疑[81]。"虘"字整理者讀作"担","未"字如字讀(258頁)。《重編》、《新編》將其分別讀作"咀"和"味",可從。"臭口",原簡右旁不甚清楚，整理者釋作"敦（畀）"，意為付託、委任（258頁）。《重編》釋作"敦（嗅）"。《新編》釋為"嚊（嗅）"。《零剳》懷疑右側上部從"竺"，據"《說文》'齅'從'臭'聲，讀若'畜'，而《周易》卦名'大畜'之'畜'上博竹書本寫作從'土'、'竺'聲之字"，說可分析為從"鼻"省、從"口"、從"竺"聲，可能是"嗅"或"齅"的異體。"鼓"，整理者釋作"飲"，謂同"食"，意為飲食（258頁）。《重編》、《新編》皆釋為"鼓"。"忻"，整理者釋作"忻"，意為欣喜（258頁）。《重編》、《新編》皆釋為"忻（近）"；《校二》讀為"昕"，意為明亮。按，讀"近"可從。"𢮳（操）之可操"，整理者讀首"操"字為"躁"，意為急迫；次"操"字意為掌握（258頁）。《新編》將次"操"字隸作"喿"，說字形左半待考，字當從"某"聲，疑讀為"撫"。按，次"操"字左上方多寫"木"字形；而比較乙本簡14此字寫法，右邊為"喿"當無可疑，故整理者釋"操"可從。"捑"，整理者讀為"錄"，意為收錄、錄用（258頁）。《新編》引《集韻·屋韻》以"捑"為"擁"字或體，意為執。《校二》讀為"麤"，意為粗疏。《讀記》讀為"握"，說《文子·道原》"表之不盈一握"、《淮南子·原道訓》"舒之幎於六合，卷之不盈於一握"可與簡文對讀。"敗"、"滅"，整理者分別解釋為"做事失敗，不成功"和"隱沒，消失"（258、259頁）；《新編》引《爾雅·釋言》謂"敗，覆也"，"滅"讀為"蔑"，義為"無"。

（二二）"乙（一）言"，整理者釋作"豸（貌）言"，意為虛偽文飾的話（260頁）。《校二》說四"言"字皆當讀為"焉"，相當於"乃"、"就"。《新編》找出與簡文語句相近的文獻，如《管子·內業》："一言得而天下服，一言定而天下聽。""禾"，整理者讀作"和"（260頁）。《重編》以為是"夂（終）"的錯字。《新編》釋作"年"。《散剳》贊同釋為"禾（和）"，意為應和，簡文"和不窮"即應言而不窮。禤健聰釋為《說文》訓作"木之曲頭，止不能上也"的"禾"字[82]。蘇建洲則釋為"力"，說"一言"乃"力無窮"，即"功無窮"[83]；網名"八刀嬋"跟帖說"此字為'身'無疑"。按，此字據字形仍應釋作"禾"。"躬"，整理者釋作"念"，謂"同'陰'，訓作弱小"（260頁）。《散剳》認為字從"身"、"今"聲，大概是"窮"的異體，《鶡冠子·泰錄》"用一不窮，影則隨形，響則應聲"可與簡文"一言而和不窮"參看。上引禤文認為從身、包聲，可隸定為"躳"。"夋（尃）"，整理者讀為"敷"，意為分別、區分（271頁）。《讀記》認為應解作布、施，可從。"㐽"，整理者釋作"㐽（均）"，意思是均分、公平（271頁）。《讀記》指出右旁為"今"，字當讀為"容"。劉剛指出此"容"和簡20"窘""二字皆屬冬部，容從公聲，今為疊加聲符。窘字從今聲，今屬侵部。簡文此二字的寫法是冬、侵二部關係密切的又一證據。"[84]"子"，整理者釋作"力"。《零剳》疑是"子"字，可從。

（二三）《新編》指出簡27"疑非本篇"。單育辰指出形制和字體與《凡物流形》甲本其他竹簡都不一樣，故應剔出《凡物流形》甲本[85]。當可信。

"歆脾而豊"，整理者釋作"歆（揚）脾（胉）而豊（禮）"，訓"揚"為仰，"胉"為面頰，"禮"為行禮（268頁）。《重編》懷疑首字為"歆"，次字釋作"墇（牆）"；網名"小學生"跟帖指出可與《左傳》昭公七年"一命而僂，再命而傴，三命而俯，循牆而走"對讀，謂"歆"讀為"尋"，意為隨著、循著，"豊"讀為"履"，意為行，與下句"屏氣而言"之"言"相對為文，"循牆而走"和"屏氣而言"都是極言謙恭卑退。羅小華贊同《重編》將前面二字釋作"歆"和"墇（牆）"[86]。《剳記》疑首字為"敬"字，次字疑讀作"莊"，謂敬莊即莊敬，指莊嚴恭敬。按，《重編》所釋和"小學生"所說可從。"迬"，整理者釋作"迬（失）"，將"所"和"然"點開（268、269頁）。《散剳》改隸作"迬"，讀為"將"或"壯"，意為大，"所然"意思是"所認可者",與《莊子·秋水》"因其所然而然之"之"所然"同,說"不將其所然",蓋猶《論語·子罕》"毋固,毋我"之意。按,"迲"雖然與《武王踐阼》簡9、10"迲(失)"字相同,但《凡物流形》甲本簡3、19、22、23"失"字皆作"遠"不省;《散劄》所釋可從。"勥",整理者釋作"骉(賢)",指才德兼備者(269頁)。《散劄》謂此字從"力",與"勇"字從"力"同意,大概是堅強之"堅"的專字。"乐",整理者釋作"咊(和)"(269頁),《散劄》指出其與下文"和"字寫法不同,提出"也可能是因為用法特異,所以有意與正常寫法的'禾'相區別",認為"禾"當讀為"折"。"倗",整理者認為是"朋"的繁構,意指朋友(269頁)。《重編》懷疑讀作"憑"。《劄記》釋作"凥",簡文"和居"即和睦相處。《散劄》疑當讀為"冰",說"堅折冰"意思是其堅可以折冰。按"倗(朋)"當指朋友,"乐"可從《散劄》讀為"折",當"傷害"講,《詩·鄭風·將仲子》:"無折我樹杞。"毛《傳》:"折,言傷害也。"簡文"堅折朋"大意是頑固地堅持會傷害朋友,這與上文"不將其所然"文意相承。"齊",整理者釋作"向"(269頁),《重編》釋為"室"。《議二》認為"室聲"應釋為"窒聲",即"沒有喧鬧逞氣的話語",也就是簡18的"能寡言"。《散劄》疑"室"讀為"致","和氣致聖"與《禮記·大學》"格物致知"句式相同。范常喜釋為"窒(令)"[87]。蘇建洲釋作"齊",說"齊聲好色"也可以理解為"好聲好色",與成語"疾言厲色"、"疾聲厲色"結構相同,而意思相反[88]。按,"齊聖"應連前面的"和氣"來讀,即"和氣齊聖"。"色",原字下部殘,整理者釋作"也"(269頁)。上引羅文認為此字左上當從"爪",可暫隸作"舀"。沈培進一步釋作"色"[89],甚是。"好色",《議二》認為應理解為"保持和悅的臉色",可從。

本文據年初舊稿《〈上博七〉校讀述議》刪改補充而成,2009年9月30日記。

注　釋:

[1] 馬承源主編:《上海博物館藏戰國楚竹書(七)》,上海:上海古籍出版社,2008年。
[2] 楊澤生:《上博簡〈凡物流形〉中的"一"字試解》,古文字網(http://www.guwenzi.com/),2009年2月15日。
[3] 馬承源主編:《上海博物館藏戰國楚竹書(四)》,上海:上海古籍出版社,2004年,第256頁。
[4] 李守奎、曲冰、孫偉龍編:《上海博物館藏戰國楚竹書(1—5)文字編》,北京:作家出版社,2007年,第293、880、889頁。
[5] 凡國棟:《上博七〈凡物流形〉2號簡小識》,簡帛網(http://www.bsm.org.cn/),2009年1月7日。
[6] 鄔可晶:《〈上博(七)·凡物流形〉補釋二則》,古文字網,2009年4月11日。
[7] 同注[5]。"上引某文"指同一校讀序號內前已出注的某人論著,後面不再注。
[8] 秦樺林:《楚簡〈凡物流形〉中的"危"字》,簡帛網,2009年1月4日。
[9] 參看陳劍《上博竹書〈昭王與龏之脽〉和〈柬大王泊旱〉讀後記》,簡帛研究網(http://www.jianbo.org/),2005年2月15日。
[10] 曹峰:《〈凡物流形〉中的"左右之情"》,簡帛研究網,2009年1月4日;《〈凡物流形〉中的"左右之情"(修訂版)》,孔子2000網(http://www.confucius2000.com/),2009年1月5日。
[11] 陳惠玲:《〈凡物流形〉簡3"左右之請"考》、《"〈凡物流形〉簡3'左右之請'考"補釋》,古文字網,2009年4月22日。
[12] 李銳:《〈凡物流形〉釋讀劄記》,孔子2000網,2008年12月31日。
[13] 宋華強:《〈凡物流形〉"五音才人"試解》,簡帛網,2009年6月20日。
[14] 凡國棟:《上博七〈凡物流形〉簡4"九囿出牧"試說》,簡帛網,2009年1月2日。
[15] 李銳:《〈凡物流形〉釋讀劄記(三續)》,簡帛研究網、孔子2000網,2009年1月8日。

[16] 沈培:《〈上博(七)〉字詞補說二則》,古文字網,2009年1月3日;《〈上博(七)〉校讀拾補》,"古道照顏色——先秦兩漢古籍國際學術研討會"論文,香港中文大學,2009年1月16—18日。
[17] 同[14];范常喜:《〈上博七·凡物流形〉短劄一則》,簡帛網,2009年1月3日。
[18] 張崇禮:《釋〈凡物流形〉的"其央奚適,孰知其疆"》,古文字網,2009年3月19日。
[19] 蘇建洲:《試釋〈凡物流行〉甲8"敬天之明"》,古文字網,2009年1月17日。
[20] 孟蓬生:《說〈凡物流形〉之"祭員"》,古文字網,2009年1月12日。
[21] 羅小華:《〈凡勿流型〉甲本選釋五則》,簡帛網,2009年12月31日。
[22] 凡國棟:《上博七校讀雜記》,簡帛網,2009年1月8日。
[23] 單育辰:《佔畢隨錄之八》,古文字網,2009年1月3日。
[24] 劉信芳:《〈凡物流形〉櫨祭及相關問題》,古文字網,2009年1月13日。
[25] 凡國棟:《上博七〈凡物流行〉甲7號簡從"付"之字小識》,簡帛網,2009年4月21日。
[26] 蘇建洲:《〈上博七·凡物流形〉"一"、"逐"二字小考》,古文字網,2009年1月2日。
[27] 同注[19]。
[28] 高佑仁:《釋〈凡物流形〉簡8之"通天之明奚得?"》,簡帛網,2009年1月16日。
[29] 叢劍軒:《也說〈凡物流形〉的所謂"敬天之明"》,簡帛網,2009年1月17日。
[30] 凡國棟:《也說〈凡物流形〉之"月之有軍(暈)"》,簡帛網,2009年1月3日。
[31] 參看曹錦炎《楚竹書〈問日〉章與〈列子·湯問〉"小兒辯日"故事》,《古文字研究》第二十七輯,北京:中華書局,2008年,第494—497頁。本節引整理者意見皆可參此文,後面不再加注。
[32] 宋華強:《上博竹書〈問〉篇偶識》,簡帛網,2008年10月21日。
[33] 鄔可晶:《談〈上博(七)·凡物流形〉甲乙本編聯及相關問題》,古文字網,2009年1月7日。
[34] 同注[13]。
[35] 蘇建洲:《〈凡物流形〉"問日"章試讀》,古文字網,2009年1月17日。
[36] 說詳拙文《楚竹書〈問日〉章新釋》,見《古文字研究》第二十八輯,北京:中華書局2010年。
[37] 孫飛燕:《讀〈凡物流形〉劄記(二)》,孔子2000網,2009年1月4日。
[38] 高亨纂著,董治安整理:《古字通假會典》,濟南:齊魯書社,1989年,第350頁。
[39] 同注[36]。
[40] 李銳:《〈凡物流形〉釋讀劄記(三續)》,簡帛研究網、孔子2000網,2009年1月8日。
[41] 郭永秉:《由〈凡物流形〉"鳶"字寫法推測郭店〈老子〉甲組與"朘"相當之字應為"鳶"字變體》,古文字網,2009年12月31日。
[42] 徐在國:《談上博七〈凡物流形〉中的"詧"字》,古文字網,2009年1月6日。
[43] 楊澤生:《說〈凡物流形〉從"少"的兩個字》,簡帛網,2009年3月7日;《〈上博七〉釋讀補說(四則)》,載《中國文字學會第五屆年會暨漢字學國際學術研討會論文集》,福州—武夷山:中國文字學會第五屆年會籌備組,2009年8月,第305—308頁。
[44] 張崇禮:《釋〈凡物流形〉的"端文書"》,古文字網,2009年3月15日。
[45] 巫雪如:《楚簡考釋中的相關語法問題試探》,簡帛網,2009年6月18日。
[46] 曹峰:《釋〈凡物流形〉中的"箸不與事"》,簡帛研究網,2009年5月19日。
[47] 同注[38],第897—898頁。
[48] 凡國棟:《上博七〈凡物流形〉劄記一則》,簡帛網,2009年1月4日。
[49] 宋華強:《〈凡物流形〉"之知四海"新說》,簡帛網,2009年6月30日。
[50] 參看俞敏監修,謝紀鋒編纂《虛詞詁林》,哈爾濱:黑龍江人民出版社,1992年,第43、37頁。
[51] 曹峰:《〈凡物流形〉的"少徹"和"少成"》,簡帛研究網,2009年1月9日。
[52] 沈培:《略說〈上博(七)〉新見的"一"字》,古文字網,2008年12月31日;注[16]後一文。
[53] 同注[2]。
[54] 楊澤生:《說〈凡物流形〉從"少"的兩個字》,簡帛網,2009年3月7日。

[55] 李銳：《〈凡物流行〉釋讀劄記（續）》，孔子2000網，2009年1月1日。
[56] 同注［33］。
[57] 宋華強：《〈凡物流形〉"上干於天，下蟠於淵"試解》，簡帛網，2009年7月11日。
[58] 魏宜輝：《論戰國楚系文字中"繇"字之省體》，古文字網，2009年1月1日。
[59] 王連成：《〈上博七·凡物流形〉中"每"與"緟"的識別與釋義》，簡帛研究網，2009年1月5日。
[60] 李銳：《〈凡物流形〉釋讀劄記（三續）》，簡帛研究網、孔子2000網，2009年1月8日；蘇建洲：《釋〈凡物流形〉甲15"通於四海"》，古文字網，2009年1月14日。
[61] 侯乃峰：《上博（七）字詞雜記六則》，古文字網，2009年1月16日。
[62] 同注［13］。
[63] 凡國棟：《上博七〈凡物流形〉簡25"天弌"試解》，簡帛網，2009年1月5日。
[64] 陳峻誌：《〈凡物流行〉之"天咸"即"咸池"考》，簡帛網，2009年3月14日。
[65] 秦樺林：《〈凡物流形〉第二十一簡試解》，古文字網，2009年1月9日。
[66] 同注［52］。
[67] 同注［43］《〈上博七〉釋讀補說（四則）》。
[68] 同注［2］。
[69] 同注［21］。
[70] 宋華強：《〈凡物流形〉"遠之步天"試解》，簡帛網，2009年6月28日。
[71] 滕壬生：《楚系簡帛文字編（增訂本）》，武漢：湖北教育出版社，2008年，第199頁。
[72] 參看宗福邦、陳世鐃、蕭海波主編《故訓匯纂》，北京：商務印書館，2003，第682頁。
[73] 劉雲：《說〈上博七·凡物流形〉中的"巽"字》，古文字網，2009年2月8日。
[74] 同注［25］。
[75] 李銳：《〈凡物流形〉釋讀劄記（再續）》（重訂版），孔子2000網，2009年1月3日。
[76] 劉剛：《讀簡雜記·上博七》，古文字網，2009年1月5日。
[77] 同注［6］。
[78] 張崇禮：《〈凡物流形〉新編釋文》（古文字網，2009年3月20日）文後跟帖。
[79] 陳志向：《〈凡物流形〉韻讀》（古文字網，2009年1月10日）文後跟帖。
[80] 同注［6］。
[81] 同注［75］。
[82] 禤健聰：《上博（七）零劄三則》，簡帛網，2009年1月14日。
[83] 蘇建洲：《釋〈凡物流行〉"一言而力不窮"》，古文字網，2009年1月20日。
[84] 同注［76］。
[85] 單育辰：《佔畢隨錄之九》，簡帛網，2009年1月19日。
[86] 同注［21］。
[87] 范常喜：《〈上博七·凡物流行〉"令"字小議》，簡帛網，2009年1月5日。
[88] 蘇建洲：《〈凡物流形〉甲27"齊聲好色"試解》，簡帛網2月10日。
[89] 沈培：《〈上博（七）〉殘字辨識兩則》，古文字網，2009年1月2日；注［16］後一文。

簡稱表

《補說》　楊澤生《上博七補說》，古文字網，2009年1月14日。
《重編》　讀書會《〈上博（七）·凡物流形〉重編釋文》，古文字網，2008年12月31日。
《讀記》　孫飛燕《讀〈凡物流形〉劄記》，孔子2000網，2009年1月1日。
《二則》　秦樺林《楚簡〈凡物流形〉劄記二則》，古文字網，2009年1月4日。

《校二》	廖名春《〈凡物流行〉校讀零劄（二）》，孔子 2000 網，2008 年 12 月 31 日。
《校一》	廖名春《〈凡物流行〉校讀零劄（一）》，孔子 2000 網，2008 年 12 月 31 日。
《零釋》	吳國源《〈上博（七）凡物流形〉零釋》，孔子 2000 網，2009 年 1 月 1 日。
《零劄》	宋華強《〈凡物流形〉零劄》，簡帛網，2009 年 8 月 29 日。
《散劄》	宋華強《〈上博（七）·凡物流形〉散劄》，簡帛網，2009 年 1 月 6 日。
《釋讀》	宋華強《〈凡物流形〉甲本 5—7 號部分簡文釋讀》，簡帛網，2009 年 6 月 23 日。
《試解》	顧史考《上博七〈凡物流形〉下半篇試解》，古文字網 2009 年 8 月 24 日。
《試探》	顧史考《上博七〈凡物流形〉上半篇試探》，古文字網 2009 年 8 月 23 日。
《四則》	宋華強《〈上博（七）·凡物流形〉劄記四則》，簡帛網，2009 年 1 月 3 日。
《小補》	顧史考《上博七〈凡物流形〉簡序及韻讀小補》，簡帛網，2009 年 2 月 23 日。
《小劄》	陳偉《讀〈凡物流形〉小劄》，簡帛網，2009 年 1 月 2 日。
《新編》	李銳《〈凡物流形〉釋文新編（稿）》，孔子 2000 網，2008 年 12 月 31 日。
《新見》	王中江《〈凡物流形〉編聯新見》，簡帛網、孔子 2000 網，2009 年 3 月 3 日。
《芻議二》	季旭昇《上博七芻議（二）：凡物流形》，簡帛網，2009 年 1 月 2 日。
《議三》	季旭昇《上博七芻議三：凡物流形》，古文字網，2009 年 1 月 3 日。
《劄記》	何有祖《〈凡物流形〉劄記》，簡帛網，2009 年 1 月 1 日。

郭店楚墓竹書學派判定研究述評*

李　銳

　　1993年出土的郭店楚墓竹簡，被譽爲是和"死海古卷"一樣有價值的絕世佚籍。1998年5月，文物出版社出版《郭店楚墓竹簡》，關於楚簡的"郭店老子國際學術研討會"立即在美國達慕思大學召開，隨後在武漢大學、清華大學等地也召開了多次關於郭店楚簡的國際會議。清華大學更是在李學勤先生的帶領下，開辦了多期簡帛講讀班。許多人都認爲這些竹簡將改寫乃至重寫中國思想史、學術史。對郭店楚墓竹簡的研究至今已經十餘年，雖然近些年因爲上海博物館藏戰國楚簡的陸續出版，使得有關郭店楚簡的研究似乎有些冷清，然而繼續深入的沉潛研究，可謂纔剛剛開始。過去許多聚訟紛紛的問題，有一些得到了統一認識，有一些則恐怕需要深入反思。

　　在諸多的問題中，對於郭店楚簡各篇的學派屬性的判斷，是討論得最激烈的問題之一，也是學界反思較多的問題。過去有不少綜述文章，部分地涉及到了這一方面的問題，但是尚未上升到反思研究背後的指導思想的層面。下面就此問題進行專題綜述，主要關注種種不同的説法（忽略後出的沒有多少補充的相同、相近説法），尤其關注學界對於學派判定方法的反思。

一

　　對於學派屬性的討論，有幾個問題可能與之相關。一是郭店墓的主人，二是郭店墓的下葬時間。但是所謂的墓主爲環淵[1]、陳良[2]、屈原[3]或慎子[4]之意見，皆爲臆説，徒增神秘樂事而已。其起源，則是因郭店墓中出土的一漆耳杯底部刻有銘文"東宫之巿（師）"，末一字或釋爲"不（杯）"。因爲所刻字不規範，故釋讀還有不同意見。但是即便確實讀爲"師"，也有可能是工師的"物勒工名"，因而並不能毫無疑問地表明此杯爲東宫太子之老師的杯子；此杯也有可能是受贈之物[5]。此外，筆者注意到東宫固然爲太子所居，但是古代諸侯小寝也稱"東宫"，如《左傳》襄公九年記："穆姜薨於東宫"。凡此種種可能，皆無法確證墓主爲太子之師，更遑論其爲屈原等名人了。

　　1997年第7期《文物》雜志刊登了湖北省荊門市博物館《荊門郭店一號楚墓》一文，正式向學界介紹了湖北省荊門市郭店村一號楚墓出土文物的情况。該文根據郭店一號墓出土的墓室，椁室，牀，隨葬禮器之形制、紋飾，竹簡字體，判定郭店一號墓爲典型楚墓，再將出土器物如漆耳杯、木梳、木笥、木枕、仿銅陶鼎、陶盉、陶斗、銅盤、車馬器、銅鏡，與雨臺山、包山、望山等楚墓中之出土器物相比較，並指出郭店M1所出鐵鐮與雨臺山M403：20所出鐵鐮相比，"尖稍長且微上翹，鋸齒狀刃較明顯，其差别較大，時代當篇晚"。由此推斷郭店一號墓"具有戰國中期偏晚的特點，其下葬年代當在公元前4世紀中期至前3世紀初"[6]。1998年在美國達慕思大學召開的"郭店《老子》國際學術討論會"上，李學勤、裘錫圭、李伯謙、彭浩和劉祖信——

其中後兩者參與了該墓的發掘與整理——幾乎都同意郭店一號墓約下葬於公元前 4 世紀末期的説法[7]，較之發掘簡報"公元前 4 世紀中期至前 3 世紀初"之説更為精細。後來李學勤先生進一步將墓葬物品和其他楚墓所出土物品做了詳細的比較，支持考古工作者的研究結論[8]。

李學勤先生曾指出："郭店一號墓的年代，與孟子活動的後期相當，墓中書籍都為孟子所能見。《孟子》七篇是孟子晚年撰作的，故而郭店竹簡典籍均早於《孟子》的成書。"[9] 龐樸先生將墓中儒學典籍的年代推斷為"孔孟之間"[10]。

但是王葆玹先生推斷郭店楚墓下葬年代在公元前 278 年白起拔郢之後，並推論《六德》篇在《荀子》之後[11]。張立文先生據《窮達以時》篇"窮達"為複合詞，《孟子·盡心上》等篇則為"對偶詞"，推斷《窮達以時》"並非《孟子》之前的作品"[12]。日本池田知久先生則據《窮達以時》與《荀子·宥坐》接近，《窮達以時》中"天人又（有）分"與《荀子·天論》相近，認為其作於"荀子學派之手"[13]；並從郭店簡唯有《五行》有篇名，而帛書《五行》中沒有篇名出發，將之與《荀子》比較，認為郭店《五行》是"受到荀子本人或者荀子學派之影響而產生出來的東西"，"是以孟子、荀子的思想為中心，折衷了許多先秦時代的儒家思想，進而吸收了儒家以外諸子百家思想，由某位屬於儒家的思想家做成的文獻"[14]；又從《性自命出》中"道之四術"出發，認為其形成晚於《荀子》[15]。羅熾先生從儒道二家竹簡混葬於一墓出發，就竹簡形制、簡書內容、所用概念、天人關係、道家簡不排斥儒家仁義道德等進行分析，認為郭店楚簡填補了思孟到荀子、莊子道家到黃老道家之間的空白[16]。陳鼓應先生認為"《性自命出》作於《管子》四篇和荀子之間"[17]。趙建偉先生認為先秦的氣化論中已經包含有"水"的因素，《管子·水地》是氣化論發展的必然產物，而《太一生水》則很有可能是受了《水地篇》的影響而作的；並從《太一生水》重視陰陽範疇而不及五行及其協韻特點等方面來考察，《太一生水》可能是齊湣王後期"諸儒各分散"的群體中稷下學者去齊之楚後所撰之作品[18]。周鳳五先生認為《唐虞之道》當出自孟子一派[19]。黃釗先生認為《太一生水》可能是稷下道家遺著[20]。王志平先生認為"《窮達以時》可能是荀子學派的作品"[21]。類似的將郭店楚簡某些篇章年代拉後的説法還有不少（詳後文）。

這些學者的年代分析，不少是和學派分析聯繫在一起的。這些研究結論，對於郭店楚簡的年代下限構成了挑戰；有一些看似沒有問題，但是如果考慮竹簡還有一個流傳的時期，則也和郭店楚墓的年代存在矛盾。以致杜維明等先生就提出"這批材料的下限是否就是公元前三〇〇年左右，是否確實是孟子以前的材料"，還需要注意[22]。不過，這些説法都有一定問題。比如王葆玹先生認為秦白起拔郢後，郢地還有楚墓。但是問題的關鍵是楚遷都後，"楚貴族墓完全絶蹟"[23]，郭店楚墓就是貴族墓而不是平民墓，故其説不可信。關於《窮達以時》篇的年代，筆者對諸多説法有專文論述[24]，認為李學勤先生的説法可靠。至於其他幾篇，立説前提或者方法多有問題。譬如不少學者用文獻的"重文"乃至不合格的相近、相關思想發展鏈條來推斷時代先後。但即便是"重文"，這種分析是否可行，也是有疑問的[25]，更遑論相近、相關的思想了。趙建偉先生所提出的《内業》——《水地》——《太一生水》這樣一個單綫條式的進化圖，就不免有太多的主觀性。而池田知久先生所擬定的單綫的重文文獻鏈，是根據他所認為"可靠"的幾本書籍的年代先後推斷出來的；又認定"重文"之間衹有簡單的抄襲關係，全不顧諸子"言公"的通例，往往是為了維護自己或所在學派早年的結論而編輯證據[26]。池田知久先生的研究方法及其結論，就是在日本國內，也遭到了質疑，僅是少數人的説法[27]。因此，對於郭店楚墓竹簡篇章的年代，我們要充分尊重考古工作者的研究結論。

二

　　對於郭店楚墓竹簡篇章學派屬性的討論，大致可以分為兩個主體部分，一是三組《老子》和《太一生水》，多被稱為道家作品；一是《緇衣》、《魯穆公問子思》、《窮達以時》、《五行》、《唐虞之道》、《忠信之道》、《成之聞之》、《尊德義》、《性自命出》、《六德》，多被稱為儒學作品。此外還有四組《語叢》，或將《語叢四》和《老子》、《太一生水》視為一組，將《語叢一》、《語叢二》、《語叢三》和儒學篇章視為一組。至於這些簡在一個墓中，是否能表明儒道合流等等問題，則因為偶然性較大，本文不予討論。下面分為兩個主體部分進行討論。

　　竹簡《老子》的出土，至少將《老子》的年代又提早了一百餘年，意義重大。可是，郭店《老子》是由三組形制不同的簡所組成，章節秩序與帛書、今傳本有很大不同，簡本的內容祇有今存本總量的三分之一，而且丙組《老子》本與《太一生水》抄在一起。關於簡本《老子》與後來的帛書本以及今存本，主要有簡本為足本或摘抄本等說法，因和本文主題不太無關，這裏就不過多介紹了——至於郭沂先生等所說郭店《老子》為原本，出自老聃；"五千言"為太史儋所作[28]，已遭諸多質疑[29]，本文不擬討論。也有不少討論簡本《老子》的來源或版本的問題，尤其對於竹簡《老子》不見非毀聖智、鄙棄仁義的內容，有許多解釋，乃至謂竹簡《老子》乃儒者所傳版本等等，因為證據不是很充分，本文也不擬討論。

　　關於《太一生水》與《老子》的關係，主要有如下諸說。

　　崔仁義先生指出《老子》第42章的表述抽象，而《太一生水》比較具體，因而前者是在後者的基礎上寫成的[30]，他還將此篇與《老子》丙合編為《老子》A[31]。李二民先生則認為，按照一般的規律，具體事物的出現往往要在抽象事物之前。因此，如果傳世本《老子》和《太一生水》真有密切關係的話，那麼，不是《太一生水》發揮和引申了《老子》第42章；相反，《老子》第42章是對《太一生水》的抽象和概括[32]。陳偉先生認為《太一生水》的內容可以分成三部分，"依次與傳世本《老子》第42章、第25章和第77章對應，似為闡述《老子》這幾章大義的傳"[33]。

　　李學勤先生認為《太一生水》是對《老子》第42章的引申解說。《太一生水》中太一是萬物母，此語是襲自今本《老子》第1章"萬物之母"。《太一生水》晚於傳世本《老子》各章，是《老子》之後的一種發展。李先生還根據《莊子·天下篇》所說"關尹、老聃聞其風而悅之，建之以常無有，主之以太一"，認為"建之以常無有"尚可與《老子》對應，"主之以太一"則不見於《老子》，當為關尹的學說。從而認為郭店楚簡《老子》（包括《太一生水》）可能係關尹一派傳承之本"[34]。邢文先生進一步認為郭店《老子》與今本不屬一系[35]，二說皆認為丙本《老子》當與《太一生水》視為一體。郭沂先生認同李學勤先生的觀點，並且認為《太一生水》就出自關尹子本人[36]。韓東育先生認為，《莊子》所說的"建之以常無有"，就是人們司空見慣的傳世本和郭店《老子》篇的大部分內容，而"主之以太一"，則剛好是後人無緣得見的《老子》佚文——《太一生水》篇，祇有把這兩句話所代表的兩部分內容合而觀之，老子的思想體系纔能完整或相對完整地現形於世人面前。說明我們以前所見，並非《老子》思想之全部[37]。

　　然而裘錫圭先生指出：《太一生水》的內容不見於傳世本《老子》；而且其思想和語言雖然有跟《老子》相合之處，但也有明顯不合之處，比如"太一"一詞不見於《老子》；《太一生水》的宇宙生成模式和《老子》第42章的宇宙生成模式仍然有明顯的差異；此外，《太一生水》

中的文風也顯然跟《老子》不同[38]。

譚寶剛先生則認為《太一生水》為老聃所作,《太一生水》是竹簡《老子》不可分割的組成部分,它是道家創始人老聃受《周易》的影響,在他歸隱時所作。雖然它寫成的時間可能遲於其他各章,但從老聃的哲學思想是從宇宙論到人生論再到政治論的理路來看,《太一生水》可説是整個簡本《老子》的總綱和開篇部分[39]。

對於《太一生水》的學派屬性的討論,譚寶剛先生已經有過綜述研究,並認為"《太一生水》被判定為道家的作品已經成為大多數學者的共識"[40]。學界確實有不少文章談到《太一生水》是道家作品(此不贅),其重要原因很可能和《太一生水》與丙組《老子》的關係有關。此外還有種種不同説法,譚先生對這些説法有評述。下面先介紹譚先生所評述過的一些説法,而本文基本不作評述(個別例外);然後談一談譚先生所沒有介紹過的説法,稍作評述。本文論述的次序是分類之後再按照發表時間先後為序,論述的重點也和譚先生綜述之文不盡相同。

趙建偉先生認為《太一生水》可能是齊湣王後期"諸儒各分散"的群體中稷下學者去齊之楚後所撰之作品[41]。黄釗先生也認為《太一生水》所反映的基本思想是"太一"通過"水"而生成萬物,是以水為載體的,其中包含"水"生萬物之意,這與《管子·水地篇》所講的"水為萬物之本源"的説法相吻合,其為稷下道家遺著無疑[42]。

周鳳五先生認為《太一生水》是儒家的作品:"《太一生水》則明確反映儒家學者借用楚國原始的'太一'信仰,糅合'稷下學派'的道家與陰陽數術之學對《老子》一書的改造。換句話説,郭店竹簡三組《老子》明顯有所删節,都是儒家'援道入儒'的產物。""至於《太一生水》則是儒家對《老子》宇宙論的改造與嶄新的詮釋"[43]。

蕭漢明先生認為《太一生水》屬陰陽家著作,其宇宙生成圖式與渾天説有一定關聯;但文中第二段描述的却是蓋天説。出現這種情況,有可能是當時宇宙結構論的研究正處在蓋天説與渾天説的轉换之際,也有可能是《太一生水》的兩段文字分别抄自不同的文本。蕭文還著力批評了將《太一生水》劃歸道家的做法,指出:"戰國時期,對宇宙發生與演化以及宇宙結構問題的關心已經遠遠不止道家因此不能將所有關於宇宙論方面的著作的學派屬性統統定為道家……判定一篇有關宇宙論方面的著作是否為道家著作首要的依據是看其是否言道德之意,有其意則是,無其意則非。"[44]然而同樣需要追問蕭先生的是:什麽可以作為判定陰陽家著作的首要依據,是否有宇宙論就一定是陰陽家著作?

丁四新先生開始傾向於認為《太一生水》或許就是楚國學人的道家作品,後來主張把《太一生水》分成不相關的兩篇或兩部分(對於《太一生水》,早有學者擬將之分為二或三章),認為講宇宙生成論的第一部分是由多種思想和文化相融合的成果,但衡量諸種因素把它判定陰陽家的作品乃最為可能,而第二部分屬於道家著作是毫無疑問的[45]。

羅熾先生認為,現有道家文獻《莊子》以前既不見"太一",儒家文獻從《論語》到《孟子》也不見"太一",其他文獻也闕如,是則戰國中期以前無此語。他根據《太一生水》中許多概念和範疇大多在稷下黄老之學的文獻中有見。因此認定《太一生水》是戰國中後期楚國黄老道家的作品[46]。

對於上述判定《太一生水》學派屬性諸説,譚寶剛先生在綜述中均有評述,多不認同。例外的是譚先生祇引述而沒有具體討論陳恩林先生的觀點,原因可能是兩人的觀點有相近之處。陳先生認為:《太一生水》以"太一"為天地萬物本原,是講有的哲學,《老子》以道即無,為天地萬物本原,是講無的哲學。《太一生水》以具體物質形態論宇宙生成,《老子》以抽象數字論宇宙生成,分屬兩個不同的哲學體系。《太一生水》與《易傳》接近,但非儒家易學流派,而屬於先秦數術學派。學術界咸將《大一生水》歸屬道家學派，是可商榷的[47]。

有一些關於學派屬性判定的說法，譚寶剛先生可能沒有注意到。李學勤先生早先曾指出過《太一生水》篇深受數術家的影響[48]，順此說思路進行解說者有很多，如彭浩先生指出："《太一生水》應是經數術和陰陽家對對道家學說充分改造過的理論"[49]，此不贅。

許抗生先生認為"《水地篇》的思想也很可能對《太一生水》篇的思想產生過影響。"[50]

強昱先生通過對《太一生水》、《黃帝四經》、《鶡冠子》等的比較研究，認為《太一生水》是一部同《黃帝四經》與《管子》等關係極為密切的道家經典，與《黃帝四經》年代大致相當，不晚於公元前351年[51]。

但是魏啓鵬先生認為《太一生水》是老子、關尹學派的思想，學術淵源和《水地篇》不同[52]。

黃人二先生則從方言之角度發揮其師周鳳五先生之說，認為竹簡《老子》為鄒齊儒者之版本[53]。此說考慮到了傳本《老子》的"絕仁棄義"、"絕聖棄智"，郭店簡作"絕智棄辯"、"絕偽棄詐"，這被認為是出於儒者的改換。但是高明先生認為二者並無區別[54]，不過高明先生此說沒有得到學界的贊同，當然學界同意《太一生水》為鄒齊儒者之版本者也不多。

高正先生認為《太一生水》是稷下思孟學派作品，《大一生水》在子思學派《禮運》、《易傳》等著作的基礎上，又進一步吸收了《老子》、《曾子天圓》、《管子·水地》等著作中的思想材料，發展出了稷下思孟學派自己的宇宙生成理論[55]。

劉信芳先生認為："《太一生水》的產生年代略晚於《曾子天圓》，乃戰國早期的作品。《太一生水》的作者既傳老子之學，同時又對儒家思想有透徹的理解"，"《太一生水》的面目是道家的，而血肉及軀幹却由儒道兩家之精華混生而成。"[56]

江山、孔慶平先生認為："'太一生水'以南方儒者特有的敏銳和氣勢，並利用南方的道學資源，將儒家的倫理學和政治哲學置於一本體論和存在論的框架之中，以求得解釋的完滿和充分。"[57]

歐陽禎人先生指出：先秦儒家吸收了《太一生水》的自然哲學思想。郭店楚簡都出自一個墳墓，許多篇章可以相互發明，相互詮釋[58]。

此外，首先將《太一生水》和易學明確聯繫起來的，可能是劉大鈞先生，他認為此篇體現了卦氣說的內容[59]。王志平先生也談到了《太一生水》與易學的有關問題[60]。

因此，認為《太一生水》是道家作品雖然是不少學者不自覺地接受的觀點（此不贅），但顯然不能得到廣泛的認同。

關於《太一生水》與丙組竹簡《老子》形制相同，可能是一卷這個現象，恐怕未必就能據此認定《太一生水》是《老子》的一部分，乃至二者為同一學派的作品，雖然二者在看起來思想上有一定關係。對此問題，李若暉先生有比較詳細的論證[61]，不過其舉例多以帛書為證，而帛束卷册繁多，或許有學者難以認同，下面試作補充。

古人抄書，或先編後抄，每有空白零簡，屢見於出土簡帛之中。即便是先抄後編者，也可能因為篇幅短小之故，多有空白零簡，以備日後之用。是故古書之中每見散篇，如《管子》中有《弟子問》，《逸周書》中有《商書·伊尹朝獻》。這些散篇在劉向、歆父子校書之時，很容易被編入一書之內，然而和全書的思想、體例不合。這就是因為古人因零簡或内容相關之故，把一些內容短小的散篇抄入了本書之中，我們則不可因此之故，認為散篇和全書有必然的思想關聯。實際上，散篇和全書的關聯是以抄書者的意志為轉移的，後人不可求之過深。上博簡中，《詩論》、《子羔》、《魯邦大旱》諸篇，竹簡形制、字體接近（關於《詩論》，還有"留白簡"問題，本文暫不討論），很可能為一卷而共用一個篇題"子羔"。這幾篇，可能來源不一，而為一個抄手編抄在一起，我們也不可因此而以為《詩論》必定為《魯邦大旱》中出現的子貢或《子羔》中記載的子羔所傳——雖然存在一點然而却無法證實的可能性。如果說《子羔》的例子還不够的話，我們更可以看上博簡中的《鬼神之明》和《融師有成氏》，《莊王既成》與《申公臣靈王》，這些篇章均非直接相關却被抄在一起。因此，我們最好就《太一生水》本身進行研究，不必將它和其他學術篇章強拉聯繫。因為若說思想關聯，筆者也曾發現《文子》等中有與《太一生水》相近者[62]，但是古代思想繁榮程度絕非今日可以設想，故不必為一星半點相關度而進行夸大的論證；同時也不必見一篇文章雜有數種思想傾向，就歸之為思想融合的結果——其實是我們判定問題的思路、我們對於古代思想的估計值得認真反思。因此，在當前，我們或許不必急於判定《太一生水》的學派屬性，但可以從不同的研究角度探討《太一生水》。

三

對於郭店楚簡中被許多學者稱為儒學作品的部分，陳來先生認為：現存文獻與之最接近者為《禮記》，在內容、思想、文字上都是如此。在此意義上，若徑稱這部分竹簡為荊門禮記，雖不中，亦不可謂全無理由。設想十四篇是同一部子書，似不合情理[63]。但是李學勤先生指出：《緇衣》、《五行》、《魯穆公》和別的子思一系的作品都應屬於《子思子》，不能叫作《禮記》。先秦時祇有七十子後學的種種著作，却無《禮記》這個名稱，有關著作也不都是禮經的"記"[64]。

李學勤先生還指出《緇衣》、《五行》、《成之聞之》、《尊德義》、《性自命出》、《六德》、《魯穆公問子思》、《窮達以時》等應歸於《漢書・藝文志》著錄的《子思子》；《唐虞之道》、《忠信之道》"雖有近於儒學的語句，但過分強調禪讓，疑與蘇代、厝毛壽之流游說燕王噲禪位其相子之（公元前三一六年）一事有關，或許應劃歸縱橫家"[65]。

姜廣輝先生通過以下四個參照：（1）《荀子・非十二子》評語、（2）《中庸》、（3）子思"求己"的學術主旨、（4）子思的思想性格，推斷郭店竹簡的多數應屬於《子思子》，認為竹簡中的儒家文獻《唐虞之道》、《緇衣》、《五行》、《性自命出》、《窮達以時》、《求己》（《成之聞之》前半部）、《魯穆公問子思》、《六德》諸篇為子思所作[66]。

周鳳五先生對楚簡的形制長短與經傳的關係作了認真研究，認為梯形簡端是郭店竹簡儒家"子思學派"經典的主要形式特徵，郭店簡中的《魯穆公問子思》、《窮達以時》、《緇衣》、《五行》、《性自命出》、《成之聞之》、《尊德義》、《六德》等八篇很可能就是傳自先秦、北宋以後逐漸散佚的《子思子》主體[67]。

詹群慧女士受周鳳五啓發，認為"《魯穆公問子思》是子思一派的著述，這在學界多被承認，《窮達以時》也很有可能是子思一派的著述，與《窮達以時》、《魯穆公問子思》簡形一制，但更長的儒簡《緇衣》、《五行》、《性自命出》、《尊德義》、《成之聞之》、《六德》六篇應該更為重要，它們是子思著述，其中《緇衣》是子思以輯錄傳注孔子言論為主的格言體文章，而《五行》、《性自命出》、《尊德義》、《成之聞之》、《六德》五篇則是子思闡發和總結自己思想理念的論述性文章，並且這五篇論文有一定的内在邏輯性、連貫性和統一性，它們較為完整地構成了子思創始的'五行'學說完整體系。"[68]

對於郭店楚簡年代持有異議的王葆玹先生也認為"墓中的竹書有八篇可肯定是《子思子》一書的資料來源"，"《緇衣》是子思本人所作，《魯穆公》、《五行》、《性自命出》、《尊德義》、

《成之聞之》五篇是子思弟子的手筆。《唐虞之道》和《六德》是子思學派的極富代表性的作品，前者約撰於孟荀之間，後者則撰於公元前278年白起拔鄢之後。"[69]

李景林先生認為："《性自命出》、《成之聞之》、《尊德義》、《六德》，集中涉及到性與天道的問題，其思想皆與《庸》、《孟》一致"，"表現了子思一系的'性與天道'論。其餘諸篇，有的較接近於孔子，當為子思紹述孔子思想之作，有的則近於孟子，當為子思後學所述。"[70]

高正先生認為"郭店竹書中除《老子》以外的各篇，乃是子思後學與稷下思孟學派的作品"[71]。不過稷下思孟學派之名稱尚待論證。

葉國良先生則認為郭店簡儒學作品"基本上都可以承認屬於曾子、子思一系的著作"[72]。

日本淺野裕一先生也認為"郭店楚簡中十篇儒家著作，主要都可説是子思學派的著作"[73]。

郭沂先生認為《成之聞之》、《性自命出》、《尊德義》、《六德》四篇不但竹簡形制一樣，而且思想一貫，當出自一人之手，此人很可能就是子思弟子孟軻（此孟軻非孟子，而是《子思子》、《孔叢子》等書所載的那位姓孟、名軻、字子車的儒者）[74]。

梁濤先生將十四篇儒簡大致分為三類，第一類包括《緇衣》、《五行》、《魯穆公問子思》，肯定其就屬於《子思》。第二類包括《窮達以時》、《性自命出》，雖沒有確鑿的證據，但"傾向"於將其分別看作子思與子游氏之儒的作品。第三類包括《唐虞之道》、《尊德義》、《六德》等，認為其作者已不可詳考，是子思那個時代，人們普遍談論並可以接受的觀點，可以看作由子思到孟子的背景材料處理和使用[75]。

但是李澤厚先生認為竹簡有"仁內義外"，與告子同，與孟子反，斷定竹簡屬"思孟學派"未必準確，而且説究竟何謂"思孟學派"，其特色為何，並不清楚，因此認為竹簡更接近《禮記》及荀子[76]。

張茂澤先生也通過對《性自命出》等的分析，認為將郭店儒家簡定位為"孔荀之間"可能更合適[77]。

李存山先生認為："楚簡的有些思想比較接近於或符合於公孫尼子、子思和孟子的思想。然而，若謂楚簡即公孫尼子或思孟學派的著作，則證據尚不充足，而且有相抵牾處（如非性善論，持心無常志、仁內義外之説等，明顯不同於孟子）"，懷疑郭店簡與陳良（"仲良氏之儒"）有關[78]。李存山先生後來又補充説，指出郭店儒家文獻的思想"有的也與思、孟的思想'相出入'。因此，我不認為這些文獻都屬於子思學派或思孟學派。""郭店儒家文獻內部之間也'相出入'。如《五行》篇構建的道德體系是'仁、義、禮、智、聖'，《六德》篇構建的道德體系是'聖、智、仁、義、忠、信'，《忠信之道》則又強調忠、信是'仁之實'、'義之期'。此三篇必非一人或內部關係較近的一個學派所作。"[79]

王博先生認為郭店簡儒學文獻中，應該有些是子張之儒的作品[80]。

日本湯淺邦弘先生認為"將這些文獻一並視為思孟學派，或是將每一篇的作者預設為子思學派或子張學派之手的做法是值得商榷的"[81]。郭齊勇先生通過楚簡之人性天命説、楚簡與《孟子》的思想聯繫與區別、"情"與道德行上學三個方面的研究，提出"郭店儒家簡諸篇並不屬於一家一派，將其全部或大部視作《子思子》，似難以令人信服。筆者不是把它作為某一學派的資料，而是把它視作孔子、七十子及其後學的部分言論與論文的匯編、集合，亦即某一時段（孔子與孟子之間）的思想史料來處理的"[82]。

李零先生也指出郭店簡是不是子思學派的東西，或者哪些篇是，哪些篇不是，這個問題還可討論，"但他們反映的主要是'七十子'的東西，或'七十子'時期的東西，我完全同意。"[83]

白奚先生則認為郭店儒簡的作者受到了黃老思想的重要影響[84]。

四

對於通稱為郭店儒學作品中個別篇章的學派屬性，學界仍然有很大歧義。

關於《緇衣》，《隋書·音樂志》引沈約之說，認為取自《子思子》，《經典釋文》則引南齊劉瓛之說謂《緇衣》為公孫尼子所作。李學勤先生曾認為當是由於《緇衣》的觀點與公孫尼相似[85]。郭店楚簡出土後，今人多信沈約之說，否定劉瓛之說[86]。姜廣輝先生認為："《緇衣》一篇為子思所作"[87]，高正先生認為"《緇衣》蓋子思後學的作品"[88]，所說相去不遠，因為今人已經明白余嘉錫所說子書為學派集體著作集之義，不少人就將《緇衣》歸為子思學派之作[89]。但是程元敏先生相信劉瓛所說為公孫尼子作的觀點[90]，張富海先生提出了批評，維持子思之說[91]。李零先生提出子思子和公孫尼子都是傳述者[92]。李零先生此說較為融通，然而仍然可以追問的是：誰是《緇衣》主體部分的編訂者？王葆玹先生既說《緇衣》是子思本人的著作，又說《緇衣》是由子思纂集而成[93]。劉信芳先生特別指出："確指《緇衣》作者的條件並未成熟。不過就竹簡《緇衣》本身而言，《緇衣》有可能是當時南方學者的作品。"[94]廖名春先生考定《緇衣》是孔子語錄，其作者，包括劉瓛的為公孫尼子所作說和沈約的"取《子思子》"之說可以並存[95]。

《魯穆公問子思》一篇異議不多，但關係重大。李學勤先生認為《魯穆公問子思》是郭店儒學作品與子思有關的標誌[96]。廖名春先生認為此篇成於子思弟子之手[97]；高正先生認為"此篇中的記載，雖然與子思的思想一致，而其作者則決非子思本人，應為子思後學"[98]；姜廣輝先生則認為此篇為子思所作[99]；葉國良先生指出《魯穆公問子思》有與《表記》"相同的政治批判意識"，可以列為子思一系之作[100]；陳偉等先生以為"此文可能是子思或其弟子所記"[101]。諸說雖有不同，但若如李學勤先生所指出的歸之為《子思子》[102]——不過此《子思子》，不當視為《漢志》之《子思子》，或稱之為子思學派之作，則可以統一。然而視為子思本人所作，則可能性恐較小，因為此處"魯穆公"之稱，已使用了諡號，而魯穆公繼位為君之時，子思當已過世。

《窮達以時》篇，李學勤、廖名春[103]先生認為與孔子有關，鄭剛先生認為：《窮達以時》、《唐虞之道》和《忠信之道》當是同一組文章，是孔子在同一歷史時期就同一問題所發的言論[104]。姜廣輝先生認為此篇為子思所作[105]。葉國良先生指出《窮達以時》有與《累德》相近的文句和與子思相近的思想，也認為此篇為子思一系之作[106]。李景林先生提出此篇為子思紹述孔子之意[107]，日本淺野裕一先生認為《窮達以時》可能是子思學派所作，試圖為孔子人生進行辯護[108]，這兩種說法可以彌合前說。但李存山先生指出："《窮達以時》的思想與《中庸》的'大德者必受命'相矛盾"[109]。黃人二先生指出：《窮達以時》簡文相當於《論語·衛靈公》"在陳絕糧，從者病，莫能興。子路慍見曰：'君子亦有窮乎？'子曰：'君子固窮，小人窮斯濫矣'"的"傳"[110]。池田知久先生則據《窮達以時》所述事與《荀子·宥坐》接近，《窮達以時》中"天人又（有）分"與《荀子·天論》的提法相近，認為《窮達以時》作於"荀子學派之手"，但其思想又從典型的'天人之分'變化而出，可推測是稍後形成的文章"[111]。高正先生認為"此篇應是稷下思孟學派的作品，與《孟子》思想一致，對《荀子》有很大影響。"[112]王志平先生經過分析，認為孔子厄於陳蔡的最早記載見於《荀子·宥坐》，此為荀子及其後學所作；《韓詩外傳》多本《荀子》；荀子境遇與孔子相似；《窮達以時》與荀子的思想比較吻合；有些關於孔子的記載，疑為荀子之徒偽造。由此，王先生認為"《窮達以時》可能是荀子學派的作品"[113]。筆者認爲池田知久、王志平諸先生的觀點不可信[114]。

《五行》篇由於與馬王堆帛書《五行》的關係而較受關注，此處將和帛書《五行》一起討論。帛書《五行》有經有傳，郭店《五行》則祇有經文的部分，且有些章節順序和帛書《五行》經文不同。關於《五行》的學派以及時代，就筆者陋見所及，至今主要有以下一些觀點：對於帛書《五行》，1. 韓仲民先生認爲作者是子思、孟軻學派的門徒[115]。2. 龐樸先生認爲是"孟氏之儒"或"樂正氏之儒"的作品[116]。3. 裘錫圭先生認爲是孟軻學派的作品[117]。4. 後來出版的帛書《五行》釋文，祇談孟軻學派[118]。5. 李學勤先生認爲是思、孟一派著作，但未必反映思、孟五行說的全體；子思創五行說[119]。6. 魏啓鵬先生認爲是戰國前期子思氏之儒的作品[120]。7. 龍晦先生認爲作者晚於世子，略早於子思[121]。8. 日本學者池田知久先生在對《五行》全文進行譯解的基礎上，詳細討論了學派問題，批評龐樸先生的證據，認爲《五行》晚至漢代[122]。郭店簡《五行》發表之後，9. 李學勤先生認爲《五行》之經文爲子思之說，傳文乃世子之意而門人記之[123]，如此則郭店簡之時代，《五行》已有傳文，郭店簡未錄。10. 龐樸先生認爲帛書《五行》的經文部分"爲子思或子思弟子所作，或大有可能"；說解部分，由思孟學派的弟子們完成於荀子的批評之後；他認爲簡帛的篇章差異"不是錯簡所致，不是手民之誤，也不像出自兩個來源，而是理解上的不同"[124]。11. 邢文先生認爲簡本《五行》有經無傳而帛書《五行》經傳俱存，兩者的區別，反映了不同的子思學派的流傳。楚簡《五行》當更接近子思之說，帛書《五行》經傳失落"聖智"大義，是世子之學[125]。12. 丁四新先生認爲：楚簡《五行》很可能是世子之作，帛書《五行》說解部分屬其門徒之作[126]。13. 李存山先生認爲簡本《五行》是子思（或"子思之儒"）的作品，帛書《五行》是"孟氏之儒"之別派的改編解說本[127]。14. 王葆玹先生認爲："楚簡《五行》未提'水火金木土'這一點便可引向一個結論：《五行》一篇並非子思首唱之際的作品，而是子思後學關於子思五行說的總結，撰作時間應與孟子相當"，"《五行》不得早於《孟子》"[128]。15. 池田知久先生認爲：成於戰國後期以孟子、荀子思想爲中心，折衷儒家及諸子百家思想的儒者之手[129]；他認爲簡帛篇章差異是因爲郭店《五行》有"舛訛"、"含義不夠十分通順"的地方，馬王堆帛書《五行》對其進行了修整；他也認爲郭店簡時《五行》已有傳，但這恐是源於他認爲郭店簡時代很晚。16. 李景林先生贊同邢文之說，認爲簡本《五行》從思想結構上應接近於孔子，爲子思"昭明聖祖之德"，紹述孔子思想之作。而帛本《五行》則接近於孟子，其《說》部在用語和思想上更接近於孟子[130]。高正先生認爲："'仁義禮智聖'五行，乃是思孟後學對於子思學派《禮運》中的"五行"之說，孟子"仁義禮智"之說，以及"六德"之說的進一步發展和綜合發揮。"[131] 17. 劉信芳先生認爲：《五行》的思想根源，可以追溯到孔子與子游。其成文上限可以推至戰國早期，作者未明。子思對《五行》之成書作有一定程度的編纂與加工，簡本《五行》二十三至二十六章屬於說，有可能出自子思之手。帛書《五行》之傳的作者乃世子之傳人，《傳》的撰成年代早於孟子，其下限略可斷至與孟子同時[132]。18. 葛志毅先生發揮李學勤先生之說，認爲"即使簡帛《五行》確爲子思學派之作，也不能就此斷定其爲思孟五行說的全貌……若據簡帛《五行》謂思孟五行僅指仁義禮智聖而言，是不完全正確的"[133]。19. 筆者根據鄭玄注中所保存的文獻材料，説明仁義禮智聖五行説的思想淵源來自孔子。荀子以之爲子思首創，應該是正確的。所謂"孟軻和之"，主要見於《孟子》中的仁義禮智"四端"說。仁義禮智聖五行説所依據的理論基礎是後來式微的尚土的五行說，因此在後世遭受到了理論危機[134]。筆者還認爲池田先生的論證前提存在一定的問題[135]。20. 後來陳來先生提出《五行》經文爲子思作，說文爲孟子作之說[136]，但似乎未能有堅強的證據。21. 陳耀森先生認爲"竹簡《五行》可信爲本出子思的著作。而帛書《五行》的編纂者及

《説》的作者，個人認為是荀子"[137]。此外，有學者則將《五行》與《文子》的"四經"結合起來考慮[138]。

《唐虞之道》篇，李學勤先生認為"雖有近於儒學的語句，但過分強調禪讓，疑與蘇代、厝毛壽之流游説燕王噲禪位其相子之（公元前316年）一事有關，或許應劃歸縱橫家"[139]；先秦時期講禪讓的不僅是儒家，縱橫家也宣傳禪讓[140]。法國馬克（Marc Kalinowski）先生指出《唐虞之道》中，禪讓的君王在退位之後擬去養生，這可能把這一文獻與黃老學派聯繫在一起；同時又指出此篇可能應包括在李學勤所説的子思學派的那一組文獻中，因為它們具有一些共同的特點[141]。王博先生指出此篇與《管子·戒》篇有聯繫[142]，認為是子張之儒的作品，子張之儒比較接近墨家[143]。

《唐虞之道》篇涉及禪讓以及禪讓與儒墨關係的問題，更多的學者相信屬於儒家著作（但對於具體的學派屬性，則有不同説法）。李存山先生就認為因為《唐虞之道》篇講禪讓而疑其出於縱橫家，非出於儒家，是根據不足的[144]。李存山先生後來指出："《唐虞之道》的'禪而不傳'思想與孟子的'禪'與'傳'兩可、'其義一也'相矛盾。此篇與《禮運》篇的'大同''小康'之説也不同；若子游學派傳《禮運》，則《唐虞之道》與子游學派的思想也有差距。"[145]李景林先生也指出："僅據是否講擅讓，固不足以説明《唐虞之道》屬於何派著作。但我們理解《唐虞之道》，應注重其擅讓説的理論内涵。從這一點上看，我們以為，《唐虞之道》的思想，與思孟是完全一致的。"[146]梁韋弦先生指出："現在學術界沿習的禪讓説起於儒家或起於墨家的提法是不準確的，因為這種提法將中國古代存在的禪讓制與某家的社會理想混為一談。雖'孔子、墨子俱道堯舜'，皆主張尊賢，但墨家反對'親親有術'的提法，故《唐虞之道》一文顯非墨家之言。《唐》文是提倡實行禪讓制的。孔子'祖述堯舜，憲章文武'，推崇周禮，並不主張傳賢制，然戰國諸儒取捨不同，故有倡言禪讓者亦不足怪。從思想和語言特徵上看，《唐》文顯然亦非縱橫家之言。"主張《唐虞之道》"出於戰國儒家後學之手"[147]。

廖名春先生認為《唐虞之道》的出土，"為坐實堯舜禪讓提供了有力的證據"，"堯舜禪讓無疑起於儒家"；並認為此篇為孔子所作[148]。姜廣輝先生則根據荀子批評思孟"略法先王而不知其統"，認為子思想信禪讓制，而《唐虞之道》講禪讓，故應屬《子思子》，認為此篇為子思所作[149]。不少學者將《唐虞之道》與燕國的禪讓鬧劇聯繫，認為作於其前[150]；彭邦本先生則將禪讓説的時代背景定為三家分晉，田氏代齊，並將《唐虞之道》"愛親尊賢"與《中庸》、《五行》比較，認為其成書年代"應不晚於《中庸》"，為"初撰於公元前五世紀中期偏晚的儒家學術著作"[151]；高正先生則認為："《唐虞之道》是田齊取代姜齊的政治理論依據，是稷下思孟後學的作品"[152]。周鳳五先生從《唐虞之道》若干用語與《孟子》雷同，簡文的若干字體具有齊、魯的特徵，簡文有闡述《尚書》的文句，簡文有"稷下學派"的色彩等，推論《唐虞之道》當出自孟子一派，其中心思想屬儒家，其具體的時代背景則為燕王噲與燕相子之禪讓一事[153]；又提出可能是孟子本人對於儒家"禪讓"之説的詮釋[154]。葉國良先生指出簡文有與《表記》、《中庸》相近的文句，當為子思一系之學[155]。鄭剛先生認為《唐虞之道》是孔子所發的言論[156]。

于凱先生認為《唐虞之道》中透現的"儒家"學説與"縱橫家"學説的某種聯繫，意味著戰國學術流傳過程中，各學派可能有廣泛的交流、滲透，乃至彼此影響的蹟象[157]。美國學者艾蘭（Sarah Allan）女士認為《唐虞之道》篇提倡的"愛親"與墨家的"兼愛"主張相抵牾，而《論語》沒有討論禪讓的問題，《孟子》和《荀子》都否認它為歷史事實，因此《唐虞之道》不是"儒家"的文獻。故此篇非儒非墨，"似乎屬於某個不見於歷史記載的思想學派"[158]。比利時學者戴卡琳（Carine Defoort）女士以為此篇包含了"禪讓"和"利天下"這兩個與墨子和楊朱相關的核心觀念，表達了一個處在楊墨之間的深思熟慮的"執中"的觀念，作者可能是子莫[159]。黃君良先生認為此篇受到了法家和縱橫家的影響[160]。鄭杰文先生經過分析指出："《唐虞之道》的作者，既不屬於熱衷鼓吹禪讓的孔孟等儒家派別，也不屬於試圖實施禪讓的墨家派別，《唐虞之道》的作者應是受儒家、墨家和黃帝學派諸學說綜合影響的一位學者。"[161]

《忠信之道》篇，廖名春先生指出"可能是子張本於孔子之說而成的論文"[162]。周鳳五先生指出《論語·衛靈公》篇子張問行，孔子答以"言忠信，行篤敬，雖蠻貊之邦行矣"與簡文最末一句有關係；簡文也有和《表記》相近之語[163]，值得重視。周先生還認為此篇與《唐虞之道》篇有不少字保存齊國文字的結構，估計其底本出自齊國儒者之手[164]，其弟子黃人二有類似意見[165]。楊儒賓先生推測《忠信之道》有可能是《子思子》原有的篇章[166]。李景林先生則認為此篇較近於孔子思想[167]。高正先生認為"《忠信之道》上承曾參而下啓荀況"，"顯示了稷下思孟學派與荀況之間存在的思想淵源關係"[168]。葉國良先生批評了李存山之說，在引述廖名春先生之說和周鳳五先生關於簡文和《論語》關係之說後，指出："忠信本是儒者共同重視的德目，我們也可以用以上相同的方法論證這是曾子、子思一系之學。"[169]王博先生認為"《忠信之道》的主題與子張之儒的精神是完全一致的。"[170]鄭剛先生認為《忠信之道》是孔子所發的言論[171]。

李學勤先生認為《忠信之道》"或許應劃歸縱橫家"[172]。陳鼓應先生有"《忠信之道》的文句多見與《老子》相合"之說[173]。李存山先生認為此篇有道家思想的印蹟，可能與陳良（"仲良氏之儒"）有關[174]。李剛先生認為："郭店楚簡《忠信之道》，總的傾向屬於儒家，但它標舉'忠'、'信'，重視民生，有無為而治的傾向，似有道家的影響。"[175]金春峰先生認為此篇融合儒、道、法而為一[176]。

《成之聞之》篇，郭沂、陳偉、李零、周鳳五、廖名春諸先生皆有重新編序，以郭沂先生首先將"成之"與"聞之"斷開為較有貢獻[177]。廖名春先生指出簡文與《國語·晋語四》、《禮記·坊記》、《孟子·離婁下》的聯繫，判定其成書較早，疑為孔子弟子縣成所作[178]，後根據郭沂之編聯對此說有所修正[179]。姜廣輝先生則將簡文分為兩篇，認為前半部為子思所作[180]。但葉國良先生認為此篇沒有分篇的理由，簡文有與《大學》、《累德》、《坊記》相關的文句，當為子思一系之學[181]。王博先生從楚簡地點、子張與《尚書》之關係，指出此篇與子張氏之儒有關[182]。高正先生則認為此篇為子思後學所作[183]。金春峰先生則認為《成之聞之》篇是儒道結合的作品，凸顯了道家的色彩[184]。

《尊德義》篇，廖名春先生指出有許多話見於《禮記》、《孟子》、《論語》，疑為孔子佚文[185]。陳來先生指出，馬王堆帛書《要》篇孔子重《易》之德義的思想與此有關[186]。高正先生認為此篇上承孔子而下啓《孟子》[187]。葉國良先生也列舉了簡文和《論語》等相關的內容（不出廖名春先生所舉的範圍），又指出《尊德義》與《成之聞之》的關係，論證此篇可列入子思一系之學[188]。鄭剛先生則認為"《尊德義》與荀子和稷下學派有密切的關係[189]。筆者發現《尊德義》與《管子·戒》篇、《語叢》亦有對應語句，值得注意。

《性自命出》篇，上博簡中有《性情論》，與之大體接近。彭林先生首先指出簡文有與《禮記·檀弓下》子游之語對應者[190]。對於其學派，廖名春先生根據簡文與《中庸》、《樂記》、子游之語的關聯，認為是子游之作，同時還批駁了以簡文屬公孫尼子之作者[191]。陳來先生則從思想分析出發，認為此篇屬《公孫尼子》，推測"或許公孫尼子就是子游的弟子"[192]；後來又根據彭林之說而信從子游所作之說，而將《樂記》與公孫尼子相聯繫[193]。姜廣輝先生根據簡文與《中庸》的關係，認為是子思所作[194]。丁四新先生認為此篇與公孫尼子無關，而認為子思與世碩的可能性較大[195]，但是後來又否定了自己的觀點[196]。王葆玹先生指出："據《孔叢子·雜訓篇》，子思曾引子游語，故而《性自命出》用子游語這一點，不會妨礙我們把它看成子思學派的著作。"[197]梁利勇先生指出該篇與《中庸》的思想如出一轍，與世碩的學說相近，認為屬《子思子》，與《大學》思想也有許多相近之處[198]。王博先生認為《性自命出》中與性有關的一些基本點"和世子是一致的"，認為此篇"即便不是世子親著，也和他的傳人有關。"[199]葉國良先生批評了持子游說者的兩個證據，認為是曾子、子思一系的著作[200]，後來又專門論述了簡文也非公孫尼子之作[201]。李天虹女士詳盡地考察了子游、子思、世碩、公孫尼子以及子夏、漆雕開與宓子賤的作品或思想遺蹟，並考察其與《性自命出》的異同，認為雖有相合之處，但是也有一定的差別，認為很難斷言誰是《性自命出》的作者，"這很大程度上是因為他們的師承均源自孔子，學說上的相似性無可避免，其言論、思想並與《性自命出》有相近、相通之處"，"比較而言，子思與《性自命出》的關係似乎最為密切，其次當屬公孫尼和世碩"，但是"也不能排除另外一種可能，即《性自命出》不屬於上述任何一位儒者，它的著者也許是不為我們所注意的，甚或是不見於傳世文獻記載的不知名的儒者"[202]。陳霖慶先生通過比較《性自命出》與子思代表作《中庸》的一些觀念，認為二者存在差異，認為"謂《性自命出》乃出於子思之手，仍恐不妥"[203]。日本金谷治先生也作了考察，認為《中庸》和《性自命出》的基本立場是對立的[204]。蒙培元先生認為郭店楚簡《性自命出》是思孟學派的重要文獻，其作者為子思的可能性最大[205]。顏炳罡先生提出該文獻可能是荀子情性哲學的直接源頭，其作者很可能是子弓（冉雍）或其後學[206]。劉光勝先生認為"如果說《性自命出》下篇是孔孟之間人性論的過渡環節，《性自命出》上篇就是孔荀之間的過渡環節"[207]。

陳鼓應先生則認為《性自命出》論及的"游"見於《莊子》[208]；《性自命出》受了道家《莊子》及《管子》四篇即《心術》上下、《白心》、《內業》的影響，《性自命出》"全篇以論性情為主，文中常將情與性對舉，主題在於闡揚性情，與莊子學派'任性命之情'相通"，"《性自命出》可以說是僅見的一篇古代尚情之作，這一文化遺產可惜未被後儒所繼承，反而由道家而得以發展"[209]。此說為劉樂賢先生所駁斥[210]。池田知久先生認為《性自命出》篇中的"道之四術"是受到帛書《繆和》篇及《謙卦象傳》的四"道"之直接影響後寫成的，成於戰國末期[211]。金春峰先生認為《性自命出》篇"近似雜家式的摘錄，並非一家一派之言。時代也早晚不一，矛盾，混亂，不僅談不上填補孔孟之間的儒家著作的空白，也談不上是一篇融合了種種不同觀點的作品"[212]。

《六德》篇，李學勤先生以為是子思一系的作品，"《五行》、《六德》實同出一源。"[213]廖名春先生認為《六德》篇成於子思之前，疑為孔子弟子縣成所作[214]。葉國良先生將之歸為曾子、子思一系之作[215]，但沒有具體論證。而李存山先生指出：《六德》篇和《語叢一》講"仁內義外"，那麼可知其非出於孟子（或"孟氏之儒"）。再例如，《忠信之道》和《六德》都講仁、義、忠、信，似可歸於一個學派；但《忠信之道》把仁、義的實質和要求歸結為忠、信（"忠，仁之實也；信，義之期也"），《六德》則將聖、智、仁、義、忠、信並列，於是可知它們定非出於一人之手，倘若屬一個學派，我們也應作些分疏[216]。李先生後來還指出："《六德》篇的'為父絕君'與《禮記·曾子問》的'有君喪服於身，不敢私服'相矛盾，故《六德》篇不屬曾子學派。《六德》篇的'仁內義外'與孟子思想也不同。"[217]

日本渡邊大先生從人倫關係出發，認為《六德》並非思孟學派的文獻[218]。金春峰先生認為《六德》思想的主要方面屬於儒家思想，但它的法家思想十分突出，與已知的思孟學派的作品大不相同[219]。邱德修先生指出《六德》篇中的聖、智、仁、義、忠、信六德，乃拼合儒家的仁義忠信與墨家的仁義聖智而成，此說雖為儒家者言，却有向墨家傾斜之趨勢[220]。

《語叢》四篇，一般認為前三篇屬儒家，周鳳五先生據服虔所見古本《左傳》"古文篆書，一簡八字"，認為《語叢》一、二、三乃《五行》、《性自命出》等篇的注解，並認為它們具有齊、魯、三晉、中山等國字體的特徵[221]。《語叢三》，李零先生認為"内容上是與《性自命出》諸篇相出入，在形式上則類似古代注解。蓋雜錄先儒之説，以備諸篇之'説'。'説'在古代是傳授經籍，與'傳'、'記'相輔翼的一種注解體裁，也許稱為'儒家雜説'更好"[222]。陳偉等先生則指出李零先生"此語叙於《語叢三》之末，但從上下文看，所指似應包括《語叢一》、《語叢二》"[223]。《語叢四》篇，羅運環先生認為"《語叢四》雖然也論述游説之道"，但主旨"主要討論用人問題"，不當劃為別篇[224]。高正先生認為"《語叢》四篇似乃子思後學與稷下思孟學派的語錄體學習心得筆記"[225]。但是李景林先生認為"《語叢》四論慎言保存之要、馭下之術，恐不屬於儒家"[226]。龐樸、丁四新先生認為屬法家、縱橫家[227]，李零、朱喆先生認為屬廣義的道家[228]。加拿大的葉山（Robin D. S. Yates）先生認為《語叢》發表的是非常特別的哲學見解，也許是在回答《墨子》。他還認為《語叢》與馬王堆帛書《稱》在形式上都有某種相似之處，並可能與《管子·樞言》有關[229]。

五

綜觀以上關於郭店楚簡篇章學術屬性判定方面的種種觀點，可以發現異説紛呈而中心凸顯。關於《太一生水》，雖然有關其學派屬性及與《老子》關係的文章有很多，但是認同它屬於道家者占大多數；關於儒學篇章，有關的説法也很多，但是仍以李學勤先生所説的子思學派之作為最有影響（雖然李先生認為《唐虞之道》、《忠信之道》乃縱橫家的作品，《窮達以時》乃有關孔子的作品，但是多數學者認為這三篇仍與子思學派有關，以葉國良先生的專門論證較為周詳）。

然而，並不能因為多數學者都認同某一種觀點，我們就忽視其他的説法。我們尤其注意到李存山先生在胡適"求否定的例"的思想指導下，揭示出的一些儒學篇章内的思想差異，值得深思；而且，他和葉國良先生之間的批評與反批評，也將問題引向深入。

但是，對於學派屬性判定本身，却已經有不少學者進行了反思。在達慕思大學舉辦的國際會議上，就已經出現了如下的意見：

> 許多學者反對對郭店出土文獻所屬學派作明確的劃分。麥安迪從方法論上告誡大家，不能為了給這些文獻分類而去使用某一特定學派的觀點，因為不同的文獻可以對很多問題有不同的觀點，但在某些情況下，它們仍可被視作同一學派的作品。例如，儒家學派中，就包括了子思、告子、孟子和荀子。劃分這些學派的標準，可以根據歷史的和學術的背景有所變化。
>
> 瓦格納對於這一時期的學派問題提出疑問，認為在漢司馬談《論六家要指》之前並無學派之分的問題。邢文指出，學派的概念是代以前的，《荀子·非十二子》與《莊子·天下》所論不同的學派即為其例。
>
> 許抗生認為，我們不能説當時沒有那些學派，也不能根據郭店的材料開始重新定義學派。在郭店的材料中，《老子》和《太一生水》屬於道家，《五行》、《緇衣》等屬於儒家。道家文獻中包括了一些儒家的思想，儒家的文獻中也有一些道家的影響，但它們從根本上説

來還是屬於道家的或儒家的文獻；它們各有自己的特點。有一些文獻也有可能不合於我們已知的任何一個學派，我們可以把它們歸入未知的學派之中。

學派及其相互之間的關係問題的根本，是一個更大的問題——公元前4世紀末期學術論述的性質問題。馬克提出，郭店所出的這一類文獻，是楚地關於宗教、哲學、現實世界和宇宙的大量論述中的一個部分。如此，《老子》和《太一生水》也許是被視作宇宙論的文獻而不是哲學的文獻。夏德安也認為，我們應該記住在公元前2世紀，人們研究的是整個一系列的課題，包括哲學、醫學技術、占筮、術數、禮儀。兩個世紀之前的情況也許是非常相似的，我們應該慎重任何為郭店所出文獻定性的嘗試。

瓦格納指出，從漢代開始，漢代以前的哲學是一幅久經沙場的思想學派之間相互作戰的圖畫；這是試圖給世界以秩序的歷史的重建。郭店的文獻表現出一種學派的綜合，這可以和稷下學宮相比。在那裏，學者們濟濟一堂，營建了論辯的沃壤。雖然他們不易被分類，但我們可以說郭店的文獻是在探求生活、禮儀等方面的問題。郭店一號墓所出的"議程"，是具有學術的豐富性與開放性的一個。[230]

西方學者對於學派的意見，有其特別的研究史。對此問題，筆者將有專門的文章論述。

此後，李景林先生探討了劃分儒學內部派別的問題："儒家思想，大要可從三個方面觀之：一是治道，二是教化與人生，三是性與天道。此三個方面本有密不可分的聯繫。然若僅看前兩個方面，其所表現的實是儒家共性的一面。如就治道言，孟、荀皆言'王道'而鄙棄'霸道'。就倫理教化說，仁義、孝弟、忠信諸德，儒家各派皆言之，甚至所用語辭也可相同。荀子論禮樂教化，與《禮記》中一些篇章在文辭上雷同者頗多。如其《樂論》注重樂之教化功能，與後人所稱出自公孫尼子的《樂記》便有很多雷同之處。但如果深入到其性情、性與天道論的層面看，則其學說之旨歸便立見分別了。古人引書，本不嚴格。其成書，亦有先口授而後著之於竹帛的特點，其間師之所授與徒之所衍亦不作分別。先秦儒率皆宗師孔子，孔子身後儒家所傳記說，同記述於儒門各派著作，亦屬自然。史實和義句上的參證，對學派的歸屬問題可以提供種種可能性，而深入其'性與天道'思想的深層，在這些可能性的選擇上，可以有進一步的決定作用。儒家內部派別的劃分，應主要表現於其性與天道的層面。"[231]

後來，針對李存山先生"求否定的例"的意見，李景林先生指出："我覺得學派的問題是後人總結出來的。我們講一個東西總要對其有個形式的把握，比如宋明理學，我們現在講心學、理學好像水火不相容，其實並不是那樣的，那裏邊有很多交叉的東西。朱熹講的'心'，我覺得比心學講得更好。我覺得應該看孔孟之間有沒有一個大致的趨勢。至於思孟學派內部可能也是有發展的，我們現在有些學派，老師和學生之間觀點不見得都一致，但我們都可以把他們歸到一個學派裏邊。因此，我們不能根據這裏邊有些不同的地方，就說他們不是一個學派。"[232] 對於"思孟學派"，近來有不少文章以及專門會議討論[233]，筆者也有專文討論[234]，於此不贅。

梁濤先生針對葉國良先生判定郭店儒家簡為曾子、子思一系的著作，指出："葉先生的論證方法，不過是指出竹簡的一些內容和用詞是曾子、子思也具有的，或可以接受的，如論證《忠信之道》，便指出曾子、子思也有重視忠信的思想，故'《忠信之道》不必排除在曾子、子思一系之學之外'。曾子、子思都是儒家學者，而郭店簡又均是儒家作品，要找到他們之間的一致或相合之處，何其容易！但這種論證方法顯然是缺乏說服力的。要論證郭店儒簡確實出自《子思》，除了直接的證據外，恐怕也要說明儒簡的內容、用詞是子思獨有或特有的纔行，一般地泛泛舉例，並無助於問題的解決。所以樂觀地將郭店儒簡的多數歸於《子思》，恐怕就不純粹是個文獻考訂的問題，同時可能還有一個心態的問題。"[235] 不過，想找到"內容、用詞是子思獨有或特有的"，這恐怕也很難。

在筆者看來，目前除了對《老子》、《五行》、《魯穆公問子思》的學派可以有所推定，以及對於《緇衣》的學派歸屬提出了新方向之外，其他篇章的學派歸屬仍然難以確定。已經出現的反思，似乎是將有關學派歸屬判定的討論引向了深入，但是也有可能這些討論在最後將受制於條件限制，仍然無法解決問題。事實上，根據中國古代"學派"的特點[236]，如果我們不能從學派師承上找到堅實的證據，以說明郭店簡的某個篇章和某個學派有淵源，看來想將之確定為某個學派的著作，或者制定一個新命名的學派名稱來統合它們，恐怕是難以令多數人信服的。

也許，郭店簡的墓主，或者當時思想界的人，對於郭店某些作品的學派屬性可能是很清楚的。特別是像《性自命出》，它與上博簡《性情論》可能屬於同一學派著作的不同傳本，其廣泛流傳或可能表明學術界的人對於其作者或學派較為熟悉。然而兩千年之後的我們，根據現在僅有的一點知識，對於這些作品的學派進行推測，恐怕其結果都祇能是在一種"或是"與另一種"或然"之間進行選擇罷了。也許，我們應該停止這種學派屬性的討論，致力於別的研究，真正將這批出土文獻的價值發揮出來，而不是企圖將這一批出土文獻補充或收編在傳統文獻之內。

＊基金項目：2007年度國家社會科學基金青年項目《出土簡帛古書的學派判定研究》（07CZS0005）成果。

注　釋：

[1] 范毓周：《荊門郭店楚墓墓主當為環淵說》，《人民政協報》1998年10月26日。
[2] 姜廣輝：《郭店一號墓墓主是誰》，姜廣輝主編：《中國哲學》，第二十輯，瀋陽：遼寧教育出版社，1999年1月。
[3] 高正：《郭店竹書在中國思想史上的定位——兼論屈原與郭店楚墓竹書的關係》，《中國哲學史》2000年第2期。
[4] 李裕民：《郭店楚墓的年代與墓主新探》，《陝西師範大學學報》（哲學社會科學版）2000年第3期；姜國鈞：《從郭店楚簡內容看東宮之師》，《中州學刊》2002年第4期。
[5] 參王博《美國達慕思大學郭店〈老子〉國際學術討論會紀要》，陳鼓應主編：《道家文化研究》第十七輯，北京：三聯書店，1999年8月，第3頁。
[6] 湖北省荊門市博物館：《荊門郭店一號楚墓》，《文物》，1997年第7期。
[7] 參王博：《美國達慕思大學郭店〈老子〉國際學術討論會紀要》，《道家文化研究》，第十七輯，第2頁。
[8] 李學勤：《孔孟之間與老莊之間》，李學勤、林慶彰等著：《新出土文獻與先秦思想重構》，臺灣書房出版有限公司，2007年。
[9] 李學勤：《先秦儒家著作的重大發現》，《中國哲學》第二十輯，第15頁；原載《人民政協報》1998年6月8日。
[10] 龐樸：《孔孟之間——郭店楚簡中的儒家心性說》，《中國社會科學》1998年第5期。
[11] 王葆玹：《試論郭店楚簡各篇的撰作時代及其背景——兼論郭店及包山楚墓的時代問題》，《中國哲學》，第二十輯；《試論郭店楚簡的抄寫時間與莊子的撰作時代——兼論郭店與包山楚墓的時代問題》，《哲學研究》1999年第4期；《郭店楚簡的時代及其與子思學派的關係》，武漢大學中國文化研究院編：《郭店楚簡國際學術研討會論文集》（原為《郭店楚簡國際學術研討會論文匯編》第一冊、第二冊，1999年10月，武漢大學），湖北人民出版社，2000年5月。
[12] 張立文：《論郭店楚墓竹簡的篇題和天人有分思想》，《傳統文化與現代化》1998年第6期；《〈窮達

以時〉的時與遇》，《中國哲學》第二十輯。

[13] 池田知久：《郭店楚簡〈窮達以時〉研究》（上）、（下），臺北：臺灣中研院史語所編《古今論衡》第四、五期，2000 年 6 月、12 月；池田知久著，曹峰譯：《池田知久簡帛研究論集》，北京：中華書局，2006 年 2 月。

[14] 池田知久：《郭店楚簡〈五行〉研究》），姜廣輝主編：《中國哲學》第二十一輯，瀋陽：遼寧教育出版社，2000 年 1 月；《池田知久簡帛研究論集》。

[15] 池田知久：《郭店楚簡〈告自命出〉的"道之四術"》，"長沙三國吳簡暨百年來簡帛發現與研究國際學術研討會"論文，2001 年 8 月 18 日；長沙市文物考古研究所編：《長沙三國吳簡暨百年來簡帛發現與研究國際學術研討會論文集》，北京：中華書局，2005 年 12 月；《池田知久簡帛研究論集》。

[16] 羅熾：《郭店楚墓竹簡印象》，《湖北大學學報》1999 年第 2 期；《郭店楚墓竹簡的援儒特徵及斷代問題》，武漢大學中國文化研究院編：《郭店楚簡國際學術研討會論文集》。

[17] 陳鼓應：《〈太一生水〉與〈性自命出〉發微》，《道家文化研究》第十七輯。

[18] 趙建偉：《郭店楚墓竹簡〈太一生水〉疏證》，《道家文化研究》第十七輯。

[19] 周鳳五：《郭店楚墓竹簡〈唐虞之道〉新釋》，臺北《中央研究院歷史語言研究所集刊》第七十本第三分，1999 年 9 月。

[20] 黃釗：《竹簡〈老子〉應為稷下道家傳本的摘抄本》，《中州學刊》，2000 年第 1 期。

[21] 王志平：《郭店楚簡〈窮達以時〉叢考》，艾蘭、邢文編：《新出簡帛研究》，北京：文物出版社，2004 年 12 月。

[22] 杜維明：《郭店楚簡與先秦儒道思想的重新定位》，《中國哲學》第二十輯。

[23] 劉彬徽：《關於郭店楚簡年代及相關問題的討論》，李學勤、謝桂華編：《簡帛研究二〇〇一》，桂林：廣西範大學出版社，2001 年 9 月，第 50 頁。

[24] 參拙作《郭店楚簡〈窮達以時〉再考》，謝維揚、朱淵清主編：《新出土文獻與古代文明研究》，上海大學出版社，2004 年 4 月；《簡帛釋證與學術思想研究論集》，臺灣書房出版有限公司，2008 年 3 月。

[25] 參拙作《"重文"分析法評析》，《清華大學學報（哲學社會科學版）》2008 年第 1 期。

[26] 參廖名春《論六經並稱的時代兼及疑古說的方法論問題》，《孔子研究》2000 年第 1 期，第 47—58 頁。拙作：《池田知久〈馬王堆漢墓帛書五行研究〉》，韓國成均館大學國際版《儒教文化研究》第七輯，2007 年；《簡帛釋證與學術思想研究論集》。

[27] 參湯淺邦弘《戰國楚簡與中國古代思想史研究》，湯淺邦弘著、佐藤將之監譯：《戰國楚簡與秦簡之思想史研究》，臺北：萬卷樓圖書股份有限公司，2006 年 6 月。

[28] 郭沂：《從郭店楚簡〈老子〉看老子其人其書》，《哲學研究》1998 年第 7 期。

[29] 可參高晨陽《郭店楚簡〈老子〉的真相及其與今本〈老子〉的關係——與郭沂先生商討》，《中國哲學史》1999 年 3 期；陳廣忠：《從簡、帛用韻比較論〈老子〉的作者——與郭沂商榷》，《安徽大學學報（哲學社會科學版）》2000 年 4 期。

[30] 崔仁義：《荊門楚墓出土的竹簡〈老子〉初探》，《荊門社會科學（荊門）》1997 年第 5 期。

[31] 崔仁義：《荊門郭店楚簡〈老子〉研究》，北京：科學出版社，1998 年 10 月。

[32] 李二民：《讀〈太一生水〉札記》，李學勤、謝桂華主編：《簡帛研究二〇〇一》，桂林：廣西師範大學出版社，2001 年 9 月。

[33] 陳偉：《〈太一生水〉考釋》，《古文字與古文獻》（試刊號），臺北：楚文化研究會籌備處，1999 年 10 月；《〈太一生水〉校讀並論與〈老子〉的關係》，《古文字研究》第二十二輯。

[34] 李學勤：《荊門郭店楚簡所見關尹遺說》，《中國哲學》第二十輯。

[35] 邢文：《論郭店〈老子〉與今本〈老子〉不屬一系——楚簡〈太一生水〉及其意義》，《中國哲學》第二十輯。

[36] 郭沂：《試談郭店楚簡〈太一生水〉及其與簡本〈老子〉的關係》，《中國哲學史》1998 年第 4 期；

《郭店竹簡與先秦學術思想》，上海教育出版社，2001年2月。

[37] 韓東育：《郭店楚墓竹簡〈太一生水〉與〈老子〉的幾個問題》，《社會科學》1999年第2期。

[38] 裘錫圭：《〈太一生水〉"名字"章解釋——兼論〈太一生水〉的分章問題》，《古文字研究》第22輯，北京：中華書局，2000年7月。

[39] 譚寶剛：《〈太一生水〉乃老聃遺著》，荆門郭店楚簡研究（國際）中心編：《古墓新知》，香港：國際炎黃文化出版社，2003年10月；譚寶剛：《再論〈太一生水〉乃老聃遺著》，《徐州師範大學學報（哲學社會科學版）》2004年第4期。

[40] 譚寶剛：《近十年來國内郭店楚簡〈太一生水〉研究綜述》，Congfucius2000網，2006年4月24日；《史學月刊》2007年第7期，第107頁。

[41] 趙建偉：《郭店楚墓竹簡〈太一生水〉疏證》，《道家文化研究》第十七輯。

[42] 黄釗：《竹簡〈老子〉的版本歸屬及其文獻價值探微》，《郭店楚簡國際學術研討會論文集》，第490—491頁；《竹簡〈老子〉應爲稷下道家傳本的摘抄本》，《中州學刊》2000年第1期。

[43] 周鳳五：《郭店竹簡的形式特徵及其分類意義》，《郭店楚簡國際學術研討會論文集》，第54頁。

[44] 蕭漢明：《〈太一生水〉的宇宙論與學派屬性》，《學術月刊》2001年第12期，第36—37頁；《論楚簡〈太一生水〉的宇宙論與學派屬性》，丁四新主編：《楚地出土簡帛文獻思想研究（一）》，武漢：湖北教育出版社，2002年12月。譚文引蕭文未論說蕭文批評將《太一生水》劃歸道家的部分。

[45] 丁四新：《郭店楚墓竹簡思想研究》，北京：東方出版社，2000年10月（原爲武漢大學博士學位論文，1999年5月）；《楚簡〈太一生水〉研究——兼對當前〈太一生水〉研究的總體批評》，《楚地出土簡帛文獻思想研究（一）》。

[46] 羅熾：《〈太一生水〉辨》，《湖北大學學報（哲學社會科學版）》2004年第6期。

[47] 陳恩林：《〈太一生水〉與〈老子〉及〈易傳〉的關係——〈太一生水〉不屬於道家學派》，《社會科學戰綫（長春）》2004年第6期。譚寶剛文未列陳恩林論文摘要中的"學術界咸將《大一生水》歸屬道家學派，是可商榷的"，顯然是因爲此說與譚文所說"《太一生水》被判定爲道家的作品已經成爲大多數學者的共識"矛盾。

[48] 李學勤：《太一生水的數術解釋》，《中國文物報》1998年4月8日；《道家文化研究》第十七輯。譚文提到了此說，但是没有放在有關學派屬性的部分進行討論。

[49] 彭浩：《一種新的宇宙生成理論——讀〈太一生水〉》，《郭店楚簡國際學術研討會論文集》。

[50] 許抗生：《初讀〈太一生水〉》，《道家文化研究》第十七輯，第309—310頁。

[51] 强昱：《〈太一生水〉與古代的太一觀》，《道家文化研究》第17輯。

[52] 魏啓鵬：《〈太一生水〉札記》，《楚簡〈老子〉柬釋》，臺北：萬卷樓圖書有限公司，1999年8月。

[53] 黄人二：《讀郭簡〈老子〉並論其爲鄒齊儒者之版本》，《郭店楚簡國際學術研討會論文集》。

[54] 王博：《美國達慕思大學郭店〈老子〉國際學術討論會紀要》，《中國哲學》第二十輯。

[55] 高正：《郭店竹書是稷下思孟學派教材》，"簡帛研究"網，2000年5月7日。

[56] 劉信芳：《〈太一生水〉與〈曾子天圓〉的宇宙論問題》，"簡帛研究"網，2001年4月9日。

[57] 江山、孔慶平：《太一生水：楚儒的體、相論》，"簡帛研究"網，2001年4月14日。

[58] 歐陽禎人：《〈太一生水〉與先秦儒家性情論》，《文化中國》（加拿大）2001年九月號；《孔子研究》2002年第1期。

[59] 劉大鈞：《〈太一生水〉篇管窺》，《周易研究》2001年第4期。

[60] 王志平：《〈太一生水〉與〈易〉學——兼談中國古代的宇宙論》，《簡帛研究二〇〇一》。

[61] 李若暉：《論郭店簡中〈老子〉丙篇與〈太一生水〉當爲二書》，《新出楚簡國際學術研討會會議論文集·郭店·其他簡卷》，武漢大學，2006年6月26—28日。

[62] 拙作：《〈太一生水〉補疏》，《簡帛研究二〇〇四》，桂林：廣西師範大學出版社，2006年10月；《簡帛釋證與學術思想研究論集》。

[63] 陳來：《郭店簡可稱"荆門禮記"》，《人民政協報》1998年8月3日。

[64] 李學勤：《荊門郭店楚簡中的〈子思子〉》，《中國哲學》第二十輯。
[65] 李學勤：《先秦儒家著作的重大發現》，《中國哲學》第二十輯。
[66] 姜廣輝：《郭店楚簡與〈子思子〉——兼談郭店楚簡的思想史意義》，《中國哲學》第二十輯。
[67] 周鳳五：《郭店竹簡的形式特徵及其分類意義》，《郭店楚簡國際學術研討會論文集》。
[68] 詹群慧：《郭店楚簡中子思著述考》上、中、下，"簡帛研究"網2003年5月19、21、24日。
[69] 王葆玹：《郭店楚簡的時代及其與子思學派的關係》，《郭店楚簡國際學術研討會論文集》。
[70] 李景林：《從郭店簡看思孟學派的性與天道論——兼談郭店簡儒家類著作的學派歸屬問題》，《郭店楚簡國際學術研討會論文集》；《孔孟月刊》第38卷第5期，2000年1月；《教化的哲學——儒家思想的一種新詮釋》，哈爾濱：黑龍江人民出版社，2006年1月。
[71] 高正：《郭店竹書是稷下思孟學派教材》，"簡帛研究"網，2000年5月7日。
[72] 葉國良：《郭店儒家著作的學術譜系問題》，《臺大中文學報》第十三期（2000年12月）；《中國哲學》第二十四輯，瀋陽：遼寧教育出版社，2002年4月。
[73] 淺野裕一：《〈窮達以時〉中的"天人之分"》，淺野裕一著、佐藤將之監譯：《戰國楚簡研究》，臺北：萬卷樓圖書出版有限公司，2004年12月。
[74] 郭沂：《〈性自命出〉對子思人性論的揚棄》，劉大鈞主編：《簡帛考論》，上海古籍出版社，2007年5月。
[75] 梁濤：《郭店竹簡與思孟學派》，北京：中國人民大學出版社，2008年5月，第14—15頁。
[76] 李澤厚：《初讀郭店竹簡印象紀要》，《中國哲學》第二十輯。
[77] 張茂澤：《〈性自命出〉篇心性論大不同於〈中庸〉說》，《人文雜志》2000年第3期。
[78] 李存山：《讀楚簡〈忠信之道〉及其他》，《中國哲學》第二十輯；《郭店楚簡研究散論》，《孔子研究》2000年第3期。
[79] 李存山2005年10月27日在"郭店竹簡與思孟學派"座談會上提交的發言稿（由陳來代為宣讀），杜維明等：《"郭店竹簡與思孟學派"座談會》，梁濤主編：《中國思想史研究通訊》第八輯，2005年12月30日；李存山：《"郭店楚簡與思孟學派"復議》，郭齊勇主編：《儒家文化研究》第一輯，北京：三聯書店，2007年6月（本篇原為"新出楚簡國際學術研討會"會議論文，武漢大學，2006年6月26—28日，後收入此書）。
[80] 王博：《郭店竹簡與子張之儒的研究》，《簡帛思想文獻論集》，臺北：臺灣古籍出版有限公司，2001年5月。
[81] 湯淺邦弘：《〈六德〉之全體結構及其著作目的》，《戰國楚簡與秦簡之思想史研究》，第69頁。
[82] 郭齊勇：《郭店儒家簡與孟子心性說》，《武漢大學學報》1999年第5期。
[83] 李零：《重見"七十子"》，《讀書》2002年第4期。
[84] 白奚：《郭店儒簡與戰國黃老思想》，《道家文化研究》第十七輯。
[85] 李學勤：《周易經傳溯源》，長春出版社，1992年，第87頁。
[86] 參李學勤《先秦儒家著作的重大發現》，《中國哲學》第二十輯；廖名春：《郭店楚簡儒家著作考》，《孔子研究》1998年第3期；鍾肇鵬：《荊門郭店楚簡略說》，《中國哲學》第二十一輯，瀋陽：遼寧教育出版社，2000年1月，第229頁。
[87] 姜廣輝：《郭店楚簡與〈子思子〉——兼談郭店楚簡的思想史意義》，《中國哲學》第二十輯。
[88] 高正：《郭店竹書是稷下思孟學派教材》，"簡帛研究"網，2000年5月7日。
[89] 如廖名春《郭店楚簡儒家著作考》，《孔子研究》1998年第3期；杜維明等：《"郭店竹簡與思孟學派"座談會》，梁濤主編：《中國思想史研究通訊》第八輯。
[90] 程元敏：《禮記·中庸、坊記、緇衣非出於〈子思子〉考》，《張以仁先生七秩壽慶論文集》，臺北：學生書局，1999年1月。
[91] 張富海：《郭店楚簡〈緇衣〉篇研究》，北京大學碩士學位論文，2002年5月。
[92] 李零：《郭店楚簡校讀記（增訂本）》，北京大學出版社，2002年3月，第71頁。

[93] 王葆玹：《郭店楚簡的時代及其與子思學派的關係》，《郭店楚簡國際學術研討會論文集》。
[94] 劉信芳：《郭店簡〈緇衣〉解詁》，《郭店楚簡國際學術研討會論文集》。
[95] 廖名春：《〈緇衣〉作者問題新論》，"儒家思孟學派國際學術研討會"論文，山東濟南、鄒城，2007年8月10—13日。
[96] 李學勤：《先秦儒家著作的重大發現》，《中國哲學》第二十輯。
[97] 廖名春：《郭店楚簡儒家著作考》，《孔子研究》1998年第3期，第79頁。
[98] 高正：《郭店竹書是稷下思孟學派教材》，"簡帛研究"網，2000年5月7日。
[99] 姜廣輝：《郭店楚簡與〈子思子〉——兼談郭店楚簡的思想史意義》，《中國哲學》第二十輯。
[100] 葉國良：《郭店儒家著作的學術譜系問題》，《中國哲學》第二十四輯，第234頁。
[101] 陳偉等：《楚地出土戰國簡冊〔十四種〕》，北京：經濟科學出版社，2009年9月，第175頁。
[102] 李學勤：《荆門郭店楚簡中的〈子思子〉》，《中國哲學》第二十輯。
[103] 李學勤：《天人之分》，鄭萬耕主編：《中國傳統哲學新論》，北京：九州圖書出版社，1999年；《重寫學術史》，石家莊：河北教育出版社，2002年1月。廖名春：《郭店楚簡儒家著作考》，《孔子研究》1998年第3期，第79頁。
[104] 鄭剛：《楚簡孔子論説辨證》，汕頭大學出版社，2004年5月，第23頁。
[105] 姜廣輝：《郭店楚簡與〈子思子〉——兼談郭店楚簡的思想史意義》，《中國哲學》第二十輯。
[106] 葉國良：《郭店儒家著作的學術譜系問題》，《中國哲學》第二十四輯，第234頁。
[107] 李景林：《從郭店簡看思孟學派的性與天道論——兼談郭店簡儒家類著作的學派歸屬問題》，《郭店楚簡國際學術研討會論文集》。
[108] 淺野裕一：《〈窮達以時〉中的"天人之分"》，淺野裕一著、佐藤將之監譯：《戰國楚簡研究》，第51頁。
[109] 杜維明等：《"郭店竹簡與思孟學派"座談會》，梁濤主編：《中國思想史研究通訊》第八輯；李存山：《"郭店楚簡與思孟學派"復議》，郭齊勇主編：《儒家文化研究》第一輯。
[110] 黃人二：《郭店楚簡〈窮達以時〉考釋》，《古文字與古文獻》，試刊號，1999年。
[111] 池田知久：《郭店楚簡〈窮達以時〉研究》（上）、（下），臺北：臺灣中研院史語所編《古今論衡》，第四、五期；《池田知久簡帛研究論集》。
[112] 高正：《郭店竹書是稷下思孟學派教材》，"簡帛研究"網，2000年5月7日。
[113] 王志平：《郭店楚簡〈窮達以時〉叢考》，艾蘭、邢文編：《新出簡帛研究》。
[114] 拙作：《郭店楚簡〈窮達以時〉再考》，謝維揚、朱淵清主編：《新出土文獻與古代文明研究》；《簡帛釋證與學術思想研究論集》，臺灣書房出版有限公司，2008年3月。
[115] 韓仲民：《長沙馬王堆漢墓帛書概述》，《文物》1974年第9期，第41頁。
[116] 龐樸：《馬王堆帛書解開了思孟五行説之謎——帛書〈老子〉甲本卷後古佚書之一的初步研究》，《文物》1977年第10期，第69頁。
[117] 裘錫圭《馬王堆〈老子〉甲乙本卷前後佚書與道法家——兼論〈心術上〉〈白心〉為慎到田駢學派作品》，《古代文史研究新探》，江蘇古籍出版社，1992年，第555頁。原載《中國哲學》第二輯，1980年。
[118] 國家文物局古文獻研究室編：《馬王堆漢墓帛書（壹）》，文物出版社，1980年3月，第24—25頁。
[119] 李學勤：《帛書〈五行〉與〈尚書·洪範〉》，《簡帛佚籍與學術史》，江西教育出版社，2001年，第282、278頁。原載《學術月刊》1986年第11期。
[120] 魏啓鵬：《馬王堆漢墓帛書〈德行〉校釋》，第105頁。
[121] 參魏啓鵬《馬王堆漢墓帛書〈德行〉校釋·序一》，成都：巴蜀書社，1991年8月，第5頁。
[122] 參池田知久著，王啓發譯《馬王堆漢墓帛書五行研究》，北京：綫裝書局、中國社會科學出版社，2005年4月。按：原著於1993年2月由東京汲古書院出版。
[123] 李學勤：《從簡帛佚籍〈五行〉談到〈大學〉》，《孔子研究》1998年第3期，第51頁。

[124] 龐樸：《竹帛〈五行〉篇研究（引言）》，劉貽群編：《龐樸文集》，第二卷，濟南：山東大學出版社，2005年1月，第109頁；《竹帛〈五行〉篇比較》，《中國哲學》第二十輯，遼寧教育出版社，1999年1月，第225頁。

[125] 邢文：《〈孟子·萬章〉與楚簡〈五行〉》，《中國哲學》第二十輯，第239頁。

[126] 丁四新：《郭店楚墓竹簡思想研究》，第167頁。

[127] 李存山：《從簡本〈五行〉到帛書〈五行〉》，《郭店楚簡國際學術研討會論文集》，第245—246頁。

[128] 王葆玹：《郭店楚簡的時代及其與子思學派的關係》，《郭店楚簡國際學術研討會論文集》。

[129] 池田知久：《郭店楚簡〈五行〉研究》，《中國哲學》第二十一輯。

[130] 李景林：《從郭店簡看思孟學派的性與天道論——兼談郭店簡儒家類著作的學派歸屬問題》，《郭店楚簡國際學術研討會論文集》。

[131] 高正：《郭店竹書是稷下思孟學派教材》，"簡帛研究"網，2000年5月7日。

[132] 劉信芳：《簡帛〈五行〉述略》，《江漢考古》2001年第1期，第76頁。

[133] 葛志毅：《簡帛〈五行〉與子思之學考辨》，《譚史齋論稿續編》，哈爾濱：黑龍江人民出版社，2004年1月。

[134] 參拙作《仁義禮智聖五行的思想淵源》，《齊魯學刊》2005年第6期；《簡帛釋證與學術思想研究論集》。

[135] 參拙作《書評：池田知久〈馬王堆漢墓帛書五行研究〉》，韓國成均館大學國際版《儒教文化研究》第七輯，2007年2月；《簡帛釋證與學術思想研究論集》。

[136] 陳來：《竹帛〈五行〉篇為子思、孟子所作論——兼論郭店楚簡〈五行〉篇出土的歷史意義》，《孔子研究》，2007年第1期；《儒家文化研究》第一輯。

[137] 陳耀森：《論簡、帛〈五行〉章句的重要差異——兼談帛書〈五行〉篇"五行"的序列》，"簡帛研究"網，2007年4月15日。

[138] 干三峽：《〈文子〉與郭店楚簡》，《長江大學學報（社會科學版）》2006年第3期；林亨錫：《變化中的道家思想——試論〈文子·道德〉篇的思想與馬王堆帛書〈五行〉篇之關係》，韓國中國學會：《中國學》第22輯，2004年8月。

[139] 李學勤：《先秦儒家著作的重大發現》，《中國哲學》第二十輯，第14頁。

[140] 參李縉雲、邢文《郭店〈老子〉國際研討會綜述》，《中國哲學》第二十輯，第406頁。

[141] 艾蘭、魏克彬原編，邢文編譯：《郭店〈老子〉：東西方學者的對話》，北京：學苑出版社，2002年9月，第188頁（原為1998年美國達慕思大學研討會發言）。

[142] 王博：《關於〈唐虞之道〉的幾個問題》，《中國哲學史》1999年第2期。

[143] 王博：《郭店竹簡與子張之儒的研究》，《簡帛思想文獻論集》，臺北：臺灣古籍出版有限公司，2001年5月，第107、124—125頁。

[144] 李存山：《讀楚簡〈忠信之道〉及其他》，《中國文化研究》1998年第4期；《中國哲學》第二十一輯。

[145] 杜維明等：《"郭店竹簡與思孟學派"座談會》，梁濤主編：《中國思想史研究通訊》第八輯；李存山：《"郭店楚簡與思孟學派"復議》，郭齊勇主編：《儒家文化研究》第一輯。

[146] 李景林：《關於郭店簡〈唐虞之道〉的學派歸屬問題》，《社會科學戰線》2000年第3期。

[147] 梁韋弦：《與郭店〈唐虞之道〉學派歸屬相關的幾個問題》，《文史哲》2004年第5期。

[148] 廖名春：《郭店楚簡儒家著作考》，《孔子研究》1998年第3期。

[149] 姜廣輝：《郭店楚簡與〈子思子〉——兼談郭店楚簡的思想史意義》，《中國哲學》第二十輯。

[150] 參丁四新《郭店楚墓竹簡思想研究》，第383頁；劉寶才：《〈唐虞之道〉的歷史與理念——兼論戰國中期的禪讓思想》，《人文雜志》2000年第3期。

[151] 彭邦本：《郭店〈唐虞之道〉初探》，《郭店楚簡國際學術研討會論文集》。

[152] 高正：《郭店竹書是稷下思孟學派教材》，"簡帛研究"網，2000年5月7日。
[153] 周鳳五：《郭店楚墓竹簡〈唐虞之道〉新釋》，臺北《中央研究院歷史語言研究所集刊》第七十本第三分，1999年9月。
[154] 周鳳五：《郭店竹簡的形式特徵及其分類意義》，《郭店楚簡國際學術研討會論文集》。
[155] 葉國良：《郭店儒家著作的學術譜系問題》，《中國哲學》第二十四輯，第233頁。
[156] 鄭剛：《楚簡孔子論說辨證》，汕頭大學出版社，2004年5月，第23頁。
[157] 于凱：《出土文獻與〈漢書·藝文志〉"一書兩載"現象——兼議"諸子皆出於王官"說》，謝維揚、朱淵清主編：《新出土文獻與古代文明研究》，上海大學出版社，2004年4月，第395頁。
[158] ［美］艾蘭：《〈唐虞之道〉：戰國竹簡中任命以德的繼位學說》，《儒家文化研究》第一輯，第147頁。本篇原為"新出楚簡國際學術研討會"會議論文，武漢大學，2006年6月26—28日，後收入此書。
[159] ［比］戴卡琳：《墨子和楊朱的血液在儒家的筋肉裏——〈唐虞之道〉的"中道觀"》，《儒家文化研究》第一輯。本篇原為"新出楚簡國際學術研討會"會議論文，武漢大學，2006年6月26—28日，後收入此書。
[160] 黃君良：《〈窮達以時〉與〈唐虞之道〉中的"時"與"遇"》，《楚地簡帛思想研究（三）》。本篇原為"新出楚簡國際學術研討會"會議論文，武漢大學，2006年6月26—28日，後收入此書。
[161] 鄭杰文：《郭店竹簡〈唐虞之道〉與儒墨"禪讓說"之比較》，劉大鈞主編：《簡帛考論》。
[162] 廖名春：《郭店楚簡儒家著作考》，《孔子研究》1998年第3期。
[163] 周鳳五：《郭店楚簡〈忠信之道〉新釋》，《中國文字》新廿四期，臺北：藝文印書館，1998年12月；《中國哲學》第二十一輯。
[164] 周鳳五：《郭店竹簡的形式特徵及其分類意義》，《郭店楚簡國際學術研討會論文集》。
[165] 黃人二：《讀郭簡〈老子〉並論其為鄒齊儒者之版本》，《郭店楚簡國際學術研討會論文集》。
[166] 楊儒賓：《子思學派試探》，《郭店楚簡國際學術研討會論文集》。
[167] 李景林：《從郭店簡看思孟學派的性與天道論——兼談郭店簡儒家類著作的學派歸屬問題》，《郭店楚簡國際學術研討會論文集》。
[168] 高正：《郭店竹書是稷下思孟學派教材》，"簡帛研究"網，2000年5月7日。
[169] 葉國良：《郭店儒家著作的學術譜系問題》，《中國哲學》第二十四輯。
[170] 王博：《郭店竹簡與子張之儒的研究》，《簡帛思想文獻論集》，第108—110頁。
[171] 鄭剛：《楚簡孔子論說辨證》，汕頭大學出版社，2004年5月，第23頁。
[172] 李學勤：《先秦儒家著作的重大發現》，《中國哲學》第二十輯，第14頁。
[173] 參李縉雲、邢文《郭店〈老子〉國際研討會綜述》，《中國哲學》第二十輯，第406頁；艾蘭、魏克彬原編，邢文編譯：《郭店〈老子〉：東西方學者的對話》，第191頁（原為1998年美國達慕思大學研討會發言）。
[174] 李存山：《讀楚簡〈忠信之道〉及其他》，《中國文化研究》1998年第4期；《中國哲學》第二十一輯。
[175] 李剛：《郭店楚簡〈忠信之道〉的思想傾向》，《人文雜志》2000年第4期。
[176] 金春峰：《論郭店簡〈六德〉、〈忠信之道〉、〈成之聞之〉之思想特徵與成書年代》，臺灣大學哲學系《先秦儒家思想學術研討會論文集》，2001年4月21—22日；《〈周易〉經傳梳理與郭店楚簡思想新釋》。
[177] 郭沂：《郭店楚簡〈成之聞之〉篇疏證》，《中國哲學》第二十輯。
[178] 廖名春：《郭店楚簡儒家著作考》，《孔子研究》1998年第3期。
[179] 參廖名春《從郭店楚簡論先秦儒家與〈周易〉的關係》，《〈周易〉經傳與易學史新論》，濟南：齊魯書社，2001年8月，第238頁。
[180] 姜廣輝：《郭店楚簡與〈子思子〉——兼談郭店楚簡的思想史意義》，《中國哲學》第二十輯。

[181] 葉國良：《郭店儒家著作的學術譜系問題》，《中國哲學》第二十四輯。
[182] 王博：《"槁木三年，不必為邦旗"釋——兼談〈成之聞之〉的作者》，《郭店楚簡國際學術研討會論文集》。
[183] 高正：《郭店竹書是稷下思孟學派教材》，"簡帛研究"網，2000年5月7日。
[184] 金春峰：《論郭店簡〈六德〉、〈忠信之道〉、〈成之聞之〉之思想特徵與成書年代》，臺灣大學哲學系《先秦儒家思想學術研討會論文集》，2001年4月21—22日；《〈周易〉經傳梳理與郭店楚簡思想新釋》。
[185] 廖名春：《郭店楚簡儒家著作考》，《孔子研究》1998年第3期。
[186] 陳來：《帛書易傳與先秦儒家易學之分派》，《孔子研究》1999年第4期。
[187] 高正：《郭店竹書是稷下思孟學派教材》，"簡帛研究"網，2000年5月7日。
[188] 葉國良：《郭店儒家著作的學術譜系問題》，《中國哲學》第二十四輯。
[189] 鄭剛：《〈尊德義〉中的禮與性》，中山大學古文字研究所編：《康樂集：曾憲通教授七十壽慶論文集》，廣州：中山大學出版社，2006年1月。
[190] 彭林：《郭店楚簡〈性自命出〉補釋》，《中國哲學》第二十輯。原為1998年6月10日在炎黃藝術館"郭店楚簡學術研討會"上的發言。
[191] 廖名春：《郭店楚簡儒家著作考》，《孔子研究》1998年第3期，第79頁。
[192] 陳來：《郭店楚簡之〈性自命出〉篇初探》，《孔子研究》1998年第3期；《中國哲學》第二十輯。
[193] 《儒家系譜之重建與史料困境之突破——郭店楚簡儒書與先秦儒學研究》，《郭店楚簡國際學術研討會論文集》。
[194] 姜廣輝：《郭店楚簡與〈子思子〉——兼談郭店楚簡的思想史意義》，《中國哲學》第二十輯。
[195] 丁四新：《郭店楚墓竹簡思想研究》，第209頁。
[196] 丁四新：《人性有善惡辨》，山東孟子學國際會議論文，2006年4月；參夏世華、丁四新：《中國大陸郭店楚簡思想及其相關問題研究綜述》，丁四新主編：《楚地簡帛思想研究（三）》，武漢：湖北教育出版社，2007年6月，第689—690頁。
[197] 王葆玹：《郭店楚簡的時代及其與子思學派的關係》，《郭店楚簡國際學術研討會論文集》。
[198] 梁利勇：《郭店楚簡〈性自命出〉篇研究》，清華大學碩士學位論文，2000年5月。
[199] 王博：《郭店竹簡與子張之儒的研究》，《簡帛思想文獻論集》，第110—117頁。
[200] 葉國良：《郭店儒家著作的學術譜系問題》，《中國哲學》第二十四輯。
[201] 葉國良：《公孫尼子及其論述考辨》，《臺大中文學報》第25期（2006年12月）。
[202] 李天虹：《〈性自命出〉作者考辨》，《郭店竹簡〈性自命出〉研究》，武漢：湖北教育出版社，2003年1月。
[203] 陳霖慶：《再議〈性自命出〉作者及學派（摘要）》，"簡帛研究"網2004年4月11日。
[204] [日] 金谷治：《楚簡"性自命出"篇考察》，《簡帛研究二〇〇四》。
[205] 蒙培元：《〈性自命出〉的思想特徵及其與思孟學派的關係》，"儒家思孟學派國際學術研討會"論文，山東濟南、鄒城，2007年8月10—13日。
[206] 顏炳罡：《郭店楚簡〈性自命出〉與荀子的情性哲學》，"儒家思孟學派國際學術研討會"論文，山東濟南、鄒城，2007年8月10—13日。
[207] 劉光勝：《出土文獻與荀學研究》，《孔子研究》2009年第4期。
[208] 艾蘭、魏克彬原編，邢文編譯：《郭店〈老子〉：東西方學者的對話》，第192頁（原為1998年美國達慕思大學研討會發言）。
[209] 陳鼓應：《〈太一生水〉與〈性自命出〉發微》，《道家文化研究》第十七輯。
[210] 參劉樂賢《〈性自命出〉與〈淮南子·繆稱〉論"情"》，《中國哲學史》2000年第4期。《〈性自命出〉的學派性質》，"簡帛研究"網，2000年3月3日；《古墓新知》，臺北：臺灣古籍出版有限公司，2002年5月。

[211] 池田知久:《郭店楚簡〈告自命出〉的"道之四術"》,"長沙三國吳簡暨百年來簡帛發現與研究國際學術研討會"論文,2001年8月18日;《長沙三國吳簡暨百年來簡帛發現與研究國際學術研討會論文集》;《池田知久簡帛研究論集》。

[212] 金春峰:《讀郭店楚簡〈性自命出〉篇札記——由喪禮"踊"看時代》,《〈周易〉經傳梳理與郭店楚簡思想新釋》,北京:中國言實出版社,2004年11月。

[213] 李學勤:《先秦儒家著作的重大發現》,《中國哲學》第二十輯,第16頁。

[214] 廖名春:《郭店楚簡儒家著作考》,《孔子研究》1998年第3期。

[215] 葉國良:《郭店儒家著作的學術譜系問題》,《中國哲學》第二十四輯。

[216] 李存山:《郭店楚簡研究散論》,《孔子研究》2000年第3期。

[217] 杜維明等:《"郭店竹簡與思孟學派"座談會》,梁濤主編:《中國思想史研究通訊》第八輯;李存山:《"郭店楚簡與思孟學派"復議》,郭齊勇主編:《儒家文化研究》第一輯。

[218] 渡邊大:《郭店楚簡"成之聞之""六德"にみえる人論說について》,《大久保隆郎教授退宮記念論集 漢意とは何か》,日本:東方書店,2001年。轉摘自湯淺邦弘:《戰國楚簡與秦簡之思想史研究》,第57頁。

[219] 金春峰:《論郭店簡〈六德〉、〈忠信之道〉、〈成之聞之〉之思想特徵與成書年代》,臺灣大學哲學系《先秦儒家思想學術研討會論文集》,2001年4月21—22日;《〈周易〉經傳梳理與郭店楚簡思想新釋》。

[220] 邱德修:《從上博郭店楚簡看儒墨之交流》,《社會‧歷史‧文獻——傳統中國研究國際學術討論會會議論文》,上海,2006年7月21—23日。

[221] 周鳳五:《郭店竹簡的形式特徵及其分類意義》,《郭店楚簡國際學術研討會論文集》。

[222] 李零:《郭店楚簡校讀記(增訂本)》,第157頁。

[223] 陳偉等:《楚地出土戰國簡冊[十四種]》,第244頁。

[224] 羅運環:《郭店楚簡有關君臣論述的研究——兼論有關〈語叢四〉的問題》

[225] 高正:《郭店竹書是稷下思孟學派教材》,"簡帛研究"網,2000年5月7日。

[226] 李景林:《從郭店簡看思孟學派的性與天道論——兼談郭店簡儒家類著作的學派歸屬問題》,《郭店楚簡國際學術研討會論文集》。

[227] 龐樸:《〈語叢〉臆說》,《中國哲學》第二十輯;丁四新:《郭店楚墓竹簡思想研究》。

[228] 李零:《郭店楚簡校讀記》,《道家文化研究》第十七輯;朱喆:《〈語叢四〉學派性質刍議》,《郭店楚簡國際學術研討會論文集》。

[229] 艾蘭、魏克彬原編,邢文編譯:《郭店〈老子〉:東西方學者的對話》,第189頁(原為1998年美國達慕思大學研討會發言)。

[230] 艾蘭、魏克彬原編,邢文編譯:《郭店〈老子〉:東西方學者的對話》,第192—193頁(原為1998年美國達慕思大學研討會發言)。

[231] 李景林:《從郭店簡看思孟學派的性與天道論——兼談郭店簡儒家類著作的學派歸屬問題》,《郭店楚簡國際學術研討會論文集》;《孔孟月刊》第38卷第5期;《教化的哲學——儒家思想的一種新詮釋》,第198—199頁。

[232] 杜維明等:《"郭店竹簡與思孟學派"座談會》,《中國思想史研究通訊》第八輯。

[233] 如"儒家思孟學派國際學術研討會",山東濟南、鄒城,2007年8月10—13日。

[234] 參拙作《古代中西方的"學派"觀念比較——兼論"思孟學派"的問題》,《中國哲學史》2007年第4期。

[235] 梁濤:《郭店竹簡與思孟學派》,第14頁。

[236] 參拙作《"六家"、"九流十家"與"百家"》,《中國哲學史》,2005年第3期;《簡帛釋證與學術思想研究論集》。

望山楚簡 "述瘥" 考釋[1]

蘇建洲

《望山》1號墓150簡，《望山楚簡》釋文作"述瘳（瘥），賽之瘳（瘥）。☑"[2] ""字依照目前的認識，可釋為"速"。張光裕先生編著的《望山楚簡校錄》釋文斷讀相同[3]。陳斯鵬先生釋文則作"述瘥，速賽之，速瘥"[4]。許道勝先生釋文相同[5]。"速賽之"、"速瘥"常見於楚國卜筮祭禱簡，文義不難理解。但是"述瘥"如何解釋，上引諸家均未作說明。中山大學古文字研究室楚簡整理小組釋為"遂"，引金文"遂"作 （孟鼎）、 （小臣謎簋）、 （魚鼎匕）為證[6]。袁國華先生亦讀為"遂"，以為"遂瘥"（望山簡150、151）猶言"（疾病）終於痊癒"[7]。

謹案："述瘥"辭例亦見1.151，兩"述"字分別作：

(1.150) (1.151)

可見釋為"述"是沒問題的[8]。"述"字若如字讀，無法通讀簡文。但是釋為"遂"，理解為"終於"恐也有問題。如同陳斯鵬先生所指出："'述瘥，速賽之，速瘥'的含義和性質，均與例（1）'志事速得，皆速賽之'【引案：指《包山》簡199-200】相類，也應是預設的祝禱之辭。從同出其他簡文可知，望山一號墓墓主悼固因病多次問卜，并得出'疾少遲瘥'的占斷（參45、61、63、64、65等號簡）。所以希望禱請於鬼神，使其速愈。"[9]可見悼固的病情顯然沒有"終於痊癒"，否則同簡文祈求"速瘥"就沒辦法解釋。這也可由《葛陵》簡得到證明：

"☑句（苟）思（使）坪夜君城窒（惛）瘳速瘥（瘥），敢不速☑"（零87+零570+零300+零85+零593）

"☑窒（惛）塞（賽）☑（零484）[10]

馮勝君先生指出，上引簡零：484"簡文雖然殘缺，但推想可能就是見於包山祭禱簡的'皆速賽之'（200號簡）一類話的殘文"[11]。同時比對《望山》116"☑蔵陵君，肥豢，酉（酒）飤（食）。遷（舉）禱北（別）子[12]，肥豢，酉（酒）飤（食）。速瘥，賽之"的文例，可見零593"敢不速"之後可以補上"賽"。簡文謂如果使坪夜君城身體趕快康復，哪敢不立即賽禱還願[13]。可知坪夜君城身體是不豫欠安的，文例相近的《望山》150簡中悼固的病況也應該如此理解[14]。

其次，除了"疾速瘥"外，楚簡還有"疾少遲瘥"（《望山》1.45）、"疾遲瘥"（《望山》1.61）、"病良瘥"（《包山》218）、"病遲瘥"（《包山》243）、"久不瘥"（《包山》236）、"背膺悶心之疾速瘳速瘥"（《葛陵》甲三22、59）、"少遲恚（蠲）[15]瘥"（《葛陵》乙二3、4）、

"至荊夷之月安良瘥"(《天星觀》)[16]等等的辭例,"速"、"遲"、"久"是時間副詞[17];"良"是表示甚也、程度高的程度副詞[18],"少"則是稍微、程度輕微的程度副詞[19]。"不"是否定副詞。可見"述"確實要從副詞的角度去思考。

筆者以為"述"應讀為"率"。宋華強先生主張《葛陵》簡"某人之述旬於某地"的"述"應讀為"率",茲將其通讀證據引全如下:

>"述"是船母物部字,"率"是生母物部字。韻部相同,聲母一屬齒音莊組,一屬舌音章組,可以相通。例如"終"與"崇"通。《老子》二十三章"飄風不終朝,驟雨不終日",傅奕本、范應元本"終"作"崇";《尚書·君奭》"其終出於不祥",陸德明《釋文》引馬融本"終"作"崇","終"屬章組章母,"崇"屬莊組崇母。"述"和"率"也有間接相通的例子。《廣雅·釋言》"律,率也",王念孫《廣雅疏證》云:"……《周官·典同》注云:'律,述氣者也。''述'與'率'通。《中庸》'上律天時',注亦云:'律,述也。'"[20]

再補個間接通假例證:古書中"聿"和"率"可以通假[21],《集成》718 郭季鼠"遹鼎",陳英傑先生認為應讀為"律鼎","義即可以作為法度、標準的器物,大概女性受器以此為標準之義,不能僭越"[22]。而古籍【術與聿】也常見通假,如《詩·大雅·文王》:"聿脩厥德","聿",《漢書·東平思王宇傳》引作"述"[23]。可見《望山》的"述"讀為"率"是沒問題的。"率"是範圍副詞,義同皆、悉。金祥恒先生謂:"其率之義猶《大盂鼎》之'雩殷正百辟,率肆於酒'之率。率,皆也,悉也。"姚孝遂先生說:"卜辭'率'用作副詞者,金祥恒以為'悉皆之意',其說可從。"[24]沈培先生也是將"率"與"皆、亦、咸、卒"一起視為範圍副詞的[25]。詹鄞鑫先生更詳細地指出:

>"率"字既是修飾動詞的副詞,其所修飾的動詞的受事者又都是群體或複數詞,據此推斷,"率"字祇能是範圍副詞。"率"的意義應當與文言範圍副詞"悉"、"咸"、"皆"、"俱"等相似。……"率"之訓悉,並非出於偶然。從古音看,"率""悉"雙聲鄰紐,雙聲連綿詞有"蟋蟀",意味著"悉"與"率"是互相連帶發出的語音。音近故義通。《古今韻會舉要·質韻》:"率,皆也。"這種用法自商周以來歷代文獻中都有例可循。西周用例如金文《盂鼎》:"雩殷正百辟率肆於酒"此"率"字陳初生釋為"希、盡、大都"。戰國用例如《禮記·祭義》:"古之獻繭者,其率用此與?"漢代文獻如《史記·老子韓非列傳》:"故其著書十餘萬言,大抵率寓言也。"……歷代文獻中的"率"字作副詞時還往往表示大抵、通常、大概、大多等義,顯然是由皆悉義引申而來的。[26]

則簡文"【疾】述(率)瘥"就是"疾皆瘥"或"疾悉瘥"的意思,這種用法古籍並不少見。同時《方言·卷三》:"差、間、知,愈也。南楚病愈者謂之差,或謂之間,或謂之知。知,通語也。或謂之慧,或謂之憭,或謂之瘳,或謂之蠲,或謂之除。"《說文》:"瘥,瘉也。"所以古籍也有"皆瘥"、"皆愈(瘉)"、"皆瘳"、"悉瘥"、"悉愈(瘉)"的說法:

《論衡·福虛》:"楚惠王食寒菹而得蛭,因遂吞之,腹有疾而不能食。……是夕也,惠王之後而蛭出,及久患心腹之積皆愈。故天之視聽[27]也,可謂不察乎?"(此事亦見於《新書·春秋篇》、《新序·雜事篇》。)

《後漢書·光武帝紀》："是夏，京師醴泉涌出，飲之者固疾皆愈，惟眇、蹇者不瘳。"

《東觀漢紀·世祖光武皇帝》："是時醴泉出於京師，郡國飲醴泉者，痼疾皆愈，獨眇蹇者不差。"

《後漢書·方術列傳第七十二下·華陀》："阿善針術。凡醫咸言背及匈藏之間不可妄針，針之不可過四分，而阿針背入一二寸，巨闕匈藏乃五六寸，而病皆瘳。"

《黃帝內經·素問·異法方宜論》："故聖人雜合以治，各得其所宜，故治所以異而病皆愈者，得病之情，知治之大體也。"

《普濟方·卷六十一·咽喉門二》："如冬月無濕花。可浸乾者。濃絞取汁。如前服之。極驗。但咽喉閉塞。服之皆瘥。"

《普濟方·卷一百四十七·傷寒門二十七》："藥主解毒氣。服後。胸中熱。及咽喉痛。皆瘥。"

《普濟方·卷二百三十八·尸莊門二》："此藥所為。如湯沃雪。手下皆癒。方宜秘之。非賢不傳也。"

《本草綱目·穀部·二十五卷》："患腳人，常將漬酒飲之，以滓傅腳，皆瘥。"

《齊民要術·卷六》："研芥子塗之，差。六畜疥，悉愈。"

《周書·列傳第三十九·姚僧垣》："僧垣知其可差，即為處方，勸使急服。便即氣通，更服一劑，諸患悉愈。"

《醫心方·卷八》："盡劑者，萬毒萬病廿八種風邪悉癒。"

《普濟方·卷二百九十五·痔漏門二》："八日後膿血盡。鼠乳悉瘥。"

加上《望山》1號墓簡提到悼固所患的疾病有：

既瘥，以悶心，不内食，尚毋為大蚤（簡9）

既瘥，以心□然，不可以復[28]，思遷身韓。（簡13）

既心悶以塞，善欥☒（簡17）

☒以不能飤（食），以心悶，以欥，脑（胸）臘（脅）疾，尚☒（簡37）

☒以心悶，不能飤（食），以聚欥，足骨疾☒（簡38）

☒聚欥，足骨疾，尚毋死。（簡39）

☒首疾，尚毋☒（簡41）

可見罹病種類繁多，病況確實嚴重，所以簡13纔說"不可以復"，是說悼固的身體無法恢復到之前健康的狀況。這種說法亦見於秦駰玉版背1"已吾腹心以至於足骭之病，能自復如故。"背4"苟令小子駰之病日復。"[29]還有《包山》238"甶（思）左尹詑（遷）逡（復）処（處）"，陳斯鵬先生解釋說："'復'指恢復、康復。……意謂：讓左尹詑恢復如常，保持原來的安康。"[30]正因為悼固所患疾病不祇一種，所以簡文纔會祝禱"疾率瘥"，也符合上引詹先生所說"（率）其所修飾的動詞的受事者又都是群體或複數詞。"可見簡文讀為"【疾】率瘥"不為無據。補足文義後，"【苟使疾】述·（率）瘥，速賽之，速瘥"，也就是"【苟使疾】述（率）瘥速瘥，速賽之"，句式如同《葛陵》"窒（琮一憯）瘥速瘉（瘥），敢不速【賽】☒"（零87+零570+零300+零85+零593）。祇是前者更希望病體能既快速又能全部康復如初，不要祇是"病少痊"（《莊子·徐無鬼》）、"病少愈"（《史記·孝武本紀》）。

附記：拙文承蒙陳斯鵬先生審閱指正，筆者非常感謝。

注　釋：

[1]　本文為"楚系簡帛字典編纂計劃"的研究成果之一，曾獲得國家科學發展委員會的資助（計畫編號NSC99-2410-H-018-032），特此致謝。

[2]　湖北省文物考古研究所、北京大學中文系編：《望山楚簡》，北京：中華書局，1995年6月，第81頁。

[3]　張光裕編著、袁國華合著：《望山楚簡校錄》，臺北：藝文印書館，2004年12月，第204頁。

[4]　陳斯鵬：《簡帛文獻與文學考論》，廣州：中山大學出版社，2007年12月，第111頁。

[5]　陳偉等著：《楚地出土戰國簡冊【十四種】》，北京：經濟科學出版社，2009年9月，第276頁。

[6]　中山大學古文字研究室楚簡整理小組：《戰國楚簡研究》（三）【油印本】第22頁。

[7]　袁國華：《楚簡疾病及相關問題初探——以包山楚簡、望山楚簡為例》《"中國南方文明"學術研討會論文》，南港：中央研究院歷史語言研究所，2003年12月19—20日，第17頁。

[8]　李守奎：《楚文字編》，上海：華東師範大學出版社，2003年12月，第96頁。

[9]　陳斯鵬：《簡帛文獻與文學考論》，廣州：中山大學出版社，2007年12月，第111頁。

[10]　參看宋華強：《新蔡楚簡的初步研究·釋文》，北京：北京大學中國語言文學系博士學位論文，2007年5月；陳劍：《釋"琮"及相關諸字》，收入《甲骨金文考釋論集》，北京：線裝書局，2007年4月，第276—277頁。

[11]　馮勝君：《郭店簡與上博簡對比研究》，北京：線裝書局，2007年4月一版，第130頁。

[12]　宋華強：《由楚簡"北子""北宗"說到甲骨金文"丁宗""啻宗"》，載《簡帛》第四輯，上海：上海古籍出版社，2009年10月，第123—134頁。

[13]　參考宋華強《新蔡葛陵簡初探》，武漢：武漢大學出版社，2010年3月，第274頁。

[14]　袁先生此意見並未反映在所合著後出的《望山楚簡校錄》中，不知是否表示已放棄"（疾病）終於痊癒"的說法。

[15]　張新俊：《新蔡葛陵楚墓竹簡文字補正》，簡帛研究網，2004年2月22日。後刊登於《中原文物》2005年第4期，第84頁。

[16]　晏昌貴：《天星觀"卜筮祭禱"簡釋文輯校（修訂稿）》，簡帛網，2005年11月2日，http://www.bsm.org.cn/show_article.php?id=31。

[17]　何樂士編：《古代漢語虛詞詞典》，北京：語文出版社，2006年2月，第250、381頁；楊伯峻、何樂士：《古漢語語法及其發展》，北京：語文出版社，2003年1月第2版三刷，第253頁。

[18]　楊伯峻、何樂士：《古漢語語法及其發展》，北京：語文出版社，2003年1月第2版三刷，第261、273、275頁。姚萱：《殷墟花園莊東地甲骨卜辭的初步研究》，北京：線裝書局，2006年11月，第209頁。

[19]　楊伯峻、何樂士：《古漢語語法及其發展》，北京：語文出版社，2003年1月第2版三刷，第284頁。

[20]　宋華強：《新蔡楚簡的初步研究·第六章》，北京：北京大學中國語言文學系博士學位論文，2007年5月，213頁。亦見宋華強：《新蔡葛陵簡初探》，武昌：武漢大學出版社，2010年3月，第330頁。

[21]　高亨纂著、董志安整理：《古字通假會典》第535頁【律與率】條。

[22]　陳英傑：《西周金文作器用途銘辭研究》上，北京：線裝書局，2009年1月，第134頁注4。

[23]　張儒、劉毓慶：《漢字通用聲素研究》，太原：山西古籍出版社，2002年4月，第913頁。

[24]　于省吾主編：《甲骨文字詁林》，北京：中華書局，1996年5月，第四冊，第3183—3184頁。

[25]　沈培：《殷墟甲骨卜辭語序研究》，臺北：文津出版社，1992年11月，第161頁。

[26]　詹鄞鑫：《釋卜辭中的範圍副詞"率"—兼論詩書中"率"的用法》《華東師範大學學報》1995年第6期第174—180頁。又載於《華夏考——詹鄞鑫文字訓詁論集》，北京：中華書局，2006年12月，第248—249頁。

[27] "視聽"原作"親德",依黃暉校改。黃暉:《論衡校釋》,北京:中華書局,1996年11月三刷,第262頁。
[28] 整理者釋為"逴(動)"。許道勝先生指出:"看紅外影像,字當釋為'遝',即'復'字。"釋文作"不可以復思遷身韠",見陳偉等著:《楚地出土戰國簡冊【十四種】》,北京:經濟科學出版社,2009年9月)第279頁注20。今據文義在"復"後點斷。
[29] 李家浩:《秦駰玉版銘文研究》,載《北京大學古文獻研究中心集刊(二)》,北京燕山出版社,2001年4月,第100—101頁。
[30] 陳斯鵬:《論周原甲骨和楚系簡帛中的"囟"與"思"——兼論卜辭命辭的性質》,收入《第四屆國際中國古文字學研討會論文》,香港:香港中文大學,2003年10月15日,第403—404頁。

《保訓》釋文商補

孟蓬生

2009 年 6 月 15 日，在清華大學出土文獻研究與保護中心（以下簡稱"保護中心"）主辦的"《保訓》簡的整理與研究"研討會上，與會學者有幸先睹了《清華大學藏戰國竹簡〈保訓〉釋文》及圖版[1]，並參觀了部分竹簡實物。就釋文而言，整理者已經在文字通讀方面為讀者掃清了不少障礙，但簡文古奧，短時間內恐難以解決所有問題。筆者在會上曾有簡短發言，就《保訓》釋文談過一些看法。現將發言內容（一、三兩則）及後續所得（二、四、五三則）整理成文，以就正於各位同好。

一、不瘳

簡 1："惟王五十年，不瘳，王念日之多鬲，恐述保訓。"

生按：在拜讀《光明日報》最初刊發的各篇討論《保訓》的文章後，我曾就"不瘳"的釋文同王志平兄討論，以為如不是釋文有誤，就是竹簡有脫文。因為從邏輯和文例來看，一定會先說"有病"，再說"不瘳"，沒有冷不丁地上來就說"不瘳"的道理。比如《釋文》所引的《逸周書·祭公》："謀父疾，維不瘳。"就是一個很好的例證。在研討會上看到圖版後，李守奎先生率先發言，以為所謂"瘳"字當釋為"瘥"，正好解決了我心中的疑問。於是我接著李守奎先生發言，指出"瘥"當讀為"懌"，"不瘥"就是《尚書》中出現過的"不懌"（見《尚書·顧命》）。會後拜讀廖名春先生網文，得知孫飛燕先生也曾釋該字為"瘥"，讀為"豫"，以為"不瘥"即"不豫"（見《尚書·金縢》）[2]。

"瘥"（餘紐魚部）、"豫"（餘紐魚部）、"懌"（餘紐鐸部）三個字所記錄的應該是同一個詞。字或作"忬"。《說文·心部》："忬，忘也。嘾也。从心，餘聲。《周書》曰：'有疾，不忬。'忬，喜也。""忬，喜也"對後人的影響很大，現在多數學者都認為"不豫"、"不懌"其詞義是由"快樂"義引申來的。不過我現在覺得，把這個"豫"或"懌"理解為"安舒"、"舒服"，看作"舒"的借字，可能更自然些。《集韻·魚韻》："《方言》：東齊之間凡展物謂之舒。……或作豫。"又同韻："紓，《說文》：緩也。一曰解也。或作忬、忬，通作舒。"《逸周書·五權》："維王不豫。"陳逢衡注："不豫，不安。"[3] 陳說可取。

二、㾻甚

簡 2、3："王若曰：'發，朕疾㾻甚，恐不女及訓。"

釋文中的"**簪**"字，原形如下：

（處理前）　　（處理後）

此字也見於上博簡《周易》簡14，原形如下：

（處理前）　　（處理後）

兩種寫法祇爭一畫，即清華簡比上博簡多了上部作為裝飾筆畫的短橫而已[4]。清華簡整理者的隸定是參照上博簡《周易》做出的，實際上已經替我們做了認同的工作。

由於此字在楚簡中作為單字或偏旁多次出現，已經有多位學者進行過討論，均認為它跟"商"字無關[5]。該字"止"字之外的構件來源如何，目前尚未得出一致的結論，但對該字的讀音則有了大致相同的看法，即此字古音當在侵部（談）部。這是基於以下可以反映該字讀音的材料得出的結論。

（一）

1. 勿疑，朋𣏂（上博簡《周易》簡14）
2. 勿疑，傰甲讒（馬王堆帛書《周易》）
3. 勿疑，朋盍簪（傳世本《周易》）

"簪"古音在侵部，"讒"古音亦在侵部（或歸談部），則"𣏂"字古音也應在侵部（談部）。

（二）

1. ☐思坪夜君城𣏂瘥速瘥☐（新蔡簡，零：189）
2. ☐城𣏂瘥速瘥☐（新蔡簡，零：300）

劉樂賢先生指出：

"簪"或從"簪"得聲之字古音在緝部和侵部，"疌"或從"疌"得聲的字古音在葉部和談部。大家知道，緝、侵部和葉、談部的關係十分密切，例如"讒"字，或歸入侵部，或歸入談部。因此，從"簪"得聲的字可以與"疌"或從"疌"得聲的字通假。《集韻·感韻》："簪、疌，速也。《易》朋盍簪，王肅讀或作疌。"《廣韻·感韻》："簪（從弓），弓弦。簪（從弓）又作疌（從弓）。"據此，上引二簡的A（指𣏂——引者按，下同）可以讀為"疌"或"寁"。……要言之，上引簡文的"A瘥速瘥"應讀為"疌瘥速瘥"或"寁瘥速瘥"，是"速瘥速瘥"的意思。[6]

宋華強先生指出：

新蔡簡中的"𣏂"可以讀為文獻中的"憯"。《墨子·明鬼下》"鬼神之誅若此之憯遫也"，又"鬼神之誅至若此其憯遫也"。孫詒讓《墨子閒詁》云：

"憯"、"遫"義同。《玉篇·手部》云"揝，側林切，急疾也"。"憯"與"揝"通。《易·豫》"朋盍簪"，《釋文》云："簪，鄭云速也，京作'撍'。"[7]

劉、宋兩位的考釋又一次表明從"朁"聲的"兂"字古音在侵（談）部。《說文·宀部》："寁，居之速也。从宀，疌聲。"大徐本"子感切"。《詩·鄭風·遵大路》："遵大路兮，摻執子之袪兮。無我惡兮，不寁故也。"毛傳："寁，速也。"需要說明的是："疌""寁"字古音在談盍兩部，一音"疾葉切"（葉韻），一音"子感切"（感韻）。《集韻·感韻》："簪、寁，速也。《易》：'朋盍簪。'王肅讀。或作寁。"可知訓"疾"的"簪"中古音亦音"子感切"，與"寁"同音。《廣韻·感韻》："彏，弓弦。彏又作彂。"在"疾速"的意義上，"簪"、"憯"、"揝"、"寁"（子感切）記錄的是同一個詞，跟訓"疾速"的"疌"音義相通[8]。

（三）**慫**（**㒼**）

1. 子曰：長民者，衣服不改，**㒼**容有常，則民德一。（郭店簡《緇衣》16~17）
2. 子曰：長民者，衣服不改，**慫**容有常，則民德一。（上博簡《緇衣》9）
3. 子曰：長民者，衣服不改，從容有常，則民德一。（傳世本《禮記·緇衣》）

此字當分析為"从人，朁聲"，"㒼"字上部所從當是人字的變形，而非"宀"字[9]。"朁"字古音在侵（談）部，而論者多以為戰國時冬部已經從侵部分化出來，與"東"部讀音相近。古音侵談東相通，如"覃"（覃字古音在侵部），其異體作"談"（炎古音在談部），而《戰國策》人名"張孟談"，《史記·趙世家》或作"張孟同"（"同"字古音在東部）。《說文·夊部》："夁，繇也，舞也。樂有章。从章从夅从夊。《詩》曰：夁夁舞我。"段注以為从夅聲，則古音在侵部。《詩·小雅·伐木》："坎坎鼓我，蹲蹲舞我。""坎"古音在談部。《急就篇》："竽瑟空侯琴築筝。"顏師古注："空侯，馬上所彈也。一名坎侯。""空"字在東部。故**慫**（**㒼**）等作為从"朁"聲之字而與東部"從"字相通，是很好理解的。

如果以上所論"朁"聲之字古音在侵（談）部的事實可以成立，則《保訓》"**㬅**"字的讀法就有望得到解決。以音求之，我們覺得"**㬅**"字可以讀為傳世典籍中表示"疾病加劇"的"漸"字。

"漸"字古音在談部，與"毚"聲字相通，亦與"朁"聲字相通。《集韻·銜韻》："巉巖，高也。或作漸。"《詩·小雅·漸漸之石》："漸漸之石，維其高矣。"《尚書·洪範》："沈潛剛克。"《史記·宋微子世家》作"沈漸剛克"。《左傳·文公五年》及《漢書·谷永傳》均引作"漸"。又《荀子·修身》："血氣剛彊，則柔之以調和；知慮漸深，則一之以易良。"《韓詩外傳》："血氣剛強，則務之以調和；智慮潛深，則一之以易諒。"

《尚書·顧命》："王曰：嗚呼，疾大漸，惟幾，病日臻。既彌留，恐不獲誓言嗣，茲予審訓命汝。"偽孔傳："自歎其疾大進篤，惟危殆。"偽孔傳又云："病日至，言困甚。已久留，言無瘳，恐不得結信出言，嗣續我志，以此故我詳審教命汝。"

今簡文云："王若曰：'發，朕疾**㬅**甚，恐不女及訓。'"

兩相對照，可以看出，兩者行文章法十分一致，而"疾𣦵（漸）甚"與"疾大漸"語意尤近。《列子·力命》："季梁得疾，七日大漸，其子環而泣之。"張湛注："漸，劇也。"《廣雅·釋言》："甚，劇也。"《玉篇·甘部》："甚，劇也。"可見"漸"與"甚"意義相同，兩字應該看作並列結構。傳世典籍中有"漸甚"一語，惜時代略晚。《南齊書·宗室列傳》："帝不豫，遙光數入侍疾。帝漸甚，河東王鉉等七王一夕見殺，遙光意也。"《南史·齊宗室列傳》作"帝疾漸甚"[10]。

三、成康

簡9："兇志弗忘，連贑子孫，至於成康。"《釋文》："'康'為'唐'字之誤，'成唐'即'成湯'。"

生按：整理者把"康"看作"誤字"，無疑是一種謹慎的做法。因為"康"和"唐"同從"庚"得聲，在諧聲時代同音，但在戰國時代的楚地是否仍然同音呢？我們覺得這種擔心可能是多餘的。

上博《緇衣》簡3："唯尹允及康咸有一德。"郭店簡和今本《緇衣》"康"皆作"湯"、《曹沫之陣》簡65："亦唯聞夫禹、康、桀、紂矣。"[11]其中"康"亦與傳世典籍的"湯"字相對應。這說明"康"不是錯字，而是當時通行的寫法。淅川下寺春秋楚墓中有自銘為"盧鼎"之器，劉彬徽先生解釋說："盧從康得聲，康、唐、暘、湯等字古同音，盧當為湯的通假字，盧鼎即湯鼎。在信陽長臺關M1、江陵望山M2、荊門包山M2的竹簡遣策中就直接寫作'湯鼎'；在其他地區銅器銘文中也有發現，更是明證。"[12]劉先生之說可從。《爾雅·釋詁下》："賡、揚，續也。"《尚書·立政》："以覲文武之耿光，以揚文武之大烈。"《逸周書·祭公》："揚文武之大勳，弘成康召考之烈。"朱右曾校釋："揚，續也。"然則"康"之與"唐（湯）"，猶"賡"之於"揚"，"盧"之於"湯"也。

四、其有所㱃矣

簡10："朕聞茲不舊，命未有所次。今女祗備毋解，其有所㱃矣。"

整理者注："'㱃'，通'由'。"李銳先生說："從上下文'今汝祗備（服）毋解（懈），其有所㱃（由）矣，不及爾身受大命'來看，'矣'當讀為'疑'。《六韜·文韜·守土》：'敬之勿疑'。此處'其'之義為若。或說'㱃矣'讀為'猶疑'"[13]。

生按："備"，孫飛燕和李銳兩位先生均讀為"服"[14]，訓為"服行"，其說可從。"㱃"當讀"就"，"有所就"即"有所成就"之意。古音"㱃"、"由"、"就"相通。《呂氏春秋·下賢》："就就乎其不肯自是，鵠乎其羞用智慮也。"高注："就就讀如由與之由。"

"今女祗備毋解，其有所㱃矣。"意思是說，現在你如能敬行寶訓不敢懈怠的話，一定會有所成就的。

五、日不足，惟宿不羕[15]

簡11："日不足，惟宿不羕。"

整理者注："'宿'，《楚辭·七諫》：'夜止曰宿。''羕'，讀為'詳'。《逸周書·大開》：'維宿不悉，日不足。'《小開》：'宿不悉，日不足。'《詩·小雅·天保》：'維日不足。'"趙平安先生認為，"宿"通"速"，"羕"通"祥"[16]。王連龍先生說："《說文·采部》云：'悉，詳盡也。'是'悉'與'詳'義同。"[17]

生按：整理者"日不足，惟宿不羕"與《逸周書》"維宿不悉，日不足"的語意相近，其說可從。需要指出的是，除整理者舉出的兩個例證外，《逸周書·瘠敝》篇末有"戒戒維宿"字樣，當亦"維宿不悉"之脫漏。這樣的句子都無一例外地出現在文章篇末，證明整理者把此簡放在最後是很有道理的。但這兩句話究竟是什麼意思，前人並沒有做出令人滿意的解釋，整理者對"惟宿不羕"的理解也還有商量的餘地。

先看"日不足"的含義。從傳世典籍中"日不足"出現的上下文來看，"日不足"是說來日無多，有"衹爭朝夕"即"抓緊時間"的意思。

《詩·小雅·天保》："降爾遐福，維日不足。"傳云："天又下予女以廣遠之福，使天下溥蒙之，汲汲然如日且不足也。"《尚書·泰誓中》："我聞吉人為善，惟日不足；凶人為不善，亦惟日不足。"宋夏僎《夏氏尚書詳解》曰："此蓋古人之語而武王之所聞也。大抵人有好善之心者，其心急於為善，故為之而日憂其不足。不特為善如此，為不善之人其急於為不善，亦日憂其不足。如王溫舒好殺人，會春則頓足嘆曰：'令冬益展一月，足吾事矣！'則凶人為不善，豈不日憂其不足乎？"可見古語"日不足"都是指因擔心時間來不及而急於做某事或抓緊時間做某事之意。

再看"惟宿不羕"的含義。結合傳世典籍來看，"宿"可以理解為"經宿"、"隔夜"，引申為"稽延"、"拖延"之義；"羕"當從趙平安先生讀為"祥"，義為"吉"。

《論語·顏淵》："子路無宿諾。"朱熹《論語集注》："宿，留也，猶宿留之宿。急於踐言不留其諾也。"《荀子·大略》："君子之學如蛻，幡然遷之。故其行效，其立效，其坐效，其置顏色、出辭氣效。無留善，無宿問。"楊倞注："當時即問，不俟經宿。""宿諾"、"宿問"之"宿"均用作定語，義為"經宿的"、"隔夜的"。寬泛一點，則可以理解為"拖延的"、"不馬上實行的"。

《尚書·洛誥》："伻來毖殷，乃命寧，予以秬鬯二卣，曰：'明禋，拜手稽首，休享。'予不敢宿，則禋於文王武王。"偽孔傳："言我見天下太平，則潔告文武，不經宿。"宋夏僎《夏氏尚書詳解》曰："於是時遂不敢宿留王命於家，即以此酒致祭於文武之廟。"《孟子·公孫丑下》："退而有去志。"趙岐注："故且宿留。"焦循《孟子正義》引孔廣森《經學巵言》云："古語遲延有所俟曰宿留。""予不敢宿"的"宿"用如動詞，義為"經宿"、"隔夜"。寬泛一點，則可以理解為"稽延"、"拖延"。

典籍中曾經出現過"宿善不詳"的句子，其中"宿"和"祥"的用法與簡文相同，整句話的意思也約略相似。《墨子·公孟》："公孟子曰：'善。吾聞之曰：宿善者不祥'。"《說苑·政理》："文王問於呂望曰：'為天下若何？'對曰：'王國富民，霸國富士，僅存之國富大夫，亡道之國富倉府，是謂上溢而下漏。'文王曰：'善。'對曰：'宿善不祥。'是日也，發其倉府以振鰥寡孤獨。"《荀子·大略》："無留善,無宿問。"楊倞注："有善即行,無留滯也。""留"跟"宿"互文同義,"宿善"即"留善"。

宋胡宏《皇王大紀》也曾經記載文王跟呂望的對話："望曰:'王國富民,霸國富士,僅存之國富大夫,將亡之國富倉府。'西伯曰:'吾願富其民。'望曰:'聞善斯行,宿善不祥。'於是發倉庫益賑鰥寡孤獨,以望為師。""聞善斯行"跟上文所引的"有善即行"都可以看作"宿善不祥"的最好注腳。

《淮南子·繆稱》："文王聞善如不及,宿不善如不祥,非為日不足也,其憂尋推之也。"校以《墨子》和《說苑》,知此處實衍一"不"字[18]。

《逸周書·文酌》篇末有一句話："急哉急哉,後失時。"辭句雖然有所不同,但也是敦促聽話人抓緊時間行動之意。

"日不足,惟宿不羕(祥)。"意思是說,來日無多,拖延則不吉。這是文王敦促武王抓緊時間實行"保訓"之意。

如以上所論不誤,則《逸周書》"(維)宿不悉"應該看作"(惟)宿不羕"之訛。疑"羕"字因聲近或可作"羕"(恙),與"悉"字作"悉"者形近,因而致誤[19]。前人望文生義,當然得不出合理的解釋[20]。行文及此,不覺廢書而嘆,感慨繫之矣。

注　釋:

[1]　清華大學出土文獻研究與保護中心:《清華大學藏戰國竹簡〈保訓〉釋文》,《文物》2009年第6期,第73—75頁。下引此文不再注明。

[2]　廖名春:《〈清華大學藏戰國竹簡《保訓》釋文〉初讀》,http://www.confucius2000.com/admin/list.asp?id=4027。

[3]　轉引自黃懷信等《逸周書彙校集注》第521頁,上海古籍出版社,1995年。

[4]　注意:清華簡下部所從"止"字中有一筆侵入中部,容易發生誤會。

[5]　參閱陳劍《釋"琮"及相關諸字》(繁體版),見《甲骨金文考釋論集》,第273—316頁,線裝書局,2007年;陳斯鵬:《郭店楚簡解讀四則》,《古文字研究》第24輯,第409—412頁,中華書局,2002年;馮勝君:《論郭店簡〈唐虞之道〉、〈忠信之道〉、〈語叢〉一~三以及上博簡〈緇衣〉為具有齊系文字特點的抄本》251頁,北京大學博士後研究工作報告,2004年;李家浩:《戰國竹簡〈緇衣〉中的"逯"》,《古墓新知》,香港國際炎黃文化出版社,2003年;劉樂賢:《讀楚簡劄記二則》,簡帛研究網,2004年5月29日,http://www.jianbo.org/admin3/list.asp?id=1207;宋華強:《新蔡簡與"速"義近之字及楚簡中相關諸字新考》,2006年7月27日,http://www.bsm.org.cn/show_article.php?id=389;蘇建洲:《〈上博五〉補釋五則》,簡帛網,2006年3月29日,http://www.bsm.org.cn/show_article.php?id=303#_ftn3;魏宜輝:《再論郭店簡、上博簡〈緇衣〉用為"從"之字》,張玉金主編《出土文獻語言研究》第一輯,廣東高等教育出版社,2006年6月。

[6]　劉樂賢:《讀楚簡劄記二則》,簡帛研究網,2004年5月29日,http://www.jianbo.org/admin3/list.asp?id=1207。

[7]　宋華強:《新蔡簡與"速"義近之字及楚簡中相關諸字新考》,簡帛網,2006年7月27日,http://www.bsm.org.cn/show_article.php?id=389。

[8]　馮勝君先生(《論郭店簡〈唐虞之道〉、〈忠信之道〉、〈語叢〉一~三以及上博簡〈緇衣〉為具有齊系文字特點的抄本》)、宋華強先生批評劉樂賢先生把"⿱"直接讀"速"的或說是可取的,但他們似乎都認為劉讀"⿱"為"疌(疌)"語音較遠,當是出於誤會(忽略了"疌(疌)"古音可入談部。其實即使直接讀盍部的"疾葉切",亦無不可)。

[9]　李家浩先生認為此二字為"一字之異體",甚是,但又以為字從"宀",似有可商。說見氏著《戰國

竹簡〈緇衣〉中的"逯"》，《古墓新知》，香港國際炎黃文化出版社，2003年。手頭無此書，茲據宋華強文轉引。

［10］ 此"漸"字承《尚書》用法而來，不得理解為"逐漸"。

［11］ 上博簡"康"、"湯"相通的例子蒙李銳先生提示。後來網友月下聽泉先生也曾指出這一點，見復旦大學出土文獻與古文字研究中心網，2009年7月8日，http://www.guwenzi.com/SrcShow.asp?Src_ID=827#_ednref10。

［12］ 劉彬徽：《楚系青銅器研究》第131頁，湖北教育出版社，1995年。

［13］ 李銳：《讀〈保訓〉札記》，http://www.confucius2000.com/admin/list.asp?id=4028。

［14］ 李銳：《讀〈保訓〉札記》，http://www.confucius2000.com/admin/list.asp?id=4028。孫飛燕：《讀〈保訓〉札記》，http://www.confucius2000.com/admin/list.asp?id=4029。

［15］ 文章完稿後，看到廖名春先生及網友"子居"先生也有相關的討論，但觀點不盡相同。參看廖名春：《清華大學藏戰國竹簡〈保訓〉釋文初讀續補》，http://www.confucius2000.com/admin/list.asp?id=4044。子居：《清華簡〈保訓〉解析》，復旦大學出土文獻與古文字研究中心網，2009年7月8日，http://www.guwenzi.com/SrcShow.asp?Src_ID=842。

［16］ 趙平安：《〈保訓〉的性質和結構》，《光明日報》2009年4月13日。

［17］ 王連龍：《〈對《保訓》"十疑"〉一文的幾點釋疑》，《光明日報》，2009年5月25日。

［18］ 參向宗魯《說苑校證》第150頁，中華書局，1987年；何寧：《淮南子集釋》，第725—726頁，中華書局，1998年。我手頭無這兩本書，此注據廖文補入。

［19］ 本文初稿寫成後，得知網友子居、一上等先生已經懷疑"悉"字為"恙"字之誤。參看"復旦大學古文字研究中心"網站"討論區"相關貼子及跟貼，http://www.gwz.fudan.edu.cn/ShowPost.asp?PageIndex=9&ThreadID=1187。

［20］ 黃懷信等：《逸周書彙校集注》第229頁，上海古籍出版社，1995年。

秦漢簡帛所見病名輯證

張光裕　陳偉武

有學者指出："每種疾病都有其特定的病名，是反映某一疾病全過程的總體屬性、特徵或規律的概念，多由病因、病位元、主症或特徵等某一方面或幾方面綜合得出，以示與其他疾病的不同。"[1]戰國竹簡所見病名，我們曾經有所論列[2]。秦漢簡牘帛書所見病名為數益多，更成統系，影響後世傳統醫學既深且廣。於是著意搜羅比次，輯錄諸家詮釋，證同箋異，益以新知，敷成小文。

一

秦漢簡帛所見病名至多，以下輯證並非完足：

腸辟　見於周家臺秦簡、張家山漢簡《引書》、《脈書》和《武威漢代醫簡》。《關沮》309簡："取肥牛膽盛黑叔（菽）中，盛之而係（繫）縣（懸）陰所，乾，用之。取十餘叔（菽）置鬻（粥）中而歙（飲）之，已腸辟。"整理者注："'腸辟'，也作'腸澼'。《素問·通評虛實論》記有'腸辟便血'、'腸辟下白沫'和'腸辟下膿血'三種病候。吳謙《醫宗金鑒》：'腸辟，滯下古痢名。'即痢疾。"《脈書》：'在腸，有農（膿）血，篡，脾，尻，少腹痛，為腸辟。'"《居延漢簡甲編》1945號："四月丙寅，病腸辟，庚辰治□。"

溫病　《關沮》311簡："溫病不汗者，以淳（醇）酒漬布，歙（飲）之。""溫病"此處當為外感急性熱病之稱。酒為大熱之物，此方治法疑即屬於《素問·六元正紀大論》所謂"用溫遠溫，用熱遠熱"之法。

單病　《關沮》313簡："以正月取桃橐（蠹）矢（屎）少半升，置淳（醇）酒中，溫，歙（飲）之，令人不單病。"整理者注："'單'，讀為'憚'，此方與《本草綱目》避溫疫說合。"今按"單"疑當讀為"癉"。"癉病"，猶如《論衡·順鼓篇》稱"癉疾"。"癉病"用為病名，亦見於《引書》。高大倫注："癉：通疸，黃疸病。（中略）《素問·玉機真藏論》：'發癉，腹中熱，煩心出黃。'王冰注：'脾之為病，善發黃癉，故發癉。'一說，指濕熱。《素問·脈要精微論》：'風成為寒熱，癉成為消中。'王冰注：'癉，謂濕熱也。'"

內癉　見於《引書》。高大倫注："癉，通疸。（中略）內癉，即內黃，亦稱陽黃，因脾胃有積熱，濕熱之毒熾盛，灼傷津液，內陷營血，邪入心包所致。……本病又見於與《引書》同墓所出《脈書》中。"《脈書》："內癉；身痛，艮蚤黃，為黃癉。"

心疾　兩見於《關沮》336—337簡。有"心疾"之人335簡稱為"病心者"。詳參《輯證》"心疾"條。

心痛　《萬物》w007："石鼠矢已心痛也。""心痛"為證候名，亦為病名，心疾之一種。《足臂》"臂太陰脈"所生病："心痛，心煩而意（噫）。"《陰陽》"太陰脈"所生病："心痛與復（腹）張（脹），死。"

煩心　見於《足臂》。或稱"心煩"，例見上條。

腹張　《足臂》："煩心，有（又）腹張（脹），死。"《諸病源候論·腹病諸候》："腹脹者，由陽氣外虛、陰氣內積故也。陽氣外虛，受風冷邪氣。風冷，陰氣也。冷積於腑臟之間不散，與脾氣相壅，虛則脹，故腹滿而氣微喘。"

瘧　見於《陰陽》甲本"鉅陽脈"所生病。指瘧疾。《素問·瘧論》："夏傷於暑，秋必病瘧。"又："瘧之始發也，先起於毫毛伸欠，乃作寒慄鼓頷，腰脊俱痛，寒去則內外皆熱，頭痛如破，渴欲冷飲。"又《刺瘧論》：'足太陽之瘧，令人腰痛頭重，寒從背起，先寒後熱。'"《脈書》："身寒熱，渴，四節痛，為瘧。"高大倫注："瘧：古代統稱痎瘧，以寒戰、壯熱、定期發作為特徵。"《上海博物館藏戰國楚竹書》第六冊有《競公瘧》篇，簡1說："齊競（景）公痁戲（且）瘧（瘧），歿（逾）歲（歲）不已。"濮茅左注："簡文與'瘧'同出，則'疥'借為'痎'，於病理更合。《說文繫傳》：'痎，二日一發瘧也。從疒、亥聲。臣鍇按：《顏之推家訓》以為《左氏傳》"齊侯疥遂痁""疥"字當是此字，借"疥"字耳，引此為證。言初二日一發，漸加至一日一發也。'（中略）《玉篇》：'痁，瘧疾也。'痎是小瘧，痁是大瘧，痁患積久，病由小致大。"[3]

瘻　見於《足臂》足少陽脈所主病。整理小組讀為"瘻"，魏啓鵬和胡翔驊注："瘻：頸部腫疾。"又見於《引書》。高大倫注："瘻：瘰癘，即淋巴結核。《說文·疒部》：'瘻，頸腫也。'《脈書》：'在頸，為瘻。'《靈樞·寒熱》：'寒熱瘰癘在於頸腋者，……此皆鼠瘻寒熱之毒氣也。'"

疾畀　見於《足臂》足厥陰脈所主病。通常以"痺"指風寒濕邪侵襲經絡、痺阻氣血而引起以關節、肌肉痠痛和拘急為主癥的一類疾病。《說文》："痺，濕病也。"《素問·痺論》："風寒濕三氣雜至，合而為痺也。其風氣勝者為行痺，寒氣勝者為痛痺，濕氣勝者為著痺也。"《中藏經·論痺》："痺者，閉也。五臟六腑感於邪氣，亂於真氣，閉而不仁，故曰痺。""痺"病又因發病部位不同而有所區分，如《素問·痺論》中"五痺"包括筋痺、脈痺、肌痺、皮痺、骨痺，見於傳世文獻還有"耳目痺"，《史記·扁鵲倉公列傳》："扁鵲名聞天下，過邯鄲，聞貴婦人，即為帶下醫；過洛陽，聞周人愛老人，即為耳目痺醫；來入咸陽，聞秦人愛小兒，即為小兒醫，隨俗而變。"出土文獻有"喉痺"、"胸痺"、"足小指痺"等，詳見下文。痺證或以病因病機區分，如《中藏經·論痺》中"五痺"包括風痺、寒痺、濕痺、熱痺、氣痺。

朕痺　見於《陰陽》乙本肩脈所生病、《引書》和《武威》63。"朕"為"喉"字異構。《引書》高大倫注："喉痺：或稱喉閉，喉中閉塞不通，廣義為咽喉腫痛病症的統稱。《素問·咳論》：'心咳之狀，咳則心痛，喉仲介介如梗狀，甚則咽腫喉痺。'"亦見於《脈書》肩脈所生病，字作"朕踝"。《脈書》"耳脈主治"之病有"益種"，高大倫校："益種：《甲本》作'嗌種'。《靈樞·經脈》、《脈經》卷六、《甲乙》卷二作'嗌腫喉痺'。"由此可知"嗌腫"與"喉痺"之聯繫。

足小指　見於《脈書》鉅陽之脈所生之病。高大倫注："踝：通痺。指因風寒濕侵犯肌體引起關節或肌肉腫大和麻木的症狀。（中略）《靈樞·經筋皮部》：'足太陽之筋，……其病小指及跟腫痛。'"《武威》81有"治痺手足雍種方"。

馬　見於《足臂》足少陽脈所生病。周一謀等注："馬，即《五十二病方》之瘍，亦即後世之馬刀。"

病齒〔痛〕　見於《足臂》臂陽明脈所主病。今按，整理小組擬補"痛"字，當是。《陰陽》甲本齒脈所主病有"齒痛"。甲骨文每稱"疾齒"，應即齒痛之類疾病。

膝跳　見於《陰陽》甲本陽明脈所生病。魏啟鵬、胡翔驊注："膝跳：當從乙本作'膝足痿痹'。痿痹猶'痿蹶'，是肢體萎弱而廢用的一種病症。《素問·痿論》：'陽明虛而宗筋縱，帶脈不引，故足萎不用也。'"

炊　《關沮》321—322 簡："人所恆炊（吹）者，上橐莫以丸礜，大如扁（蝙）蝠矢（屎）而乾之。即發，以□四分升一歙（飲）之。"整理者注："'炊'，讀為'吹'，《玉篇》引《聲類》：'出氣急曰吹。'此處當指哮喘。"鄭剛指出：此方"'吹'出氣是形容咳嗽的癥狀的，不是哮喘。"[4]

叚　《關沮》323 簡："叚（瘕）者，燔劍若有方之端，卒（淬）之醇酒中。女子二七，男子七以歙（飲）之，已。"整理者注："'叚'，讀作'瘕'，指腹內因病形成的積塊。《素問·骨空論》：'任脈為病，男子內結七疝，女子帶下瘕聚。'"

痩病　《關沮》325 簡："治痩病：以羊矢（屎）三斗，烏頭二七，牛脂大如手，而三溫煮（煮）之，洗其□，已痩病亟甚。"整理者注："'痩'即'痿'。武威醫簡'痿'亦寫作'痩'。痿，《說文》'痹也'，段注：'古多痿痹聯言，因痹而痿也。'蓋指身體某一部分萎縮或失去機能而不能行動。《武威》84 甲有所謂男子"七疾"、85 甲有男子"七傷"，其中都有"陰痩（痿）"，猶今言"陽痿"。亦稱"痿蹶"。《素問·痿論》："居處相濕，肌肉濡漬，痹而不仁，發為肉痿。"《證治準繩·雜病》："痿者，手足痿軟而無力，百節緩縱而不收也。"《引書》："頭氣下流，足不痿瘴，首不踵（腫）肌，母（毋）事恆服之。"高大倫注："瘴，殆為痹之訛。麻木。《玉函山房輯佚書》引《蒼頡篇》：'痹，手足不仁也。'痿痹，肢體不能動作之病。""痿痹"亦見於敦煌漢簡"治久咳逆匈（胸）痹痩（痿）痺（痹）止泄心腹久積傷寒方"（2012）。

齲　《關沮》326—328 簡為"已齲方"，簡文中"齲"又稱"齲齒"。整理者注："齲，《釋名·釋疾病》：'齒朽也。'"《說文》："䩉，齒蠹也。從牙，禹聲。齲，䩉或從齒。"

諸傷　見於馬王堆帛書《五十二病方》。整理小組注："諸傷，指人體受金刃、竹木、跌打等破傷。"即跌打損傷之類疾患。

金傷　見於《病方》："金傷者，以方（肪）膏、烏豙（喙）□□，皆相□煎，釾（施）之。"《神農本草經》卷二作"金創"。又名刃傷、金瘡、金刃傷、金瘍。指金屬器刃造成的身體創傷，亦指傷口感染而成瘡者。

傷痙　見於《病方》。"痙"作病名，出《靈樞·經筋》。指以項背強急、口噤、四肢抽搐等為主症的疾病。而"傷痙"則指破傷風，又名金瘡痙，可參《諸病源候論·金瘡中風痙候》。

犬筮（噬）人傷　見於《病方》。"筮"讀為"噬"，《左傳·哀公十二年》："國狗之瘈，無不噬也。"杜預注："噬，嚙也。"《武威》87 乙有"治狗嚙人創恩方"。《肘後備急方》卷七有"犬傷人"方，《千金要方》亦有治療犬傷人和狂犬傷人之方，遠有來自。

狂犬齧人　又作"狂犬傷人"，均見於《病方》。周一謀等指出："本書將狂犬齧人與犬噬人分別論述，說明當時對狂犬病已經有了一定認識。"

尤　《病方》："尤（疣）：取敝蒲席若藉之弱（蒻），繩之，即燔其末，以久（灸）尤（疣）末，熱，即拔尤（疣）去之。"整理小組注："尤，即疣，古書中還有肬、䵓、銳、疢、頍等寫法。"

顛疾 又作"瘨疾",均見於《病方》,"顛"讀為"癲"。馬帛《足臂》"足泰(太)陽脈"所主病亦寫作"瘨疾"。《素問·腹中論》:"熱中、消中,不可服高粱、芳草、石藥,石藥發瘨,芳草發狂。"《難經·二十四難》:"重陽者狂,重陰者癲。"馬帛中癲疾指精神錯亂之類疾病,似未細分為"狂"與"癲"。"顛"指顛倒,迷失本性,與古書稱精神失常為"惑易"同意,《韓非子·內儲說下》:"其妻曰:'公惑易也。'因浴之以狗矢(屎)。"

白處 見於《病方》。整理小組注:"應為有皮膚色素消失癥狀的皮膚病,如白癜風之類。"魏啟鵬和胡翔驊注:"白處讀為白膚,膚與處古韻同屬魚部,膚的聲母另有來母一讀,與處聲昌母可通轉,帛書中不乏例證。"鄭剛認為"'白處'是其病癥的總名,'白瘢'是這個病的別名,(中略)'白處'的'處'就當訓'居',即白色東西產生、附著。"[5]

大帶 《病方》:"大帶者:燔塩,與久膏而□傅之。"整理小組注:"大帶,古病名,未詳。或推測為纏帶風一類疾病。"魏啟鵬和胡翔驊注:"大帶:……即纏腰蛇丹、纏腰火丹、火帶瘡。"

冥(螟)病 《病方》:"冥(螟)病方:冥(螟)者,蟲,所齧穿者□,其所發毋恆處,或在鼻,或在口旁,或齒齦,或在手指□□,使人鼻抉(缺)指斷。治之以鮮產魚,□而以鹽財和之,以傅蟲所齧□□□□□之。"整理小組注:"螟,本義為穀物的食心蟲。推測古人因本病有鼻缺指斷等癥狀,認為蟲類齧穿,因而稱為螟病。從癥象看,本病很可能是麻瘋病。"

□蠆 見於《病方》。整理小組注:"蠆,《說文》:'大螫也。'本病疑為一種毒蟲螫傷。"

痻 《病方》:"痻:取蘭……"整理小組注:"痻,疑即瘨字。《說文》:'瘨,病也。'桂馥《說文解字義證》:'病也者,頭眩病也。'可供參考。一說,痻疑為痎字,因形近而誤。"

諸食病 見於《病方》。

諸痙 見於《病方》。整理小組注:"痙,即癃字。《素問·宣明五氣》:'膀胱不利為癃。'《黃帝內經太素》卷二楊注:'淋也。'""諸痙(癃)"為各種淋病和癃閉症的統稱。又見於《武威》9:"治諸痙(癃),石痙(癃)出石,血痙(癃)出血,膏痙(癃)出膏,泔痙(癃)出泔,此五痙(癃)皆同樂(藥)治之。"

癃病 張家山漢簡《引書》:"引癃,端立,抱柱,令人□其要(腰),毋息,而力引尻。"《病方》"癃病"又稱"癃"。癃字寫法同於《說文》"癃"之古文。

血癃 見於《病方》。即血淋。《諸病源候論·淋病諸候》:"血淋者,是熱淋之甚者,則尿血,謂之血淋。"

石癃 見於《病方》。即石淋。《諸病源候論·淋病諸候》:"石淋者,淋而出石也。腎主水,水結則化為石,故腎客砂石。腎虛為熱所乘,熱則成淋。"

膏癃 見於《病方》。即膏淋、肉淋。《諸病源候論·淋病諸候》:"膏淋者,淋而有肥,狀似膏,故謂之膏淋,亦曰肉淋。此腎虛不能制於肥液,故與小便俱出也。"

女子癃 見於《病方》。即女子淋。

泔癃 見於《武威》9。即泔淋。

膏弱 《病方》:"膏弱(溺):是胃(謂)內復。以水與弱(溺)煮陳葵種而飲之,有(又)銎(齏)陽□而羹之。"整理小組注:"內復,據本方為膏溺別名。"此病系腎虛不能制約脂液所致,症狀為尿中混濁如脂膏,故稱"膏弱(溺)",義與"膏癃"近。

腫囊　見於《病方》。魏啟鵬和胡翔驊注："腫囊：陰囊腫大。即《千金方》所說'囊有四種'中的'卵脹'。"馬王堆竹簡《天下至道談》作"種囊"。"囊"，後世作"脬"。

痔　見於《病方》。《足臂》"足泰（太）陽脈"所主病有"寺"，整理小組即讀為"痔"。《陰陽》甲本"鉅陽脈"所生病有"肘"，整理小組亦讀為"痔"。

脈　見於《病方》。整理小組注："脈，當即脈痔，《外臺秘要》卷二十六引《集驗方》及《醫心方》卷七引《龍門方》五痔中均有脈痔。"《諸病源候論·痔病諸候》："肛邊生裂，癢而復痛出血者，脈痔也。"又："又有氣痔，大便難而血出，肛亦出外，良久不肯入。""脈痔"即"氣痔"。

牡痔　見於《病方》。魏啟鵬和胡翔驊注："牡痔：《諸病源候論·牡痔候》載，'肛邊生鼠乳出在外者，時時出膿血者是也。'相當於肛漏，是肛門及其周圍生成瘻管，瘡口凸起，膿液稠厚，外流不止的病症。"《脈書》："在篡，癰如棗，為牡痔；其癰有空，汁出，為牝痔。"

牝痔　《病方》："牝痔有空而樂，血出者方：取女子布，燔，置器中，以熏痔，三［日］而止。令。""牝痔"亦稱"酒痔"，指肛邊生漏孔，漏管彎曲，便後出血或肛周膿腫的疾病。《諸病源候論·痔病諸候》："肛邊腫生瘡而出血者，牝痔也。"

血痔　見於《病方》。指內痔而大便帶血之病。《諸病源候論·痔病諸候》："因便而清血隨出者，血痔也。"

朐養　見於《病方》。整理小組注："朐，假為漏。《周易·井》'甕敝漏'，帛書作'句'。一說，朐即穀道，《千金要方》卷二十三有穀道癢痛方二則。今陝西方言稱肛門為鉤子。"今按，當以或說為是。"養"，今作"癢"。

睢病　又稱為"睢"，均見於《病方》，假"睢"為"疽"。《靈樞·癰疽》："熱氣淳盛，下陷肌膚，筋髓枯，內連五藏（臟），血氣竭，當其癰下，筋骨良肉皆無餘，故命曰疽。疽者，上之皮夭以堅，上如牛領之皮。"

夕下　見於《病方》。我們曾從整理小組讀"夕"為"腋"，指出"夕（腋）下"是以疾患部位為病名，亦為方名[6]。鄭剛認為："從文字學來說，讀'夕'為從'亦'聲的字是最可取的，但整理小組和張光裕、陳偉武的"腋下"說有一個重大問題，那就是，'腋下'是人體部位，而作為方名，《夕下》按馬王堆醫書通例應該是病名。以人體部位作病名，要求前後文有解釋此病，而《夕下》方沒有，而以它取代病名成為方名就更不可能。並且從方文來看，'夕下'也不會是部位。"[7]鄭氏讀"夕"為"液"，亦未可必。讀"夕"為"腋"是否有"重大問題"，還可討論。今試略綴數語，對鄒說稍作補苴。同見於《病方》的"脈"，即"脈痔"，說詳前文。從中醫學上講，"脈"指脈管，為人體氣血運行的通道，也是人體部位。"氣"、"脈"相因，故"脈痔"別稱"氣痔"，《病方》的"脈"，既是以生病的部位作病名，同時又是方名。因此，"脈"之指代"脈痔"，正如《病方》"夕下"讀為"腋下"，而傳世醫書作"腋下腫"，即腋下癰腫、癰瘍一類疾患。《靈樞·經脈》："腋下腫，馬刀俠癭。"《針灸甲乙經·五臟傳病發寒熱》亦屢次提及"腋下腫，馬刀瘍"，《外臺秘要》卷二十九陽輔穴下說法相同。

爛睢　見於《病方》。指瘡面潰爛的疽瘍。

嗌睢　見於《病方》。《儒門事親》卷三稱為"走馬喉痹"，意謂喉痹暴發暴死，勢如走馬者。

氣睢　見於《病方》。

血睢　見於《病方》。

□闌　《病方》："□闌（爛）者方：以人泥塗之，以犬毛若羊毛封之。不已，復以□。"整理小組注："爛，燒傷。《左傳》定公三年：'火傷曰爛。'本標題第一字，從殘筆看可能是火字。"

胻膫　見於《病方》。整理小組注："膫，即爎，《說文》：'炙也。'《一切經音義》卷七：'今江北謂炙手足為炙爎。'胻膫，即小腿部燒傷。"

胻傷　見於《病方》。整理小組注："胻傷，小腿部外傷。"

胻久傷　見於《病方》。

加　《病方》："加（痂）：以少（小）嬰兒弱（溺尿）漬殺羊矢，卒其時，以傅之。"整理小組注："痂，《說文》大徐本：'疥也。'小徐本：'乾瘍也。'是疥癬類皮膚病，與後世字義不同。"李孝定指出："叚字從皮，=，皮上痂也，乃指事字，即痂之本字也。金文叚字作，蓋象爬搔之形。"[8] "加（痂）"亦見於《武威》87甲"治加及久創及馬𤼣方"。整理者注："'加'用作'痂'，即瘡痂。"杜勇指出："'加'用作'痂'，是正確的，但痂不是瘡痂而[是]疥瘡。《說文》'痂，疥也'。《脈書》：'（病）在身，疕如足充，癢，為加'，均可證。故醫簡中之'加'應釋作疥瘡。"[9]

濡加　見於《病方》。魏啟鵬和胡翔驊注："濡痂：當即《金匱要略》所載浸淫瘡，由心火脾濕，凝滯不散，復感風邪，鬱於肌膚所致。"

產加　見於《病方》："產加（痂）：先善以水灑，而炙蛇膏令消，傅。三傅……"

乾加　見於《病方》。魏啟鵬和胡翔驊注："乾痂：與前方濡痂對文見義，當為風濕浸淫脫屑。"

身疕　見於《病方》。魏啟鵬和胡翔驊注："身疕：……帛書中痂病為疥瘡，疕當為疥之薄者，'身疕'當指分佈於體表的疥癬類皮膚病，相當於後世所稱'白疕'。……即現代醫學所稱銀屑病。"

露疕　見於《病方》。魏啟鵬和胡翔驊注："當指銀屑病患處，刮去表面皮屑，則露出光紅皮面。"

瘃　見於《病方》。整理小組注："瘃，凍瘡。《諸病源候論》卷三十五：'嚴冬之月，觸冒風雪寒毒之氣，傷於肌膚，血氣壅澀，因即瘃凍，焮赤疼腫，便成凍瘡，乃至皮肉爛潰，重者支節墮落。'"

頤癰　見於《病方》。當即後世醫書所說的頤頷瘡之類疾病。

蠱　見於《病方》："□蠱者：燔扁（蝙）輻（蝠）以荊薪，即以食邪者。"整理小組注："《素問·玉機真藏論》：'病名曰疝瘕，少腹冤熱而痛，出白，一名曰蠱。'古人以為中蠱毒所致，參看《諸病源候論》卷二十五《蠱吐血候》。"今按，缺文當擬補"病"字，此標題下之第三方即作"病蠱者"如何如何。

巢　《病方》："巢者：侯（候）天甸（電）而兩手相靡（摩），鄉（向）甸（電）祝之，曰：'東方之王，西方□□□主冥冥人星。'二七而□。"整理小組注："巢，疑讀為臊。下面人星的星，疑讀為腥。腥臊，指體臭。《諸病源候論》卷三十一有《體臭候》。"

毒烏豙　《病方》："毒烏豙（喙）者：炙□□，飲小童弱（溺）若產齊赤，而以水飲……"整理小組注："烏頭汁名射罔，古代用來製造毒箭。……下面第七十六行治毒烏喙者用藥敷於傷處，說明是被毒箭射傷。其症狀可參看《諸病源候論》卷三十六《毒箭所傷候》。"

蠆　見於《病方》。整理小組注："蠆，見《莊子·天運》：'其知憯於蠣蠆之尾。'蠣、蠆都是蠍的異名……本病即被蠍螫傷。"

蛭食人胻股［膝］　《病方》："蛭食人胻股［膝］，產其中者，並黍、叔（菽）、秫三，炊之，烝（蒸）□□□病。"

虺　《病方》："虺：䥫（齏）蘭，以酒沃，飲其汁，以宰（滓）封其痏，數更之，以熏……"整理小組注："虺，一種毒蛇。《名醫別錄》：'虺，蝮類，一名虫㐌，短身土色而無文。'……本病即被此種毒蛇咬傷。"

癭　《病方》："積及癭，取死者叕烝（蒸）之，而新布裹，以囊□□□□前行……""癭"即頸瘤，俗稱為"大脖子"，屬甲狀腺腫大之類的疾病。《說文》："癭，頸瘤也。"

馬疣　見於《病方》。魏啟鵬和胡翔驊注："馬疣：古病名。……本書後文中說馬尤有'其末大本小'者，當即生於體表的一種贅生物，即《諸病源候論》所載之疣目，……相當於現代醫學所稱尋常疣。馬疑讀為痲，痲疣尋常疣生成日久，經常被擦破出血者。"

瘍　見於《病方》。整理小組注："瘍，《說文》有三種解釋：目病、惡氣著身和蝕瘡。從本標題各方看，似指痤疽一類疾病。"

蛇嚙　見於《病方》。《千金方》卷二十五有"治蛇蠍螫方"、"治蛇嚙方"、"治蛇毒方"、"治蝮蛇毒方"等。

癰　見於《病方》。亦見於《武威》87甲"治人卒癰方"。整理者注："'人卒癰'，係指猝然暴發的癰癥。"《靈樞·癰疽》："營衛稽留於經脈之中，則血泣而不行，不行則衛氣從之而不通，壅遏而不得行，故熱。大熱不止，熱勝則肉腐，肉腐則為膿曰癰。"

癰穜　《脈書》："癰穜（腫）有農，稱其大小而為之砭（砭）。"高大倫注："癰，腫膿瘡。《素問·五常政大論》：'分潰癰腫。'王冰注：'癰，腫膿瘡也。'穜，讀為腫。農，讀為膿。"今按，"癰腫"可視作名詞，王冰注亦應斷讀為："癰腫，膿瘡也。"《神農本草經》卷一："蠱毒以毒藥，癰腫、瘡瘤以瘡藥。"《素問·生氣通天論》："營氣不從，逆於肉理，乃生癰腫。"均以"癰腫"為名詞。又《異法方宜論》："東方之域，……魚者使人熱中，鹽者勝血，故其民皆黑色疏理，其病皆為癰瘍，其治宜砭石。"析言之，癰而未潰謂之"癰腫"，既潰謂之"癰瘍"；渾言之，則"癰腫"猶言"癰瘍"也。《武威》81寫作"雍穜"。

癰壹　馬王堆竹簡《十問》："六極堅精，是以內實外平，痤瘺弗處，癰壹（噎）不生，此道之至也。"整理小組注："癰噎，應即癰喉，《釋名·釋疾病》：'癰喉，氣著喉中不通，稍成癰也。'"

股癰　《病方》："癪（癃）者及股癰、鼠復（腹）者，□中指蚤（爪）二［七］必瘳。"泛稱生於股部的癰瘍，後世又稱為"大腿癰"、"腿癰"。

鼠復　文例見上條。整理者讀"復"為"腹"，含義不詳。

鬃　見於《病方》。《諸病源候論·瘡病諸候·漆瘡候》："漆有毒，人有稟性畏漆，但見漆便中其毒。喜面癢，然後胸臂脛䏶皆悉瘙癢，面為起腫，繞眼微赤，諸所癢處，以手搔之，隨手鬃展，起赤鬃。"

蟲蝕　見於《病方》。魏啟鵬和胡翔驊注："蟲蝕：《廣韻·職韻》載'䘌，蟲食病。'䘌同蟇。帛書所記述本病應即後世所說的疳蟇症，以患處在咽喉為重者，也發作於其他部位。《諸病源候論·疳蟇候》稱：'人有嗜甘味多，而動腸胃間諸蟲，致令侵食腑臟，此猶是蟇也'；'蟲因甘而動,故名之為疳也'……"

乾騷 見於《病方》。指皮膚乾燥瘙癢,搔撓而有白屑脫落之疾。又稱"乾疥"。《諸病源候論·瘡病諸候》:"乾疥,但癢,搔之皮起,作乾痂。此風熱氣深在肌肉間故也。"馬帛《胎產書》:"字者已,即燔其蓐,置水中,□□嬰兒,不疕騷(瘙)。"《說文》:"疥,搔也。"段玉裁注:"疥急於搔,因謂之搔。俗作瘙,或作瘮。""騷"為"搔"之同音通假。先秦兩漢"疥"與"瘙"曾經同義,"瘙"之義廣,所謂"乾騷",當有別於化膿潰瘍的"濕瘙"或"膿瘙"。《脈書》:"身病養(癢),農(膿)出,為騷(瘙)。"此處"騷(瘙)"即為廣義之"搔(瘙)"。

疕騷 馬帛《胎產書》:"貍(埋)包(胞)席下,不疕騷。"魏啟鵬和胡翔驊注:"疕騷,當指癬、疥、浸淫一類皮膚病。"

聾 見於《足臂》足泰(太)陽脈所主病。又見於《引書》。《陰陽》甲本鉅陽脈所生病稱"耳聾"。

老不起 見於馬帛《養生方》。"不起"指陽萎。《武威》85乙述男子"七傷"有"臨事不起"之癥狀。"老不起"指老年性功能障礙。

不起 見於《養生方》,亦以病名為方名。參"老不起"條。

偏枯 見於《養生方》醪利中方。又稱"偏風",出《靈樞·刺節真論》。《靈樞·熱病》:"偏枯,身偏不用而痛,言不變,志不亂,病在分腠之間。"

痤瘻 見於馬王堆漢墓竹簡《十問》:"六極堅精,是以內實外平,痤瘻弗處,癱壹(噎)不生,此道之至也。""痤"指痤瘡、瘡癤;"瘻"指痔瘻。

病腸 《引書》:"病腸之始也,必前張(脹)。"高大倫注:"病腸:即腸病,腸病的最初症狀為腹脹。"《脈書》陽明之脈所生之病有"腸痛"。

病瘳癉 見於《引書》。整理者原於"瘳"字下括注問號,高大倫注:"病瘳癉:瘳,病。《集韻·屋韻》:'瘳,病。'癉,字書無此字,字從疒,從豊得聲。瘳癉,音義似與醪醴相關,疑為酒病,飲而無度,故多濕,有痿痹。"今按,此處訓"瘳"為病殆非,謂"瘳癉""音義似與醪醴相關"近是。"瘳"與"醪"同從"翏"得聲,例可通轉。"病瘳癉"是指因醪醴而病,故"醪醴"二字易"酉"為"疒",屬表酒病的專用字。

詘(屈)筋 見於《引書》。高大倫注:"屈筋:筋痿。筋急而成曲急也。一說,筋攣,筋弱拘攣。《靈樞·刺節真邪篇》:'虛邪搏於筋,則為筋攣。'又,'脈弗榮則筋急。'"

踵肌 見於《引書》。高大倫注:"首不踵肌:踵,讀為腫。《呂氏春秋·盡數》:'鬱處頭則為腫為風,處鼻則為肌為窒。'是腫與窒當為頭部疾病。肌,借為齆,鼻塞。"

齆 見於《引書》。高大倫注:"齆:鼻塞。《釋名·釋疾病》:'鼻塞曰齆,齆,久也,涕久不通,遂至窒塞也。'後世又稱鼻齆。《字彙》:'鼻塞曰齆。'"

蹶 見於《引書》。高大倫注:"蹶:同厥。《呂氏春秋·重己》:'多陰則蹶,多陽則痿。'《素問·五藏生成篇》:'臥出而風吹之,血凝於足者為厥。'王冰注:'厥,謂足逆冷也。'《金匱要略》:'病跌蹶,其人但能前,不能卻。'"

瘚 見於《引書》。高大倫注:"瘚:氣逆,也作'厥'。《急就篇》第四章:'癃瘚瘀痛痿溫病。'顏師古注:'瘚者,氣從下起,上行叉心脅也。'《說文·疒部》:'瘚,逆氣也。'"

厥 《引書》:"夜日臥厥,學(覺)心腹及匈(胸)中有痛者,無(撫)之以手而精炊

（吹）之，三十而已。"高大倫注："厥：病名。指氣閉、暈倒，或四肢僵直。"

隤　字亦作"積"或"積"，見於《病方》和《引書》。高大倫注："隤：即隤、癀。陰部病，即疝氣。《說文·𨸏部》：'隤，下隊也。'《釋名·釋疾病》：'陰腫曰隤，氣下隤也。又曰疝，亦言誅也，誅引小腹急痛也。'……《脈書》'癃陰之脈'、'是動病'：'丈夫則隤山（疝）。'"《脈書》："囊癰，為血積；其癰上下鳴，為腸積。"高大倫謂"血積"即血疝，"腸積"疑為狐疝。"血疝"見於《壽世保元·癩疝》，可指因外傷等原因而致陰囊血腫。"血疝"還可指因瘀血內結而致腹硬滿結痛者。疑《脈書》所述當屬後義。

隤山　見於《脈書》。"隤山"讀為癀疝。《靈樞·經脈》："足厥陰之脈……是動則病，腰痛不可以俯仰，丈夫□疝，婦人少腹腫。"

虖　《引書》："引虖及欬（咳），端立，將壁，手舉頤，稍去壁，極而已。"高大倫注："虖：本義為虎吼。（中略）此處引申為哮喘。"

上氣　《脈書》："在肺，為上氣欬（咳）。"整理者注："《素問·玉機真臟論》：'病入舍於肺，名曰肺痹，發咳上氣。'""上氣"已見於戰國楚簡，又見於《武威》1。說詳《輯證》。

瘛　見於《引書》。高大倫注："瘛：瘛瘲，癇病，俗稱抽風。《素問·玉機真藏論》：'病筋脈相引而急，病名曰瘛。'余巖《古代疾病名候疏義》：'瘛瘲，痙攣牽引之謂……'"《脈書》："……不能息，為瘛。"古醫書或"瘛瘲"連文，如《素問·至真要大論》："少陽司天，客勝則為瘛疭。"瘛指筋脈拘急，瘲指筋脈舒緩，連言指抽搐之癥。

辟　見於《引書》。高大倫注："辟：讀為僻。邪也，旁也。觀本文文意，似指口眼喎斜一類病症。《靈樞·經筋》："足之陽明，手之太陽，筋急則口目為僻，眥急不能卒視。"

厲　《脈書》："四節疕如目，麋突，為厲。"高大倫注："厲：通癘，惡瘡。《山海經·西山經》：'英山有鳥焉，其名曰肥遺，食之已癘。'郭璞注：'癘，或曰惡創。'（中略）一說：麋突即眉突，癘，癘風，即今所稱麻風病。"高氏引《西山經》有增刪，原文作："（英山）有鳥焉，黃身而赤喙，其名曰肥遺，食之已癘。"高氏又訓"麋"為爛、訓"突"為"穿"。當以或說為是。傳世醫書有"眉脫"、"眉惡"等病名，指因癘風邪毒侵襲肌膚經脈敗傷氣血而致眉毛脫落。《諸病源候論·毛髮病諸候》有"眉脫"。睡虎地秦簡《封診式》亦有"厲（癘）"的病名。《素問·風論》："癘者，有榮氣熱胕，其氣不清，故使鼻柱壞而色敗，皮膚瘍潰。"又："風寒客於脈而不去，名曰癘風。""癘"指麻風病，又有冥病、大風、大風惡疾、癘風、癘瘡、癘瘍、癘毒、癩病、風癩等等病名。"癘"又寫作"疬"。頗疑"癘"指"癘疫"，又指"癘風"，"癘"之為言厲也，"疬"之為言烈也。皆言風邪侵毒人體、為害之迅疾慘烈也。

大風　見於《武威》86甲"……大風方"。整理者注："按：'大風'，《素問·長刺節論》：'病大風，骨節重，須眉墮，名曰大風。'"張延昌先生擬補為"惡病大風"，有可能如此，但也不一定如此。因為麻風病的異稱過多。

血叚　《脈書》："在腸中，痛，為血叚。肘，其從脊胸起，使腹張，得氣而少可，氣叚殹。其腹胗胗如膚張狀，鳴如甕音，膏叚殹。"高大倫注："血叚，即血瘕。《素問·大奇論》："腎脈小急，肝脈小急，不鼓皆為瘕。"王冰注："小急為寒甚，不鼓則血不流，血不流而寒薄，故血內凝而為瘕也。""血瘕"又見於《素問·陰陽別論》，指石瘕，為八瘕之一。指女子寒瘀留積胞宮所致堅硬如石的瘕塊。

唐叚　《脈書》："在腸中，左右不化，泄，為唐叚。"高大倫注："唐，通溏。溏瘕，當為腹脹、大便溏泄、小便不利并見的一種瘕症。"

唐泄　見於《脈書》"泰陰之脈"所生之病。高大倫注："唐，讀為溏。溏泄，即腹瀉，其症狀為泄下粘垢穢。""溏泄"一詞亦見於《素問·氣交變大論》。

傷寒　見於《武威》6"治傷寒遂〈逐〉風方"。居延漢簡或稱"治傷寒滿三日轉為……"，"第十燧卒高同病傷汗"，"傷汗"當即"傷寒"異寫。"傷寒"可作多種外感病的總稱，也可專指傷寒太陽表證。《備急千金要方》卷九："夫傷寒病者，起自風寒，入於腠理，與精氣分爭，營衛否隔，周行不通。病一日至二日，氣在孔竅、皮膚之間，故病者頭痛，惡寒，腰背強重。此邪氣在表，發汗則愈。"西域漢簡常見"傷寒頭痛、四肢不舉"連稱，知即屬於太陽病。

行解　見於《武威》42，含義不詳。

伏梁　見於《武威》46。指癥腫生於小腹內的病。《素問腹中論》："病有少腹盛，上下左右皆有根……病名曰伏梁……裹大膿血，居腸胃之外，不可治。"

久創　《武威》87甲有"治加及久創及馬膏方"。整理者注："'久創'，'久'用作'灸'字，'久創'即'灸創'，是用灸法治療時所引起的。按：《諸病源候論》卷三十五有：'灸瘡急腫痛候'、'灸瘡久不瘥候'……等病名。其他古醫書中也有類似的記載。"

久泄　見於《武威》82甲。又名久瀉，指泄瀉持續或反復發作的疾病。《壽世保元·泄瀉》："大抵久瀉，多由泛用消食利水之劑，損其真陰，元氣不能自持，遂成久瀉。"

馬　見於《武威》82甲。87甲"治加及久創及馬膏方"，杜勇認為"膏"字簡牘模糊不清，"可能為'宥'字之誤識，'宥'音又，與'蚘'、'疣同意相轉，張家山漢簡《脈書》："其塞人鼻、耳、目為馬蚘"，'馬蚘'可能即《醫簡》之'馬宥'。'蚘'通'疣'。《玉篇》：'疣，瘤也'。……'馬'應釋大，因此，'馬宥'即'馬蚘'應釋為大瘤，從《醫簡》上下文來看，灸創、疥瘡也均是瘡瘍類疾病，所用方藥也是外用藥，釋大瘤也與簡文義合。"[11]

湯火涷　見於《武威》87乙"治湯火涷方"。整理者注："'湯'即'湯'，'湯火涷'即指燙傷。"

咳逆　見敦煌漢簡"治久咳逆匈（胸）痹（痹）痿（痿）痹（痹）止泄心腹久積傷寒方"（2012）。

匈痹　見上條。

見於《病方》的病名還有"嬰兒索痙"、"嬰兒病間（癇）"、"嬰兒瘛"、"魃"等；見於《引書》的病名還有"項痛"、"膺（膺）痛"、"腹甬（痛）"、"肩痛"、"要（腰）甬（痛）"、"踝痛"、"厀（膝）痛"、"北（背）甬（痛）"、"足下筋痛"、"口痛"、"肘痛"、"目痛"、"耳痛"等；，見於《脈書》的病名有"禿"、"欬（咳）"、"音（瘖）"等，恕不一一細述。

二

戰國秦漢時期正是中國傳統醫學理論的奠基時期，一系列病名的確立，對於理論系統的構建有著重大的意義。從這個角度看，簡帛所見病名的學術價值是不言而喻的。大量病名為後世醫籍所沿用，又有大量病名與傳世醫籍存在差異，所有這些，都有助於我們瞭解中醫學發生發展的歷史過程。

病名既有泛稱，如"諸傷"、"諸瘙（癘）"等，又有專稱，如"傷痙"、"石瘙（癘）"等；既有合稱，如"七疾"、"七傷"等，又有分稱如"陰寒"、"陰痿（痿）"等。《武威》84甲：

"白水侯所奏治男子有七疾方。何謂七疾？一曰陰寒，二曰陰痿（痿），三曰苦衰，四曰精失，五曰精少，六曰橐下養（癢）濕……"又85甲—85乙："治東海白水侯所奏方，治男子有七疾及七傷。何謂七傷？一曰陰寒，二曰陰痿（痿），三曰陰衰，四曰橐下濕而養（癢）、黃汁出、辛恿（痛），五曰小便有餘，六曰莖中恿（痛）如林狀，七曰精自出、空居獨怒、臨事不起……"

隨著中醫學的逐漸發展和不斷完善，病名也經歷了從粗疏到精微的過程。如疾病分類越來越細緻，病名也越來越紛繁。病名有涉及併發症者，如《武威》80甲"治久咳逆上氣湯方"。

《簡明中醫病證辭典》無"七疾"條，有"七傷"條，未引武威醫簡。

《辭典》未收錄的簡帛所見病名有"七疾"、"諸瘩（癃）"、"膏瘩（癃）"、"唐（溏）叚（瘕）"等等。

秦漢簡帛所見病名無論在內容上還是形式上，都有多方面的價值可供研討。秦漢簡帛所見病名有同病異名，如"齲"或稱"齲齒"，"瘩（癃）病"又稱"諸瘩（癃）"，或簡稱"瘩（癃）"，"疽病"又簡稱"疽"等等；有同名異病、一詞多義，如《病方》和張家山簡中的"疕"，有學者認為"指的是多種皮膚疾病，有時則為某一疾病皮損的通用代詞"[12]。有一詞多形，如"痂"亦作"加"、"痔"亦作"寺"和"胾"等。

再如，喻遂生曾指出《殷墟花園莊東地甲骨》有"疾X"用例4例（"疾首"2例，"疾子腹"、"疾骨"各一例），"'疾'的及物動詞用法是極其寶貴的語料，因後世典籍中生病義的'疾'、'病'帶器官賓語的用例十分罕見。"俞氏據《國學寶典》檢索了《十三經》等27部書，僅得到7例，而且4例"疾首"都已是引申義[13]。其實，"疾X"、"病X"的形式在秦漢簡帛醫藥文獻中並不少見，如"疾畀（痹）"（《病方》）、"病齒［痛］"（《病方》）、"病瘳瘑"（《病方》）、"病頭痛寒炅"（居延簡）、"病兩肱苚急"（居延簡）、"病苦傷寒"（居延簡）、"病苦心服丈滿"（居延簡）、"病癃"（《病方》）、"病蠱"（《病方》）等等，帶器官賓語的用例有"疾心腹"（居延簡）、"病腸"（《病方》）、"病心"（《病方》）、"病心腹"（居延簡）、"病足"（《病方》殘片）等等。

《病方》中有"人病馬不癎"、"人病羊不癎"、"人病蛇不癎"等病名，孫啟明指出："'不'字，作為語詞，在《詩經》中是極為普遍的用法。可見，'不癎'，即'癎'。'人病馬不癎'，即'人病馬癎'。依此類推，'人病羊不癎'，即'人病羊癎'；'人病蛇不癎'，即'人病蛇癎'。後世省去'人病'二字，僅作'X癎'。如《千金方》六畜癎：'馬癎、牛癎、羊癎、豬癎、犬癎、雞癎'。現代中醫學僅存'羊癎風'一種。"[14]

秦漢簡帛所見病名仍存在諸多疑難問題，例如，《病方》中的"大帶"，整理小組以為"未詳"，引或說亦為推測之辭。《病方》有病名"痐"，整理小組注："痐，疑即瘨字。《說文》：'瘨，病也。'桂馥《說文解字義證》：'病也者，頭眩病也。'可供參考。一說，痐疑為痎字，因形近而誤。"可見未有定說。再如《脈書》："病在頭，農為麧，疕為禿，養（癢）為醫。"整理者注："麧，字從'籺'聲，不見字書。"《病方》的"鼠復（腹）"、《武威》42的"行解"，都是含義不詳。凡此之類，均有待以後進一步探討。

秦漢時代病名尚無明確規範，命名多隨意性。得名理據亦有足資探尋者。當然，也有不少病名在後世被淘汰了。由於簡帛材料都是手寫，通用字繁多，造成同名異形現象突出。有因簡帛殘損而致病名不全者，如《病方》中的"□蠸"，還有"□□淪"，整理小組擬補為"［弱（溺）］□淪"；"□蘭（爛）"，整理小組推測缺文可能是"火"字；"□蠱"，我們擬補為"病蠱"；"□瘀"（《武威》11）。

若稍作歸納，秦漢簡帛病名似可粗分為以下幾類：

其一、以"病、疾、傷、痛"等表類屬的詞命名病症。

其二、以病因病機為病名，如"冥（螟）"、"蟲食"、"蛭食"、"蛇齧"、"毒烏喙者"等。

其三、以症候為病名，如"種（腫）橐（脬）"、"胸癢"、"胻傷"等。

其四、以病位為病名，如"夕下"、"脉"等。

2007 年 8 月初稿
2009 年 1 月二稿

校讀附記：承田煒君相告，知裘錫圭先生有大文《居延漢簡中所見疾病名稱和醫藥情況》，發表於《中醫藥文化》2008 年第 6 期，本文疏於引用，謹此誌歉，並請讀者參閱裘文。2010 年 10 月 10 日。

注 釋：

[1] 鄒積隆、叢林、楊振寧編著：《簡明中醫病證辭典·前言》，第 1 頁，上海科學技術出版社，2005 年。
[2] 張光裕、陳偉武：《戰國楚簡所見病名輯證》，《中國文字學報》第一期，商務印書館，2006 年，第 82—91 頁。
[3] 馬承源主編：《上海博物館藏戰國楚竹書（六）》，第 163 頁，上海古籍出版社，2007 年。
[4] 鄭剛：《出土醫藥文獻語言研究集》，汕頭大學出版社，2005 年，第 49—50 頁。
[5] 同上注，第 48 頁。
[6] 張光裕、陳偉武：《簡帛醫藥文獻考釋舉隅》，《湖南省博物館館刊》第一輯，商務印書館，2004 年，第 114—115 頁；又見《雪齋學術論文二集》，藝文印書館，2004 年，第 420 頁。
[7] 同注［4］，第 75—76 頁。
[8] 李孝定：《讀說文記》，中研院史語所，1992 年，第 85 頁。
[9] 杜勇：《〈武威漢代醫簡〉考釋》，《甘肅中醫》1998 年第 11 卷第 1 期，第 8 頁。
[10] 于省吾：《甲骨文字釋林·釋耳鳴》，中華書局，1979 年，第 220—221 頁。
[11] 同注［9］。
[12] 靳士英、靳樸：《〈五十二病方〉"疕"病考》，《中華醫史雜志》1997 年 7 月第 27 卷第 3 期，第 165 頁。
[13] 喻遂生：《〈殷墟花園莊東地甲骨〉中的"疾"字》，中國文字學會第三屆學術年會論文，2005 年 7 月，保定。載《蘭州學刊》2009 年第 10 期。
[14] 孫啟明：《〈馬王堆醫帛書〉中'人病馬不癇'之'不'字談》，《中華醫史雜志》2001 年 7 月第 31 卷第 3 期，第 147 頁。

主要參考書目：

甘肅省博物館、武威縣文化館：《武威漢代醫簡》，文物出版社，1975 年。
馬王堆漢墓帛書整理小組：《馬王堆漢墓帛書（肆）》，文物出版社，1985 年。
周一謀、蕭佐桃主編：《馬王堆醫書考注》，天津科學技術出版社，1988 年。
魏啟鵬、胡翔驊：《馬王堆漢墓醫書校釋》，成都出版社，1992 年。
高大倫：《張家山漢簡〈脈書〉校釋》，成都出版社，1992 年。
馬繼興：《馬王堆古醫書考釋》，湖南科學技術出版社，1992 年。
高大倫：《張家山漢簡〈引書〉研究》，巴蜀書社，1995 年。

魏啟鵬、胡翔驊：《馬王堆漢墓醫書校釋》，成都出版社，1992 年。
張　綱：《中醫百病名源考》，人民衛生出版社，1997 年。
張顯成：《簡帛藥名研究》，第 205 頁，西南師範大學出版社，1997 年。
湖北省荊州市周梁玉橋遺址博物館編：《關沮秦漢墓簡牘》，中華書局，2001 年。
張家山二四七號漢墓竹簡整理小組：《張家山漢墓竹簡〔二四七號墓〕》，文物出版社，2001 年。
鄭剛：《出土醫藥文獻語言研究集》，汕頭大學出版社，2005 年。
鄒積隆、叢林、楊振寧編著：《簡明中醫病證辭典》，上海科學技術出版社，2005 年。
《黃帝內經素問》，人民衛生出版社，1956 年。
《靈樞經》，人民衛生出版社，1956 年。
丁光迪主編：《諸病源候論校注》，人民衛生出版社，1991 年。
唐·孫思邈：《備急千金要方》，遼寧科學技術出版社，1997 年。
晉·葛洪：《肘後備急方》，天津科學技術出版社，2000 年。

本文使用簡稱表：
《關沮秦漢墓簡牘》——《關沮》
馬王堆漢墓帛書——馬帛
《五十二病方》——《病方》
《陰陽十一脈灸經》——《陰陽》
《足臂十一脈灸經》——《足臂》
《武威漢代醫簡》——《武威》
《戰國楚簡所見病名輯證》——《輯證》
《簡明中醫病證辭典》——《辭典》

《陶文字典》釋字補正例

羅 艷

王恩田先生編著的《陶文字典》（以下簡稱《陶典》）和《陶文圖錄》（以下簡稱《圖錄》）於 2007 年 1 月同時由齊魯書社出版。《陶典》雖以字典命名，但並沒有就陶文的形音義進行解釋，所以實際祇是一部字形彙編。該書是繼《古陶文字徵》（以下簡稱《陶徵》）、《古陶字彙》之後又一部集錄古陶文字的專書[1]，具有很多優點，但也存在不少疏誤。限於篇幅，本文僅從釋字方面作些補正，以便大家更好地使用此書。

本文的釋字補正包括指出和糾正《陶典》裏的釋字錯誤，以及補釋《陶典·附錄》裏的一些"未識陶文"。補正的編號排列大體以類相從，並適當兼顧《陶典》的先後順序。

（1）17 頁"蒦"字引 2·172·3 ，上面實為"中"字殘畫，《陶典》誤看作"艸"頭。此字應改釋為"隻"，歸入 88 頁 0296 號"隻"字條。《圖錄》所釋不誤。

（2）36 頁"迢"字引 2·240·1 原作 ，實為"迲"字。《陶徵》234 頁釋此字為"迲"，楊澤生先生認為"迲"是"去"的異體，應和"去"字合併[2]。故此字應歸入 125 頁 0407 號"去"字條。同欄引 2·240·2 同改。

（3）330 頁"它"字引 3·623·2 ，豎筆右邊的小斜劃當非筆畫，故釋"它"非是。

（4）423 頁第六欄引 3·604·1 應作 ，左上方"弧劃"實為邊框，應從《陶徵》195 頁釋為"脩"字[3]。

（5）441 頁第三欄引 3·568·1 應作 ，外面的 為邊框而非筆畫，故應釋作"四百"二字[4]。

（6）555 頁第五欄引 5·29·4 實應作 ，上面一劃和"八"形中間一劃均非筆畫。此字又見於古璽，吳振武先生釋作"帀（師）"，已有學者指出可以信從[5]。

（7）566 頁第三欄引 5·65·1 ，說"从㽙，即甗之異構"。此字實應作 ，李家浩先生釋作"甞"；"甞"字在陶文中用作器名，讀作"甇"，《說文·瓦部》："甇，大盤也。"[6]其說甚是。

（8）571 頁第六欄引 6·83·3 實應作 ，上面一劃為印框邊欄[7]，可從《陶徵》32 頁釋作"勾"。同欄引 6·83·2 、6·83·4 應同釋。

(9) 573 頁第二欄引 6·98·1 ▨ 實應作 ▨，左上弧劃為邊框，是"乘"字殘文[8]。
上面 9 個例子都和《陶典》誤取字形有關。

(10) 3 頁"祭"字引 3·72·5 ▨、3·72·2 ▨，《陶典》認為是增加了意符"豆"的"祭"字繁體。何琳儀先生釋為"祭豆"合文，並引《陶彙》3·836"祭壺"作旁證[9]。《戰國文字編》採用此意見，列此形體於"合文"欄[10]。

(11) 92 頁"丝"字引 7·13·3 ▨、7·13·2 ▨，此兩形體分別是 ▨ 和 ▨ 的一部分。徐在國先生釋 7·13·3 ▨、7·13·2 ▨ 為"畿畐"兩字，說 ▨ 應隸作"燮"，釋為"畿"，▨ 乃"畐"字倒文，"畿畐"疑應讀為"祈福"[11]。

(12) 102 頁"到"字引 6·56·1（原誤作 6·56）▨，其實是"到于"二字合文[12]。

(13) 112 頁"䕺"字引 3·164·3 ▨ 乃是 ▨ 和 ▨ 二字。陳偉武先生將其釋作"中䕺（都）"，為魯邑名，地在今山東[13]。

(14) 205 頁"宀"字引 7·13·2 ▨ 實為 ▨ 字下部。參看上文（11）。

(15) 374 頁"未"字引 6·329·3（原誤為 6·329·2）▨ 是 ▨（余）字的下部，其將"余"字誤分為"人未"兩字。《圖錄》釋"余"不誤。

(16) 380 頁"公邑"合文引 3·614·1 ▨，此字舊釋為"公"或"宮"，現在一般釋作"予"字[14]。

(17) 383 頁"豕豆"合文引 3·186·4 ▨、3·639·2 ▨，劉釗先生釋作"狟"字[15]，可從。

(18) 536 頁第一欄引 7·20·1 ▨，是 ▨（里）字和另一個殘缺之字的誤合[16]。
以上 9 個例子都和誤分、誤合文字有關。

(19) 42 頁"𦕈"字引 4·204·1（原誤為 2·204·1）▨、3·457·1 ▨、3·457·2 ▨、2·409·3 ▨、2·550·1 ▨、2·378·4 ▨、2·550·2 ▨、2·133·1 ▨、3·457·5 ▨、3·457·3 ▨、3·457·4 ▨，《陶典》以古璽"聞"所從"耳"作"▨"為證，其實古璽"聞"所從"耳"旁原作 ▨，上面的短畫平而不彎，與陶文此字有所不同。楊澤生先生釋作"趣"字，認為"耳"的豎筆和"又"旁公用，《古璽彙編》3222 ▨ 字，原書釋為"趣"，與此可以互證[17]。

（20）166頁"賏"字引3·300·4⬛、3·306·5⬛、3·305·5⬛、3·307·5⬛、3·306·4（原誤為3·306·2），裘錫圭先生釋作"賏"，是"市"字繁文[18]。現在新出的戰國竹簡材料證明這是對的[19]。《陶典》此字下列有裘氏之說，可惜未採納。

（21）201頁"容"字引2·97·2⬛，楊澤生先生指出《古璽彙編》1710、2649的⬛和此字相近，舊釋為"囱（呐）"，吳振武先生已正確改釋作"酉（丙）"，應從吳釋[20]。

（22）205頁"宊"字引5·31·4⬛，當是"天"字繁文。《汗簡·冃部》"天"字引《義雲章》即從"宀"作⬛[21]。引3·548·6⬛，何琳儀先生釋"宊"，謂"齊陶宊，讀天。姓氏。黃帝臣天老之後。見《姓考》"[22]。

（23）240頁"覍（弁）"字引2·74·1⬛，2·75·1⬛，何琳儀先生認為從"目"從"弁"，應釋"眅"，即"矕"之異文[23]。《說文·目部》："矕，目矕矕也，從目綠聲。"

（24）306頁"耳"字引2·285·4⬛、2·135·4⬛、2·716·5⬛、2·532·5⬛，應改釋作"取"字。參看上文（19）。

（25）383頁"丘丌"合文引3·113·1⬛、3·112·6⬛，陳偉武先生曾指出此字當釋為"㠱（丘）"，丌是聲符[24]，可從。

（26）384頁"半斗"合文引5·57·6⬛、5·57·4⬛，應改釋作"料"字[25]。同欄引6·109·4（《陶典》誤為6·109·3）⬛同改。

上面8個例子都和陶文字形的簡化或繁化有關。

（27）10—11頁"蓸（苣）"字所引各形體，我們認為應把2·51·2、5·52·1、2·652·1改釋作"蔽"，2·281·1—2·283·1五個形體改釋作"虡"，11頁"樁"下引所有形體當改釋作"櫨"[26]。

（28）36頁"迠"字引2·97·3⬛，應改釋作"適"[27]。

（29）101頁"剛"字引3·400·4⬛等四個形體，應改釋作"冶"[28]。

（30）119頁"尌"字引6·91·1⬛，應改釋作"彭"[29]。

（31）163頁"寳"字引2·4·1⬛等第一、二欄的形體，應改釋為"賣（商）"[30]。

（32）234頁"表"字引2·526·2、2·540·3、2·530·3、2·546·3、3·41·4、2·526·1，所從的"生"字形是"丰"的變體，"邦"字金文或作 ⿰丰阝、⿰丰阝，可以比較，所以該字應隸作"祎"；引2·534·2、2·527·3應隸作"祎"，引2·543·1、2·529·2、2·547·2應從《戰國文字編》350頁隸作"夆"。"糸"和"衣"意義有相通之處，《說文古籀補補》13·2釋作"褤（縫）"是可取的[31]。

（33）280頁"悉"字引2·738·4、2·738·5，實從"心"從"屯"，楊澤生先生釋作"忳"字[32]，可從。

（34）286"懞"字引3·390·2（原誤為3·390·3）、3·389·4（原誤為3·390·2），應改釋作"懞"。參看上文（27）。

（35）325頁"繹"字引3·390·4，應改釋作"纕"。參看上文（27）。

（36）327頁"繡"字引3·388·4，應改釋作"纕"，與3·390·4為同一字。參看上文（27）。

（37）329頁"蟄"字引6·56·1，李家浩先生釋作"蓺（藝）"，認為所從的"虫"旁是"云"的變體[33]。楊澤生先生認為所從的"云"為"虫"之變體也是可能的[34]。

（38）340頁"壐"字引2·185·3等4個形體，應改釋作"隓"，"土"為綴加的意符。參看上文（27）。

（39）384頁"表子"合文引2·538·4等四個形體，當釋為"縫子"合文。參看上文（32）。

上面13個例子一般和偏旁筆畫的變形有關。

（40）1頁"上"字引4·83·4（《陶典》誤作4·83·3）、4·83·3、4·83·2、4·156·3、4·156·1應改釋作"士"字。戰國文字中的"上"字已不再作此二形，而通常作上、上等形[35]，至於《古璽彙編》4495、3646二璽中原釋"上"的字，尚需重新研究[36]。"士"字楚簡或作上，古璽或作上，皆可比較；"陶工士"中的"士"為陶工之名[37]。上引4·83·3、4·83·4當是"士"字省文。

（41）2頁"下"字引3·519·6，是"士"字倒文。

（42）14頁"苜"字引6·82·4 ，施謝捷先生釋作"葛"字[38]，可從。

（43）15頁"茋"字引4·31·2 ，陳偉武先生從指出應從《古陶文彙編》釋作"義"字，認為是從"羊"、"我"聲省變之形[39]。

（44）19頁"蘋"字引7·13·6 ，何琳儀先生釋作"北平"二字合文[40]。《陶典》列有何氏之說，可惜未採納。

（45）20頁"小"字引6·35·3 ，應改釋作"少"。對比同文例的6·35·2 ，知6·35·3的字形殘去右下斜筆。《圖錄》釋"少"不誤。

（46）21頁"尚"字引2·15·1 、2·4·2（《陶典》誤為2·5·2） ，朱德熙先生釋作"者"字[41]，可從。引2·653·1 ，此拓本已殘，字下部似還有一"土"旁，釋"尚"可疑。

（47）25頁"牫"字所引各形體，湯餘惠先生認為從"木"，從"乏"，釋為"杕"，用作人名[42]。

（48）32-33頁"止"字所引各形體，除3·568·6 、3·17·3 、4·180·1 可釋作"止"、6·74·6 待考外，其他所有形體皆應改釋作"之"字，比較羅福頤《古璽彙編》"之"字的寫法[43]，即可得出結論。

（49）34頁"前"字引2·26·6 等3個形體，徐在國先生認為應從湯餘惠先生釋作"厎"字[44]。

（50）40頁"逢"字引3·352·1 等4個形體，劉釗、李零先生釋作"達"字[45]，可從。

（51）41頁"這"字引2·206·4 等九個形體，劉釗、李零先生釋作"逢"字[46]，可從。"逢"字見於《說文·辵部》。

（52）43頁"迠"字第一欄引3·337·2 、3·337·1 、3·336·1 、3·337·3 ，應改釋作"适"[47]。"适"字見於《說文·辵部》。

（53）43頁"遱"字引6·321·4 ，應從《陶徵》238頁釋作"遴"字。《圖錄》釋"遴"不誤。

（54）52頁"牙"字引4·62·2 ，應從《圖錄》釋作"耳"。

（55）54頁"干"字引3·519·4 應作 ，實為"土"字[48]。

(56) 63 頁 "詽" 字引 6·153·4 ![] 等 4 個形體，楊澤生先生據秦簡 "再" 字作 ![再]、![再] 之形，隸定作 "諽"，認為是個从 "言" "再" 聲的字[49]。

(57) 77 頁 "敀" 字引 7·14·5 ![]，楊澤生先生釋作 "敺（驅）" 字[50]，可從。

(58) 77 頁 "敁" 字引 6·16·2 ![]、6·16·4 ![]，應從《陶徵》137 頁改釋作 "段" 字。《圖錄》釋 "段" 不誤。

(59) 86 頁 "者" 字引 3·291·5 ![]、3·291·1 ![]、3·292·1 ![]、3·292·4 ![]，應改釋作 "出" 字。此與古文字 "出" 字的一般寫法有較大的區別，可參看《古璽彙編》4912 "出入大吉" 印[51]。

(60) 87 頁 "翏" 字引 6·306·3 ![]，施謝捷先生釋作 "廖" 字[52]，可從。《圖錄》釋 "廖" 不誤。

(61) 88 頁 "翌" 字引 4·179·2 ![]、4·179·1 ![]，徐在國先生釋作 "翏" 字，包山簡 "瘳" 作 "![]" 可證[53]。

(62) 93 頁 "專" 字引 6·11·1 ![]，《陶徵》160 頁釋作 "叀" 字，劉釗先生從之[54]。"叀" 字見於《說文·叀部》。

(63) 95 頁 "敄（敢）" 字引 4·26·2 ![]，此字从 "告" 从 "攴"，應改釋作 "敊"[55]。《圖錄》釋 "敊" 不誤。

(64) 96 頁 "腥" 字引 3·595·2 ![] 等 5 個形體，施謝捷先生釋作 "腡"[56]，可從。

(65) 97 頁 "宵（肯）" 字引 6·233·3 ![]，劉樂賢先生認為此即《說文》从宀从人之宂字，今手寫體書作冗；睡虎地秦簡宂字多見，皆寫作穴（見《秦漢魏晉篆隸字形表》第 504 頁）[57]。同欄引 6·233·4 ![] 同改。

(66) 97 頁 "肯" 字引 2·231·1 ![]，李零、徐在國先生釋作 "肯"[58]。

(67) 99 頁 "胆" 字引 7·20·2 ![]，其右旁是 "中" 字。《古幣文編》第 28 頁 "中" 字下錄晉地方形布幣 "中都"，"中" 均作 ![][59]。

(68) 126 頁 "主" 字引 3·294·5 ![]，楊澤生先生認為此字是屢見於《鐵雲》此書的 "生" 字的殘文[60]。

(69) 126 頁 "既" 字引 6·146·1 ![] 等三形體，施謝捷先生釋為 "嘅" 字，認為秦文字中幾乎不存在六國古文中的 "口" 旁可有可無的情況[61]，可從。

（70）134頁"軹"字引6·11·4，應改釋作"就"字。《圖錄》所釋不誤。

（71）136頁"亳"字引5·97·2（原誤為5·97·3），是"襄"字殘文[62]。

（72）146頁"榆"字引6·292·1，从手从俞，應釋為"揄"[63]。

（73）158頁"黍"字引2·50·1，此字陳邦懷先生釋作"秂（漆）"[64]。陳偉武先生贊同此釋法[65]。

（74）159頁"囹"字引2·55·2等3個形體，何琳儀先生釋作"圓"字[66]。楊澤生先生贊同此釋法，並疑其為"寬"字異體[67]。

（75）168頁"賸"字引6·309·4，左旁从"頁"不从"貝"，楊澤生先生釋作"瀕"字，認為此字右旁"止"和"山"之間的二橫當是"川"或"巜"的變體[68]，可從。

（76）168頁"貤"字引2·251·4，楊澤生先生認為是"貨"字反文[69]，可從。《圖錄》所釋不誤。同欄引2·251·3同改。

（77）173頁"邙"字引3·3·1，其字下部從"足"非"邑"，《陶彙》230頁釋"跎"不誤。引3·3·2、3·4·1，字形略殘，其文例與3·3·1相同，我們懷疑也應釋作"跎"[70]。

（78）184頁"昔"字引5·77·2，應改釋作"期"字。參看《陶典》第9頁0024號"萌"字和186頁0583號"期"字。《圖錄》釋"期"不誤。

（79）189頁"有"字引5·45·3，此陶文出土地為河南鄭州，屬韓國陶文。楊澤生先生釋作"生"字，認為與古璽常見的"生"字寫法相同[71]。

（80）189頁"有"字引6·238·2，施謝捷先生釋作"出"字[72]，可從。同欄引6·457·4同改。

（81）193頁"年"字引6·98·4，是"角"之殘文[73]。

（82）198頁"向"字引6·101·4，此字"口"外兩豎筆穿出橫畫，與"向"字有嚴格區別，應改釋作"同"[74]。

（83）203頁"宿"字引3·269·2，李零先生釋作"曉"[75]。或可依字形隸定作"矐"。

（84）205頁"吉"字引6·19·2，徐在國先生釋作"宜"[76]，可從。

（85）205 頁 "宮" 字引 2·645·1 ▢，古璽中有個形體和它相近的字，李家浩先生釋作 "序" 字[77]，可從。206 頁引 6·27·2 ▢，此字應釋為 "官"，兩口形之間明顯有一豎畫連接。

（86）210 頁 "疟（疸）" 字引 3·373·4 ▢，應改釋作 "疢"。

（87）212 頁 "疣" 字引 5·21·1 ▢、5·21·2 ▢，何琳儀先生釋 "庀"[78]。我們認為《陶典》和何氏之說均有可取之處，應釋作 "疵"。

（88）212 頁 "瘰" 字引 3·496·1 ▢，何琳儀先生釋作 "瘤"[79]。

（89）225 頁 "俸" 字引 6·22·2 ▢，左下部略殘，該字從 "言" 從 "久"，可能是 "記" 字的異體[80]。

（90）227 頁 "倘" 字引 2·85·1 ▢ 等 3 個形體，應改釋作 "妣" 字[81]。

（91）243 頁 "頻" 字引 6·302·2 ▢、6·302·3 ▢，應改釋作 "瀕" 字。參看上文（75）。

（92）247 頁 "卩" 字引 4·41·4（《陶典》誤為 4·41·1）▢，何琳儀先生釋為 "勺"[82]，可從。同欄引 4·211·2 ▢、4·211·1（《陶典》誤為 4·211·3）▢、4·22·2（《陶典》誤為 4·21·2）▢ 同改。

（93）249 頁 "甶" 字引 3·22·3 ▢、3·22·1 ▢，當是 "百" 字誤釋[83]。

（94）252 頁 "盾" 字引 5·77·1 ▢，周寶宏先生引吳振武先生說釋作 "序" 字[84]，楊澤生先生進一步論證 "南序" 是陶器的使用單位[85]。

（95）257 頁 "狄" 字引 2·82·3 ▢，李家浩先生釋作 "豕" 字[86]，可從。

（96）257 頁 "豹" 字引 2·643·3 ▢，引吳大澂說釋為 "豹" 字。何琳儀先生訂正吳氏舊說，認為此字從 "囗" 從 "馬"，應隸定作 "圌"，疑讀為 "瞞"，是師曠之類的失明樂官[87]。

（97）264 頁 "爌" 字引 6·235·4 ▢、6·235·3 ▢，施謝捷先生認為從 "火" 從 "爰"，應釋作 "煖" 字，有作人名[88]。

（98）270 頁 "奄" 字引 6·34·4 ▢，施謝捷先生釋作 "黽"[89]；楊澤生先生亦引李家浩先生說釋作 "黽" 字，指出 "竈" 字所從 "黽" 旁《璽彙》5496 作 ▢，秦簡作 ▢、▢、▢ 等形，漢印作 ▢，均與之近同[90]。

（99）272 頁 "睪" 字引 3·73·6 ，此字从 "目" 从 "辛"，湯餘惠先生釋作 "親"[91]，可從。

（100）273 頁 "立" 字引 4·36·4 ，與 "立" 字的古文字寫法差別很大，徐在國、楊澤生先生均釋為 "士" 字，為燕陶人名[92]。

（101）280 頁 "悼" 字引 3·462·6 ，此字過去衆説紛紜，如吳大澂釋為 "楨臼"，丁佛言釋認為 "从火，从鼎"，高田忠周認為 "从心，楨省聲"，高明先生釋作 "焯"，李零先生隸作 "曑"，何琳儀先生釋為 "臼巢"；徐在國先生則認為此字从臼、巢聲，並根據巢、杲二字古通，以為是表 "舀" 義的 "㮰" 字的初文，"臼" 是綴加的義符[93]。徐釋可從。

（102）281 頁 "戀" 字引 2·618·2 、2·617·3 ，應從《陶徵》107 頁改釋作 "懇" 字[94]。

（103）289 頁 "河" 字引 3·99·1 和 3·99·4 為反寫之文，將其反正後分別作 和 ，劉釗先生釋為 "汗" 字[95]，楊澤生先生隸定作 "浧"[96]，顯然不是 "河" 字。

（104）295 頁 "泰" 字引 6·22·4 ，徐在國先生釋作 "泰"[97]；引 2·643·4（《陶典》誤為 2·634·4）、4·169·1 ，據字形當釋作 "太"，《圖錄》釋 "太" 不誤。

（105）295 頁 "洣" 字引 6·426·2 ，施謝捷先生釋為 "梁" 字，"新梁" 為地名[98]。當然，此字右下角不夠清楚，也可能是从 "米" 的 "粱" 字。

（106）295 頁 "沫" 字引 6·304·2 、6·304·3 ，據字形應從《陶徵》144 頁釋作 "渠" 字。

（107）296 頁 "泆" 字引 6·50·1 ，應改釋作 "沃" 字，其右旁是 "夭" 而非 "矢"[99]，施謝捷、楊澤生先生均釋作 "沃"[100]。

（108）298 頁 "川" 字引 5·90·3 ，《陶徵》79 頁釋作 "小" 字，當是。

（109）299 頁 "冬" 字引 6·167·3 ，徐在國先生懷疑是 "終" 字[101]，可從。

（110）303 頁 "閈" 字引 2·409·1 ，从 "門" 从 "丹"，楊澤生先生隸定作 "閈"，懷疑是 "闌" 字異體[102]。陶文中作人名。

（111）308 頁 "折" 字引 6·327·1 ，施謝捷先生認為上半為 "木" 之訛省形，下半从 "示"，釋作 "柰" 字[103]，可從。

（112）317 頁 "壾" 字引 3·431·2 ，下从 "山"，非从 "土"，楊澤生先生認為應從陳邦懷先生釋作 "巘" 字[104]。可從。

《陶文字典》釋字補正例　87

（113）327頁"繡"字引6·31·1、6·31·2、6·31·3，《陶徵》184頁釋作"繚"字，劉釗先生同意此釋法[105]。

（114）327頁"紝"字引4·186·1、2·170·4和3·417·5、3·416·4，裘錫圭、李家浩先生已分別釋作"瓔"和"纓"[106]。326頁"繢"字引2·161·1（《陶典》誤為2·160·1）、2·161·4、和327頁"紝"字引2·208·1，都應改釋作"纓"字。陶文中的"瓔"和"纓"都用作人名，應該讀作"嬰"。"嬰"是先秦兩漢常見的名字[107]。

（115）331頁"土"字引2·494·2，實為"正"字殘文。參照同文例的2·494·4、2·494·1，其形體與此相近。

（116）333頁"王（堂）"字引2·326·1等形體，此字異說較多，或釋"田"，或釋"宅"，釋"匋（陶）"，釋"缶"，釋"坰"，釋"堂"，釋"王（冪）"，釋"坔"。當以釋"坔"者為是[108]。

（117）335頁"坐"字引3·247·1等3個形體，陳偉武先生指出，《說文》"坐"字古文作，與此異，當釋為"丘"，《陶文編》8·61錄《鐵雲藏陶》49·3、115·4作此形，正是釋"丘"[109]。

（118）340頁"垂"字引7·19·1，徐在國先生釋"夌"[110]。

（119）345—346頁"銘"字引2·35·3等所有形體，此字舊有釋"鈲"、"鏷"、"鑒"、"鋤"、"鎣"、"鉋（印）"等多種釋法，高明先生據楚簡"卲"字形體論證此字應隸作"鉊"，並懷疑是文獻中所用的"照"字，代表官府檢驗合格的鑒証[111]。高先生之說後出轉精，可從[112]。

（120）349頁"升"字引2·220·1、2·220·2，吳振武先生釋作"豕"字[113]，可從。

（121）349頁"秣"字引2·47·3、2·46·4，應改釋作"㮦（鍾）"字，是齊量豆區釜鍾之"鍾"的異體[113]。參看上文（120）。"鍾"字見於《說文·金部》。

（123）357頁"陞"字引2·190·3等4個形體，應改釋作"隆（地）"字[115]。參看上文（120）。

（124）358頁"阯"字引5·22·1，左邊不從阜，過去或釋作"壯"[116]。

（125）358頁"陬"字引3·350·4、3·520·1，《陶徵》259頁懷疑是"陟"字，

學術界多釋作"衍"或"澗"[117]。我們比較贊同釋為"澗"的說法。

（126）359 頁"五"字引 7·13·6 ▨，何琳儀先生釋作"巨"字[118]，可從。

（127）367 頁"癸"字引 4·37·1 ▨、4·37·3 ▨，前者已殘去下面一橫，《說文古籀補補》2·6 釋作"登"。"登"所從的 ▨，李家浩先生指出為燕國文字"豆"字的特有寫法[119]。

（128）384 頁"子旨"合文引 2·538·1 ▨、2·537·3 ▨，此形體非合文，《陶徵》195 頁、《戰國文字編》258 頁皆釋作"胙"，《圖錄》釋"胙"不誤。

（129）388 頁第五欄引 3·600·1 ▨，施謝捷先生認為從"火"從"蜀"，應釋作"燭"。所從"蜀"的"目"、"虫"兩偏旁共用了部分筆畫，致"虫"旁有所變形[120]。

（130）391 頁第六欄引 4·16·1 ▨、4·13·1 ▨，《陶徵》160 頁釋作"疋"，謂"此即疋字。匋文楚字或作 ▨，所从疋字與此相同"。

（131）392 頁第一欄 3·488·1 ▨、3·488·6 ▨，《陶典》疑為"疒"字。楊澤生先生釋作"疕"字[121]，可從。

附記：本文為 2008 年 6 月中山大學碩士學位論文《〈陶文字典〉補正》的第一部分，在寫作過程中得到楊澤生先生的幫助，謹誌謝忱。

注　釋：

[1]　高明、葛英會：《古陶文字徵》，北京：中華書局，1991 年；徐谷甫、王延林：《古陶字彙》，上海：上海書店，1994 年。

[2]　楊澤生：《〈古陶文字徵〉字頭、出處、文例、說明等方面存在的問題》，《江漢考古》1996 年第 4 期，第 80 頁。

[3]　參看楊澤生：《〈古陶文字徵〉補正例》（以下簡稱《補正例》），《論衡》第 4 輯，廣州：中山大學出版社，2006 年，第 122 頁。

[4]　參看《補正例》，第 120—121 頁。

[5]　施謝捷：《河北出土古陶文字零釋》，《文物春秋》1996 年第 2 期，第 57 頁。《補正例》，第 104 頁。

[6]　參看《補正例》，第 108 頁。

[7]　參看《補正例》，第 119 頁。

[8]　施謝捷：《陝西出土秦陶文字叢釋》，《考古與文物》1998 年第 2 期，第 72—73 頁。參看《補正例》，第 106 頁。

[9]　何琳儀：《古陶雜識》（以下簡稱《雜識》），《考古與文物》1992 年第 4 期，第 78—79 頁。參看徐在國：《〈古陶字彙〉正文釋文校訂》（以下簡稱《校訂》），《文物研究》第 13 輯，合肥：黃山書社，2000 年，第 277 頁。

[10]　湯餘惠主編：《戰國文字編》，福州：福建人民出版社，2001 年，第 1010 頁。

[11]　徐在國：《古陶文字釋叢》，《古文字研究》第 23 輯，北京、合肥：中華書局、安徽大學出版社，2002 年，第 113—114 頁。

[12]　參看《補正例》，第 110 頁。
[13]　陳偉武：《〈古陶文字徵〉訂補》（以下簡稱《訂補》），《中山大學學報》（社會科學版）1995 年第 1 期，第 127 頁。
[14]　參看《補正例》，第 115 頁。
[15]　劉釗《戰國陶文研究》（以下簡稱《研究》），見姚孝遂主編《中國文字學史》，長春：吉林教育出版社，1995，第 448 頁。參看《校訂》，第 279 頁。
[16]　《補正例》，第 109 頁。
[17]　楊澤生：《古陶文字零釋》（以下簡稱《零釋》），《中國文字》新 22 期，臺北：藝文印書館，1997 年，第 250—251 頁。羅福頤主編：《古璽彙編》，北京：文物出版社，1981 年。
[18]　裘錫圭：《古文字論集》，北京：中華書局，1992 年，第 454—468 頁。
[19]　李天虹：《〈景公瘧〉"市"字小記》，簡帛網（http://www.bsm.org.cn），2007 年 7 月 17 日。
[20]　《補正例》，第 110 頁。
[21]　《補正例》，第 107 頁。
[22]　何琳儀：《戰國古文字典》，北京：中華書局，1998 年，第 1118 頁。參看《校訂》，第 278 頁。
[23]　《雜識》，第 78 頁。
[24]　《訂補》，第 122 頁；參看《補正例》，第 111 頁。
[25]　朱德熙：《朱德熙古文字論集》，中華書局，1995 年 2 月，第 27 頁。參看《補正例》，第 110 頁。
[26]　《補正例》，第 111—112 頁。
[27]　黃德寬、徐在國：《郭店楚簡文字續考》，《江漢考古》1999 年第 2 期，第 75 頁。參看《校訂》，第 278 頁。
[28]　汪慶正：《日本銀行及上海博物館所藏博山刀考略》，《中國錢幣》1985 年第 3 期，第 3—5 頁。裘錫圭、李家浩：《戰國平陽刀幣考》，《中國錢幣》1988 年第 2 期，第 36—37 頁。
[29]　劉慶柱、李毓芳：《秦都咸陽遺址陶文叢考》，《考古與文物叢刊》第 2 號《古文字論集（一）》，1983 年，第 81 頁。參看《補正例》，第 113 頁。
[30]　《朱德熙古文字論集》，第 189—190 頁。《研究》，第 448 頁。
[31]　《補正例》，第 112 頁。參看《校訂》，第 282 頁。
[32]　《零釋》，第 252 頁。參看《補正例》，第 111 頁。
[33]　李家浩：《戰國官印考釋（六篇）》，南京：中國古文字學學會第九屆年會論文，1992 年。
[34]　《補正例》，第 112 頁。
[35]　參看容庚編著、張振林、馬國權摹補：《金文編》，北京：中華書局，1985 年，第 5—6 頁；羅福頤主編：《古璽文編》，北京：文物出版社，1981 年，第 2 頁。
[36]　施謝捷：《古璽印文字叢考（十篇）》，《南京師大學報（社會科學版）》1998 年第 1 期，第 119 頁。
[37]　《補正例》，第 103—104 頁。
[38]　施謝捷：《陝西出土秦陶文字叢釋》，《考古與文物》1998 年第 2 期，第 75 頁。參看《校訂》，第 277 頁。
[39]　《訂補》，第 124 頁。
[40]　《雜識》，第 79 頁。參看《補正例》，第 109 頁。
[41]　《朱德熙古文字論集》，第 109—112 頁。參看《校訂》，第 278 頁。
[42]　湯餘惠：《略論戰國文字形體研究中的幾個問題》，《古文字研究》第 15 輯，北京：中華書局，1986 年，第 37 頁。參看《校訂》，第 281 頁。
[43]　《古璽文編》，第 131—133 頁。參看《補正例》，第 114—115 頁。
[44]　《校訂》，第 279 頁。
[45]　《研究》，第 447—448 頁。周進集藏、周紹良整理、李零分類考釋：《新編全本季木藏陶》，北京：中華書局，1998 年，第 58 頁。

[46] 《研究》，第447—448頁。《新編全本季木藏陶》，第192頁。
[47] 趙平安：《續釋甲骨文中的"乇"、"舌"、"祜"——兼及舌（昏）的結構、流變以及其他古文字資料中從舌諸字》，《華學》第4輯，北京：紫禁城出版社，2000年，第9—11頁。參看《補正例》，第136頁注4。
[48] 《古文字論集》，第395頁。參看《補正例》，第104—105頁；《校訂》，第278頁。
[49] 《補正例》，第107頁。
[50] 《補正例》，第104頁。
[51] 《問題》，第85頁。
[52] 《叢釋》，第76頁。參看《校訂》，第279頁。
[53] 《校訂》，第279頁。
[54] 《研究》，第446頁。
[55] 《雜識》，第80頁。參看《補正例》，第116頁。
[56] 施謝捷：《古陶文考釋三篇》，《古漢語研究》1997年第3期，第68—69頁。
[57] 劉樂賢：《秦漢文字釋叢》，《考古與文物》1991年第6期，第82頁。
[58] 《新編全本季木藏陶》，第53頁；《校訂》，第279頁。
[59] 參看《訂補》，第127頁。
[60] 《零釋》，第254頁。參看《補正例》，第103頁；《校訂》，第280頁。
[61] 《叢釋》，第74頁。參看《校訂》，第280頁。
[62] 《雜識》，第80頁。參看《補正例》，第118頁。
[63] 《叢釋》，第70—71頁。《校訂》，第281頁。
[64] 陳邦懷：《〈古匋文舂錄〉跋》，《一得集》，濟南：齊魯書社，1989年，第263頁。
[65] 《訂補》，第122頁。
[66] 何琳儀：《三孔布幣考》，《中國錢幣》1993年第4期，第33頁。
[67] 《補正例》，第115頁。
[68] 《零釋》，第255頁。參看《補正例》，第107頁。
[69] 《零釋》，第253頁。參看《補正例》，第105頁。
[70] 《補正例》，第108頁。
[71] 《補正例》，第114—115頁。
[72] 《叢釋》，第67頁。參看《校訂》，第281頁。
[73] 劉慶柱、李毓芳：《秦都咸陽遺址陶文叢考》，《考古與文物叢刊》第2號《古文字論集（一）》，1983年，第80頁。參看《補正例》，第118頁。
[74] 參看《補正例》，第115頁。
[75] 《新編全本季木藏陶》，第246頁。參看《校訂》，第282頁。
[76] 《校訂》，第282頁。
[77] 李家浩：《著名中年語言學家自選集·李家浩卷》，安徽教育出版社，2002年12月，第26頁。參看《校訂》，第282頁。
[78] 《戰國古文字典》，第582頁。參看《校訂》，第278頁。
[79] 《戰國古文字典》，第379頁。參看《校訂》，第282頁。
[80] 《零釋》，第256頁。參看《補正例》，第104頁；《校訂》，第278頁。
[81] 《戰國文字編》，第303頁。參看《補正例》，第135—136頁。
[82] 《戰國古文字典》，第236頁。參看《校訂》，第282頁。
[83] 湯餘惠：《略論戰國文字形體研究中的幾個問題》，《古文字研究》第15輯，第13頁；參看《研究》，第447頁。
[84] 周寶宏：《古陶文形體研究》，吉林大學博士學位論文，1994年，第82頁。參看《校訂》，第

283 頁。
[85] 《補正例》，第 115 頁。
[86] 《著名中年語言學家自選集·李家浩卷》，第 5 頁。
[87] 《雜識》，第 77 頁。參看《校訂》，第 283 頁。
[88] 《叢釋》，第 70 頁。參看《校訂》，第 283 頁。
[89] 施謝捷：《東周兵器銘文考釋（三則)》，《南京師大學報》2002 年的 2 期，第 157—158 頁。
[90] 《補正例》，第 117 頁。
[91] 湯餘惠：《略論戰國文字形體研究中的幾個問題》，《古文字研究》第 15 輯，第 13 頁。參看《補正例》，第 104 頁；《校訂》，第 283 頁。
[92] 《校訂》，第 283 頁；《補正例》，第 115 頁。
[93] 徐在國：《古陶文字釋叢》，《古文字研究》第 23 輯，第 112 頁。
[94] 參看《補正例》第 109 頁。
[95] 《研究》，第 448 頁。
[96] 《補正例》，第 116 頁。
[97] 《校訂》，第 284 頁。
[98] 施謝捷：《古陶文考釋三篇》，《古漢語研究》1997 年第 3 期，第 66 頁。參看《校訂》，第 284 頁。
[99] 吳九龍：《簡牘帛書中的"天"字》，《出土文獻研究》，北京：文物出版社，1985 年，第 250—251 頁。
[100] 《叢釋》，第 71—72 頁；《補正例》，第 116 頁。
[101] 《校訂》，第 283 頁。
[102] 《零釋》，第 250 頁。參看《補正例》，第 117 頁；《校訂》，第 284 頁。
[103] 《叢釋》，第 69—70 頁。參看《校訂》，第 277 頁。
[104] 《補正例》，第 106 頁。
[105] 《研究》，第 446 頁。
[106] 裘錫圭、李家浩：《曾侯乙墓竹簡釋文與考釋》，《曾侯乙墓》上冊，北京：文物出版社，1989 年，第 517 頁。
[107] 《補正例》，第 106 頁。
[108] 《校訂》，第 285 頁。
[109] 《訂補》，第 122 頁。參看《校訂》，第 285 頁。
[110] 《校訂》，第 280 頁。
[111] 高明：《高明論著選集》，北京：科學出版社，2001 年，第 266—272 頁。
[112] 《校訂》，第 284 頁。
[113] 吳振武：《試說齊國陶文中的"鍾"和"溢"》，《考古與文物》1991 年第 1 期，第 67—75 頁。
[114] 同上注。參看《補正例》，第 116 頁。
[115] 同上注。
[116] 參看《補正例》，第 107 頁。
[117] 參看《補正例》，第 117 頁。
[118] 《古陶雜識》，第 79 頁。參看《補正例》，第 109 頁。
[119] 李家浩：《盱眙銅壺芻議》，《古文字研究》第 12 輯，北京：中華書局，1985 年，第 355—361 頁。參看《補正例》，第 106 頁；《校訂》，第 286 頁。
[120] 施謝捷：《古陶文考釋三篇》，《古漢語研究》1997 年第 3 期，第 68—69 頁。參看《校訂》，第 283 頁。
[121] 《補正例》，第 116 頁。

利用古文字知識校讀《尚書·盤庚》"由蘖"一詞

雷燮仁

《尚書》遠出先秦，詞多雅古。然而"周誥殷盤，詰屈聱牙"，轉抄刊刻，難免錯訛。近代、現代學者利用古文字知識，校讀出今本《尚書》中的不少文字錯誤。例如，清末的吳大澂、孫詒讓等人指出"寧王"、"寧武"、"寧考"、"前寧人"等詞語中的"寧"字，實即"文"字之誤；王國維等根據史頌簋的"里君百生（姓）"，指出《酒誥》"越百姓里居"的"里居"當即"里君"之誤，都是人所稱道的佳例。這些字詞校讀，與同時代的古文字資料對讀，有相同或相類的詞句可資參考。有的時候，雖然沒有同時代古文字資料中的相同或相類詞句可資對照，但根據古文字資料表現出來的用字和書寫方面的習慣，同樣可以校讀出一些文字錯訛，從而正確理解《尚書》中某些詞語的意義。下面舉一個小例子，以就正於方家。

《尚書·盤庚》是商王盤庚遷都於殷前後，對臣民的三次講話。以《盤庚》為主的《商書》各篇，"大概確有商代的底本為根據，然而已經經過了周代人比較大的修改"[1]。《盤庚上》記錄商王盤庚的一段訓話，今本作：

> 今不承於古，罔知天之斷命，矧曰其克從先王之烈。若顛木之有由蘖，天其永我命於茲新邑，紹復先王之大業，厎綏四方。

我們要討論的是"若顛木之有由蘖"中的"由蘖"一詞。

"顛木"，倒仆的樹木。《廣雅·釋言》："儞，倒也。"王念孫《疏證》："儞，通作顛。""由蘖"，亦作"甹枿"、"由枿"、"甹櫱"、"甹櫱"等。《說文·馬部》："甹，木生條也。從馬由聲。《商書》曰：'若顛木之有甹枿。'古文言由枿。"又《木部》："櫱，伐木餘也。從木獻聲。《商書》曰：'若顛木之有甹櫱。'蘖，櫱或從木辥聲。杽，古文櫱從木，無頭。𣎴，亦古文枿。"

從古書中的訓詁資料來看，"蘖"、"枿"、"櫱"、"櫱"諸字的字義是清楚的，即新生、再生的枝芽。《尚書》釋文："蘖，五達反，本又作枿，馬云：'顛木而肄生曰枿。'"《詩·商頌·長發》："苞有三蘖，莫遂莫達。"朱熹集傳："蘖，旁生萌蘖也。"《孟子·告子上》："是其日夜之所息，雨露之所潤，非無萌蘖之生焉。"《太玄·居》："株生蘖，其種不絕。"司馬光注："木斬而復生曰蘖。"《文選·東京賦》："堅冰作於履霜，尋木起於蘖栽。"《漢書·敘傳》："三枿之起，本根既朽，枯楊生華，曷惟其舊。"注引《詩》"苞有三蘖"作"包有三枿"。《文選·東京賦》："山無槎枿。"注："斜斫曰槎，斬而復生曰枿。"又引《漢書》曰"昔先王山不槎蘖"。《說文·木部》"櫱"字段注："《商頌》傳曰：'櫱，餘也'。《周南》傳曰：'肄，餘也。斬而復生曰肄。'按：肄者，櫱之假借字也。韋昭曰：'以株生曰櫱。'《方言》：'烈、枿，餘也。陳鄭之間曰枿，晉衛之間曰烈，秦晉之間曰肄，或曰烈。'枿者，亦櫱之異文。"

有別於"蘖"字字義清晰無異議，對"由"字的傳統訓詁則有分歧，大致有三種說法。

（一）"由"乃"丣"之省，"由"為古文，"丣"為今文，從丂由聲[2]，訓"木生條也"，見於《說文》。這是目前所見時代最早的說法。大徐本於"丣"字說解下引徐鍇曰：《說文》無由字，今《尚書》只作由枿，蓋古文省丂，而後人因省之，通用為因由等字。从丂，上象枝條華函之形。"《說文·丂部》："丂，嘾也。艸木之華未發函然。象形。凡丂之屬皆从丂。讀若含。"後人多在《說文》的基礎上闡發，認為是與"褎"、"抽"等音義皆近的字。《詩·大雅·生民》："實方實苞，實種實褎，實發實秀，實堅實好，實穎實栗，即有邰家室。"毛傳："褎，長也。"鄭箋："褎，枝葉長也。"陳奐《詩毛氏傳疏》："褎訓長，謂苗生長也。《說文》'丣，木生條也。从丂，由聲。'褎丣聲義皆相近。"朱駿聲《說文通訓定聲》以為"實種實褎"的"褎"字假借為"播"。《尚書·立政》："自古商人，亦越我周文王，立政、立事、牧夫、準人，則克宅之，克由繹之，茲乃俾乂。"《定聲》亦讀"由"為"播"。《說文·手部》："播，引也。从手酋聲。抽，播或从由。挏，播或从秀。"《文選》卷十九束皙《補亡詩》之《由庚》："木以秋零，草以春抽。"兩句互文見義，草木皆春抽秋零也。（二）"由"訓"用"，"由糵"即"用枿栽"，見於偽孔安國《尚書傳》，杜預注襲之，徐鉉認為"用枿之語不通"。（三）"由"訓"生"。此說《說文》段注最著名："丣者，生也。《左傳》：'史趙曰：陳，顓頊之族也。歲在鶉火，是以卒滅。陳將如之。今在析木之津，猶將復由。'此以生滅對言，由即丣之假借。《詩序》：'由儀，萬物之生各得其儀也。'此以生釋由，以宜釋儀，由亦丣之假借。"段注之前，宋人魏了翁已經把《左傳》"猶將復由"的"由"與"由糵"聯繫起來，見於顧炎武《左傳杜解補正》所引。

上述三種說法中，第二種明顯不通，毋庸贅言。我們重點分析《說文》和段注的說法。從上引"糵""枿""櫱"諸字的古書訓解和具體用法來看，都是名詞，《說文·木部》"櫱，伐木餘也"是最明顯的證據。訓"伐木餘也"或"旁生萌糵也"的"糵"，與訓"木生條也"的"丣（由）"，詞義相近而並列，是很自然的事。同義或義近並列，在《盤庚》篇中常見，我們下面還要徵引。把"由糵"一詞看成偏正詞組，認為"丣（由）"是形容詞，即"木生條也"修飾"新生、再生的枝芽"，顯然是說不通的。當然，把"有由糵"理解為"有/由之糵"，意即"有/長出來的樹芽"，把"由糵"理解為偏正結構，即"丣（由）"是與"褎"、"抽"音義皆近的同源字，乃是動詞，用作定語，也是有問題的。《說文》雖然注明"丣"字从丂由聲，但"由"字到底是哪個字，目前還不能肯定，我們下面將要專門討論。即便"丣"讀如幽部的"由"字，將"丣（由）"與古音相近的"褎"、"抽"等字相比附，也有不少問題。"褎"、"抽"等字雖然同表"樹木（或草木）生長枝條"義，與《說文》訓為"木生條也"的"丣（由）"，還是應該有所區別的。對比鄭玄云"褎，枝條長也"和許慎云"丣，木生條也"，不難看出，前者強調"長"而非"枝條"，後者強調"條"而非"生"。而"由"當動詞"生"講，祇是宋以後儒者的闡發，古書故訓中並沒有類似的記載，同時考慮到下面還要舉出的一些例證，例如《廣雅》故訓，古書中類似的說法，以及《盤庚》篇常見的同義連言表達方式等等，我還是傾向於把"丣（由）"、"糵"看成義近的名詞並列。

段注把《詩序》"由儀"的"由"也訓為生，我認為也是靠不住的。《由庚》、《崇丘》、《由儀》，是《詩經·小雅》中的篇名，其詩已佚。《詩序》說："《由庚》，萬物得由其道也。《崇丘》，萬物得極其高大也。《由儀》，萬物之生各得其宜也。有其義而亡其辭。"按《詩序》提出了"六義"、"正變"、"美刺"等說。"六義"之說承《周禮》的"六詩"而來，其中的"風"、"雅"、"頌"一般認為是詩的類型，"賦、比、興"被認為是詩的表現方法。"六義"的提出，是《詩經》研讀的一大進步。但《詩序》作者把《詩經》當作"諫書"，千方百計賦以"美"、

"刺"的意義,對《詩經》作了不少穿鑿附會的解釋,致使許多詩篇的本義被掩蓋。後來鄭樵作《詩辨妄》,朱熹作《詩序辨說》,對《詩序》的解說多所詰難。《詩序》解釋《由儀》的主旨爲"萬物之生各得其宜也",詩已不存,序又多"穿鑿附會",如何信得?而段注把《左傳》"今在析木之津,猶將復由"的"由"訓"生",套用到"由蘖"上,也有不太妥當之處。"猶將復由"的"由"是動詞,"由蘖"的"由"更有可能是名詞,兩者並不匹配。即使不考慮詞性問題,"生"的詞義明顯要比"蘖"寬泛得多,恐難說通。比較而言,時代更早的《說文》"木生條也"的說法可信得多。

商代文獻流傳至今者,嚴格說來,衹有《尚書·商書》等篇,而且經過了周代人比較大的修改。《詩·商頌》各篇,近人多認爲是春秋時期宋國作品。遍檢《商書》,"由"字凡三見,均見於《盤庚》:"若顛木之有由蘖","由乃在位以常舊服","弔由靈格"。三個"由"字,用法不一,而且同樣說解分歧。"由乃在位以常舊服"一句,我們初步翻檢的結果,至少有七種說法,而且不少是基於古文字知識的新說。傳世先秦典籍中,表"木生條也",或者按照宋人魏了翁以及清儒的說法,表"生"義的"由"字,除了"由蘖"一詞,可能衹有《左傳》的"猶將復由"了。否則以清儒之博學,早就應該把這些例子翻了出來。而且《左傳》"猶將復由"的"由"字,與"由蘖"的"由"字一樣,古書中的訓詁是有分歧的。杜預注:"由,用也。"孔穎達《正義》:"由,用。《釋詁》文。言將用是而更興。"案"由,用也"之訓,古書中常見,僅《十三經註疏》中就29見。除《左傳》外,也見於《尚書》、《詩》、《禮記》、《論語》、《孟子》等書的註疏。可以這樣說,"由"訓"木生條也",傳世先秦古書中僅"由蘖"一例。鑒於古書故訓分歧,前人的說解也有不少難通之處,而且實例不多,甚至可以說是孤例,我們認爲有必要重新校讀"由蘖"一詞。

前面已經提到,《說文》無"由"字,前人有很多種解釋,其中王國維"《說文》以甴(甾)爲由說"影響最大[3],宗之者衆,駁之者也不少,而以唐蘭先生駁之最力[4],之後學者在唐說的基礎上續有補充[5]。從我們現在所掌握的古文字知識來看,王國維的說法難以成立,《說文》不見"由"字,"恐怕就是傳本的遺脫"[6]。但他指出先秦和秦漢古文字資料中,"甴(甾)""由"常常因形近而互訛,對我們校讀"由蘖"一詞很有啓發。此外,《說文》段注也已指出,今本《說文》中確有誤"甴(甾)"爲"由"者。《說文·収部》:"畁,舉也。從廾由聲。《春秋傳》曰:'晉人或以廣墜,楚人畁之。'黃顥說:廣車陷,楚人爲舉之。杜林以爲騏驎字。"今本《左傳》"畁"作"惎"。《說文·糸部》"綥"字或體作"騏"。"惎"、"騏"、"綥"古音皆屬之部。"畁",《玉篇》音渠記切、渠其切,《廣韻》音渠之切,大徐音渠記切,古音當同屬之部。"畁"或作從由得聲,《說文》段注已辨其誤。因此,我們懷疑"由蘖"可能是"甴(甾)蘖"之誤。"甹枏"的"甹"字亦當從甴(甾)得聲。

《廣雅·釋草》:"萌、芽、甾、夢、櫱,也。"又《釋言》:"櫱,菑也。""櫱""櫱",通"蘖",即新生、再生的枝芽,與"萌""芽"同義。《淮南子·俶真》:"繁憤未發,萌兆牙蘖。""牙蘖"即"芽蘖"。所從的形符"丂",篆書作"", 按照《說文》的解釋,象"艸木之華未發函然",即含苞待放的花菁朵兒(花蕾),也與"萌""芽"有關。而"菑""蓄""甾""甾"四字音同形近,字書、古籍經常弄混。一字一行本《說文》:"菑,不耕田也。從艸、甾。《易》曰:'不菑畬。'甾,菑或省艸。"其字篆文從艸從巛從田,而楷書從艸從甾。"不菑畬",《說文》"畬"字條引作"不菑畬"。而"甾""甾"混用的例子更多。原本《玉篇》:"甴,今作甾。"《王仁煦刊謬補缺切韻》:"甾,側持反。按《說文》東楚名缶曰甾。又不耕田也,或作菑字。"

《廣韻》亦謂"甾"即艸部"甾"字。"甾"字不見於《說文》部首，似从田巛聲，而"由（甾）"字象形，兩者似非一字，僅音同形近而已。王國維說："以'甾''甾'為一字，自六朝已來然矣。"[7]實際上，漢代璽印簡帛"甾"字有的从巛从田，也有的从由（甾）从田[8]，說明兩者形音義混同不分的源頭更早。馬王堆帛書"甾"字从𠃜从田，與同批材料中"貴"字作𧵽比較，上部的那個偏旁顯然不是"巛"字的演變，而是與"臾（蕢）"字形相同的"由（甾）"字。

王念孫《廣雅疏證》自敘曾指出，《廣雅》一書，"參考往籍，徧記所聞，分部別居，依乎《爾雅》，凡所不載，悉著於篇。其自《易》、《書》、《詩》、三《傳》經師之訓，《論語》、《孟子》、《鴻烈》、《法言》之注，《楚辭》、漢賦之解，讖諱之記，《倉頡》、《訓纂》、《滂喜》、《方言》、《說文》之說，靡不兼載。蓋周秦兩漢古義之存者，可據以證其得失；其散佚不傳者，可藉以窺其端緒。則其書之為功於詁訓也大矣。"《廣雅》所保存的"萌、芽、甾、夢，孽也"這條故訓當有所本。"甾（由、甾）"、"孽（櫱、蘖）"同義，看似"散佚不傳"，實即保存在《尚書·盤庚》篇中。

《盤庚》篇"由（甾）""蘖"連言，猶如"萌""芽"對舉。賈誼《新書·審微》引"語"曰："焰焰弗滅，炎炎奈何，萌芽不伐，且折斧柯。"這種同義連文，于省吾先生稱之為"謰語"[9]，傳世商代文獻常見。《盤庚》上篇就有數例。如"恪謹天命"之"恪謹"，皆義"敬"也。"厎綏四方"之"厎綏"，皆訓"安""定"也。"正法度"之"法度"，《說文·又部》："度，法制也。""越其罔有黍稷"之"黍稷"，徐灝《說文解字注箋》："黍為大黃米，稷為小黃米。""乃敗禍奸宄"之"奸宄"，《説文·宀部》："宄，奸也。""胥及逸勤"之"逸勤"，蔡邕《司空文烈侯楊公碑》引作"肆勤"。《詩·邶風·谷風》毛傳："肆，勞也。"《說文·力部》："勤，勞也。"

"甾（由、甾）"、"孽（櫱、蘖）"同義連文的說法，從商周一直保持到秦漢。《論衡·初稟》："草木生於實核，出土為栽蘖，稍生莖葉，成為長短巨細，皆有實核。""栽蘖"即"由（甾）蘖"，"栽"、"由（甾）"古音同在之部。从"𢦏"得聲的字，與从"甾"得聲的字，例多通假。《詩·小雅·大田》："以我覃耜，俶載南畝。"箋："載讀為菑粟之菑。"《漢書·地理志》："梁國甾縣，古戴國。"金文"甗鼎"的"甗"，又作"𩰫"，"甾""才"音符互換。九年𢦏丘令癰戈（《集成》11312），"𢦏丘"即"甾丘"。"栽蘖"又作"蘖栽"，即孔安國云"用生栫栽"的"栫栽"。"栫栽"，《十三經註疏》作"栫哉"，校勘記云："哉，古本作栽，山井鼎曰：'考疏，古文似是。'"案，當以从木之"栽"字為是。《文選·東京賦》："堅冰作於履霜，尋木起於蘖栽。""尋木起於蘖栽"，與"顛木之有由蘖"，強調的重點雖然大不相同，但皆言木之"甾（栽）、蘖"與"萌、芽"。《文選》薛綜注："言事皆從微至著，不可不慎之於初"。"從微至著"，可以當作《盤庚》"天其永我命於茲新邑，紹復先王之大業，厎綏四方"的注腳，都是重新開始、從小到大的意思。

同義連言詞"甾蘖"、"栽蘖"又可寫作"蘖栽"，這種情況在金文中也不乏其例。唐鈺明先生專文討論過金文中的複音詞[10]，其中他稱之為"聯合式複音詞"，也就是我們說的同義連言。這些聯合式複音詞字序變化後，詞義卻毫無變化。唐先生舉了"夾召"又作"召夾"，"帥井"又作"井帥"，"人民"又作"民人"等例，可以參看。

讀"由蘖"為"甾蘖"，於上下文意更顯順暢、妥帖。第一，《詩·周南》傳曰"斬而復生曰蘖"，而"甾"亦有"復生""肆生"之意。盧文弨《廣雅注》："甾本亦作菑。《爾雅·釋木》：

'木立死，㕧。'郭璞注：'木弊（路也）頓，㕧。'《字林》作㮅。《詩·大雅·皇矣》：'作之屏之，其菑其翳。'……今《廣雅》之意，㕧蓋木已死而復有萌焉者，如肄生之類。"（見徐復主編《廣雅詁林》第880—881頁，江蘇古籍出版社，1992年。）"㕿（㕧）""蘖"並言，皆有"肄生"、"復生"之意，既下啟"紹復先王之大業"的"紹復"，又上承"克從先王之烈"的"烈"。"蘖""烈"均有"肄生"義、"餘"義，《說文》段注已有闡發，前面討論"蘖"字時已經徵引。"烈"字舊多讀為"業"，金景芳先生認為應改訓"餘"[11]，有關論述徵引如下，以供參考：

> 烈，《爾雅·釋詁》訓業又訓餘。舊說釋此烈字都取業義，謂先王之大烈、大業云云，恐誤。下文有"先王之大業"語，此更言先王之大業，似嫌重複。此烈字應取餘義，《詩·大雅·雲漢》序"宣王承厲王之烈"語式正與此同。毛傳云："烈，餘也。"孔疏云："宣王承其父厲王衰亂之餘政。"此"先王之烈"當指先王留下的今已不可繼續居住下去的奄邑而言。但是，"克從先王之烈"不是說守住先王留下的奄邑不動，而是要從奄邑遷走，另尋新邑，故下文緊接着有"若顛木之有由蘖"一語。《雲漢》序之"宣王承厲王之烈"語意亦同，不是說宣王繼承厲王之亂政不變，而是要把父親留下的亂政變為治政，故下文有"內有撥亂之志"云云。

第二，盤庚用"顛木之有㕿（㕧）蘖"來比喻"天其永我命於茲新邑"，兩者的相通之處在於"茲新邑"的"新"。"蘖"表新生、萌芽之義，而《廣雅》所載"萌、芽、㕧、㝱、櫱，始也"，以及"栽櫱"的"栽"字，也都含有"初始"、"初生"、"新生"的意思。王念孫《廣雅疏證》對此論之甚詳：

> "㕧"之言才生也。《說文》云："才，艸木之初也。"亦"哉"也。《爾雅》云："哉，始也。"今俗語謂始為才者，"㕧"之本義與草之才生謂之"㕧"，猶田之才耕謂之"菑"。《說文》云："菑，才耕田也。"《爾雅》云："田一歲曰菑。"亦其義也。或作"栽"。《論衡》初稟篇："草木出土為栽櫱。"《東京賦》云："尋木起於蘖栽。""蘖"與"櫱"通。"㝱"，猶萌芽也。《說文》云："㝱，灌渝。讀若萌。""㝱，灌渝"即《爾雅》之"其萌，蘆渝"也。郭璞讀"其萌蘆"為句，云："今江東呼蘆筍為蘆。然則萑葦之類，其初生者皆名蘆。"以"渝"字屬下"笋蓲華榮"讀，云："蓲，猶敷蓲，亦華之貌。所未聞。"案，郭氏以"蓲"為"華"，而云未聞，則亦無實據，或當依《說文》讀"其萌，蘆渝"。"蘆渝"之言權輿也。《爾雅》云："權輿，始也。"始生，故以為名。《大戴禮》誥志篇云："孟春，百草權輿。"是草之始生名權輿也。單言之，則亦曰"權"。故江東呼蘆筍為"蘆"也。

此外，《廣雅·釋詁》："㕧，業也。"此處的"業"也當"初始"理解。王念孫《疏證》："凡言㕧者，皆始立基業之意。㕧之言哉也，《爾雅》：'哉、基，始也。'卷一云'業，始也'，此云'㕧，業也'，義並相通。"

以上兩點所論述的"肄生""初始"之義，都是"㕧（㕿、㕧）"、"蘖（櫱、櫱）"的基本義項，但也都是古書中"由"字的傳統故訓所沒有的。遍檢《故訓匯纂》"由"字條所錄，不難發現這一點。一些研究詞源的學者，認為"由"的本義乃抽芽，引申為"自"、"始"，都是據宋儒和清儒將《左傳》"猶將復由"的"由"，以及"由蘖"的"由"，都讀為"生"立論。除此之外，並無其他"由"字表抽芽義的實例。同時，我們下面還要談到，主流看法所認可的甲骨文、金文中的"由"字，也很難看出"由"的本義表抽芽。

綜上，把"由蘖"校正為"㞢（甾）蘖"，並用《廣雅》所記錄的"萌、芽、甾、夢，孽也"，以及"草木出土為栽蘖"、"尋木起於蘖栽"的"栽"，來訓詁"㞢（甾）"字，顯然比《說文》"䒞，木生條也"更準確，更符合盤庚比喻的原意。誠如王引之《經義述聞·通說下》所說："經典之字，往往形近而訛。仍之則義不可通，改之則怡然理順。"

誤"㞢（甾）"為"由"大概發生在哪個時期？為了回答這個問題，我們先對古文字中的"由"字和"㞢（甾）"字作一次比較全面的考察。

曾經有不少學者指出甲骨文、金文中的一些字，應釋為"由"，即金文"胄"形之省。但也有學者不同意釋"由"，或釋"古"，或釋"㞢"[12]。目前主流的看法，殷墟甲骨、商金文中的 ⿱、⿱，應釋"由"[13]。但在西周、春秋時期的文字材料中，"由"字似乎消失了一段時間。楚簡中"由"字再度出現，例如：

 郭店楚簡《成之聞之》簡28："則聖人不可△與埋之。"

 郭店楚簡《六德》簡19："六者各行其職，而讒諂無△作也。"

 上博楚竹書《周易》簡22："良馬△，利艱貞。"

 上博楚竹書《彭祖》簡1："乃將多昏因△，乃不失宅。"

 上博楚竹書《緇衣》簡11："《呂型》云：'番型之△。'"

上博楚竹書《緇衣》簡11："《君陳》云：'未見聖，如其弗克見，我既見，我弗△聖。'"

最後一例，過去被釋為"貴"，不可從。所引《君陳》這段文字，今本《尚書》作"未見聖，若不克見；既見聖，亦不克由聖。"今本《禮記》引作"未見聖，若己弗克見；既見聖，亦不克由聖"。"我既見，我弗由聖"，郭店楚簡《緇衣》引作"我既見，我弗迪聖"；《呂刑》"番型之由"，郭店楚簡《緇衣》引作"播形之迪"。

上舉的這些"由"字，都有上下文意或古書異文以助推勘，殆無異議。已有學者指出，楚簡中"由"字的某些寫法，"與郭店楚簡《緇衣》44'貴'字所從幾乎完全相同"[14]。而上博楚竹書《緇衣》中的"由"字，也曾被誤認為"貴"字。

上世紀80年代初，李零先生通過辨析上下文意，釋出所謂"夏帶鈎"中"不擇貴賤"的"貴"字[15]。在此之前，李家浩先生也考釋出侯馬盟書、曾侯乙編鐘和楚簡中的"弁"字[16]。他們的考釋在之後發現的楚簡中得到進一步的證實，已經成為定論。有意思的是，"貴""弁"兩字古音相距甚遠，但是它們都有一個共同的偏旁，或者說構字部件。排比古文字中的相關形體，不難發現，這個偏旁也屢見於甲骨文和金文，可以單獨成字，或者構成某個字的一部分。學者一般把這個字釋為"甾"。茲將有關形體排列如下：

甲骨文"甾"字

由由　金文"甾"字

由由西由由人　侯馬盟書"弁"字及从"弁"諸字所从

由由由　金文"祇"字所从

占古古　曾侯乙編鐘"變"字（或隸定作䜌）所从

古点卢逆电占　楚簡"弁"字與从"弁"諸字所从

古占占占占与占由　金文、古璽、楚簡"貴"字與从"貴"諸字所从

上舉諸例，無論其音義如何，從形體來看是一致的。侯馬盟書的"弁"字和金文"祇"字、曾侯乙編鐘"變"字上部所从，可以看成從甲骨文、金文到戰國文字的重要橋梁。

甲骨文"甾"字之釋，始自于省吾先生。金文"甾"字，《金文編》列於卷十二"甾"字條下，但把排在"甾"字之後的从爿从甾的字，隸定作从爿从由。不僅這一例，很多从"甾"的字，《金文編》都注解成从"由"，可能是受王國維"《說文》以甾為由說"的影響。例如"䚔"之作"𤙂"，本从"甾"，"甾""才"音符互換，《金文編》誤注為从"由"。已經出版的幾部校訂《金文編》的專著都沒有指出這一點，可見王國維"《說文》以甾為由說"影響之深。

由讀如之部的"甾"字，在字音上有充分的證據。金文"䚔"，又作"𤙂"。"𢦒""才""甾"古音同在之部。這個例子于省吾先生早已指出[17]。由字見於春秋銅器子陕□之孫鼎，《金文編》注云："行甾乃鼎之別名。"按，金文常見"行鼎"、"行鬲"、"行壺"、"行盤"、"行盂"、"行器"等詞，"甾"當即某種青銅器名，以聲求之，疑即《殷周金文集成》4.2261"王乍康季寶尊鬴"的"鬴"，周法高先生已有此說[18]。《說文·鼎部》："鬴，鼎之圜掩上者。从鼎才聲。《詩》曰：'鼐鼎及鬴。'"由字見於訇簋。訇即師酉的父親，兩器銘文中冊命各項每每可以對應[19]。師酉簋的這個字，增爿作𤲗。近來有學者根據李家浩先生"弁"字之釋，將師酉簋的𤲗等同於𤲗（弁），將訇簋的由也釋為"弁"[20]，進而將甲骨文中的𢀩字，也改釋為"弁"，終覺未安。因為從金文的由字上推到甲骨文，為什麼不推到于省吾先生所釋的"甾"字作由由古由等形，而是推到𢀩形？不好解釋。

戰國文字中與"甾"字字形有關、但讀音不在之部的"貴"、"弁"等字，情況複雜，容另文論述。近來有學者認為"甾"、"臾（簣）"同形[21]，我也有類似的看法。《說文·艸部》："蕢，艸器也。从艸貴聲。臾，古文蕢，象形。《論語》曰：'有荷臾而過孔氏之門。'"《貝部》："貴，物不賤也。从貝臾聲。臾，古文蕢。"《女部》："妻，婦與夫齊者也。从女从中从又。又，持事，妻職也。𡚽，古文妻。从𡭴女。𡭴，古文貴字。"

《說文》古文"貴"的來源與演變，近來已有不少學者專文論述[22]，有很多創獲，不過有些問題還需要繼續討論。但從現有的古文字資料來看，"妻"字的源流與演變則是比較清楚的：

𡜎 甲骨文　𡚽𡚽 金文　妻妻 楚簡

甲骨文象以手抓取女子頭髮之形，手、髮是分開的；金文則手伸入髮中，與"由（甾）"旁很接

近了，有的直接寫作"甾"形；戰國楚系文字則徹底訛作"㞢（甾）"旁了。漢代人研讀古文時，不知道"妻"字"㞢（甾）"旁的來源，但他們知道"臾（蕢）"字古文與"妻"字上部的"㞢（甾）"旁同形，便認為"妻"字古文从"貴"，是可以理解的。

"㞢（甾）""臾（蕢）"字形相同，在漢初的文字資料中也有體現。《老子》："是以君子終日行，不離其輜重。""輜"，馬王堆帛書作󰀀，與同批材料中"貴"字作󰀀比較，上部的那個偏旁顯然不是"巛"字的演變，而是與"臾（蕢）"同形的"㞢（甾）"字。

綜合以上分析，古文字中的"甾"旁來源比較複雜，有些來源我們現在還不清楚。目前至少可以肯定，在戰國文字中，"由""巛（甾）""臾（蕢）"三字，它們的字形非常接近，甚至可以說幾乎完全相同。這就回到我們所討論的"巛（甾）""由"形近誤讀上來。我們認為，把《尚書·盤庚》中的"㞢（甾）櫱"誤讀為"由櫱"，極有可能發生在戰國時期。《說文》把"由櫱"的"由"訓為已得其意，但不太精準的"木生條也"，說明這種誤讀在漢代已經存在並定型，其源頭至少可以上推到更早的戰國時期。這與"㞢"、"由"二字在發展演變的過程中，形體相近的那個發展階段是吻合的。可能是誤讀，也可能是誤抄後以訛傳訛。

從出土的先秦簡帛材料來看，傳世古書在輾轉抄寫的過程中，"當時抄書的人不時寫錯別字，有時把字寫得不成字，有時把字寫成另一個形近的字"[23]。像《尚書》這樣的古老典籍，傳世已久，在抄寫傳佈的過程中，同樣存在這些問題。這都要求我們根據已經掌握的古文字知識，尤其是古文字資料表現出來的用字和書寫方面的習慣，合理辨識哪些是錯別字，哪些是形近誤讀，正確理解古籍中的字詞含義，努力還原古籍的原始面貌。我們舉的這個小例子，算是這方面的一次小嘗試，不妥之處，敬祈指正。

2008 年 6 月初寫畢

附記：這篇小文章脫胎於 20 年前，也就是 1989 年，我在中山大學中文系本科畢業時的論文，指導老師為陳煒湛教授。20 年前，我曾經半條腿跨進古文字研究的行列，但最終為生活所迫，輾轉職場，"為稻粱謀"，對古文字研究卻始終未能忘懷。近來在家賦閑月餘，拜讀時賢大作，發現 20 年前的一些心得體會，還有繼續闡發的必要，因補充新出材料，改成此文，向曾經的同行們請教。

讀"由櫱"為"甾櫱"的想法，曾經向曾憲通老師報告過，得到不少鼓勵。1993 年，我曾想報考裘錫圭先生的研究生，以本科畢業論文投書裘先生。登門拜訪時，裘先生花了一個多小時的時間，評點我的習作，有批評，有肯定。裘先生還指出習作中的十多處錯誤，並從書架上一一抽出相關書籍，指出我錯在何處，讓我至今想起仍感動不已。由於種種原因，我報了名，但沒有去考試，愧對裘先生，讓我內疚至今。

重寫這篇文章的過程中，董珊、劉釗、陳劍、陳偉武、沈培老師都先後給予鼓勵、支持和指正。他們的意見不僅讓我避免了很多不應該的錯誤，也促使我對問題的思考更加深入。謹向他們致以真摯的謝意！

注 釋：

[1] 參看裘錫圭《談談地下材料在先秦秦漢古籍整理工作中的作用》，《古籍整理出版情況簡報》1981 年第 6 期；又載《古代文史研究新探》，江蘇古籍出版社，1992 年；又載《中國出土古文獻十講》，復旦大學出版社，2004 年。

［2］　"甹"字从马，趙大明《〈左傳〉介詞研究》（首都師範大學出版社，2007年）第438頁把"甹"字寫成上由下馬，是非常不應該的校對失誤。

［3］　王國維：《觀堂集林》卷六"釋由上"、"釋由下"，中華書局，1959年。

［4］　唐蘭：《天壤閣甲骨文存考釋》，北京圖書館出版社，2000年。

［5］　張玉金：《卜辭中的"𠂤"為"由"字說》，《甲骨卜辭語法研究》附錄三，廣東高等教育出版社，2002年。

［6］　李學勤：《古文字學初階》第64頁，中華書局，1985年。

［7］　同注［4］。

［8］　參閱《秦漢魏晉篆隸字形表》第907頁"甾"字條，四川辭書出版社，1984年。

［9］　于省吾先生在《新證》系列著作中言"謰語"凡40次，其中36次指同義連文，4次相當於現在所說的連綿詞。參見包詩林《于省吾〈新證〉訓詁研究》，安徽大學博士論文，2007年。

［10］　唐鈺明：《金文複音詞簡論——兼論漢語複音化的起源》，《著名中年語言學家自選集：唐鈺明卷》第99頁，安徽教育出版社，2002年。

［11］　金景芳：《〈尚書·盤庚〉新解》，《社會科學戰綫》1996年第3期。

［12］　參見于省吾主編《甲骨文字詁林》0733"由"字條，中華書局，1996年；以及陳斯鵬《說"由"及其相關諸字》，《中國文字》第廿八期。

［13］　參見注［5］。

［14］　參見注［12］陳斯鵬文。

［15］　李零：《戰國鳥書箴言帶鈎考釋》，《古文字研究》第八輯，中華書局，1983年。

［16］　李家浩：《釋弁》，《古文字研究》第一輯，中華書局，1979年。

［17］　參見于省吾主編《甲骨文字詁林》0729"甾載"字條，中華書局，1996年。

［18］　參見《金文詁林》卷十二"甾"字條。

［19］　李學勤：《師兌簋與初吉》，《中國古文字研究》第一輯，吉林大學出版社，1999年。

［20］　趙平安：《釋甲骨文中的"𠂤"和"𠂤"》，《文物》2000年第8期；又見趙平安《釋楚國金幣中的彭字》，《語言研究》2004年第4期。

［21］　徐寶貴：《金文研究五則》"二、釋'匋貴'合文"，《古文字學論稿》，安徽大學出版社，2008年。

［22］　參見注［12］陳斯鵬文；以及李守奎《〈說文〉古文與楚文字互證三則》"三、貴與遺"，《古文字研究》第二十四輯，中華書局，2002年。

［23］　參看裘錫圭《談談上博簡和郭店簡中的錯別字》，《華學》第六輯，紫禁城出版社，2003年；《又載《中國出土古文獻十講》，復旦大學出版社，2004年。

《陳寅恪詩箋釋》商榷

陳永正

十年前，中山大學出版社約撰王國維、陳寅恪二先生詩注，我貿貿然答允了。一年後，《王國維詩詞全編校注》完稿付印，而陳詩注則屢作而屢止，迄今未成。日前得悉胡文輝君《陳寅恪詩箋釋》出版，大喜，亟購歸，讀之數日。胡君謂注陳詩，"古典尤難於今典"，我恰與之相反，覺古典較易而今典極難。讀《箋釋》時，偶有異見，即隨手識於書眉。陳偉武教授，為《華學》索稿，無以應命，遂綴拾眉批，草就此文以付之。

一、注釋有誤

P11《自瑞士歸國》詩："螢嘒乾坤矜小照。"注："嘒，明亮；小照，肖像。"按，嘒，此作動詞用。小照，猶言微光、微照。句意謂，流螢閃爍於天地之間，猶誇矜其微照。

P18《無題》詩："金犢舊遊迷紫陌。"注："金犢，即牛犢。"按，金犢，指金犢車，富貴人家所用的華麗的牛車。韋莊《延興門外》詩："芳草五陵道，美人金犢車。"溫庭筠《江南曲》："流蘇持作帳，芙蓉持作梁。出入金犢幰，兄弟侍中郎。"陳詩中用此詞，暗示自己的貴家子弟身分。

P187《楊遇夫寄示自壽詩五首即以一律祝之》詩："寂寞玄文酒盞深。"注云："玄文，天書，或深奧的文字；指楊文所考釋甲骨文、金文。"又，P868《一榻》詩"蜀郡玄文終寂寞"，注云："此處'蜀郡玄文'，當指西晉時左思所作《蜀都賦》。"按，玄文，指《太玄》，漢揚雄著。《漢書·揚雄傳》："揚雄，字子雲，蜀郡成都人也。""哀帝時丁、傅用事，諸附離之者或起家至二千石。時雄方草《太玄》，有以自守，泊如也。"揚雄亦自謂"惟寂惟寞，守德之宅"，又載"劉棻嘗從雄學作奇字"，又謂雄"家素貧，耆酒，人希至其門，時有好事者載酒肴從游學。"前首以揚雄喻楊樹達。後首自喻。挽王國維聯"待檢玄文奇字"，則以喻王氏。

P228《十年詩用聽水齋韻》詩："舊聞柳氏誰能次。"注："舊聞柳氏，指李德裕'次柳氏舊聞'。"又云："陳詩稱'誰能次'，由'次'字可知指《次柳氏舊聞》"。又謂"唐代，另有《柳氏小說舊聞》（已佚），舊題柳公權撰。"按，"舊聞柳氏"，實指史臣柳芳所編之"舊聞"，與柳公權之《柳氏小說舊聞》無涉。李德裕《次柳氏舊聞序》亦云："愧史遷之該博，惟次舊聞。"次，編次。詩稱"誰能次"，謂而今誰能如李德裕之編次柳氏"舊聞"一類之書也。慨歎無人能撰述晚清之史事。

P239《乙酉七七日……》詩："花門久已留胡馬，柳塞翻教拔漢旌。"注："柳塞，似同柳營；西漢周亞夫治軍嚴明，其軍駐細柳，號細柳營。"按，古邊塞常植柳。唐許景先《折柳篇》："自憐柳塞淹戎幕。"清代在山海關至吉林一帶以柳樹作邊牆，稱為"柳條邊"。陳詩中當指東北地區。

P379《庚寅元夕用東坡韻》詩："山河已入移春檻。"注："此處'移春檻'似指能重顯現實影像於眼前的電影。"按，移春檻，其作用可隨時看花。陳氏時已至廣州，四季如春，到處花開，故以設喻。呼應上句"一冬無雪有花妍"。

P442《答冼得霖陳植儀夫婦》："昭琴雖鼓等無弦。"注："昭，通韶，美好。"按，昭琴，語本《莊子·齊物論》："有成與虧，故昭氏之鼓琴也；無成與虧，故昭氏之不鼓琴也。"成玄英疏："姓昭，名文，古之善鼓琴者也。夫昭氏鼓琴，雖云巧妙，而鼓商則喪角，揮宮則失徵，未若置而不鼓，則五音自全。"陳詩亦取此意。

P491《次前韻再贈少濱》詩："鶴曆堯年豈畏寒。"注云："鶴，古代傳說鶴壽千年，故用為祝壽語；堯年，傳說上古帝堯壽一百六十歲，借指長壽。"又P811《去歲大寒……》詩："耐寒敢比堯時鶴。"按，語本南朝宋劉敬叔《異苑》卷三："晉太康二年冬，大寒。南州人見二白鶴語於橋下曰：'今茲寒，不減堯崩年也。'於是飛去。"

P548《錢受之東山詩集……》詩："誰為謝公轉一語：東山妓即是蒼生。"注云："此句完全挪用龔自珍《己亥雜詩》……，故上句稱'轉一語'。"按，轉一語，為佛教禪宗打機鋒之語，謂撥轉心機，使人大悟。蘇軾《塵外亭》詩："戲留一轉語，千載起攘袂。"

P549《戲和榆生先生荔枝七絕》："誰賞羅襦玉內含，獻到華清妨病齒。"注云："此句暗用杜牧《過華清宮》'一騎紅塵妃子笑，無人知是荔枝來'之典，謂貢獻荔枝給正在華清宮的楊貴妃。"按，相傳楊貴妃病齒畏酸，後世畫家每繪為圖。黃庭堅《跋楊妃病齒圖》："余觀玉環病良苦，豈非坐多食側生，遂動搖其左車乎！"側生，指荔枝。左思《蜀都賦》："旁挺龍目，側生荔枝。"左車，左齒。元馮子振《題楊妃病齒圖》亦云："華清宮，一齒痛。"詩中以荔枝自況，謂己如側生之荔枝，不宜宮中左車有病之人也。

注又云："羅襦，細密的網，指荔枝果殼與果肉間的薄膜。"按，羅襦，猶言羅衣，指荔枝外殼。蘇軾《四月十一日初食荔支》："特與荔子為先驅，海山仙人絳羅襦，紅紗中丹白玉膚。"

P573《無題》詩："世人欲殺一軒渠。"注云："軒渠，笑悅狀；當指胡適親和含笑的形象。"按，一軒渠，猶言一笑。句意謂世人皆欲殺之，此事真可付諸一笑。

P578《無題》詩："處身夷惠泣枯魚。"注云："泣枯魚，暗用成語涸轍之'鮒'。"並引《莊子》以證。按，泣枯魚，出自漢詩："枯魚過河泣，何時悔復入。作書與魴鱮，相教慎出入。"前人謂此為罹禍者規友之詩。詩意亦用此。

P618《舊曆七月十七日……》詩："侏儒方朔俱休說。"注引《漢武故事》中短人指東方朔偷王母桃之事，並謂"此處當借指仙人長生不老，反襯作者夫婦已入老境。"按，典出《漢書·東方朔傳》："朱儒長三尺餘，奉一囊粟，錢二百四十。臣朔長九尺餘，亦奉一囊粟，錢二百四十。朱儒飽欲死，臣朔飢欲死。"詩中用此，謂經濟待遇不合理，生活困難。

P688《答王嘯蘇君》詩："歸舟濡滯成何事，轉恨論文失此賢。"注謂"此賢，當指趙元任"論文之"文"，為文字之"文"，意謂"當指無法與趙氏咬文嚼字"。按，據詩意，此賢，當指王嘯蘇。追悔當年自己歸舟濡滯，未能湔拔王氏也。

P710《箋釋錢柳因緣詩……》詩："機雲逝後英靈改。"注謂："機雲，指陸機、陸雲。此處疑喻指同為松江人的陳子龍。""似謂陳子龍抗清兵敗而自殺殉國，此後山河易主，天地間英靈之氣遂亦銷沉。"按，詩語本宋人龐元英《談藪》："謝希孟在臨安狎娼，陸氏象山（陸九淵號）責之曰：'士君子乃朝夕與賤娼女居，獨不愧於名教乎？'希孟敬謝，請後不敢。他日復為娼造鴛鴦樓。象山聞之又以為言。謝曰：'非特建樓，且有記。'象山喜其文，不覺曰：'樓記云何？'即口占首句云：'自遜、抗、機、雲之死，而天地英靈之氣，不鍾於世之男子，而鍾於婦人。'象山默然。"陳詩用此，謂柳為英靈之氣所鍾，故勝於男子也。柳亦娼女出身，用陸氏之典甚切。

P740《觀桂劇桃花扇劇中以香君沉江死為結局感賦二絕》詩："可憐濁世佳公子，不及辛夷況李花。"注云："李花當是比喻李香君，而辛夷比喻柳如是。"並引陳氏分析謝三賓白辛夷詩，謂辛夷"實指河東君肌膚潔白而言"。按，上句語出《史記·平原君列傳》："平原君，翩翩濁世之佳公子也，然未睹大體。"下句出自《桃花扇·眠香》。侯朝宗為李香君作定情詩，有"青溪盡是辛夷樹，不及東風桃李花"之句。鄭妥娘打諢道："俺們不及桃李花罷了，怎的便是辛夷樹？"陳詩意謂侯朝宗這位不識大體的濁世佳公子，在氣節上連鄭妥娘等妓女都不如，何況是殉國的李香君呢。鄭妥娘能詩，錢謙益《列朝詩集·閏集》錄鄭詩七首，稱其"有出世之想"。錢氏《金陵雜題絕句》亦云："閑開閏集教孫女，身是前朝鄭妥娘。"突出"前朝"二字，亦見妥娘之志節。

P742《庚子春張君秋來廣州演狀元媒新劇……》詩："金鎖初除欲語時。"注云：金鎖，"此處似借指劇中的珍珠衫。"按，《狀元媒》演柴郡主招宋將楊延昭為郡馬事。詩語謂楊氏脫下金鎖甲入洞房也。

P785《壬寅中秋夕博濟醫院病榻寄內》詩："清光三五共離憂。"注云："三五，約數，表示不多。"按，三五，猶言"十五"。三五一十五。清光三五，謂八月十五中秋夜之月光。《古詩十九首》："三五明月滿。"

P814《甲辰元夕作次東坡韻》："猶存先祖玄貂臘。"注："臘，臘酒，臘月所釀。""玄貂臘……此處僅借以形容美酒。"按，臘，漢代祭祀名。漢代以戌日為臘，即冬至後第三個戌日。《後漢書·陳寵傳》載，王莽篡漢後，陳咸"父子相與歸鄉裏，閉門不復出入，猶用漢家祖臘。人問其故，咸曰：'我先人豈知王氏臘乎？'"詩中合用陳咸漢家祖臘及漢元后黑貂度臘之典，謂不忘故國之禮法風俗。"存玄貂臘"猶詩序所云"元夕張燈，猶存舊俗"之意。

P837《戲題有學集高會堂詩後》詩："可憐詩序難成讖，十月桃花欲笑時。"注云："此處'詩序'似指錢謙益《列朝詩集序》。"按，詩序，當指《高會堂酒闌雜詠序》，難成讖，謂序中所云"十月之桃花欲笑"的小陽春未能成讖，暗示復明運動失敗，明室難以中興。

P913《乙巳冬日讀清史后妃傳有盛於珍妃事為賦一律》詩："傷心太液波翻句。"陳氏自注："玉谿生詩悼文宗楊賢妃云：'金輿不返傾城色，玉殿猶分下苑波。'雲起軒詞'聞說太液波翻'即用李句。"胡氏注："按，由字面看，文廷式詞似未必與李商隱詩有關，陳氏謂其用李商隱句，未知何據。劉錚則指出'太液波翻'見柳永，《醉蓬萊》詞。"按，劉錚所言是，惜未深究，失之交臂。王闢之《澠水燕談錄》卷八載，宋仁宗讀柳永《醉蓬萊慢》詞，"見首有'漸'字，色若不悅，讀至'宸遊鳳輦何處'，乃與御制真宗挽詞暗合，上慘然。又讀至'太液波翻'，曰：'何不言"波澄"？'乃擲之於地。永自此不復進用。""太液"句，與真宗挽詞暗合，太液為宮中之池，珍妃被溺宮井水中，故文廷式詞用此，以挽珍妃。陳氏偶不察，誤以為用李商隱句耳。

P918《丙午元旦作》："一自黃州爭說鬼。"注云："黃州疑指林彪。"按，一九六五秋冬間，全國各地奉命大量印刷《不怕鬼的故事》一書，並要求各單位組織學習討論，以鼓吹鬥爭精神，詩意指此。

二、注釋欠準確

有些詩句詞語，箋釋者亦作了一些解釋，或未注出典，未把典故與詩意結合起來，故取釋往往顯得浮泛，有時甚至偏離了原意。

P9《己亥秋山遊 LesVoges 山》詩"布襪真成遍九夷"，注："布襪，指平民裝束。"按，杜甫《奉先劉少府新畫山水障歌》："若耶溪，雲門寺，吾獨胡為在泥滓？面襪青鞋從此始。"後人用"布襪"一詞，專指行裝。如蘇軾"已辨布襪青行纏"、楊萬里"布襪青鞋已懶行"，俱是。

P116《殘春》之一："棄世君平俗更親。"注云："君平，嚴君平，名遵，西漢蜀郡人；一生不仕，《漢書》記他曾卜筮於成都市。"按，詩語本鮑照《詠史》詩："君平獨寂寞，身世兩相棄。"李善注："身棄世而不仕，世棄身而不任。"李白《古風》之十三："君平既棄世，世亦棄君平。"

P170《壬午桂林雁山七夕》詩："羿彀舊遊餘斷夢。"注引《莊子》，謂"借指塵網或人世的危險。"又謂："舊遊，舊友，'餘斷夢'云云，當指朋友去世。"並謂指許地山。按，"羿彀"一詞，在抗戰期間為文人習用。后羿為射日者，羿彀，即后羿之箭所及處，因以喻日占區、淪陷區。詩人熊潤桐淪陷期間詩集名為《羿彀集》，亦取此意。陳詩中的"羿彀"，指已淪陷的香港。舊遊，謂己舊日曾遊，蘇軾《泗州除夜雪中黃師是送酥酒》詩："舊遊似夢誰能說？"詩與許地山之死無涉。

P888《乙巳元夕……》詩："靈谷煩冤應夜哭，天陰雨濕隔天涯。"注云："煩冤，冤屈。"按，詩語本杜甫《兵車行》："新鬼煩冤舊鬼哭，天陰雨濕聲啾啾。"陳詩全用杜意，以見痛悼之情。

P442《答冼得霖陳植儀夫婦》詩："著書勳業誤蟫仙。"注云："蟫仙，指蠹，蝕書蟲。此謂勤於翻檢書籍，以致蠹魚無法安身書叢。按：'著書勳業'云云，不當自指，故以上兩句似指冼得霖而言。"按，蟫仙，典出唐人皇甫氏《原化記》，謂《仙經》載，蠹魚三食神仙字，則化為脈望。人得而吞之，可致神仙。陳詩中用此，當有深意，未敢妄測。

P494《次韻和朱少濱癸巳杭州端午之作》："南遊已記玄蛇歲。"注云："玄蛇歲，此年干支為癸巳，屬蛇，即一般所謂蛇年；稱'玄蛇'者，不過與下句'白虎'為對耳。"按，玄蛇，猶言黑蛇。古代以十天干配五行。分別以甲乙、丙丁、戊己、庚辛、壬癸與木、火、土、金、水相配。五行又與五色相配，即木青、火赤、土黃、金白、水黑。癸屬水，黑。故云。

P538《甲午元旦……》詩："紅燭高燒人並照。"注引唐朱慶餘"洞房昨夜停紅燭"句。按，語本蘇軾《海棠》詩："祇恐夜深花睡去，高燒銀燭照紅妝。"

P786《壬寅小雪夜病榻作》："今生積恨能銷骨。"注云："銷骨，形容極度哀傷。"按，語本漢鄒陽《獄中上書自明》："眾口鑠金，積毀銷骨。"

P787《入居病院……》詩："不比遼東木榻穿，那能形毀尚神全。"注云："二句'神全'即用《三國志》'志行所欲必全'語。"按，詩語本《莊子·天地》："執道者德全，德全者形全，形全則神全，神全者聖人之道也。"詩意謂自己臏足形毀，神已不全，故未能如管寧之高蹈也。

P789《入居病院……》："酒兵愁陣非吾事，把臂詩魔一粲然。"注云："酒兵愁陣"，元好問《追錄洛中舊作》："酒兵易壓愁城破。""把臂詩魔，形容詩興大發。"按，二語本韓偓《殘春旅舍》："禪伏詩魔出靜域，酒衝愁陣出奇兵。"唐彥謙《無題》詩："酒兵無計敵愁腸。"

P822《甲辰四月贈蔣秉南教授》詩："擬就罪言盈百萬。"注云："原指不當其位而進言；此處當指待罪之言。"按，語出杜牧《罪言》："國家大事，牧不當言，言之實有罪，故作'罪言'。"

P883《乙巳正月三日立春作》詩："回黃轉綠未移時。"注云："回黃轉綠，原指草木秋冬黃落，春日返綠，多形容時序變遷，世事變化。"按，語本晉雜曲歌辭《休洗紅》："新紅裁作衣，舊紅番作裏。回黃轉綠無定期，世事返復君所知。"陳詩全採其意。若不注出，終隔一層。

P889《乙巳元夕次東坡韻》："姮娥不共人間老，碧海青天自紀元。"注云："似反用李賀《金銅仙人辭漢歌》'天若有情天亦老'句。"按，姮娥，為奔月者，此喻去國之人，當有所指。"自紀元"，猶《庚寅元夕》詩之"知否姮娥自紀元"意，亦有所指，未敢妄測。

P900《乙巳七夕》詩："銀漢已成清淺水。"注："此句用七夕鵲橋典。"按，語本《古詩十九首》："河漢清且淺，相隔復幾許。盈盈一水間，默默不得語。"陳詩全採其意。

P916《又題紅梅圖……》詩："翠袖終留倩女魂。"注云："翠袖，泛指女子裝束，亦指代女性。"按，唐人陳玄祐《離魂記》載，清河張鎰之幼女倩娘，離魂與王宙結合。姜夔《疏影》詠梅詞："想佩環月夜歸來，化作此花幽獨。"張炎《疏影·梅影》詞："依稀倩女離魂處。"皆用倩女離魂之典以詠梅。本詩中以喻圖畫能攝取梅之精神。

三、漏注出處

陳寅恪為詩，謹守江西家法，每好化用前人詩語。胡氏箋釋時有指出所本，但漏注頗多，茲就記憶所及，略舉數例如下：

P22《影潭先生》詩："少回詞客哀時意。"語本杜甫《詠懷古跡》之一："詞客哀時且未還。"

P104《吳氏園海棠二首》之一："此生遺恨塞乾坤"，P896《枕上偶憶……》詩："人生終有死，遺恨塞乾坤。"語本宋人何㮚《在敵營作》："人生合有死，遺恨滿乾坤。"

P113《藍霞》詩："國破花開濺淚流。"P339《己丑清明日作》詩："眼枯無淚濺花開。"語本杜甫《春望》詩："國破山河在"、"感時花濺淚"。《藍霞》詩："此恨綿綿死未休"，本白居易《長恨歌》："此恨綿綿無盡期。"

P130《蒙自雜詩》其三："人間從古傷離別。"語本柳永《雨淋零》詞："多情自古傷離別。"

P166《予挈家由香港抵桂林……》詩："二月昏昏醉夢過。"語本李涉《戊戌十月初九日睡起》："終日昏昏醉夢間。"

P175《挽張蔭麟二首》之一："回憶當時倍惘然。"語本李商隱《無題》："此情可待成追憶，祇是當時已惘然。"

P274《飛昆明赴英醫眼疾》詩："著書無命復如何？"語本李商隱《籌筆驛》詩："關張無命復何如？"

P289《大西洋舟中紀夢》詩："風波萬里人間世，願得孤帆及早回。"語本李商隱《無題》詩："萬里風波一葉舟。"陳詩多次用此，宜於首次出現時注出。

P290《丙戌春遊英歸國舟中作》詩："人生終古長無謂。"語本李商隱《無題》詩："人生豈得長無謂。"

P297《北朝》詩："淚漬千秋紙上塵。"P852《題小忽雷傳奇舊刊本》詩："淚灑千秋紙上塵。"P517《癸巳秋夜……》詩："悵望千秋淚濕巾。"語本杜甫《詠懷古跡》詩"悵望千秋一灑淚。"

P518《客南歸述所聞戲作一絕》詩："青山埋骨願猶虛。"語本蘇軾《獄中寄子由》詩："是處青山可埋骨。"

P598《乙未陽曆元旦詩意有未盡復賦一律》詩："歌哭無端紙一堆。"此亦用龔自珍《己亥雜詩》："歌哭無端字字真。"

P705《題王觀堂人間詞及人間詞話新刊本》詩："文章得失更能知。"語本杜甫《偶題》詩："文章千古事，得失寸心知。"

P878《歲暮背誦……》詩："南朝北里有情癡。"語本歐陽修《玉樓春》詞："人生自是有情癡，此恨不關風與月。"

陳寅恪詩中多次用到"留命"一詞，含意甚深，惜注者未加注意。

如 P21《紅樓夢新談題辭》詩："青天碧海能留命。"P756《辛丑七月……》詩："留命任教加白眼。"P834《甲辰天中節……》詩："且留殘命臥禪牀。"P894《乙巳清明……》詩："不知留命為誰來。"，P318《丁亥除夕作》詩："可能留命見升平。"P616《乙未七夕讀義山馬嵬詩有感》："可能留命看枰收。"P898《乙己春盡有感》："可能留命待今生。"按，語本李商隱《海上》詩："可能留命待桑田。"可能，猶言豈能。謂命不能待也。陳詩用此，語尤悲愴。"待桑田"三字，亦"留命"之潛臺詞，若不注出，其義失半。

有些詩句，字面意思一覽可了，其中實含典故，有些可注可不注，有些則非注不可。作為詳細的箋釋本，若能全部注出，定可加深對詩意的理解。

P14《法京舊有選花魁之俗》詩："花王那用家天下，占盡殘春也自雄。"按，語本蘇軾《雨晴後步至四望亭下魚池上遂自乾明寺前東岡上歸二首》詩："殷勤木芍藥，獨自殿餘春。"木芍藥即牡丹。

P117《殘春》詩："家亡國破此身留。"語本《世說新語·賢媛》："國破家亡，無心至此。"

P125《蒙自南湖》詩；"日暮人間幾萬程。"語本庾信《哀江南賦》："日暮途遠，人間何世。"庾賦悲憤，若不注出，則詩人用意不顯。

P371《純陽觀梅花》詩："更揩病眼上高臺。"按，高臺，指朝斗臺。純陽觀開山祖李青來所築，用以觀察星象。

P616《乙未七夕讀義山馬嵬詩有感》詩："十二萬年柯亦爛。"注引袁枚《子不語》及曾國藩、錢鍾書詩，皆為晚出者。按，說本北宋哲學家邵雍《皇極經世書》。邵氏以三十年為一世，十二世為一運，三十運為一會，十二會為一元。一元共十二萬九千六百年，世界歷史以此為周期，周而復始，循環不已。陳詩用此，謂難以待到天地重開也。

P135《己卯春……》詩："悔恨平生識一丁。"按，識一丁，語本《舊唐書·張弘靖傳》："汝輩挽得兩石力弓，不如識一丁字。"亦暗用蘇軾《石蒼舒醉墨堂》詩："人生識字憂患始。"

P179《挽張蔭麟二首》之二："大賈便便腹滿腴，可憐腰細是吾徒。"按，"腰細"一詞，本《後漢書·馬廖傳》："楚王好細腰，宮中多餓死。"若不注出，則"餓死"之義不顯。

P189《甲申春日謁杜工部祠》詩："一樹枯楠吹欲倒。"按，杜甫有《枯楠》詩，郭知達注謂詩意"傷抱材者老死丘壑，而不材者見用"，亦陳詩之意。

P650《丙辰六十七歲……》詩："晚歲為詩欠斲頭。"按，欠斲頭，暗用古史中"欠一死"之言，如《通鑑總類·卷六》："吾輩年踰五十，職位已崇，惟欠一死耳。……安能屈首低眉，以事閹豎乎？"

P372《葉遐庵自香港寄詩詢近狀賦此答之》詩："道窮文武欲何求。"按，道窮，語本《史記·孔子世家》："及西狩見麟，曰：'吾道窮矣！'喟然歎曰：'莫我知夫！'"文武，文武之道，指周文王、武王修身之道、禮樂文章。《論語·子張》："文武之道未墜於地。"張懷瑾《二王等書錄》："文武之道今夜窮乎？"

P647《從化溫泉口號二首》之二："冷暖隨人腹裏知。"按，語出禪宗語錄。唐人希運《黃檗山斷際禪師傳心法要》："如人飲水，冷暖自知。"

如 P882《乙巳正月三日立春作》詩："聞歌易觸平生感。"語本嵇康《聲無哀樂論》："聽歌而感。"鄭樵《論詩聲》亦云："人之情，聞歌而感。"若能再注《世說新語·任誕》："桓子野每聞清歌，輒喚奈何。"則詩意全出了。

P75《戊辰中秋夕渤海舟中作》："影底河山頻換世。"注："影底河山，《錦繡萬花谷》前集卷一引《淮南子》：'月中有物婆娑者，乃山河影也，其空處海水影。'"又，P768《辛丑中秋》詩："小冠那見山河影。"按，傳世本《淮南子》中實無此語。且《錦繡萬花谷》引文錄自宋人潘自牧編纂的類書《記纂淵海》卷二，而最早出處應為唐人段成式《酉陽雜俎》卷一："月中蟾桂，地影也；空處，水影也。"

《〈韻鏡〉李校補遺》商榷

麥 耘

十數年前讀謝伯良先生批評李新魁先生《韻鏡校證》之文（1993，以下簡稱"謝文"），見其錯誤或不當者泰半，當時即欲撰文商榷，以一時忙於他事而置之，竟致忘却。近有友人偶語於余，謂曾有某述評文章稱謝文對李書多所救正。余深恐謬種流傳，遂取謝文重讀一過，依其原文次序（序號重新排列，以便指稱），逐條略加按語如下。

1. 豐，敷空切。謝文謂：聲屬三等而切下字韻屬一等，洪細不協，乃反切之疏

今按：此字王三作敷隆反。敷 $p^hrj(u)$ + 隆$(l)rjuŋ$ = 豐 $p^hrjuŋ$，介音-rj-[1]於反切上下字均出現，自然至為和協。而《廣韻》敷 $p^hrj(u)$ + 空$(k^h)uŋ$ = 豐 $p^hrjuŋ$，介音雖不見於切下字，然切上字介音仍可進入被切字，和協度雖不及王三，而亦不可謂"不協"。

2. 鳳，馮貢切。謝文謂輕重洪細不協，同前

今按：此與前例情況相同，馮 $brj(uŋ)$ + 貢$(k)uŋ$ = 鳳 $brjuŋ$。

3. 胝，丁尼切。謝文云："尼字女夷切雖列三等而實通及四等，如精$_{四}$咨即夷切，……列入知$_{三}$，無端造成類隔，不若依切列入端紐四等為是。"

今按：即 $tsj(ək)$ + 夷 ji = 咨 $tsji$；女 $ɳrj(o)$ + 夷 ji = 尼 $ɳrji$。後一反切乃切上字決定介音帶卷舌色彩。不可以切下字同為"夷"而以為"尼"、"咨"二字介音相同。是"尼"字作三等切下字完全合適。此確為類隔切，所切為知紐而非端紐。

4. 伊，於脂切。謝文云："此字《韻鏡》列入影紐四等甚為無理。……切語下字脂既列三等，則伊字理當隨韻列入影$_{三}$為是。"

今按：影$_{四}$為重紐A類 $ʔj$-，影$_{三}$為重紐B類 $ʔrj$-。"脂"字為章（照$_{三}$）紐 $tɕ$。《廣韻》反切，章組字例通A類而不通B類。因 $tɕ$ 組聲母祇拼-j-介音，不拼-rj-介音。《韻鏡》處置非常合理，"伊"字若列三等反為出例。要理解此點，關鍵在於《切韻》系統（中古前期）之章組與韻圖（中古後期）之照$_{三}$組不相同：中古前期章組為 $tɕj$-，故通於A類；而中古後期照$_{三}$組為 $tʂrj$-，故列於三等。參看麥耘（1994a）。

5. 牝，扶履切；否，符鄙切。謝文云："二字實為同音，亦即時賢所謂之重紐者也。……《廣韻》牝字在前否字在後，《韻鏡》則顛倒其位列否字於三等牝字於四等，是否確有審音上之緣由，似當加注說明。否則，當按韻書次序列牝於三等否於四等為宜。"

今按：此誠無識之語。數十年來，學界論重紐者甚夥，雖觀點各有參差，而兩類語音有別，證據累累。重紐兩類何者屬 A 類、何者屬 B 類，陸志韋先生（1947）、李榮先生（1957）和李新魁先生本人（1984）均有討論，何須在此説明？論者若不同意諸公之言，自可辨析，焉可懵然為韻圖定規則曰當按韻書次序先列三等後列四等？直以韻圖為無聊填字游戲耶？以己昏昏責人昭昭，可嘆也夫！

6. 逵，渠追切；葵，渠追切。李新魁先生注謂："葵"字切三、王三作渠佳反，切二及《集韻》作渠帷反/切，徐鉉音彊惟切，與"逵"不同音，《廣韻》誤。謝文謂："追"陟佳切，"佳"在"錐"小韻為職追切，"惟"為以佳切，是"追、佳、惟"同類，故"葵"字《廣韻》反切與切三等韻書反切同音。又以為"惟"與"帷"同類

今按：論者祇知機械繫聯切字，未嘗真知反切。以 j(ə) + 佳(tɕ)jwi = 惟 jwi；陟 ʈrj(ək) + 佳(tɕ)jwi = 追 ʈrjwi。後一反切亦切上字決定介音帶卷舌色彩。至於"錐"以"追"為切下字，則恐非陸法言之朔，"錐"切二止推反（止 tɕj(ə) + 推(tɕʰ)jwi = 錐 tɕjwi），王三職維反（職 tɕj(ək) + 維 jwi = 錐 tɕjwi），切下字皆-j-介音字。故"佳"作 A 類切下字、"追"作 B 類切下字，怡然理順。其實，李注真正問題在於："葵"切二及《集韻》切下字實為"惟"，李書之寫手誤作"帷"耳。"帷"喻₃ ɦrjwi，介音屬 B 類，與喻₄"惟"之 A 類介音不同。若切下字果為"帷"，則"葵"為 B 類，與"逵"真同音矣！

7. 季，居悸切；悸，其季切。謝文云："查季字《集韻》、《韻會》切語同《廣韻》並音記，……悸字切語同《廣韻》並音瘁"，故二字當歸志韻開口

今按：余驚其論，乃查《集韻》、《韻會》，均僅切語而無"並音記"、"並音瘁"等語。余一時惑甚：論者何所據而言？忽憶《康熙字典》每有是語，急查其寅集上子部"季"字下，果有"唐韻 集韻 韻會 並居悸切音記"，卯集上心部"悸"字下有"唐韻 集韻 韻會 正韻 並其季切音瘁"。嗚呼！論者所據即此耶？此非余所敢妄度者。要之，"季、悸"二字變開口，極為晚近，固未可舉以論中古音。論者入此左道，初當亦由於欲否認此二字為重紐四等。

8. 䀼，式其切。謝文指出此與"詩"小韻重，在韻末，為增加字。李注未及
今按：所言是也。切三、王三等早期韻書無此字。

9. 漦，俟甾切。謝文以為當歸崇紐，指李榮先生增設俟紐為"無理"
今按：崇、俟之分合，李新魁先生注文所述已詳明。論者無視早期韻書，祇據《廣韻》詆李榮先生，妄之甚。

10. 去，近倨切。謝文謂"近"為"丘"之訛，李注未説明
今按：此為張氏澤存堂本及棟亭本《廣韻》之誤，黎氏古逸叢書本、北宋巾箱本等均作"丘"。周祖謨先生（1938）已校。李書校例第 7 頁説明所用《廣韻》以黎氏古逸叢書本為主，故對他本之訛不一一説明。

11. 貯，丁呂切。謝文謂此為類隔切，李注未言及
　　今按：是。

12. 撎，諸皆切。謝文謂：陳澧已指出切上字當作"諾"
　　今按：此周知者。周祖謨先生（1938）已校。

13. 疗，如亥切。謝文謂此日紐而一等，聲韻不和，李先生未有說解
　　今按：是。當置三等。此亦切上字決定介音之例：如 nj(o) + 亥(ɦ)oj = 疗 njoj。然此字為切三、王三等早期韻書所無，是增加字。

14. 掜，研啓切。謝文謂字當據《廣韻》正作"埉"
　　今按：是。

15. 箠，丑戾切。謝文謂：切下字四等而切上字徹紐，地位與祭韻"跇"字和本韻霽韻"替"字均有衝突。以為"不若單列寄入入聲欄目如廢、夬然，則無此病矣。"
　　今按：李注未及，失。然韻圖寄去聲於入聲，乃韻圖作者以不知《切韻》音系而行此無奈之舉，本為韻圖一病，今人則取且廣之耶？研究韻書、韻圖，倘徒以彌縫故紙為目的，斯亦無妨；若論探察音韻史，則未可如此鶻突。王三無此小韻，當為增加字。

16. 倅，士內切。謝文謂"士"為"七"之訛
　　今按：此為張氏、棟亭本《廣韻》之誤，黎氏本及其他各本作"七"。周祖謨先生（1938）已校。

17. 艿，乖買切。謝文謂字當作"芀"
　　今按：是。

18. 牝，毗忍切。謝文謂此字列四等可疑，蓋切下字"忍"日紐，為三等字
　　今按：非也。日紐中古前期為 ȵ 聲母，與章組調音部分相同，祇拼-j-介音，故所切為 A 類（重紐四等）。韻圖列日紐於三等者，蓋中古後期變 ȵʑ 也。參看第 4 條。

19. 笉，士忍切。謝文謂"士"當為"七"之訛
　　今按：此亦張氏本《廣韻》之誤，黎氏本等作"七"。周祖謨先生（1938）已校。王三作千忍反，切三無此小韻。余迺永先生（2000）認為本當反作于忍。是"于"訛"千"，"千"改"七"，"七"復訛為"士"。

20. 印，於刃切；釁，許覲切。謝文謂二字切下字在三等，故當列於三等
　　今按：李注已指出《磨光韻鏡》、《七音略》置"釁"字於三等。此字亦確應列三等。至如"印"則當列四等，理由如第 18 條所揭，非論者所言"無端"。

21. 苬，徵筆切。謝文謂此音與"窒"重，《韻鏡》不錄

今按：李注於十八圖注 34 提及，並指出此字於早期韻書無此音而有其他反切。

22. 謝文謂：對於臻攝注外傳，李新魁先生《論內外轉》有說，而本書則取羅常培說，以為當作內轉，兩相矛盾

今按：說誠是也。然《韻鏡校證》刊於 1982 年，《論內外傳》發表於 1986 年，其中出入，反映李先生學術觀點之改變。後人論其觀點，當以後者為準。

23. 錞。謝文謂當係據《集韻》暾困切"錞"列字，而字形訛

今按：《集韻》"錞"實為暾頓切。

24. 呴。謝文謂：字當作"呴"

今按：是。

25. 芬，府文切。謝文謂：切上字誤，宜據《集韻》、《韻會》改為"敷"

今按：陳澧及周祖謨先生（1938）據元泰定本等校改為"撫文切"。王三"撫雲反"。

26. 淺，士演切。謝文謂"士"為"七"之訛

今按：周祖謨先生（1938）據棟亭本校作"七"。

27. 棧，士免切。謝文謂三等莊組字列二等，宜加注說明

今按：此字於《廣韻》有兩音：一為二等韻產韻士限切，一為三等韻獼韻士免切，而按韻圖列字原則，兩音恰好在同一位置。故此處應加注說明：此一"棧"字實同時代表兩個反切。王三祇有二等韻一音，而無三等韻之音。

28. 祖，丈莧切。謝文謂字當依《廣韻》作"袒"

今按：是。

29. 䎡，方萬切。謝文謂此字非紐，與"販"字同音

今按：實為芳萬切，敷紐，與"嬎"字重。

30. 頑，五還切。謝文謂：《韻鏡》此字列山韻，而《廣韻》在刪韻，兩韻均用"頑"字作切下字，說明山刪一體，為《廣韻》"強生分別"之證

今按：切三、王三此字歸山韻，吳鰥反，而無《廣韻》刪韻唯一以"頑"字為切下字之"跧"小韻，山、刪兩韻分別非常清楚。《廣韻》之混，由於宋時韻書編者不察，說明中古後期此兩韻合流，而中古前期兩韻初不混。

31. 豻，可顏切。謝文謂："豻"俄寒切又可顏切，後一音與"馯"重出

今按：是。切三、王三不收"豻"字，兩音俱無，均增加字也。

32. 䙺，祖贊切。謝文謂切上字精紐，《韻鏡》列從紐，"甚爲無理"；且"贊"與"䙺"雙聲，不合爲切下字，故此小韻當刪

今按：此張、棟本《廣韻》之誤，黎氏本及其他諸本切上字作"徂"，正是從紐，《韻鏡》甚爲有理。周祖謨先生（1938）已校。王三有此小韻，非《廣韻》增加字，不當刪。

33. 桉，烏旰切。謝文謂字當依《廣韻》作"按"，《韻鏡》係形誤

今按：此說可。不過，本小韻有"案"字，而"桉"爲"案"異體，則說亦通。

34. 遍。謝文謂《廣韻》無此小韻，《韻鏡》列霰韻幫四，係據《玉篇》甫見切

今按：《韻鏡》字實作"徧"，且《廣韻》實有此小韻，惟入三等韻線韻，方見切，切下字則在四等韻霰韻。王三字作"遍"，博見反，在霰韻。四等韻於中古前期無-j-介音，中古後期出現-j-介音，"遍/徧" pɛn→pjɛn，與三等韻混同。《廣韻》編者不察，誤入線韻，而切下字猶未改。

35. 栓，山緣切。謝文謂《韻鏡》不列此字，宜加注說明

今按：是。

36. 坢，普伴切；伴，蒲旱切；滿，莫旱切。謝文云："三字俱以旱爲切，《廣韻》收入緩韻甚爲無理。……《韻鏡》因之亦無理。"謂此數字理當移入旱韻

今按：早期韻書旱（及平去入聲寒翰曷）、緩（及平去入聲桓換末）同韻，故唇音聲母字可用開口字爲切下字。至中古後期，元音前置之唇音（包括唇音聲母及合口之圓唇介音）影響元音發生變化，《廣韻》不得不分爲二，而此數字亦不得不入緩韻。視桓韻系字於近代《中原音韻》獨立爲桓歡韻、於《蒙古字韻》爲 on 韻（不同於寒韻系之 an 韻）即可知。若謂《廣韻》有失，實在於後兩個切下字沿用舊切未改。今反以爲當據反切歸開口，誤甚。

37. 鄼，辭纂切。謝文謂《韻鏡》不列此字，可加注說明

今按：是。切三、王三無之，是增加字。

38. 半，博慢反；判，普半切；叛，薄半切；縵，莫半切。謝文謂："慢"字屬諫韻，故《廣韻》歸此數字於換韻[1]不當，而當移入諫韻

今按："半"字切一博縵反，王三博漫反（"漫"字在"縵"小韻内），換、諫兩韻不亂。周祖謨先生（1938）據王三等校。徐鉉音博幔切（"幔"字亦在"縵"小韻内），亦不亂。可直接認爲《廣韻》"慢"爲"幔"之形訛。"移入諫韻"之說，貽笑大方。

39. 饌。謝文云："《廣韻》諫韻無此小韻，當別有來歷"

今按：無須從他處尋來歷，是"篹"字別體，在線韻，七戀切，切上字爲"士"之訛。王三即作"饌"，士變反。依韻圖體例，線韻莊組字正當列於二等，即諫韻一行之齒音欄。

40. 齩，牛召切。謝文謂：《韻鏡》未列此字

今按：非。此字不見於二十五圖，而列於二十六圖，唯誤列於溪紐耳。李注有詳論。笑韻

為重紐韻，B 類在二十五圖，A 類在二十六圖，論者不知重紐，故覓不得。

41. 巢，七[2]稍切。謝文謂"七"為"士"之誤

今按：是。周祖謨先生（1938）已據巾箱本等校為"士"。

42. 侳，子骩切。李注：王一"子過反。**本書列侳字於此，同《廣韻》、《集韻》。"謝文批評，指出《廣韻》用三等切下字，《韻鏡》與《廣韻》不合**

今按：是也。李注當係筆誤，應作"本書列侳字於此，同王一。"

謝文又謂《韻鏡》戈韻圖脫《廣韻》之"脞、迦、伽"小韻，如補上則"伽"與"瘸"為重紐；又認為戈韻三等字多有，世謂戈韻無三等字不確。

今按："脞、迦、伽"等雖入戈韻，實皆開口字。早期韻書歌、戈合為一歌韻，切三歌韻三等僅兩字，一"伽"字，注"無反語，噱之平聲。"一"靬"字，亦注"無反語。""噱"《廣韻》其虐切，藥韻開口，是"伽"自當為開口字。何以無反語？蓋歌韻開三、合三各僅一字，故無字可作切下字。倘"伽、靬"均為合口，自可互切，亦不致無奈如此，乃委曲迂迴，取入聲字為況。"伽"為譯佛典用字，"靬"為胡履，均外來之音，故歌、戈古無三等韻字，其言不虛。其餘字音均後出。後《廣韻》分歌韻為開口歌、合口戈，或由於中古後期元音受唇音影響而變化。然此數字既為開口，何以歸戈？今姑作懸測："伽、迦"所譯梵字為 ga, ka, kya 等（"伽"字另有麻韻音古牙切），餘均非常用字，令《廣韻》作者不知如何處理，姑且附於戈韻後。然而，即使"伽"為合口，與"瘸"亦非重紐關係。論者繆以為凡因韻書誤輯而重出者即為重紐，真不知所云也！[3]

43. 譇，干過切。謝文謂與"剉"同音，《韻鏡》不列。"足證古人審音之疏略"

今按：王三無此，是《廣韻》增加字。既增同音字，則當補入"剉"小韻中，而另出一切，是足證《廣韻》編者編輯工作之疏略，而非陸法言審音疏略，不可以一言而盡誣古人。

44. 㗇，乞加切。謝文謂與二等"䶎"字同音，為增加字，《韻鏡》不列甚是。

今按：切三、王三無此字，確為後人所增。但就《廣韻》而言，此字音未必同"䶎"。或許是：乞 $k^hrj(ət)$ + 加$(k)ra$ = 㗇 $krja$，則為三等韻字。麻韻雖有其他三等韻字，介音-j-，與之不同，故此字寧可取帶卷舌色彩之二等韻字作切下字，而由切上字表示腭介音。

45. 謝文謂麻韻開口原標內轉，宜改為外轉

今按：是。

46. 䅳，初丈切。謝文謂與"磢"同音

今按：李注已言之。

47. 貞，陟盈切；頳，丑貞切；呈，直貞切。謝文謂《韻鏡》未列，李注雖已言及，未明其由。謝文認為是庚清同圖，而清韻分兩圖所造成

今按：《韻鏡》庚清同圖，係表示其重紐關係。至於清韻分兩圖，亦難言為此數小韻脫落

之由。蓋其上去入聲之靜勁昔韻，同樣分兩圖，知組字並未失落。其實李書之失，在於不當於三十三庚清圖中作注，而應注於三十五耕清青圖中，因為靜勁昔韻知組字列於此圖。

48. 打，德冷切。謝文謂《韻鏡》不列，李注未及。以為陳澧"打、冷"為增加字之說不確，因為增加字均為同音字，而此無同音字。又謂歐陽修《歸田錄》以"耿"切"打"

今按：增加字並非祇為同音字，故此點不成理由。然"打、冷"確非《廣韻》所增，蓋切三、王三梗韻均有此二音。余謂此二字乃一等韻字附於二等韻者，說見麥耘（1994b）。至於歐陽修所造切語，則說明宋時梗、耿合流。

49. 棚。謝文謂此字見於"輣"小韻，薄萌切，以移入合口圖與"繃"北萌切、"宏"戶萌切相鄰為宜

今按：此足見論者祇知切語繫聯，而不諳音韻系統分析。唇音字固可開可合，但一韻之中，處理須一致。倘置合口，則當全體唇音字均置合口，包括相應之上去入聲耿靜麥韻唇音字，絕無祇移一兩小韻之理。今《韻鏡》此韻系唇音字多置開口，唯"繃"置合口，是重出也。李注已有說。

唇音開合之理尚可申說：合口介音-w-為圓唇作用，唇音聲母亦為唇作用，惟未必為圓唇耳，聽感上在合口與開口之間，故可開可合。凡反切遇唇音字而與開合相關者，不可憑切下字定開合，而應揆之整個系統。是故薄萌切可與戶萌切分圖，而"甍"莫耕切、"怦"普耕切則必當與"輣、繃"相鄰。

50. 慘，山幽切。謝文謂與尤韻"搜"地位冲突，故缺

今按：是。

51. 稵，子幽切。謝文謂與尤韻"啾"地位冲突，故缺

今按：李注已言之。

52. 秠，芳婦切。謝文謂與"紑"小韻地位冲突，故缺

今按：是。切三、王三無此字，是增加字。

53. 襳，史炎切。謝文謂與二等咸韻"攕"地位冲突，故缺

今按：是。切三、王三無此字，是增加字。

54. 兼，古甜切。謝文謂《韻鏡》脫

今按：是。

55. 胺，謙炎切。謝文謂與"預"丘檢切地位冲突，故缺

今按：非也。此為一對重紐，"預"B類（三等），"胺"A類（四等），後者應置四十圖，但空缺，李注已言之。

56. 萒，山輒切。謝文謂與二等洽韻"霎"地位沖突，故缺
　今按：是。

57. 灡，嘗敢切。謝文謂此常紐字，當列三等，而三等位置已為儼韻所占，故缺
　今按：非也。一者儼韻無章組字，不發生冲突；二者此切上字實為"賞"，書紐。《韻鏡》此位置列"㳺"，李注謂係從琰韻"陝"小韻內析出"㳺"字而誤置於此。余以為不妨視為"灡"字之訛。

58. 茭，亡劍切；釅，魚欠切；脅，許欠切。謝文謂釅梵混切"看出古人審音之疏"
　今按："茭"字《廣韻》在釅韻而用梵韻切下字，但王一、王三此字正在梵韻；王一無"釅"小韻，而有對等之"嚴"小韻，魚淹反，"脅"盰淹反（王三此韻脫漏），均不用梵韻字為切。可見是為《廣韻》之疏，非《切韻》之疏。

59. 謝文謂"畾"字今讀泥紐，《廣韻》歸來紐，"可見訥勒不分，當為金陵音無疑。"
　今按：n、l聲母不分，確為今南京音特點。然古金陵音與今南京音遠非一事，如此推斷，無乃太粗疏乎？

60. 凡，符咸切。謝文謂以咸韻字切凡韻字。
　今按：此亦《廣韻》之失。切三、王三符芝切，不用咸韻字。

61. 殊，色廢切。謝文謂《韻鏡》列三等誤，當列二等。
　今按：是。

以上六十餘條，本文均僅就謝文所言稍作辨析，且礙於篇幅，故其他學者研究《韻鏡》及《切韻》系韻書之成果，多未引用，祈世之君子見諒。

謝文之意見，是者約什四，非者約什六。其是者固對李書有所補益，然多為微末細節，當注未注或字形訛變之類，而其非者則多有累落大端，不可不辨者。綜言之，論者之誤，其大者約有數款：

一，取韻書與《韻鏡》相較，祇守《廣韻》而不及早期韻書，即《廣韻》亦祇觀張氏澤存堂本，無視他本，且不用周祖謨先生之校本，所論因之或無的放矢，或判斷失誤。

二，專以韻書、反切與韻圖字面上之分類為事，不求其中音理，尤不明反切構造原理。

三，昧於音韻史變遷。凡論韻書與韻圖之關係、早期韻書與《廣韻》之關係，均須洞燭中古有前期、後期之限，若僅憑《廣韻》對照《韻鏡》，以為兩者應一一對應，自會處處窒礙。此時更不思反察，則惟有責古人疏略而已。

四，不知重紐。重紐為韻圖之鑰，未得此鑰，必為韻圖所困。此為一大題目，兹不贅。

長憶當年束脩拜李新魁先生門下，先生命作《廣韻》韻譜，乃自反覆數過，後又據王三，另闢圖例以為新譜，復取其他早期韻書參校，再三而至四五，廿餘年來，至今未輟。自謂略得《切韻》音系之輪廓於胸臆，受益於此一訓練匪淺。故執教以來，對學生亦以此要求，為基本作業。

然讀謝文末段，謂曾遵李新魁先生囑作《廣韻》韻譜，雖經兩過，始而茫然，終而發現不過依樣填空而已。噫！詎料康莊大道之側，亦有臨路而泣者！細思之始釋然：若無正確理論指導，入材料之海而溺，斯必然也。行文至末，有此感想，書以與同道共儆之。

注釋：

［1］　本文所言及《切韻》介音構擬，請參看麥耘（1992）。
［2］　原文誤書"緩韻"，今改。
［3］　原文誤為"士"，今改。
［4］　此問題可參看龍宇純（1959：204）、楊軍（2007：305–306，311）。

引用文獻

李新魁 1982　《韻鏡校證》，中華書局
李新魁 1984　重紐研究，《語言研究》總第 7 期
李新魁 1986/1993　論內外轉，《李新魁自選集》，河南教育出版社 1993
龍宇純 1959　《韻鏡校注》，藝文印書館
麥　耘 1992　論重紐及《切韻》的介音系統，《語言研究》總第 23 期
麥　耘 1994a　關於章組聲母翹舌化的動因問題，《古漢語研究》總第 22 期
麥　耘 1994b　《切韻》二十八聲母説，《語言研究》總第 27 期
謝伯良 1993　《韻鏡》李校補遺，《語言研究》總第 24 期
楊　軍 2007　《韻鏡校箋》，浙江大學出版社
余迺永 2000　《新校互注宋本廣韻（增訂本）》，上海辭書出版社
周祖謨 1938/1960　《廣韻校本》，中華書局 1960

江淹的兩個夢

朱曉海

  以往將神話等同於虛構、荒誕，近世方調整角度，認識到：人類表述其經驗與對象的理解有一發展歷程，太古、上古時期的人類以他們當時的思路、表述方式所經歷的現象，其成果即神話。今人或許可認為那些表述欠精確，但神話本身蘊含了歷史，則斷乎無疑。若經由恰當的簡別，這種較可取的觀點同樣可運用在傳說上。換言之，傳說固然有許多虛構、荒誕的成分，卻反映了某種意義。

  周勛初先生曾撰有一篇極具識見的論文：《劉勰的兩個夢》[1]。今不辭效顰之譏，以江郎才盡涉及的夢兆傳說為題，一探該傳說除了過往謏聞、掌故、談助等刻板印象之外，是否別有義蘊。

  以既存文獻而言，江郎才盡的傳說首見於鍾嶸《詩品》中《梁光祿江淹》條：

> 初，淹罷宣城郡，遂宿冶亭，夢一美丈夫，自稱郭璞，謂淹曰："吾有筆在卿處多年矣，可以見還。"淹探懷中，得一五色筆以授之，爾後為詩不復成語，故世傳江淹才盡。

  姚氏父子撰寫、至晚於唐太宗貞觀十年（636）正月前完成的《梁書》[2]僅言："淹少以文章顯，晚節才思微退，時人謂之才盡。"[3]然據《太平御覽》卷三九八《人事部三九·吉夢下》所錄《梁書》曰：

> 江淹少夢見人授之五色筆，因而有文章。後十餘年，忽夢一丈夫自稱郭璞，謂淹曰："前借君筆，可相還。"淹夢中探懷中筆，自此後不復有文章，時稱江淹才盡。[4]

  此蓋謝昊《梁書》[5]，為姚察所本者，而姚氏《梁書》中的"時人謂"即此處的"時謂"，亦即《詩品》所說的"世傳"，足見：姚氏實悉此傳說，直未取耳。唐高宗顯慶四年（659）上表奏進於朝廷的《南史》[6]卷五九《江淹傳》則多出情節：

> 淹少以文章顯，晚節才思微退。云為宣城太守時，罷歸，始泊禪靈寺渚，夜夢一人自稱張景陽，謂曰："前以一匹錦相寄，今可見還。"淹探懷中，得數尺與之，此人大恚，曰："那得割截都盡？"顧見丘遲，謂曰："餘此數尺，既無所用，以遺君。"自爾淹文章躓矣。又嘗宿於冶亭，夢一丈夫自稱郭璞，謂淹曰："吾有筆在卿處多年，可以見還。"淹乃探懷中，得五色筆一，以授之。爾後為詩絕無美句，時人謂之才盡。

粗視之下，張協索錦與郭璞索筆乃同一模式，似乎可歸諸傳聞異辭，不勞深辨，然竊以為或不盡然。正式鉤玄之前，先須處理兩前提：一為《詩品》記載夢境一類瑣事有無含意；二為《南史》增補逸聞是否僅意謂買菜求益。

古代中國向來偏好以行事代空言，迥別於近世以論述式語言從事概念分析、闡發。是以《詩品》內的少許小故事，不得以今律古，以為乃資談助之瑣聞附記，實際上，都在藉著事例，表達鍾嶸的一些看法。如下《宋監典事區惠恭》條：

末作《雙枕詩》以示謝（惠連），謝曰："君誠能，恐人未重，且可以為謝法曹造，遺大將軍。"見之賞歎，以錦二端賜謝，謝辭曰："此詩，公作長所製，請以錦賜之。"

乃是指斥文論界"重耳輕目"[7]的謬誤。又如下《齊惠休上人　齊道猷上人　齊釋寶月》條：

《行路難》是東陽柴廓所造，寶月嘗憩其家，會廓亡，因竊而有之。廓子齎手本出都，欲訟此事，乃厚賂止之。

既顯示當時作詩風尚"熾矣，纔能勝衣，甫就小學，必甘心而馳騖焉"[8]，也批評因為這種好尚，出現悖乎著作道德的事，"三九公讌，則假手賦詩"[9]；苟見警句名篇，不惜剿竊。

夢具有預示作用，乃古人通識。《詩品》記載夢者凡三。除了江淹此條，一為上品部分的《宋臨川太守謝靈運》：

初，錢塘杜明師夜夢東南有人來入其館，是夕即靈運生於會稽。旬日而謝玄【玩】[10]亡，其家以子孫難得，送靈運於杜治養之，十五方還都，故曰客兒。

一為中品部分的《宋法曹參軍謝惠連》：

《謝氏家錄》云："康樂每對惠連，輒得佳語。後在永嘉西堂，思詩竟日不就，寤寐間，忽見惠連，即成'池塘生春草'，故常云：'此語有神助，非吾語也。'"

"謝客吐言天拔，出於自然"[11]固然也是前一夢中的意涵，然所欲表明的深層觀點則在："晉、宋之際殆無詩"[12]，使得文章氣運再度中興端賴命世天才降世，靈運誕生即上天安排下的一步，以致修道高明者事前獲得天啟，要求杜氏庇佑，以成天工。後一夢則在為鍾嶸強調的"古今勝語多非補假，皆由直尋"作例證，"'思君如流水'，既是即目；'高臺多悲風'，亦即所見"，"池塘生春草"此"佳句"與之同類，前二者固然不"貴於用事"；後者也非苦"思"力索"竟日"所"就"。似這等"自然英旨"，可謂必賴"天才"，也就是該段引文中所說的"神助"，否則不可能"奇"[13]。

既明乎此，則下文以象徵意義解說《詩品》所載江淹之夢，或非一己左見。

其次，李延壽撰《南史》，雖於主要所本的南四書頗有刪削，且部分刪削未必恰當，但更重要的是增添不少材料。他曾自述：

> 從此八代正史外，更勘雜史於正史所無者一千餘卷，皆以編入。[14]

"編入"的部分都有相當原因。例如《南齊書》卷四七《謝朓傳》於朓卒後，違反慣例，全然不提及其子嗣。對查《南史》卷十九《謝裕傳附從重孫朓傳》所補的一大段文字：

> 朓及殷叡素與梁武以文章相得，帝以大女永興公主適叡子鈞；第二女永世公主適朓子謨。及帝為雍州，二女並暫隨母向州。及武帝即位，二主始隨內還。武帝意薄謨，又以門單，欲更適張弘策之子，策卒，又以與王志子諲，而謨不堪欺恨，為書狀如詩贈主，主以呈帝，甚蒙矜歎，而婦終不得還……時以為沈約早與朓善，為制此書云。

即可恍然大悟。一旦提到謝朓子嗣，必然涉及尚主問題，梁武帝勢利嘴臉立刻現形。蕭衍、沈約與謝朓關係在伯仲之間，定交於竟陵王雞籠山西邸[15]，然而一為世侄夫婦爭取團聚；一則處心積慮棒打鴛鴦，另結士族，以提高其社會聲望。又如《南齊書》卷四十《武十七王列傳‧巴陵王子倫傳》記載：

> 延興元年，遣中書舍人茹法亮殺子倫。子倫正衣冠，出受詔曰："先朝昔滅劉氏，今日之事理數固然……。"

《南史》卷四四《齊武帝諸子列傳‧巴陵王子倫傳》易"先朝"為"高皇帝"，於"滅"前增一"殘"字，固然正面暴露蕭道成的狠毒，然而自劉宋以降，前朝皇室近親不獲保全，乃慣例。對於篤信佛教的蕭子顯而言，此本難逃之因果報應。真正值得注意的是：李延壽特別點明實際執行者非茹法亮。蕭鸞要處置子倫時，"恐不即罪，以問典籤華伯茂，伯茂曰：'公若遣兵取之，恐不可即辦；若委伯茂，一小吏力耳。'而伯茂手自執鴆逼之"，而後藉此舉實例，附於子倫傳後，曲盡描繪典籤的囂張惡劣。然而"為諸王置典籤帥"乃蕭齊"高帝、武帝"所為，則高、武子孫盡滅乃祖、父兩代自作孽的微意躍然紙上，這就使得新增、置於子倫口中的"積不善之家，必有餘殃"有了雙關語義。蕭子顯的《南齊書》乃一政治正確的史著[16]，當然知道要為蕭梁武帝隱諱；身為蕭齊高帝孫，當然也不免試圖為親者諱。李延壽身處異代，無此顧忌，也就直指揭露。

縱使是怪力亂神的部分，也具有某種用意。蕭鸞既屬篡逆，踐祚前夕，即開始翦除高、武大宗子孫，然於武帝嫡子竟陵王這房始終未加害。李延壽援引"寵冠府朝"[17]的竟陵故吏范雲嘗詭言非常來說明：

> 時高、武王侯並懼大禍，雲因帝召，次曰："昔太宰文宣王語臣，言嘗夢在一高山上，上有一深院，見文惠太子先墜，次武帝，次文宣；望見僕射[18]在室，坐御牀，備王者羽儀，不知此是何夢，卿慎勿向人道。"明帝流涕曰："文宣此惠亦難負。"於是處昭冑兄弟異於餘宗室。[19]

又，治梁史者皆知：蕭衍即位之後，終身未立后，太子母丁貴嬪一直不得正位中宮，此蹊蹺現象，李延壽根據傳說予以解釋：

（郗）后酷妬忌，及終，化為龍，入於後宮。通夢於帝，或見形，光彩照灼。帝體將不安，龍輒激水騰泳。於露井上為殿，衣服委積，常置銀鹿廬、金瓶灌百味以祀之，故帝卒不置后。[20]

這些補入的部分其解釋力充分與否是一回事，但它們都確實代表了李延壽對某些歷史現象的看法。

南《史》定稿後，先"呈監國史、國子祭酒令狐德棻，始末蒙讀了，乖失者亦為改正"[21]。令狐德棻乃開史館官修史書的倡議者，"國家凡有修撰，無不參預"，除了《周書》，還"總知類會梁、陳、齊、隋諸史"[22]。換言之，經過令狐德棻審閱、改正的《南史》，保留下來的增易部分不僅有相當可靠的文獻依據，透露南朝末期至唐初這段時期某些士人的看法，而且因此修正後的歷史建構獲得當時官方的認可。

世俗每將焦點置於索物還物此事之上，似未省思當事人何以辨識得出夢中人身份此一問題。蕭齊明帝建武二年（495），謝朓外放宣城太守[23]，後"以選"內調，"復為中書郎"[24]，接任者即江淹，"在郡四年"[25]，則罷宣城郡乃蕭齊明帝建武五年（498）之事。郭璞卒於東晉明帝太寧二年（324），"時年四十九"[26]，下去傳說發生之時，懸隔一百七十多年。江淹卒於蕭梁武帝天監四年（505），"時年六十二"[27]，是生於劉宋文帝元嘉二一年（444），二人生卒也相去一百二十年。郭、江非歷代通家之好，可能根本互不相識；古代既無照片，舊史亦未聞南朝有郭璞畫像傳世，則江淹從何得悉夢中現身者乃郭璞？考《文選》卷十九《賦癸·情》所收宋玉《高唐賦》善注引《襄陽耆舊傳》：

楚懷王遊於高唐，晝寢，夢見與神遇，自稱是巫山之女，王因幸之。

《魏書》卷十九《景穆十二王列傳中·任城王雲附子澄傳》：

高祖曰："朕昨夜夢一老公，頭鬢皓白，正理冠服，拜立路左。朕怪而問之，自云晉侍中嵇紹，故此奉迎……。"

均為夢中人自我介紹，當事者方獲悉對象為某某，此《詩品》、《南史》所以俱言"自稱"。撰成時代介於《詩品》、《南史》間，唐高宗顯慶三年（658）上表奏進的《文選》李善注[28]，於《文選》卷十六《賦辛·哀傷》所收江淹《恨賦》稱引劉璠《梁典》：

嘗夢郭璞謂之曰："君借我五色筆，今可見還。"淹即探懷，以筆付璞。自此以後，材思稍減。

無論此注文確係劉璠原貌[29]，或業經李善改寫，均難逃措辭粗疏之嫌。

不論錦或五色筆，均屬多彩者。《文心雕龍》卷十《序志》：

予生七齡，乃夢彩雲若錦，則攀而採之。齒在踰立，則嘗夜夢執丹漆之禮器，隨仲尼而南行。

《梁書》卷十四《任昉傳》：

父遙，齊中散大夫。遙妻裴氏，嘗晝寢，夢有彩旗、蓋，四角懸鈴[30]，自天而墜，其一鈴落入懷中，心悸動，既而有娠，生昉。

《陳書》卷二六《徐陵傳》：

母臧氏，嘗夢五色雲化而為鳳，集左肩上，已而誕陵焉。

其象徵意義可得而言，乃表示當事人具有文學才華。尤其，按諸《晉書》卷九二《文苑列傳·羅含傳》：

含幼孤，為叔母朱氏所養。少有志尚。嘗晝臥，夢一鳥文彩異常，飛入口中，因驚起，說之[31]。朱氏曰：「鳥有文彩，汝後必有才章。」自此後，藻思日新。

益可見：此乃南朝人的詮釋，非今人附會。對參《宋書》卷七七《沈慶之傳》：

（前廢）帝乃遣慶之從子攸之齎藥賜慶之死，時年八十。是年初，慶之夢有人以兩匹絹與之，謂曰：「此絹足度。」謂人曰：「老子今年不免。兩匹，八十尺也；足度，無盈餘矣。」

徒言絹，而不言色彩[32]，此夢中物件的象徵意義則迥別。

原屬某人所有，可作為其身份特點標誌者，若為後人所得，意謂得該物者將與原所有人成就相侔。如《後漢書》卷六五《張奐傳》：

初，奐為武威太守，其妻懷孕，夢帶奐印綬，登樓而歌。訊之占者，曰：「必將生男，復臨茲郡，命終此數。」既而生子猛，以建安中為武威太守。

《北堂書鈔》卷一四十《車部中·輿三》所錄《幽明錄》：

謝安夜夢乘桓溫輿，行十六里……後累【果】代為宰相十六年。

《梁書》卷九《柳慶遠傳》：

伯父元景，宋太尉……慶遠從父兄將軍世隆謂慶遠曰：「吾昔夢太尉以褥席見賜，吾遂亞臺司；適又夢以吾褥席與汝，汝必光我公族。」至是，慶遠亦繼世隆焉[33]。

而《南史》卷五九《江淹傳》記載一逸事：

> 初，淹年十三，孤貧，常採薪以養母。曾於樵所得貂蟬一具，將鬻以供養。其母曰："此故汝之休徵也。汝才行如此，豈長貧賤也？可留待得侍中[34]著之。"至是，果如母言。

尤其可資明證。

錦乃素材，非衣服成品。用在官職授任上，則為先天資質之喻。袁甫不願任職臺閣，請纓出掌劇縣，理由是：

> 人各有能有不能。譬繒中之好莫過錦，錦不可以為帽；穀中之美莫過稻，稻不可以為齏，是以聖王使人，必先以器，苟非周材，何能悉長？黃霸馳名於州郡，而息譽於京邑。廷尉之材，不為三公，自昔然也。[35]

張岱姪子瓌、恕兄弟誅逆，蕭齊高帝"欲以恕為晉陵郡"，張岱持異議：

> 恕未閑從政，美錦不宜濫裁。[36]

從《世說新語》上卷《文學》條93所云：

> 孫興公道曹輔佐，才如白地明光錦，裁為負版絝，非無文采，酷無裁製。

可知：放在文學寫作的脈絡中，錦譬喻的是在這方面的才華。潛能若要發揮出具體成效，有賴後天鑽研琢磨，如同精工"裁製"。是以當劉孝綽由東宮侍從（太子舍人）兼任實務官員（尚書水部郎）時，蕭梁武帝特別提醒他："美錦未可便製，簿領亦宜稍習"[37]，不要仗恃天資高，以為就能輕易處理公文作業。

筆則不然。凡論及從事某一行徑的必備工具，則每指涉當事人的實際成果。例如《三國志》卷五七《虞翻傳》裴注引《虞翻別傳》：

> 臣郡吏陳桃夢臣與道士相遇，放髮，被鹿裘，布《易》六爻，撓其三以飲臣……豈臣受命應當知經？

《陳書》卷三三《儒林列傳·鄭灼傳》：

> 少受業於皇侃……少時嘗夢與皇侃遇於途，侃謂灼曰："鄭郎開口。"侃因唾灼口中，自後義理逾進。

《魏書》卷七四《爾朱榮傳》：

> 榮之將討葛榮也……將戰之夜，夢一人從葛榮索千牛刀[38]，而葛榮初不肯與，此人自

稱我是道武皇帝，如何敢違，葛榮乃奉刀，此人手持授榮。既寤而喜，自知必勝。

爻之於《易》、口津之於論學豎義、兵器之於戰爭，猶筆之於寫作，是授筆的象徵意義在其文學寫作方面的實際成就。《詩品》於江淹持"五色筆以授之"後，即以"為詩不復成語"為"爾後"的結果，正是此種邏輯下的表述。《晉書》卷六五《王導傳附孫珣傳》：

> 珣夢人以大筆如椽與之，既覺，語人云："此當有大手筆事。"俄而帝崩，哀冊諡議皆珣所草。

《南史》卷七二《文學列傳·紀少瑜傳》：

> 少瑜嘗夢陸倕以一束青鏤管筆授之，云："我以此筆猶可用，卿自擇其善者。"其文因此遒進。

事與江淹還筆郭璞恰相反，足見筆之得失與寫作表現：或"文因此遒進"；或"詩絕無美句"，密切相關。《宋書》卷七五《顏竣傳》：

> 光祿大夫延之子也。太祖問延之："卿諸子誰有卿風？"對曰："竣得臣筆；測得臣文；奐得臣義；躍得臣酒。"

所言之"筆"雖是與"文"相對者，非書寫工具之謂，然而無礙其佐證效力，因為顏竣得其父之筆即意謂與其父在章表等應用文類方面的成就相埒，"有"其"風"。

削去夢境一事，《詩品》所言事實面不過：自"淹罷宣城郡"，"爾後為詩不復成語"。"才盡"不過旁人針對此何以會有此現象的一種解釋，所謂"世傳"、"時人謂"。《宋書》卷五一《宗室列傳·臨川烈武王道規傳附鮑照傳》：

> 世祖以照為中書舍人。上好為文章，自謂物莫能及。照悟其旨，為文多鄙言累句，當時咸謂照才盡。

《南史》卷五九《任昉傳》：

> 以文才見知，時人云"任筆沈詩"，昉聞甚以為病。晚節轉好著詩，欲以傾沈，用事過多，屬辭不得流便，自爾都下士子慕之，轉為穿鑿，於是有才盡之談矣。

"當時咸謂"、"有……談"，正其比也。《南齊書》卷五二《文學列傳·丘靈鞠傳》：

> 靈鞠宋世文名甚盛，入齊頗減……王儉謂人曰："丘公仕宦不進，才亦退矣。"

文名盛衰乃世間對其作品評價的結果。丘靈鞠入齊之後，作品評價不如以往，王儉進而作才退之推度，也是同一類型。才退、才盡僅有措辭含蓄、強烈之別。《梁書》於江淹暮年詩作狀況即作"晚節才思微退"。至於夢境，又係針對何以會才盡的解釋，乃江淹晚歲為詩多躓之究竟因。然苟非夫子自道，他人從何得悉江淹夢境為何？是以若就此點而言，當屬江淹故意散播此說。至於江淹本人透露的與載籍中的夢境內容是否一致，無從得悉，鍾嶸轉述，除了配合他作詩當需有才的一貫意見，或許也期望藉此能有助於時人對江淹詩作品第的掌握。江淹蓋棺未幾，詩體又總雜，欲較明確把握其成就，莫若稱引詩作成就高下大致已有定評的郭璞以為參照，由此獲得的印象雖不中，亦不遠矣。此猶世俗總"稱二陸"，鍾嶸評陸雲時，為了釐清可能的失準，乃曰：

> 清河之方平原，殆如陳思之匹白馬。[39]

則陸雲詩作水準去陸機大有間的圖像瞬間明朗了。亦猶鮑令暉，當時聲名蓋籍籍，而其兄既被奉為"羲皇上人"[40]，則令暉莫非亦當與曹丕、張華、謝惠連之流並駕齊驅？鍾嶸乃假其兄鮑照與前修對比之口：

> 臣妹才自亞於左芬，臣才不及太沖爾。[41]

廓清煙塵。鮑照既坦承自己"不及"左思，令暉之"亞於"於鮑照猶左芬之於左思，則令暉自當退居下品。舉前人以論定陸雲、鮑令暉的方式，與敘江淹受郭璞彩筆，乃同一路數。

《晉書》卷九二《文苑列傳·袁宏傳》：

> 宏自吏部郎出為東陽郡，（謝安）乃祖道於冶亭，時賢皆集。

《宋書》卷六六《王敬弘傳》：

> 及東歸，車駕幸冶亭餞送。

此處既"為士大夫餞送之所"[42]，也就代表乃自外地進入建康前常經的驛站。禪靈寺，蕭齊武帝永明七年（489）所起[43]，位於建康城內、臺城外、秦淮河畔[44]。是以江淹入京赴有司述職前夕，無由既"宿冶亭"，又"泊禪靈寺渚"。然而根據上文的考索，郭璞索筆／張協索錦意義不同，不宜將二者當作同一個逸聞的訛傳，或許應將後者視為梁、陳已降文壇或社會人士對前者的補充與修正。《南史》同時錄入二者，或許是想記錄五十年來逐漸形成的定評：雖然江淹的詩作成就與郭璞相埒，但以詩才而論，實與張協一樣，乃冠倫大才。"一匹"四十尺[45]，所以縱使將所餘"數尺"賜給丘遲，尚且得令後者居中品，祇是"淺於江淹"[46]而已，則假設江淹善予發揮，其成就本來應與張協一致，同居上品。可惜他糟蹋了，否則夢中的張協不會"大恚"，而且以"割截"描述江淹用錦的態度。這與鍾嶸論范曄時，說"蔚宗詩乃不稱其才"[47]同類。

《詩品》撰寫當時，已說："世稱沈詩任筆"[48]。約二十年後[49]，身為皇太子的蕭綱致信蕭繹時，仍持此調：

> 至如近世謝朓、沈約之詩，任昉、陸倕之筆，斯實文章之冠冕，述作之楷模[50]。

姚思廉撰《梁書》時，或已不盡以為然，雖因本於從實而錄，保留蕭綱對二人的品評，但不取沈詩任筆之説，反於卷十三《沈約傳》中論及其文學成就時，説：

> 謝玄暉善為詩，任彥昇工於文章，約兼而有之，然不能過也。

李延壽不但依循，且於卷五九《任昉傳》中申述昉意圖在詩作這方面"傾沈"而不得。對於任、沈文學成就品評的補充與修正，昭然若揭，正可與此處所論江淹兩個夢的意涵相參。

注　釋：

[1] 周勛初：《劉勰的兩個夢》，《文史探微》（上海：上海古籍出版社，1987年），第116—122頁。

[2] 劉昫：《舊唐書》（臺北：藝文印書館，1972年），卷三《太宗本紀下·貞觀十年》，第58頁。

[3] 姚思廉：《梁書》（臺北：藝文印書館，1972年），卷十四《江淹傳》，第124頁。

[4] 李昉：《太平廣記》（北京：中華書局，1961年），卷二七七《夢二·梁江淹》，第2192頁，所錄文字近似，云"出《南史》"，非是。

[5] 魏徵：《隋書》（臺北：藝文印書館，1972年），卷三三《經籍志二·史·正史》，第487頁，著錄"《梁書》四十九卷"，自注："梁中書郎謝昊撰，本一百卷。""吳"蓋因與"昊"形近所致之訛。至唐，此書殘逸更嚴重，與姚察舊稿合併，始得三十四卷，見《舊唐書》，卷三三《經籍志上·乙部》，第958頁。

[6] 李延壽：《北史》（臺北：藝文印書館，1972年），卷一百《序傳》，第1489頁："其《南史》先寫訖，以呈監國史、國子祭酒令狐德棻。"按：《舊唐書》，卷七三《令狐德棻傳》，第1263頁："永徽元年（650），又受詔撰定律令，復為禮部侍郎，兼弘文館學士，監修國史及《五代史志》……四年，遷國子祭酒"，則延壽所云"始末修撰凡十六載"，當自貞觀"十七年（643），尚書右僕射褚遂良時以諫議大夫奉敕修《隋書》十志，復準敕，召延壽撰錄"起算。王溥：《唐會要》（臺北：世界書局，1974年），卷六三《史館上·修前代史》，第1092頁，即作"顯慶……四年，太子司更大夫呂才著《隋紀》二十卷，其年，符璽郎李延壽撮近代諸史……號為《南》、《北史》，上自製序"。又，浦起龍：《史通通釋》（臺北：世界書局，1970年），卷十二《外篇·古今正史》，第177頁："（貞觀）十五年（641），又詔左僕射于志寧、太史令李淳風、著作郎韋安仁、符璽郎李延壽同撰……俗呼為《五代史志》"，乃以始修之年為準，概括前後入史館者。延壽預修實不在此歲。

[7] 俞紹初、張亞新：《江淹集校注》（鄭州：中州古籍出版社，1994年），上編《雜體三十首·序》，第92頁。

[8] 曹旭：《詩品集注》（上海：上海古籍出版社，1996；以下簡稱《詩品》），上《序》，第54頁。

[9] 王利器：《顏氏家訓集解（增訂本）》（北京：中華書局，1997年），卷三《勉學》，第148頁。

[10] 玄，許多學人認為當作"安"，詳參《詩品》，上《宋臨川太守謝靈運》條，《校異》，第163—164頁。按：據《晉書斠注》，卷七九《謝安傳附侄玄傳》，第1376頁，謝玄卒於東晉孝武帝太元十三年（388），時靈運已四歲，與"旬日而謝玄亡"不合，加以當時若果逢嫡祖齊衰重喪，斷無外出寄養之舉。作"玄"固不通，作"安"更荒唐。"子孫難得"非就謝裒這支整個謝氏家族而言，苟如是，謝裒六子：奕、據、安、萬、石、鐵。當時謝奕之子謝玄固然僅有子一人瑍；謝石之子謝汪無子，但謝據之子謝允則有子四人：裕、純、虺、述；謝安之子瑤亦有子四人：該、謨、澹、璞，謝安另一子琰有子三人：肇、峻、混。古人論房系，"其家"指的是謝奕這房。《謝安傳附侄玄傳》，第1375頁，載有其《解職表》，文中提到："臣同生七人，凋落相繼，唯臣一已，子然獨存"；同卷《謝尚傳》，第1366頁："無子，奕以子康襲爵，早卒，康弟靜復以子肅嗣，又無子"，這纔是謝奕這房三代"子孫難得"的背景。《謝安傳附侄玄傳》，第1374頁，記載：玄受封康樂公時，"請以先封東興侯賜兄子玩，詔聽之，更封玩豫寧伯"。竊疑：《詩品》此處所言之死者乃靈運之叔謝玩，

"玩"因壞訛而成"元"。後人以為避宋諱所致,妄加回改為"玄"。

[11] 《梁書》卷四九,《文學列傳上·庾於陵傳附弟肩吾傳》所載梁簡文帝《與湘東王書》,第338頁。
[12] 《詩品》,下《晉東陽太守殷仲文》條,第394頁。
[13] 以上引文分見《詩品》,中《序》,第174、179—180頁。
[14] 《北史》,卷一百《序傳》,第1489頁。
[15] 姚思廉:《梁書》(臺北:藝文印書館,1972年),卷一《武帝紀上》,第10頁。
[16] 詳參拙作《〈文選〉中勸進文、加九錫文研究》,《清華學報》新38卷3期(2008年9月),第398—399頁。
[17] 《梁書》,卷十三《范雲傳》,第114頁。
[18] 蕭子顯:《南齊書》(臺北:藝文印書館,1972年),卷六《明帝紀》,第48頁:"(永明)七年,為尚書右僕射,八年,加領衛尉,十年轉左僕射。"據卷三《武帝紀》,第36頁,永明十一年(493)正月,文惠太子薨;五月,武帝崩。假使竟陵王果真曾語范雲此夢,既以夢兆為諱,則當在永明七年(489)至十年(492)間。然據《南史》,卷五七《范雲傳》,第656頁:"永明十年,使魏。"對照魏收《魏書》(臺北:藝文印書館,1972年),卷九八《島夷蕭道成傳》,頁1071:"(太和)十六年,復遣(蕭)琛與司徒參軍范雲朝貢,又遣車騎功曹庾蓽、南豫州別駕何憲朝貢",卷七下《高祖紀下》,第102—103頁,事在三月,又當除去此數月。
[19] 《南史》,卷五七《范雲傳》,第656頁。
[20] 《南史》,卷十二《后妃列傳下·武德郄皇后傳》,第157頁。
[21] 《北史》,卷一百《序傳》,第1489頁。所以不就正於撰寫梁、陳史的姚思廉,因姚氏於貞觀十一年(637)已過世。見《舊唐書》,卷七三《姚思廉傳》,第1261頁。
[22] 《舊唐書》,卷七三《令狐德棻傳》,第1263頁。
[23] 詳參曹融南《謝宣城集校注》(上海:上海古籍出版社,2007年),附錄四《謝朓事跡詩文繫年》,第458頁。
[24] 《南齊書》,卷四七《謝朓傳》,第385頁。
[25] 《梁書》,卷十四《江淹傳》,第123頁。
[26] 吳士鑑、劉承幹:《晉書斠注》(臺北:藝文印書館,1872年),卷七二《郭璞傳》,第1266頁。
[27] 《梁書》,卷十四《江淹傳》,第124頁。
[28] 李善:《上〈文選〉注表》,《文選》(臺北:藝文印書館,1998年),第2頁。
[29] 令狐德棻:《周書》(臺北:藝文印書館,1972年),卷四二《劉璠傳》,第315頁:"(武帝)天和三年(568)卒,時年五十九",以南朝紀年論,是卒於陳廢帝光大二年。據同卷《劉璠傳附子祥傳》,第316頁:"璠所撰《梁典》始就,未及刊定而卒,臨終謂休徵曰:'能成我志,其在此書乎?'休徵始定,繕寫,勒成一家,行於世。"
[30] 《南齊書》,卷十七《輿服志》,第166頁,於"玉輅"、"斗蓋"下自注:"懸珠蚌佩、金塗鈴",然"凡蓋圓,象天",今既說"四角",則當是旗上的鈴。旗有九名,王先謙:《後漢書集解·續漢志》(臺北:藝文印書館,1972年),卷二九《輿服志上》劉昭《注補》引盧植《禮記》注,第1371頁:"有鈴曰旂。"《隋書》,卷十《禮儀志五》,第111頁:"旂首金龍頭,銜結綬及鈴緌。"
[31] 李昉:《太平御覽》(臺北:臺灣商務印書館,1997年),卷三九八《人事部三九·吉夢下》所錄《晉書》,第1967頁,作"意謂不吉,乃告叔母朱氏",文意較清晰。
[32] 盧弼:《三國志集解》(臺北:藝文印書館,1972年),卷三三《後主傳·景耀六年》裴《注》引王隱《蜀記》,第778頁:"又遣尚書郎李虎送……錦綺、綵絹各二十萬"、《魏書》,卷四二《堯暄傳》,第477頁:"賞賜衣服二十具、綵絹十匹、細絹千餘段"。
[33] 《周書》,卷四二《柳霞傳》,第316頁:"其世父慶遠特器異之,謂霞曰:'……吾向聊復晝寢,又夢將昔時座席還以賜汝,汝之官位,當復及吾。'"
[34] 《後漢書集解》,卷九《孝獻帝紀》章懷《注》所引《漢官儀》,第145頁:"侍中左蟬右貂",《續

漢志》，卷三十《輿服志下·武冠》，第 1382 頁："諸武官冠之。侍中、中常侍加黃金璫，附蟬為文，貂尾為飾，謂之趙惠文冠。"

[35] 《晉書斠注》，卷五二《華譚傳附袁甫傳》，第 992 頁。
[36] 《南齊書》，卷三二《張岱傳》，第 278—279 頁。《梁書》，卷二四《蕭景傳附弟昱傳》，第 182 頁，記載：昱一直請試邊州，不蒙允，上表請解黃門侍郎時，以"錦不輕裁，誠難其製"的比喻自我挖苦，指的是"聖監既謂臣愚短，不可試用"。"輕裁"猶"濫裁"。
[37] 《梁書》，卷三三《劉孝綽傳》，第 235 頁。
[38] 杜佑：《通典》（北京：中華書局，2007 年），卷二八《職官十·武官上·左右千牛衛》，第 790 頁："千牛，刀名。後魏有千牛備身，掌執御刀，因以名職。"自注："其義蓋取《莊子》云：'庖丁為文惠君解牛十九年，所割者數千牛，而刀刃若新發於硎。'"
[39] 《詩品》中《晉清河太守陸雲　晉侍中石崇　晉襄城太守曹攄　晉朗陵公何劭》條，第 235 頁。
[40] 《詩品》上《序》，第 58 頁。
[41] 《詩品》下《齊鮑令暉　齊韓蘭英》條，第 444 頁。
[42] 王進珊點校：《六朝事蹟類編》（南京：南京出版社，1989 年），卷四《樓臺門·東冶亭》，第 35 頁。曰東，因位於建康城東門至蔣山間。詳參顧祖禹《讀史方輿紀要》（京都：中文出版社，1981 年），卷二十《江南二·江寧縣》，第 911 頁。
[43] 《南齊書》，卷十八《祥瑞志》，第 181 頁。據卷五六《倖臣列傳·呂文度傳》，第 449 頁，"寺新成，車駕臨視"。
[44] 《梁書》，卷五六《侯景傳》，第 416 頁，記載：王僧辯反攻時，"軍次張公洲"，"焚景水柵，入淮，至禪靈寺渚，景大驚，乃緣淮立柵，自石頭至朱雀航"。由此可推知禪靈寺的位置。詳參朱偰《金陵古蹟圖考》，《民國叢書》（上海：上海書店，1992 年），第四編，第 87 冊，《南都建康總圖》。
[45] 段玉裁：《說文解字注》（臺北：黎明事業股份有限公司，1991 年），十二篇下，第 641 頁："匹，四丈也"；孔穎達：《禮記注疏》（臺北：藝文印書館，1972 年），卷四三《雜記下》，第 755 頁："束五兩，兩五尋"，鄭《注》："八尺曰尋。一兩五尋，則每卷二丈也，（兩兩）合之則曰四十尺"。
[46] 《詩品》，中《梁衛將軍范雲　梁中郎將丘遲》條，第 312 頁。
[47] 《詩品》，下《宋詹事范曄》條，第 403 頁。
[48] 《詩品》中《梁太常任昉》條，第 316 頁。
[49] 《詩品》，前，第 2 頁，考定鍾嶸卒於蕭梁武帝天監十七年（518）；第 6 頁，考定《詩品》撰成當在天監十三年（514）後。據《梁書》，卷三《武帝紀下》，第 43 頁、卷四《簡文帝紀》，第 55 頁，蕭綱於中大通三年（531）被策封為皇太子，則蕭綱此信必在此之後，上去《詩品》成書已逾十七載。
[50] 《梁書》，卷四九《文學列傳上·庾於陵傳附弟肩吾傳》所錄蕭綱《與湘東王書》，第 339 頁。

王粲《登樓賦》主旨探索
——兼論其歸曹後的心境

郭永吉

前　言

　　有關王粲《登樓賦》的研究，前賢所言已多，除寫作時間、所登樓宇之地尚有爭議外[1]，其餘多大同小異。論其內容指涉，多鍾情於思鄉，並及士不遇之憂。至於思鄉、士不遇是否有所關連呢？又，當王粲降曹北歸後，故鄉可及，且封爵升官，則此二憂是否均告消彌？

　　首先，此賦內容包括思鄉與士不遇之憂，乃世所共知，似無足再論。但在既有的研究成果中，對這兩種憂，大多兼敘並論，未有比較其間關連；或言及其間有所關連，但未分輕重[2]；或雖主張其間有主從之別，則多以思鄉為主[3]；或認為因士不遇而引發思鄉之憂，然僅一語帶過，未有說明[4]；或以士不遇為主，但與思鄉之間的關係則未論及[5]。眾說紛紜，各有主張，大部分都僅數語帶過，或就整體面論述，細部討論與證據引用多付闕如。

　　其次，歷來學者大多認為王粲歸曹後，政治地位提升，甚至也追隨曹操四處征戰而建立功業，因此心境上不再如屈居荊州時那般鬱悶，原先濃郁的思鄉、士不遇之憂也就自然銷解。相對的，歸曹後的作品，大多是頌揚曹操，或滿懷希望、進取的激揚情緒，呈現出愉悅的心境，迥異於在荊州時期的作品[6]。但若考量王粲的家世背景、對自我才學的認知，相對應於政壇上，或說曹操心目中實際的地位，再參對其作品中隱約透露出個人心境的信息，恐未必如前賢所見那般。

　　凡此似尚有可發覆之處。故不揣淺陋，以《登樓賦》為主，證以王粲見存其他作品，試補綴之。

一

　　王粲《登樓賦》[7]段落結構分明而嚴謹，以文義內容的發展來看：首段發題，點明登樓的目的乃為"銷憂"，這也是全文主題所在；所憂者何？分別見於第二段——思鄉之憂、第三段——士不遇之憂；最後以"循堦除以下降兮，氣交憤於胸臆。夜參半而不寐兮，悵盤桓以反側"四句為第四段，空間上，以"下"回應第一段首字"登"，且前三段的活動都是在樓中，此段所述則是處於樓外；時間上，前三段於日間進行，至此則已進入夜晚。可見第四段乃用以收束前三段，作為全文的總結，並宣告此次出遊的目的並未達成[8]。

由上述，我們可以知道王粲此次登樓，欲銷之憂有二：思鄉、士不遇。這兩種憂之間是否有所關連？或是各自獨立存在？若彼此間存在著某種關連，是否有主、從之關係？若有，何者為主？何者為從？此為本節欲探索的問題。

若單從賦文的第二段來看，王粲既說"人情同於懷土兮，豈窮達而異心？"用另一種方式來表達就是：祇要人離鄉在外，不管遇（達）或不遇（窮），都會思鄉。以其所舉的三個典故來看，似乎也能與此說相互呼應。是則，思鄉、士不遇兩者之間並無從屬關係。但，若進一步對典故作深入探索，結果恐非如是。

首先，孔子之所以有"歸歟之歎音"，乃因周遊列國卻無所用，以致大道不行於世。試想：若孔子獲用於當時某諸侯，能行其道以救世，所謂"遇"。那麼，他還會不會有此思歸"歎音"？回溯此典故的原始出處[9]，其義自明。《史記》卷四七《孔子世家》記載：

> 孔子居陳三歲，會晉、楚爭彊，更伐陳，及吳侵陳，陳常被寇。孔子曰："歸與！歸與！吾黨之小子狂簡，進取不忘其初。"於是孔子去陳……（衛）靈公老，怠於政，不用孔子。孔子喟然歎曰："苟有用我者，朞月而已，三年有成。"孔子行。佛肸為中牟宰，趙簡子攻范、中行，伐中牟。佛肸畔，使人召孔子。孔子欲往。子路曰："由聞諸夫子，'其身親為不善者，君子不入也'。今佛肸親以中牟畔，子欲往，如之何？"孔子曰："有是言也，不曰堅乎，磨而不磷；不曰白乎，涅而不淄。我豈匏瓜也哉，焉能繫而不食？"

參對上下文，可知：答案恐怕是否定的。更何況，孔子於陳時雖有歸思，但離陳之後，並未真的歸魯，而是轉道赴衛。後且因衛靈公不用己而再度興歎，所歎乃不遇之境，根本不見其有歸鄉之意。猶有甚者，連位非諸侯的佛肸畔而召孔子時，孔子竟欲往！怕的就是自己一生如"匏瓜""繫而不食"，可見孔子用世之心極其強烈。因此，雖然一方面因遭逢挫折而嘟噥著不如歸去，但祇要有絲毫的機會，都足以令他回車反旆[10]，奮力馳騁以求得行其道[11]。換言之，孔子之思歸肇因於不遇，且此歸鄉之念非其人生甘願抉擇的選項。王粲又何嘗不是如此呢？當他隨曹操北歸後，從其出征在外，曾作《從軍詩》其四以表其心境：

> 朝發鄴都橋，暮濟白馬津。逍遙河堤上，左右望我軍。連舫踰萬艘，帶甲千萬人。率彼東南路，將定一舉勳。籌策運帷幄，一由我聖君。恨我無時謀，譬諸具官臣。鞠躬中堅內，微畫無所陳。許歷為完士，一言獨敗秦。我有素餐責，誠愧伐檀人。雖無鉛刀用，庶幾奮薄身。

此處表面上雖說"恨我無時謀"、"微畫無所陳"，實際上是在怨！王粲並非真認為自己無才，而是一種埋怨有才卻不得掌權者青睞賞用的反話。事實上，他是自恃甚高之人，對自身才華肯定無疑[12]。這種用法，正如張衡於《歸田賦》中，表面上說："遊都邑以永久，無明略以佐時。"實際上是"疑""天道之微昧"，以致"俟河清乎未期"[13]。而"天道"於人間的具體化身也就是帝王"聖君"，可見兩人所欲表達的都是當下的懷才不遇。王粲真正的用意在於自己雖欲"鞠躬"獻謀，怎奈卻是"無所陳"，所以詩中纔會舉許歷一言敗秦為例，強調無鉛刀之用的文人，仍可為其主立大功。參對王粲其他從軍之作，再與孔子處境作比較，一樣是客處異鄉，都曾有"征夫懷親戚，誰能無戀情"，"哀彼東山人，喟然感鸛鳴"的思鄉情懷。但如今既已"身服干戈事，豈得念所私？"且內心真正擔憂的是"懼無一夫用，報我素餐誠"，以致心中有"愧"。所以祇要一有施展長才以成就功業的機會，必然戮力"奮薄身"，"將秉先登羽，豈敢聽金聲？"哪怕是"棄余親睦恩"，也要"輸力竭忠貞"[14]。由此可知，縱有思鄉之情，也都是轉瞬即逝。當他面對故鄉、功名的抉擇時，從未猶豫，都以後者為先，如同他在《詠史詩》中所表白：

  自古無殉死，達人所共知。秦穆殺三良，惜哉空爾為。結髮事明君，受恩良不訾。臨歿要之死，焉得不相隨。妻子當門泣，兄弟哭路垂。臨穴呼蒼天，涕下如綆縻。人生各有志，終不為此移。同知埋身劇，心亦有所施。生為百夫雄，死為壯士規。黃鳥作悲詩，至今聲不虧。[15]

若能身"受""明君"之"恩"，就算要自己以"死""相隨"也不會有任何遲疑。即使是家中"妻子"、"兄弟"當門垂泣，對於自己"人生"追求功名之"志"仍然堅定"不""移"，不為撓折。所嚮往的生命意義既如是，故土親情之思在這裏也就顯得微眇而不足縈懷了。此所以在不同時期面對同樣思歸的孔子，王粲的態度卻截然相反。《從軍詩》其一就說：

  從軍有苦樂，但聞所從誰？所從神且武，焉得久勞師……【竊慕負鼎翁，願厲朽鈍姿。】不能效沮溺，相隨把鋤犁。執覽夫子詩，信知所言非。

李善的解釋可謂深得其心：

  《孔叢子》曰："趙簡子使聘夫子，夫子將至，及河，聞鳴犢與竇犨之見殺，迴輿而趣。為操曰：'翱翔于衛，復我舊居，從吾所好，其樂只且。'"然夫子欲從所好而隱居，仲宣欲屬節而求仕，有異夫子之志，故以所言為非也。[16]

可見：因兩人"所好"的生命價值不同，王粲所"慕"在鐘"鼎"，故明言"不能"追"隨"孔子、沮溺回山林"舊居"的腳步，而是選擇與其分道揚鑣，戮力於仕途。這不就是他在《登樓賦》第三段中所展露"士不遇"之憂的心境嗎？思鄉憂情祇是在無"高衢"以"騁力"的情況下，纔被提及。

至於莊舄，就其當時的境遇——"執圭"而言，的確符合達亦思鄉這種情形。但不應忽略的是，莊舄表現出其思鄉之情是在他"病"的時候，而且恐怕當時病得不輕。人在重病之時，意識較平常時模糊，甚至不清[17]，如《文選》三四《七上》所錄枚乘《七發》描述當時吳王太子生病時的景況為：

  紛屯澹淡，嘘唏煩酲。（善注：紛屯澹淡，憤毳煩悶之貌也。《列子》曰："季梁病，矯氏曰：'病由精慮煩散也。'"）惕惕怵怵，臥不得瞑。虛中重聽，惡聞人聲。精神越渫，百病咸生。（善注：《呂氏春秋》曰："精神勞則越。"高誘曰："越，散也。"鄭玄《毛詩箋》曰："渫，發也。"）聰明眩曜，悅怒不平。

不僅身體、精神上的困頓，同時，情感也較為脆弱。此時最渴望的，是一種熟悉的依靠，若遊子在外，則會思念故土親舊。尤其腦海裏會浮現，昔日相同的處境——"病"時，親人無微不至的照護，眷戀之情必定自心底油然而生[18]。此所以莊舄病時，會作越聲。由此反推，當他無病清醒時，立於楚國朝堂之上，是否還會是相同的表現？衡以常理，應該是不可能。因此我們可以說，"病"也是另一種形式、屬於身體的"不遇"，則莊舄也是因不遇而起思鄉之情。

由以上所論孔子、莊舄的情形，表面看來是指他鄉客子都會想要回去故鄉。但若深入典故底層以探其意蘊，事實上均與鍾儀一樣，羈旅在外，若人生境遇上又遭逢困頓或有志不得伸時，特別容易興發思鄉懷歸之情。反之，雖客居異鄉，但人生境遇如意，個人志向可達，則思歸之情恐怕是有意無意會被淡化，至少也會相當低調，不會公然顯白的呈現出來。因此，這三個典故表面上言思鄉，實則寓指士不遇。換言之，全賦主旨乃士不遇，因不遇纔有懷歸之思的表露。

二

以上論述所得的結果，除了賦文本身供承的證據外，我們還可以就其他部分來補充。王粲隨曹操北歸後，曾寫過一首《雜詩》：

> 日暮遊西園，冀寫憂思情。曲池揚素波，列樹敷丹榮。上有特棲鳥，懷春向我鳴。褰衽欲從之，路嶮不得征。徘徊不能去，佇立望爾形。風飆揚塵起，白日忽已冥。迴身入空房，託夢通精誠。人欲天不違，何懼不合并？

持之與《登樓賦》仔細比對：

1. 二作具因有"憂"而出遊，都希望能夠藉此以"銷""寫"內心中的"憂思情"。
2. 初步所見的景色均佳。賦說："挾清漳之通浦兮，倚曲沮之長洲。背墳衍之廣陸兮，臨皋隰之沃流"，"華實蔽野，黍稷盈疇"；詩則言："曲池揚素波，列樹敷丹榮"，似乎足以達成目的。
3. 但此等用以化解憂愁的美景，轉瞬變成帶來愁悶、痛苦的根源。如賦第一段中所描述的山（廣陸）、水、原野等"信美"之景，在第二段中，這些景卻轉化為彎繞曲折、遮蔽視線的型態，甚至是阻斷自己歸鄉之路的兇手；第三段中，富庶的原野呈現的是一幅無人的孤寂、征夫踽踽獨行的茫然景象，孕育的是孤單、徬徨、無依的氣氛。至於詩中，原先開著紅花的樹，因高"嶮"而變成作者想獲得棲息於其上之鳥的障礙。換言之，這些美景阻隔了作者邁向所願之津途。
4. 所願既無法達成，卻又不捨就此撒手，思緒不停地徘徊，遂使作者進入一種出神的狀態，以致日落而不覺，故言"忽"。需藉由"風飆""蕭瑟"、"並興""揚塵"撲面而來的外力，方回過神。
5. 最後皆以失敗收場而歸。

可以發現：此詩結構與《登樓賦》基本上一致；使用意象亦雷同；其主旨也當是延續自《登樓賦》，特文體、篇幅多寡不同耳。是則，此詩可謂是賦的精簡版。

然而，詩中作者之"欲"，也就是其憂的來源，以"特棲鳥"此意象呈現，所指為何？若說某一時代中某種意象的使用應具有共通性，纔能無妨當時人的閱讀理解。那麼，探索兩漢以來有關"鳥"這一意象的寄託情形，應該能夠幫助我們釐清詩中未明的部分以解惑。事實卻不然，兩漢詩、賦作品中使用"鳥"這個喻象，代表的意義大約有以下幾種：（1）作為另一時空中的符誌；（2）溝通訊息的中介，包括天／人、人／人之間；（3）瑞應之一；（4）自由、一遂心願的投射對象；（5）被拘執的喻表；（6）匹偶的象徵；（7）個別特殊用法，如以"饕餮貪污"的鴟喻小人、以"堂前鶯"形容規律安穩[19]。但,前六項常見的用法無論以哪一種代入詩中,似乎都不夠妥切。這使得我們必須另尋他途以釋疑。

首先,《文選》卷二四《詩丙·贈答二》登載了一首曹植回應王粲《雜詩》而作的《贈王粲》:

> 端坐苦愁思,攬衣起西遊。樹木發春華,清池激長流。中有孤鴛鴦,哀鳴求匹儔。我願執此鳥,惜哉無輕舟。欲歸忘故道[20],顧望但懷愁。悲風鳴我側,羲和逝不留。重陰潤萬物,何懼澤不周?誰令君多念,自使懷百憂。

此詩前六聯與王粲《雜詩》如出一轍,這乃是曹植故意化身為王粲的身態,模仿其口吻以嘲謔之。後二聯則轉為嚴肅的訓誡語調[21]。因此透過曹植此詩,將有助於我們理解《雜詩》中隱而未明的意旨。根據李善注:"重陰,以喻太祖。"那麼下句"何懼澤不周",指的應該是政壇上得遇與否[22]。是則,兩人詩中"特棲鳥"、"孤鴛鴦"所象徵的乃是政治地位[23]。這種用法雖然在兩漢見存詩、賦等文學作品中未見,但並非是王粲好標新立異,而全無來源依據。

其次,東漢畫像石中,有一種題材時常出現:一棵大樹,有鳥飛翔或停留其上,有時將鳥易為猴子。樹下則有人彎弓搭箭,瞄準樹上的鳥或猴子,作欲射之狀。早期對於這類的圖像持有不同的解釋,後來學者破解了這類圖像所代表的隱意,將之命名為"射爵射侯圖"[24]。其中鳥這一喻像代表的就是雀,而雀又可通假為爵,所以射鳥也就是射爵;猴、侯取音通假。射有獵取之意,如兩漢中央政府射策取士的制度。是則,此圖像乃謀求富貴、高官之意。而這又與王粲當時欲於政壇上有所獲取的心境桴鼓相應。可見這是東漢時社會文化上常用的一種喻像,當王粲寫作時採此種用法,也就不顯得奇怪而難解了。由此可以得知:《雜詩》中以"特棲鳥"作為喻像所隱含的"憂",乃專指士不遇,非關思鄉或其他方面。

最後,再搭配王粲的另一篇作品—《閒邪賦》[25],作為佐證:

《閒邪賦》	《雜詩》	《登樓賦》
夫何英媛之麗女,貌洵美而豔逸。橫四海而無仇,超遐世而秀出。	曲池揚素波,列樹敷丹榮。	覽斯宇之所處兮,實顯敞而寡仇。挾清漳之通浦兮,倚曲沮之長洲。背墳衍之廣陸兮,臨皋隰之沃流……華實蔽野,黍稷盈疇。
發唐棣之春華,當盛年而處室。	上有特棲鳥,懷春向我鳴。	懼匏瓜之徒懸兮,畏井渫之莫食。
恨年歲之方暮。	白日忽已暝。	惟日月之逾邁兮、白日忽其將匿。
哀獨立而無依。	徘徊不能去,佇立望爾形。	原野闃其無人兮,征夫行而未息。
情紛挐以交橫。		氣交憤於胸臆。
意慘悽而增悲。		心悽愴以感發兮。
(關山介而阻險),何性命之奇薄,愛兩絕而俱違。	褰袵欲從之,路嶮不得征。	路逶迤而脩迥兮,川既漾而濟深,悲舊鄉之壅隔兮。
排空房而就衽,將取夢以通靈。	回身入空房,託夢通精誠。	循階除以下降兮。
目炯炯而不寐。		夜參半而不寐兮,悵盤桓以反側。
心忉怛而惕驚。		意忉怛而憯惻。

明顯可以看出此賦的用辭、喻象大致上與《雜詩》、《登樓賦》重合，是則三篇呈現之寓意應無甚差別。此賦之"麗女"、"恨年"、"暮"乃延續古代中國美人遲暮的傳統，為文人才士的自我比擬，所欲表達的即"士不遇"之感慨。

根據王粲於《弔夷齊文》中責夷齊"不同於大道"之語：

> 知養老之可歸，忘除暴之為念。絜己躬以騁志，怨聖哲之大倫。

可見王粲濟世之心仍炙熱如昔，遠比個人歸養來的要緊。若能逢明主知遇而有所用，何必曰歸？故雖異鄉依舊[26]，然思歸之心並非情之所眷，"多念"者乃"重陰"之"澤"何時能"周""潤"及吾身？"精誠"之心果真能"通""天"乎？所"欲"之願是否能與己"合并"而"不違"？眼見歲月"逾邁"無"極"，個人雖當"盛年"，但"年歲"無情，轉瞬即"暮"，凡此"百憂"縈"懷"，如"何"能不"畏"不"懼"？

王粲這種自認懷抱才學，積極入世，卻又擔心不為當局所用的複雜心態，從南方到北方、由劉表帳下到曹操陣營，都未曾消失過。如《雜詩》其四就說：

> 鷙鳥化為鳩，遠竄江漢邊。遭遇風雲會，託身鸞鳳間。天姿既否戾，受性又不閑。邂逅見逼迫，俛仰不得言。

"不得"的狀況，從"遠竄"荊州延續到"託身"曹營時，其間雖有"遭遇風雲"的轉機，但最終仍免不了"見逼迫"的困境，奈何之歎，恐猶深沈。甚至北歸後，時常見到他為求功成而捨棄懷歸之思、眷親之情，在在凸顯其一生憂之所在乃士不遇。至於思鄉，恐怕祇是在士不遇的陰影之下所萌生的逃避心態，如同張衡因"久""遊都邑"而不得"時"，遂興"遐逝"遠遊之心。但王粲卻無法如張衡般，就此"長辭""世事"，"迴駕乎蓬廬"中尋得安身立命之所[27]。而是終其一生棲棲遑遑於"征"途，"含情""佇立望"京邑，"願我賢主人"有朝一日能"見眷""俯拾遺"。"欲待"[28]之心既如此，是以"徘徊不能去"。

結　語

根據以上論述，我們可以歸納本文所獲致的初步結果：

一、內容方面。《登樓賦》雖是王粲流寓荊州、寄身劉表帳下時的作品，表達了思鄉、士不遇二種憂情。而兩者實密切相關，且以士不遇為主，思鄉為從。也就是說，會表現出強烈的思鄉之憂，乃因懷才不遇，由當下前途茫然所引發。

二、王粲北歸後，還鄉已非不可能，甚至應該曾經回到洛陽這個生長意義的故鄉[29]，此因既不存，但由《雜詩》中可見其憂卻仍存，則思鄉、士不遇兩者之間主、從關係瞭然可見。藉由不同時期的作品彼此相互映發，於王粲之心緒能更加清楚的呈現，也可回證第一點中對《登樓賦》主旨的認知，應非瞽說。

三、王粲歸曹返北後，爵封關內侯、位至侍中，仕宦際遇已較居荊州時有所提升。但以王粲的家世背景，以及對自我才華的認定，其仕途之望恐仍未愜，故而之前的不遇之懷至此猶然未得釋解。因此歸附曹操陣營後的大部分作品中，依然透露著與《登樓賦》有許多若符合契之處，濃鬱憂思仍縈心懷，且所憂均指向士不遇。

將王粲《登樓賦》視為佳作，乃自六朝以至今日的共識。就其寫作技巧與內容的深刻而言，實無可疑。然前賢論王粲《登樓賦》時，多襲舊說，或基於關注點不同，或限於論著體例，對此賦於創作上的實際成就、內容上的真實指涉，多未能深入而究其肯綮，明白點出，甚至有時不免流於人云亦云，故本文不憚厭煩，於此舊題中，淺發愚見，聊復備數，以厠其末。

注　釋：

[1] 有關這個問題，眾說紛紜，未有所定。筆者贊同朱曉海《從蕭統佛教信仰中的二諦觀解讀〈文選·遊覽〉三賦》，《清華學報》新37卷第2期（2007年12月），第437—438頁，及注24的考訂，認為此賦作於劉表在位時，登當陽城樓。其中一個主要的證據，即賦中"蔽荊山之高岑"的荊山，乃代指當時荊州牧劉表。因此，此賦的寫作背景乃是：屈居劉表帳下，卻不受重用，但在群雄割據的混沌局勢中，值得投靠的明主又未明朗，導致其身、心並處飄零無依之狀態。其餘眾說，請參陸侃如著《東漢獻帝·建安十一年》，《中古文學繫年》（北京：人民文學出版社，1998年），卷五，第356—357頁，繆鉞著《〈文選〉賦箋——班固〈兩都賦〉、王粲〈登樓賦〉》，《冰繭盦叢稿》（上海：上海古籍出版社，1985年），第131—133頁；曹道衡、沈玉成著，《漢魏·王粲至荊州在初平三年》，《中古文學史料叢考》（北京：中華書局，2003年），卷1，第63—64頁；廖蔚卿著，《論中國古典文學中的兩大主題》，《漢魏六朝文學論集》（臺北：大安出版社，1997年），第59頁，注4；俞紹初《〈登樓賦〉測年》，《文學遺產》第2期（2003年），第119—122頁。前賢的相關著作中，較令人不解的是劉躍進《秦漢文學編年史》（北京：商務印書館，2006年），論述下限至曹丕篡漢前，竟未收錄王粲的《登樓賦》。

[2] 如王瑤《中古文學史論》（北京：北京大學出版社，1998年），《曹氏父子與建安七子》，第243—244頁；張叢林《王粲〈登樓賦〉的描寫藝術——兼論主題及其他》，《遼寧教育學院學報》第15卷第2期（1998年3月），第97頁；王巍《建安文學概論》（瀋陽：遼寧教育出版社，1991年），《建安時期的詩歌》，第224—226頁；于浴賢《六朝賦論述》（保定：河北大學出版社，1999年10月），第六章《登覽賦》，第226—228頁。

[3] 如曹道衡《試論漢賦和魏晉南北朝的抒情小賦》，《中古文學史論文集》（北京：中華書局，2002年），頁18："以《登樓賦》為例，它通篇是寫的思鄉之情"；廖蔚卿《論中國古典文學中的兩大主題》，《漢魏六朝文學論集》（臺北：大安出版社，1997年），第56頁說："《登樓賦》以'望歸'的意識情態為主題"，第70頁："詩人在《登樓賦》中，從頭到尾似被拘囚著而不能超越空間以回歸故鄉"，第63頁也說："唯有……回到他生命及生存的根源地——故鄉，他纔有所歸屬，纔能肯定他的生命的意願與價值"。又可見趙敏俐、譚家健主編《中國古代文學通論——先秦兩漢卷》（瀋陽：遼寧人民出版社，2004年），第六章《漢賦概述》，第172頁；王國瓔《中國文學史新講》（臺北：聯經出版社，2006年），第三編第二章《文學的自覺》，第250頁。

[4] 如朱東潤主編《中國歷代文學作品選》（上海：上海古籍出版社，1979年），第185頁說此賦："主要抒寫作者因久留客地，才能不得施展而產生思鄉情緒"；張素卿、詹海雲、廖棟梁、方介、周益忠、黃明理《歷代散文選注》（臺北：里仁書局，2009年4月），第558頁也有類似說法。至於穆克宏《捷而能密，文多兼善——劉勰論王粲》，《福建師範大學學報》1985年第4期，第72頁說："懷才不遇使他更思念故鄉"，"王粲的思鄉實由懷才不遇引起的"，但仍認為："全賦表達了他濃郁的思鄉之情"，顯然是以思鄉為主。

[5] 如俞紹初《〈登樓賦〉測年》，《文學遺產》第2期（2003年），第120頁："他一方面希望天下一統安定，自己可以藉助王道而馳騁才力。一方面又懼怕不被任用，無所作為而蹉跎歲月。這種既抱希望又感惶恐不安的思想情感的表露，構成了登樓賦的一個重要內容，而且應該認為是作者為文立意的主眼所在"；曹大中《〈登樓賦〉——王粲棄劉歸曹的信號與準備》，《中州學刊》第3期（1987

年),第81頁;凌迅《冀王道之一平兮,假高衢而騁力——從〈登樓賦〉試論王粲》,《齊魯學刊》1981年第4期,第74—75頁。

[6] 如曹大中《〈登樓賦〉——王粲棄劉歸曹的信號與準備》,第81—82頁;吳雲、唐紹忠《試論王粲的詩賦創作》,《天津社會科學》第6期(1982年);于浴賢《王粲賦論》,《文史哲》第5期(1990年),第65頁;吳雲主編《魏晉南北朝文學研究》(北京:北京出版社,2001年11月),第五章《建安七子與蔡琰研究》第一節《建安七子的政治態度與創作傾向研究》,第151—152頁;張可禮《建安作家的藝術個性特點》,《建安文學論稿》(濟南:山東教育出版社,1986年9月),第141—142頁;王鵬廷《建安七子研究》(北京:北京大學出版社,2004年),第6章《七子文學風格論析(上):共同風格》,第201—202頁;王鍾陵《中國中古詩歌史》(北京:人民出版社,2005年),第159—162頁;徐公持《魏晉文學史》(北京:人民文學出版社,1999年),第5章《曹魏前期諸文士·王粲》,第105—109頁;王巍《建安文學概論》,第70—72頁、第157—161頁;章滄授《建安諸子辭賦創作的重新審視》,《第三屆國際辭賦學學術研討會論文集》(臺北:政治大學文學院,1996年),第751—752頁、第757頁;胡世厚、衛紹生《文學的自覺與消沈——建安文學三題》,胡世厚、蕭永慶、衛紹生主編《建安文學新論》(鄭州:中州古籍出版社,1992年),第39—41頁;傅剛《鄴下文學論略》,《建安文學新論》,第80—81頁;俞紹初《論建安七子》,《建安文學新論》,第204頁;凌迅《冀王道之——平兮,假高衢而騁力——從〈登樓賦〉試論王粲》,第75頁;江建俊《王粲學術》,《中華文化復興月刊》第十四卷第十二期(1981年12月),第24頁。早期學者對王粲作品的相關論述,請見河北師範學院中文系古典文學教研組編《三曹資料彙編》(北京:中華書局,2005年),附錄二《建安七子·王粲》,第312—335頁。其中唯《王粲學術》,第16—17頁、第21—22頁,雖也認為王粲受曹操賞識而"顯舉他","拜侍中,乃揚眉吐氣矣",但並未愜其心志,故"仍未可言為得志也"。爾後《從軍詩》諸作,仍透露出"力不從心的感覺","知王粲在歸曹後,亦非得志也"。然其將王粲不得志的原因歸諸與曹操有不同的政治立場而遭疑忌,或猶可商榷。

[7] 賦文見俞紹初校點《王粲集》(北京:中華書局,1980年),卷二,第19—20頁。以下凡引自此賦者,不另注出出處。

[8] 以筆者所見,目前學界均將此賦分為三段,說明根據者,所持理由主要是此賦共用了三個韻腳,搭配換韻而另起段落,乃當時為文的常態。另外,或許認為以四句獨立為一段,篇幅上與前三段過於懸殊。而大多數學者則是因襲前說,慣例如此,故無異議。但若仔細針對內容進行分析,則三段說恐有待商榷,全文分四段,較能完整照顧其文義發展,並符合結構分明而嚴謹的認知。相關論述,筆者已另撰文說明,請參《王粲〈登樓賦〉結構分析及創作技巧探索》,《第八屆文選學國際研討會》會議論文(2009年8月)。

[9] 此典故最先雖是出於程樹德《論語集釋》(北京:中華書局,1997年),卷十《公冶長下》,第343頁:"子在陳,曰:'歸與!歸與!吾黨之小子狂簡,斐然成章,不知所以裁之。'"但並未交代思歸之始末,其緣由於此無從得知,《史記》則是有詳細的記載。而且,《史記》所載孔子以匏瓜為喻,也被王粲此賦引用。可見:王粲當是依據《史記》而出典,故此處不引《論語》為證。

[10] 回車,一般或多使用、理解為歸鄉。但在最早使用這一詞語的屈原《離騷》中,實指追尋自我的理想目標,詳參廖美玉《緒論:回車——尋繹詩人生命向度的一個視角》,《回車:中古詩人的生命印記》(臺北:里仁書局,2007),第3—6頁、第14—20頁。

[11] 這並不是第一次!根據,瀧川龜太郎《史記會注考證》(臺北:洪氏出版社,1986年),卷四七《孔子世家》,第748頁:"孔子年五十,公山不狃以費畔季氏,使人召孔子。孔子循道彌久,溫溫無所試,莫能己用,曰:'蓋周文武起豐鎬而王,今費雖小,儻庶幾乎!'欲往。子路不說,止孔子。孔子曰:'夫召我者豈徒哉?如用我,其為東周乎!'然亦卒不行。"

[12] 這由《王粲集》,卷二《閒邪賦》,第16頁,描述"麗女"之狀:"貌洵美而豔逸,橫四海而無仇,超遐世而秀出。發唐棣之春華,當盛年而處室",實乃自況之辭,由文中可見其自信與自悼之情。有關這一部分的探討,請詳下文。

[13] 李善注：《文選》（臺北：藝文印書館，1989年），卷十五，第227頁。

[14] 以上引文見《王粲集》卷一《從軍詩》其二、其三，第8—9頁。

[15] 歷來學者對此詩的意涵有不同的看法，相關論述請見曹道衡、沈玉成《中古文學史料叢考》（北京：中華書局，2003年），卷一《漢魏·王粲〈詠史〉》，第67—68頁。

[16] 《文選》卷二七《詩·軍戎》所收王粲《從軍詩》其一，李善注，第395頁。

[17] 如孔穎達《春秋左傳正義》（北京：北京大學出版社，1999年），卷二四《宣公十五年·傳》，第671頁："初，魏武子有嬖妾，無子。武子疾，命顆曰：'必嫁是。'疾病，則曰：'必以為殉。'及卒，顆嫁之。曰：'疾病則亂，吾從其治也。'"這也就是孔穎達《禮記正義》（北京：北京大學出版社，1999年），卷十《檀弓下》，第295—296頁，"陳乾昔寢疾"條，《正義》所說："《春秋左氏傳》魏顆父病困，命使殺妾以殉；又晉趙孟、孝伯並將死，其語偷；又晉程鄭問降階之道，鄭然明以將死而有惑疾。此等並是將死之時，其言皆變常。而曾子云：'人之將死，其言也善'者，但人之疾患有深有淺，淺則神正，深則神亂。"趙孟、程鄭之事，分見《春秋左傳正義》卷四十《襄公三十一年·傳》，第1124頁；卷三五《襄公二十四年·傳》，第1008—1009頁。

[18] 王利器：《顏氏家訓集解》（北京：中華書局，1996年）卷二《風操》，第117頁說："人有憂疾，則呼天地父母，自古而然。"之所以如此，《史記會注考證》卷八四《屈原列傳》，第1009頁太史公曾說："夫天者，人之始也；父母者，人之本也。人窮則反本，故勞苦倦極，未嘗不呼天也；疾痛慘怛，未嘗不呼父母也。"以中國人安土重遷的習性來說，遊子他鄉而生憂疾時，眷戀故土亦所當然。

[19] 請見朱曉海《論〈神烏賦〉及其相關問題》，《漢賦史略新證》（西安：陝西人民出版社，2004年），第201—202頁。

[20] "故道"於此顯然不是指實際意義的回房之路，應該是指尋覓過去的我，也就是自己的生命初衷、原始的理想抱負。"忘"，迷失了，因得不到、無法如願而產生的一種徬徨感，甚至是懷疑自己的追尋是否正確、值得。但又不甘就此捨棄，遂有迷惘、惆悵之感縈懷不散。請參廖美玉《緒論：回車——尋繹詩人生命向度的一個視角》，第15—18頁、第20—24頁、第32—33頁。

[21] 朱曉海：《曹子建詩卓犖舉隅》，《新國學》第3卷（2001年12月），第185—186頁。又，盧弼：《三國志集解》（臺北：藝文印書館，1955年）卷二一《王粲傳》，第538頁，裴注引《魏略》記載："太祖遣（邯鄲）淳詣植，植初得淳甚喜，延入坐，不先與談。時天暑熱，植因呼常從取水自澡訖，傅粉，遂科頭拍袒，胡舞五椎鍛，跳丸擊劍，誦俳優小說數千言訖，謂淳曰：'邯鄲生何如邪？'於是乃更著衣幘，整儀容，與淳評說混元造化之端，品物區別之意。然後論羲皇以來賢聖名臣烈士優劣之差；次頌古今文章賦誄及當官政事宜所先後；又論用武行兵倚伏之勢。"也是先以倡優伎人角色粉墨登場，接著空際轉身，以端莊學者姿態訓教來人，雅/俗、莊/諧並具。可見：曹植本擅長於此種瞬間變化的角色扮演，並能分別生動逼真地體現於具體活動（動）與案頭文學（靜）之中。而俳優戲謔之技，或得之於其母卞太后出倡家出身。此種模仿對方以為戲謔，又諸《三國志集解》卷二一《吳質傳》，第546頁，裴注引《質別傳》："質黃初五年朝京師，詔上將軍及特進以下皆會質所，大官給供具。酒酣，質欲盡歡。時上將軍曹真性肥、中領軍朱鑠性瘦，質召優，使說肥瘦。真負貴，恥見戲，怒"；卷四二《許慈傳》，第861頁："（許）慈、（胡）潛更相克伐，謗讟忿爭，形於聲色；書籍有無，不相通借，時尋楚撻，以相震攝。其矜己妒彼，乃至於此。先主愍其若斯，群僚大會，使倡家假為二子之容，傚其訟閱之狀，酒酣樂作，以為嬉戲。初以辭義相難，終以刀杖相屈，用感切之。"特其用意不同耳。

[22] 如《王粲集》，卷一《公讌詩》，第7—8頁，開頭說："昊天降豐澤，百卉挺葳蕤。"以為喻；次言："今日不極歡，含情欲待誰？"說明個人當下心境；結以："願我賢主人，與天享巍巍。"回扣首聯，點明所願。全詩意旨為：我對於自己目前的處境並未如意，期待著我的主人（曹操）能如昊天降澤，垂恩見眷於我，使我的仕宦之途能夠如百卉逢春而葳蕤茂盛。層層遞展，以見其情，也是以天降甘澤潤百卉來比喻當政者垂青下僚。這種藉公讌場合表達個人境遇的作品，也見於應瑒的《侍

五官中郎將建章臺集》，詳參川和康三《饗宴之歌》，蘇瑞隆、龔航主編《廿一世紀漢魏六朝文學新視角——康達維教授花甲紀念論文集》（臺北：文津出版社，2003 年 7 月），第 169—170 頁。

[23] 歷來學者多將王粲此詩理解為對朋友的思念，甚至將此友落實為曹植，因曹植《贈王粲》用辭與此詩極為類似，則詩中"特棲鳥"、"孤鴛鴦"指的是所思念之人。細讀二詩，此說恐待商榷。相關論述，請參穆克宏《捷而能密，文多兼善——劉勰論王粲》，第 70—71 頁。

[24] 邢義田：《漢代畫像內容與榜題的關係》，《故宮文物月刊》第十四卷第五期（1996 年 8 月），第 73—75 頁；《漢代畫象中的"射爵射侯圖"》，《中央研究院歷史語言研究所集刊》第七十一本第一分（2000 年 3 月），第 13—16 頁。可惜邢文論述時，僅取材於經、史文獻，而未能引此詩以為佐證，使其論證層面更加完備。但此種關連學者早已提及，見朱曉海《曹子建詩卓犖犖舉隅》，第 186 頁。

[25] 《藝文類聚》（上海：上海古籍出版社，1999 年），卷十八《人部二·美婦人》，第 332—333 頁，收載陳琳及阮瑀《止欲賦》、王粲《閑邪賦》、應瑒《正情賦》、曹植《靜思賦》，學者多將之歸於愛情賦，認為是見命同題共作之屬，乃諸子與曹氏兄弟共遊鄴下時所作，遊戲競技成分濃厚，故歷來未之重也。但至少就王粲此賦而言，實乃寄個人際遇之悲於其中，與他另外的作品可相呼應。見命之作未必不能物、我雙寫，假物以言志。如與王粲同時的禰衡，亦被命寫《鸚鵡賦》，便於描述的鸚鵡中寄託了個人的身影，詳參朱曉海《讀兩漢詠物賦雜俎》，《漢賦史略新證》第 414—418 頁。前賢之說請參吳雲主編《建安七子集校注》（天津：天津古籍出版社，2005 年），第 135 頁，注一、第 300 頁，注一、第 454—5 頁，注一、第 506 頁，注一；《建安七子研究》，第 5 章《七子創作實績略述》，第 160—161 頁、第 6 章《七子文學風格論析（上）：共同風格》，第 227 頁、于浴賢《王粲賦論》，第 65 頁；羅宗強《魏晉南北朝文學思想史》（北京：中華書局，2006 年），第一章《建安文學的思想》，頁 8 也說：陳、阮、王、應等"四篇的寫法與意蘊相同，似為一時命題之作"。

[26] 王粲北歸後，因任官的關係，除隨軍出征外，應多居於鄴城。

[27] 《文選》，卷十五《賦辛·志中》所收張衡《歸田賦》，第 227—228 頁。王粲於《七哀詩》其三中就說："行者不顧返，出門與家辭。"迴、返無異；家即蓬廬，具指安身歸依之所。可見王粲所追求的生命意義正與張衡的選擇背道而行。當然，張衡《歸田賦》中的描述可能僅止於"知"，該然的層面；至於是否付諸實"行"，已然，恐未必。這就如同賈誼在《鵩鳥賦》中，最後雖看破死生，但於現實生命中卻非如是，仍舊感傷自我遭遇，最後抑鬱以終。畢竟不是每個人皆為哲人，未必都能按照所"知"以"行"。

[28] 以上引文分見《王粲集》，卷一《公讌詩》、《從軍詩》其一，第 8 頁。歷來學者多將《公讌詩》、《從軍詩五首》等視為王粲媚曹獻諛的歌頌之作，見注 6，又可見川和康三《饗宴之歌》，第 169—170 頁；陳昌明《沈迷與超越——六朝文學之感官辯證》（臺北：里仁書局，2005 年 11 月），第三章《感官隱喻與聲色追求》，第 171—172 頁；穆克宏《捷而能密，文多兼善——劉勰論王粲》，第 69 頁。但此僅就表面視之，而未能深究此類作品實另有隱涵。事實上，這些作品大部分表面上在頌，實際意義則是假頌以諷。所諷的內容為在上位者無法知才任人，以致有才之士志不得伸。簡言之，即士不遇之作。此手法乃自漢賦傳統中轉化而來，特其表現方式較為隱約委婉，需曲情索之方克得見，這或許也就是鍾嶸，《詩品》（上海：上海古籍出版社，2007 年），卷上《魏侍中王粲詩》，第 24 頁，評述王粲寫作風格時所說"文秀而質羸"的特性。所謂"文秀而質羸"，"文"、"質"並指創作手法，"文"乃為較委婉的表述方式；"質"則是相對於"文"，是指表述方式比較直接，相關論述，請參羅志仲《〈文選〉詩收錄尺度探微》（新竹：清華大學中國文學系博士論文，2008 年），第 6 章《〈文選〉對詩的審美觀》，第 227—231 頁。漢賦假頌以諷的情形，請參朱曉海《序論》，第 4 頁、《〈兩都〉、〈二京〉義疏補》，《漢賦史略新證》，第 296—297 頁。

[29] 王粲可能因隨曹操西征馬超而回過洛陽，請參《王粲集》，附錄二《王粲年譜》，第 103 頁。

太一信仰與西漢郊祀

陳麒仰

前　言

　　先秦已有不少著作，將"太一"一詞用為宇宙本體的稱呼，例如說，《呂氏春秋》卷五《大樂》："道也者，至精也，不可為形，不可為名，彊為之名，謂之太一。"道先分化為陰陽，而後生萬物，所謂"萬物始出，造於太一，化於陰陽"。太一既是經驗世界出現前的存有，當然無法以經驗世界成立之後，而且本身就是經驗世界一部分的觀念、語詞來掌握。漢初也有類似的敘述，《淮南子》卷十四《詮言》："洞同天地，渾沌為樸，未造而成物，謂之太一。"

　　"太一"之名初起時，極可能與作為北極星的太一星有關。在先民的思想中，"宇宙中心"是至尊的位置，包括地理的中心、天空的中心、連接天地中心的宇宙山，在這個中軸線上所有的存在，都是最高貴的[1]。就天空而言，"世界的中心"即天北極。天北極最主要的星座是紫微垣。紫薇垣中有北極五星，其中第二星最明亮，被當作指極星，即司馬遷所謂的"太一常居"。最尊貴的地方當然由最尊貴的存有居住，則太一星自然是至上神天上的居所，連帶地使得太一成為"居於這最尊貴處所者"的代稱，故《淮南子》卷三《天文》說："天神之貴者，莫貴於青龍，或曰太一。"而《史記》卷二七《天官書》在描述天體時，即始自"中官"太一星，這個"世界中心"，並且說："中宮【官】[2]天極星，其一明者，太一常居也。"[3]

　　單就上引的傳世文獻，已可發現"太一"這個名詞具有多重的意義：一、作為哲學概念，"道"的稱號；二、北極星名；三、至上神，天帝之名。錢寶琮先生認為"'太一'這個名詞從陰陽未分的道演變為總理陰陽的天神，大概是西漢初的事實"[4]；李零先生依據考古發現，則指出：在先秦時期，太一就已經兼有道、星名、神名三種意義，而且是一種共時的現象[5]。至於太一的這三種意義究竟有無單線式的發展歷程，還是在初民"宇宙中心"的信仰中，哲學思想、神明與星象名稱皆混合在一起，目前以傳述文獻或考古發現來看，雖無法確定，但是經由以下天一、太一同為天帝神名的考察，似乎可以說：就邏輯的順序而言，太一"星"的屬性，應該先於太一"神"的性格。

一、太一信仰

甲、天一、太一先後為北極星

　　由於月球和太陽的引力作用，地球自轉軸會緩慢地沿著一半徑約23.5度角的圓周繞行黃極，此一周期大約是25800年的運動，天文學上稱為"歲差"（precession）。北極位置會隨時代改變，並非如常識想像，始終如一。各時代的極星並不相同，公元前2608年時在北極位置的是天一星，公元前2263年是太一星，兩者位置去極度相差半度。至於司馬遷的時代，以帝星為極星[6]。而現代居於北極位置的則是勾陳一[7]，即《史記》卷二七《天官書》中所名"正妃"[8]者，但與前二者都是紫微宮中之星。

既然天一星曾經在太一星之前是北極星，因此天一、太一的性質頗有相涉之處。《史記》卷二七《天官書》敘"天一"星曰："紫宮前列直斗口三星，隋北端兌，若見若不，曰陰德，或曰天一。"《正義》引《星經》云："天一一星，疆閶闔外，天帝之神，主戰鬥，知人吉凶。明而有光，則陰陽和，萬物成，人主吉；不然，反是。太一一星次天一南，亦天帝之神，主使十六神，知風雨、水旱、兵革、饑饉、疾疫。占以不明及移為災也。"[9]從對二星執掌的描述，可以如此推測：早先的極星是天一星，是主掌"戰鬥"的天帝所居。後來到了太一星成為北極星，取代天一星的地位而成為"天帝之神"的時候，因為農業漸形重要，天帝主掌的是與農業息息相關的"風雨、水旱"，以及其引致的後果"饑饉和疾疫"等，但如今太一既身為極星，原來天一星此極星代表的天帝所主掌的"戰鬥"也成為太一星所代表的天帝職掌範圍，所謂"兵革"。

這種同一"天帝之神"卻由兩星來代表的混淆狀況，在緯書中也留下線索。《樂緯·汁【葉】微圖【圖徵】》曰："天宮，紫微；北極，天一、太一。"宋均注云："天一、太一，北極神之別名。"[10]"北極神"即"天帝之神"。同一神的名字不止於一，本身並不奇怪，但以兩顆完全不同的星作它的"別名"，高度反映了：紫微宮中的天一、太一兩星曾先後出任過極星，因此纔留下這痕跡。

因極星轉移而引生混淆的情形也見諸星占。與天帝相對應的乃俗世的人主。天無二極，地無二主，照理，關乎人主禍福占斷的極星應僅有一星，否則，若兩星狀況恰相背反，將導致星占解釋上的無所適從。然《史記》卷二八《封禪書》《正義》所引《星經》竟說："天一、太一二星主王者即位，令諸立赤子而傳國位者。星不欲微；微，則廢立不當其次，宗廟不享食矣。"再參對《史記》卷二八《天官書》《索隱》所引石氏（《星經》）之說："天一、太一各一星，在紫宮門外，立承事天皇大帝。"可合理地整理推演如下：《星經》在撰寫當時，極星固非天一星，也已非太一星，乃帝星，因為當時天一和太一指的是天龍座中靠近"右樞"星的兩顆小星[11]。然而星名既保留下來，星名蘊含的歷史記憶也隨之滲入了星占解釋中，以致《星經》留下此痕跡。祇是不得不降為天皇大帝的"承事"者。"承事"者並不是最高神，可能有"代理"或"亦天帝之神"這種色彩。《正義》稱引《星經》時，本意雖在以之解釋天一星在星占上的預示功能，但因天一、太一先後為北極星，張守節又未刪節，故出現二星均主"王者即位"此罅隙。

同樣因極星轉移而發生混淆的情形，也見諸星名所指稱的位置、神名的混用。上引《星經》、《樂緯·葉圖徵》、宋均注所載的"太一"一詞，有兩個不同的指涉：一、指稱"北極"、"天極"；二、又與"天一"並列，指"前列直斗口"、右樞旁、"天一"星南的"太一"星。二者位置明顯不同。

"太一"一詞，在司馬遷以前本指"北極"，故《史記》稱北極五星之第二星為"太一常居"，並未稱為"太一"星。以"太一常居"稱呼北極星，可以解釋為："太一神常居之北極星"，而非指已經離開北極位置的太一星。又因其內涵已經從僅指"太一星"而轉變為兼有"太一神"、"北極神"的意義，故《星經》說太一星，既指涉當時的位置"次天一南"，又同時論及太一神傳統的意涵，"亦天帝之神"；而《樂緯》依照太一過去的位置以為："北極，天一、太一"；帝星在天一星、太一星之後成為指極星，而兩星既不居北極，故宋均注則祇能以"神之別名"解釋其意涵。

類似的釋例也見諸《公羊傳》卷二三《昭公十七年》何休《解詁》："北辰，北極，天之中也"，而徐《疏》稱引《春秋說》[12]："北者，高也。極者，藏也。言太一之星，高居深藏，故名北極也。"以"高藏"解釋"北極"命名的源由，不但迂曲，且於義無據。所以如此，何休依照春秋以來傳統的認知，極星顯然得指太一星；但至漢、唐時期，當時的極星是帝星，時人認知的太一星已不在北極，不得釋為"天中"，故徐《疏》不得不引用緯書，迂迴地解釋"太一"和"北極"訓解上的關係。

乙、主兵革、戰勝的"太一鋒"

在可確知為先秦撰成的傳世故籍中，《韓非子》卷五《飾邪》已可見太一星主兵革的信仰："（魏）數年西鄉以失其國，此非豐隆、五行、太一、王相、攝提、六神、五括、天河、殷搶、歲星非數年在西也。"按照星占之說，主戰爭的太歲諸星所在之國不可伐，但該國可以伐人。太一雖不似太歲運轉，但當亦為主戰爭的星象。《淮南子》卷三《天文》也提到太一星與戰爭的關係："天神之貴者，莫貴於青龍，或曰太一，或曰太陰。太陰所居，不可背而可向。北斗所擊，不可與敵。"戰爭之前向之祝禱，必勝。然而從上引文可見，太一星並非主戰爭的唯一星象，至少北斗所占的地位也不可輕視。是以武帝元鼎五年"為伐南越告禱太一。以牡荊畫幡日、月、北斗、登龍[13]。以象天一三星，為太一鋒，命曰'靈旗'。為兵禱，則太史奉以指所伐國"[14]。天一星主戰鬥、太一星主兵革，已見前面引文，如今又認為北斗主戰勝，於是天一、太一與斗口三星組成了"天一三星"，畫在幡上，就形成 Y 字形的"太一鋒"，象徵戰勝的吉祥物。雖然當時太一星已未必是極星了，但由於當時是太一信仰最盛的時代，以致雖然主戰者有三類星，太一仍被視為告禱的主要對象。

湖北荊門出土的戰國時代"避兵"銅戈，"太一神"作"一'大'字形戎裝神物，頭戴分豎雙羽的冠冕，疑即古代所謂的'鶡冠'，身披鎧甲，雙手和胯下各有一龍。……左足踏月、右足踏日。銘文……正背各兩字，作'兵闢太歲'"[15]。另一件出土文物為馬王堆漢墓帛畫"避兵圖"，"圖的上部正中也有'大'字形神物，……頭亦戴'鶡冠'……據題記即'大（太）一'，圖的下部也有三龍……。"[16]與"兵避太歲"戈相比，多出了六位神物：太一神左右的雨師、雷公；太一神之下有四位"武弟子"，依次持戈、持劍、著避弓矢之衣、持戟。李零認為兩件出土文物上的人形神物是"太一神"，日、月在太一神足下，顯見位階較低，這與太一作為"天神之貴者"相符。

從傳世故籍、出土文物等，都可以看出主兵革、戰鬥之類的神祇、星占都非單數，而是相當複雜多重的崇拜形式，這一點可以理解為戰爭勝負的決定性因素不單祇有一個。而所以又會附益以日月、北斗、龍等各種神物輔助，實乃種因於太一鋒不是一個單純的"太一"信仰，而是多重神物的崇拜行為。"太一"作為北極星，正好在這個時期受到重視，在某些"兵禱"之類的崇拜行為中，居於代表性的角色。但不能忽略在漢代仍有其他星象（如太白星[17]）、神祇（如蚩尤[18]）也具有同類的功能。太一主兵祇能說是漢代關於戰爭神物的崇拜中，一種並不特別突出的形式。但是在太一信仰崛起的過程當中，其位階連帶地在祈求戰勝的崇拜中顯得比較崇高。

丙、太一與五帝

據《後漢書‧續漢志》卷十《天文志上》劉昭注補引張衡《靈憲》曰："紫宮為皇極之居，太微為五帝之廷。明堂之房，大角有席，天市有坐"[19]，是帝座有五個：一，紫微宮。《淮南子》

卷三《天文》："紫宮者，太一之居也"，這是專指紫微宮中北極星而言，故《史記》卷二七《天官書》說："中宮北極星，太一常居。"二，太微五帝座星。三，《史記》卷二七《天官書》、《漢書》卷二六《天文志》都說："心為明堂，大星天王。"四，大角。《史記》卷二七《天官書》："大角者，天王帝廷。"五，天市。《晉書》卷十一《天文志上》："帝坐一星，在天市中候星西，天庭也。"在漢人的看法中，帝座本來就有五個，似乎是累積了幾個時代、不同來源的信仰。這五者尚可以區分為三組，彼此的界域相當清楚：一、紫微宮、北極星。二、太微五帝。三、心宿、大角、天市。其中第三組祇在諸如"熒惑守心"、"（彗）星犯角"星占活動中比較活躍，它代表人間皇帝的性質，多過代表上帝，此不具論。紫微和太微兩帝座，在漢代文獻中都是上帝，兩者的位階、分合關係也相當清楚，並不混淆，試論如下。

《周禮》卷十八《春官·大宗伯》賈疏曾稱引兩段緯書文字，關於紫微宮：

<blockquote>
《元命包》云："紫微宮為大帝。"又云："天生【皇】大列【帝】為中宮大【北】極星[20]，星其一明者，大一常居，傍兩星巨辰子位，故為北辰以起節度，亦為紫微宮。紫之言中此，宮之言中[21]，天神圖法、陰陽開閉皆在此中。"又《文耀鉤》云："中宮大帝，其精北極星[22]，下【其】一明者為大一之先【光】[23]，合元氣，以斗布常，是天皇大帝之號也。"
</blockquote>

太一、北辰、北極五星中那顆最明亮者、天皇大帝，指涉的乃同一對象，主要還是以北極星作為最主要的關鍵。此星為天皇大帝所居。至於太微五帝，《易緯·通卦驗》曰："太皇之先，與燿合元，精五帝期，以序七神。"[24] 鄭玄注："皇，君也。先，猶本也。燿者，燿魄寶，北辰帝名也。此言太微之帝，本與北辰之帝同元。元，天之始也。其精有五，謂蒼帝靈威仰之屬也。其布列用事各有期，期各七十二日，主敘十神二十八舍北斗也。"此處"太皇"指的是太微五帝，所以冠以太微，因為這五帝座星居於太微宮。《春秋緯·運斗樞》即云："大微宮有五帝座星。"[25] 相對於太微之帝的乃北辰大帝，所居為紫微宮。

不僅所居有別，名號亦異。根據《禮記》卷十六《月令·季夏》"皇天上帝"鄭注，可知：天皇大帝之名為"燿魄寶"。而《周禮》卷十八《春官·大宗伯》賈疏所引《春秋緯·文耀鉤》，指出太微五帝的稱號："春起青受制，其名靈威仰；夏起赤受制，其名赤熛怒；秋起白受制，其名白招拒；冬起黑受制，其名汁光紀；季夏六月火受制，其名含樞紐。"

二者關係究竟如何，可粗分為兩種意見。許慎《五經異義》表示：

<blockquote>
天號等六。今《尚書》歐陽說曰："欽若昊天，春曰昊天，夏曰蒼天，秋曰旻天，冬曰上天，總為皇天。"《爾雅》亦然。故《尚書》說云："天有五號，各用所宜稱之。尊而君之，則曰皇天；元氣廣大，則稱昊天；仁覆愍下，則稱旻天；自上監下，則稱上天；據遠視之蒼蒼然，則稱蒼天。"[26]
</blockquote>

雖是論天，實乃論帝。天唯有一，祇是或分四季言之，或"用所宜稱之"。如果不能因為這名"號"、"稱"呼上的不同認為有五天，則也不能認為有五天帝，天帝乃獨一的。推其意，靈威仰等太微五帝不過是北辰大帝的五個面相。鄭玄則認為：二者雖然可共用上帝之名，除此之外，稱號不容混淆。根據《周禮》卷十八《春官·大宗伯》賈疏，可將其對鄭玄說法的理解整理如下——

紫微帝：

昊天上帝—昊天—皇天上帝—皇天—天皇—上帝—大帝—北極大帝—北辰—太一

太微帝：

太微五帝—五色天帝—天帝—上帝—五帝

名從實定，除了共用上帝之名，二者其餘名稱的差異實緣位階不同。

按照鄭玄的說法，二者的差異也反映在感生神話中。《禮記》卷一《曲禮》孔《疏》引鄭玄弟子宋均對《詩緯·含神霧》的註解："'北極天皇大帝，其精生人。"[27]；又於《毛詩》卷一《詩譜序·疏》中概述《中候敕省圖》鄭注："以伏犧女媧神農三代為三皇，以軒轅、少昊、高陽、高辛、陶唐、有虞六代為五帝。德合北辰者皆稱皇，感五帝座星者皆稱帝，故三皇三而五帝六也。"[28]孔穎達歸納說："然則稱皇者，皆得天皇之氣也。"[29]德合北辰者皆稱皇，皇有三；感五帝精者皆稱帝，帝有六。三皇高於五帝，皇德高於帝德，逆推之，天皇大帝高於上帝。推《通卦驗》鄭注之意，"太微之帝"與"北辰之帝"確實"同元"，然而既說"本……同元"，後來的發展，前者執掌"各有期"，使得太微之帝（五色天帝）位階較次。鄭玄此說大概來自緯書。因為《春秋緯》："大帝紫宮，不言不動搖，以斗運度推精，使五帝修名號。"[30]大帝既能"使"五帝，可見：大帝在五帝之上；再者，北辰名曰"曜魄寶"，除緯書略露端倪，別無所見。鄭玄雖信據緯書，在五天帝之上另立一大帝，凡六天帝，但"先儒悉不然"[31]。

兩種說法相比，"文帝渭陽五帝廟"較近於前說，即唯有一天帝；而鄭玄之說曾實現在"武帝太一壇"，即：天帝有六，其中至上神為太一，五色帝降為"太一佐"[32]。正因又名北辰大帝、昊天上帝等的太一是至上神，不與五帝相混，故唯天子得以祭之[33]。黃帝為漢朝受命帝，故地位較特殊，在漢初祭太一的制度中也露出端倪，但始終無法超越太一。晉朝則是以王肅為主的"一天帝"占上風，與文帝五帝廟相符[34]。

先秦各民族自有上帝信仰，各自祭祀，互不相涉，蓋由於各民族之間的文化交流，各民族的上帝，已經漸漸融合，變成了共時存在的五帝信仰，故"五方天帝之說，本為一橫剖面之神話，言天上東南西北中並立有青炎白黑黃五帝，各主一隅也"[35]。春秋戰國時代，各諸侯國分據一方，各方上帝信仰，就在諸侯分立的局面下發展、延續了一段相當長的時間。但秦、漢天下統一的局面既然形成，帝王祭上帝的典禮，必然因為各方天帝信仰而造成禮制的齟齬。既不能同時承認所有的上帝，又不能忽視這些流傳已久的上帝信仰。歸根結底，至上神祇能有一，從以上引述的文獻可以看出，一天帝說、六天帝說，都是為了統合當時尚在流行的上帝信仰而採取的折衷學說。

二、西漢郊祭太一之禮制

甲、秦雍四畤

據《史記》卷二八《封禪書》，秦襄公作西畤，祠白帝，主少皞之神；文公夢黃蛇而作鄜畤，郊白帝；宣公作密畤於渭南，祭青帝；靈公作吳陽上畤祭黃帝，作下畤祭炎帝；獻公以櫟陽雨金，作畦畤於櫟陽而祀白帝。祭帝之祀有六，其中祭白帝者三。這或與秦自以為地處西方有關，故特重白帝之祭祀。秦始皇統一天下後，雖然自以秦為應水德而興者[36]，然所祭的天帝仍僅有白、青、黃、炎（赤）四色帝，無黑帝[37]，並無將五行相生系統下的感生帝黑帝，當作至上帝的意圖。其中原委或許是：如果接受了黑帝作為感生帝，就理論系統而言，即預設了有代黑帝而興的另一帝，這與始皇"二世、三世至千萬世，傳之無窮"[38]的期望相矛盾。及至泰山封禪，"其禮頗採太祝之祀雍上帝所用"。雍之所以為祭上帝的地點，因為"自古以雍州積高，神明之隩"。如果祀雍上帝說的是狹義的鄜畤，鄜畤郊祭的對象是白帝，然而當時所以會立鄜畤，是因為解夢的史敦將夢兆視為"上帝之徵"[39]；如果祀雍上帝指的是廣義的雍四畤，在秦朝官方各種鬼神祭祀中，"唯雍四畤，上帝為尊"[40]，可見：白、青等四帝都是上帝[41]，然則類推秦朝祭祀對象中雖未開列，但按照五行系統必有的黑帝亦為上帝，當非河漢空言。事實上，漢代果然如此認知、實行。

高祖二年（205 B.C.）入關，"問故秦時上帝祠何帝也。對曰：'四帝。有白、青、黃、赤帝之祠。'高祖曰：'吾聞天有五帝，而有四，何也？'莫知其說。於是高祖曰：'吾知之矣，乃待我而具五也。'乃立黑帝祠，命曰北畤"。高祖素不好學，從"吾聞"可推想：天有五色帝蓋流行至當時之成說。高祖並"悉召故秦祝官，復置太祝太宰，如其故儀禮"。而接著的詔書中說："吾甚重祠而敬祭，今上帝之祭及諸山川諸神當祠者，各以其時禮祠之如故"，可知："如（秦）故儀禮"、於雍五畤祭祀的五色帝被視為"上帝之祭"。由於漢朝此時連受命帝究竟是黑帝或黃帝，尚未獲得共識，並未突出哪一色帝。文帝十四年（166 B.C.）崇德報功詔中提到："方內艾安，人民靡疾……皆上帝、諸神之賜也"，也可見：基於報本感恩而於祭典中增加"路車各一乘，駕被具"的"雍五畤"[42]並屬"上帝"，無怪乎文帝在同年另一封詔書中會自認："朕獲執犧牲珪幣，以事上帝宗廟，十三【四】年於今"[43]。簡言之，從秦襄公到漢文帝十四年間，雖都會舉行對天帝或者說"上帝"的祭祀，但此時的"上帝"一詞指的都是五色天帝，僅有五者俱備或有缺漏之別，似乎全然沒有祭祀唯一至上神的覺醒，自然也談不上祭唯一至上神太一的課題。

乙、文帝渭陽五帝廟

文帝十五年（165 B.C.），起了關鍵性的變化。因趙人新垣平言五采神氣符瑞，而作渭陽五帝廟於長安東北[44]，"同宇，帝一殿，面各五門，各如其帝色。祠所用及儀，亦如雍五畤"。十六年（164 B.C.）"夏四月，文帝親拜霸、渭之會，以郊見渭陽五帝廟"。而出長門時，"若見五人於道北，遂因其直北立五帝壇，祠以五牢具"，是為長門五帝壇[45]。文帝既把原先分在五所祭祀地點的五天帝歸到一間廟宇中，五帝各依其方有一殿，門各如帝色，則黃帝之方位顯然不得居中央，地位並不高於其他四帝。如此，導致對上帝的認定有兩種發展方向：其一，不區分五帝的高下，一位上帝而有五位分身，五位一體，這或許是"五帝廟"建築形式設計的意圖。其二，中央另有一帝，位在五天帝之上者，即一上五下的六天帝結構，武帝的太一祭祀比較接近這種形式。

據《漢書》卷二五下《郊祀志》，平帝元始五年（5），大司馬王莽奏言："孝文十六年用新垣平，初起渭陽五帝廟，祭泰一、地祇，以太祖高皇帝配。日冬至祠泰一，夏至祠地祇，皆並祠五帝，而共一牲。"既說"配"，其意當然是根據人能參贊天、地，與天、地並稱三才的觀念而來。其中配天部分，以人間的最高統治系統的始祖與天上最高統治者相配，則代表天的至高神乃"泰一"。其次，祭泰一時，"並祠五帝"，其地位顯在五帝之上，位置或在中央；或虛中央以為之地。然而泰一祭祀實起於武帝時謬忌之說。武帝之後至上神地位已經確定為太（泰）一，故而提及上帝即以泰一一詞替代，王莽之說可能犯了以後律前的毛病[46]。雖然如此，不容否認：文帝渭陽五帝廟留下極大的不同發展空間，而日後也證實：確實是往一上五下的這祭祀結構走。

不過，更可資注意的是地祇的問題。祭泰一與祭地祇的時間不同，而均以高祖配，可見：地祇與泰一乃分開的兩種祭祀。祭地祇時，也並祠五帝，似乎地祇地位也在五帝之上。這並非憑空推衍。元鼎四年（113B. C.）"冬，天子郊雍，議曰：'今上帝朕親郊，而后土無祀，則禮不答也。'有司與太史公、祠官寬舒議：'天地牲角繭栗，今陛下親祠后土，后土宜於澤中圜丘為五壇，壇一黃犢太牢具，已祠盡瘞，而從祠衣上黃。'天子遂東，立后土祠汾陰脽丘，如寬舒等議。上親拜望如上帝禮。"[47]與后土之祀相對的乃郊祀。郊祀"上帝"，后土之祀當然是祀地祇，地祇之祀"為五壇"，蓋亦並祠五帝；"拜望如上帝禮"，則地祇地位等於上帝，其地位與上帝同樣在五帝之上。太一或地祇與五帝間的關係，在文帝十六年的渭陽五帝廟祀尚有模糊地帶，因為假設王莽奏言的追述大體近實，既說"共一牲"，則不論是祭泰一或祭地祇，此時並未與祭五帝在禮制上有別，而是傾向採取"六位一體"的辦法。然而這種六位一體的祭祀在禮法的邏輯上，顯然不通：既有主（"祠"）、從（"並祠"）之別，祭品禮制豈能混同？勢須有進一步變化。而且太一、地祇都在五帝之上，二者彼此地位相當，也需調和。最合乎邏輯的形式就是在泰一（天帝）、地祇（地帝）之上再立一至上帝，相信這應該就是"三一"信仰被接受的形式。

丙、武帝謬忌太一壇、三一祠

《史記》卷二八《封禪書》，元朔三年（126 B. C.）："亳人謬忌奏祠太一方，曰：'天神貴者太一，太一佐曰五帝。古者天子以春、秋祭太一東南郊，用太牢，七日，為壇開八通之鬼道。'於是天子令太祝立其祠長安東南郊，常奉祠如忌方。"與文帝渭陽五帝廟相比，方位從長安東北移到了東南郊；時間從孟夏四月移到春、秋二季，年二祭，與《周禮》卷十八《大宗伯》的規劃相同。明白地以"太一"為至上神，但天子似乎並未如郊雍禮，親臨祭祀，而且也不詳：在這祭禮中，如何安頓身為"太一佐"的五帝，是在從祭之列，或未與祭，單祭太一。

"其後人有上書，言：'古者天子三年壹用太牢祠神三一：天一、地一、太一'。天子許之，令太祝領祠之於（謬）忌太一壇上，如其方。[48]"天一星本為至上神，後來因為以太一星為極星，已經導致二星並具天帝的職掌，如今在二者之外，又加一個同位階的地一，愈加混淆。另方面，如上述，在此之前，已將太一視為天神，位在五帝上；后土為地祇，位亦在五帝上，則天與地之上必須有一個統一的神。按照當時這派方士的說法，這個神明就是已經被認為是"最貴"的"太一"[49]，而將另派主張中位在五帝之上的天神讓給天一來擔任[50]。這一疊牀架屋的結構，與將五天帝降為"太一佐"，在其上另立"太一"為至上神基本上一致[51]。

丁、甘泉太畤

元鼎五年（112B. C.），"其秋，上幸雍，且郊。或曰：'五帝，泰一之佐也。宜立泰一而上親郊之。'上疑未定"[52]，因為之前祭太一之禮，並未有天子親郊的故事，故武帝"疑未定"。及齊人公孫卿因嬖人上書言黃帝事，"令祠官寬舒等"於甘泉"具泰一祠壇，祠壇放薄忌[53]泰一壇，壇三垓。五帝壇環居其下，各如其方，黃帝西南，除八通鬼道"。其形式綜合了渭陽五帝廟與謬忌太一壇，卻又與之各有異同。以地點而言，甘泉太一壇在北方的甘泉宮所在，與渭陽五帝廟長安東北略同，而異於謬忌太一壇在"長安東南郊"。以形制而言，除了太一壇加高為三級，"除八通鬼道"與謬忌太一壇一致，但"五帝壇環居其下"是否也是"放薄忌泰一壇"，則不敢鑿言；甘泉太一壇將五帝結合在一座建築之中，則與渭陽五帝廟一致，不過既說五帝的位置"各如其方"，又特別說明"黃帝西南"，則又與渭陽五帝廟中，五"帝各一殿，面各五門"的平衡對稱建築不同。

從祭品來看，"泰一所用，如雍一畤物，而加醴、棗、脯之屬，殺一貍牛以為俎豆牢具。而五帝獨有俎豆醴進"[54]，明白表現出：太一神比身為太一佐的五帝的地位為高。從祭服來看，"泰一祝宰則衣紫及繡，五帝各如其色，日赤，月白"，下文又說"衣上黃"、"黃氣上屬天"[55]，則黃帝的地位比其他四帝特別，此時大概已明確地以黃帝為感生受命帝，但從太一祝宰的服裝為"紫及繡"，不在五色之內，以後代的話來說，不拘於方所，也足以顯示：受祭的太一神比五帝地位要更特殊。

太一既不是黃帝，也不是與后土並列的天帝；天子三歲一郊，祭於北方，既與《郊特牲》春分兆於南郊不同[56]，亦與《月令》季夏之月供皇天上帝等[57]、《小宗伯》"兆五帝於四郊"[58]不同。簡言之，武帝所行太一祭禮，並不是儒家禮書中的郊祀制度，而是基於人間世大一統的傾向之下，對於祀上帝的祭禮儀式加以重新組合出來的一種新的祭祀形式。

餘　論

《莊子》卷十下《天下》："主之以太一"[59]，卷五上《天地》說："泰初有無，無有無名；一之所起，有一而未形"，向、郭注："元氣始萌，謂之太初，言其氣廣大，能為萬物之始本，故名太初。太初之時，惟有此無，未有於有。有既未有，名將安寄？故無有無名。"又曰："一者，有之初，至妙者也，至妙，故未有物理之形耳。夫一之所起，起於至一，非起於無也"。以現在的語言表述，"初"是經驗世界用來說明時間、狀態的概念、語詞，全然不適用於超經驗界，所謂"有既未有，名將安寄"？但因為又想要說明其為"萬物之始本"這點，故在"初"之前加一"太"字，以期顯示其非經驗世界意義的開始。事實上，不僅"初"不適用，所有經驗界的概念、語詞都不適用，所以說"無名"。職是之故，按照經驗世界意義來說，它是"無有"，簡稱之，可直曰無。其實它乃是絕對存有，此即"太初之時，惟有此無，未有於有"的意思。相較之下，"一"雖是"未有物理之形"的混沌"至妙"狀態，但仍為經驗世界意義的"有"，故針對經驗世界意義的"一"而言，太初又可名為"至一"。

換言之，無、有、初、一雖然是描述超經驗以及經驗世界共用的表述詞，所表述的卻存在著異質的鴻溝。如何由前者演變至後者，向、郭注雖以"突然"[60]描述，但先秦、兩漢恐不作如是想。郭店楚簡《太一生水》："太一生水，水反輔太一，是以成天。天反輔太一，是以成地。天地復相輔也，是以成神明。神明復相輔也，是以成陰陽。"[61]太一是無（絕對存有），天、地、神明、陰陽皆是有（非必然存有），有、無的中介物是水。即使水不能算是無，但至少在所有經驗意義的"有"的存在物中是最早的"有"。此所以在道家思想中"水"作為最為接近"道"的象徵。於"天臍"泉祭"天主"[62]、於"甘泉"宮立泰壇祭天帝"太一"，皆是同一信仰所致。而最能顯示創生過程這點的莫過於漢武帝時祀太一時、按照方士意見採用祭品，《封禪書》："其牛色白，鹿居其中，彘在鹿中，水而洎之。"《集解》："洎，一作酒，灌水於釜中曰洎。"《正義》云："以鹿肉牛中，以彘內鹿中，水，玄酒也。"[63]將豬置於鹿肚中，又將肚中有豬的鹿置於牛肚中，整個祭品放在水（玄酒）中，此一祭儀蓋源於原始宗教，通過祭儀而還原到宇宙創生之初[64]，即太一生水，進而生萬物的狀態。

太一為至上神，其位置必須在北方，又顯然與北辰有關。《周易》卷七《繫辭上》以太極生兩儀、兩儀生四象等，描述宇宙創生的秩序，又認為"《易》與天地準"，揲蓍的過程乃宇宙生成的縮影，此即"大衍之數五十，其用四十有九"一章的義涵。韓康伯稱引王弼曰："演天地之數，所賴者五十也，其用四十有九，則其一不用也。不用而用以之通，非數而數以之成，斯

《易》之太極也",此處所說的"太極",及經驗界的萬物(可以數量計者)依憑非經驗界的存有("非數")而成云云,已經是本體論式的說法,恐怕非其原旨。孔疏說:"太極為天地未分之前、元氣混而為一,即是太初太一也",蓋得其本真。而孔氏此說當是兩漢舊論,故孔疏所引馬融即云:"易有大極,謂北辰也",以天上不動的中心"北辰"代表"太極"之"一"。《春秋緯・保乾圖》也說:"陽起於一,天帝為北辰。"[65]因為既曰"極",則必然唯一;既曰"太",則意味此"一"非經驗意義的一,而是經驗界的根源,精確地說,當名為太一。太一這位至上神的居所乃不動的北辰,北辰即北極,故北辰、北極、太極、太一幾個表述詞可以相通。即使不用的那個"一"亦非經驗意義的數。

職是之故,以方位論,經驗世界的起點是北方。又因水是創生的初始物質,北方五行的配屬也祇能是水。《周易》卷七《繫辭上》舉"天地之數"云:"天一地二天三地四天五地六天七地八天九地十",鄭玄結合數論與五行說解釋宇宙生成原理時,說:"天一生水於北,地二生水於南,天三生木於東,地四生金於西,天五生土於中。陽無耦,陰無配,未得相成。地六成水於北,與天一並;天七成火於南,與地二並;地八成木於東,與天三並;天九成金於西;與地四並,地十成土於中與天五並"[66],即因在他沿襲的宇宙創世圖像中,居於北辰或者說北極、太極的太一神先創生了水和天,故天數為一,其方位北,其於五行為水。也由此可見:五行間架中這部分的類歸實來自复古的觀念。鄭玄是否讀過《太一生水》,雖無從得悉,但其說與先民宇宙創生圖像——居於北極的太一先產生了水和天,故天數為一——實相契合。

綜上所述,可知:太一信仰的內容與天中、北極星之遠古神話淵源甚深,未必是先作為哲學名詞,而層累地發展演變出天神信仰。上帝信仰原本就與古帝歷史相混淆,次因為五色帝思想的發展而漸趨混亂,再又因為政治上的一統而必須歸於齊一。太一地位的興起可以從秦、漢的郊祀禮制沿革看出發展的脈絡,但禮制建立的當時,折衷融合了不少方士儒生的思想,一方面保留了原始神話的色彩,正因此,那些其言不雅馴的部分導致了搢紳先生解釋的困難;另方面,漢武帝實行的太一祭儀中所祭的上帝,與儒家郊天所祭的上帝,其意義和來源可以說頗有間,以致太一崇拜雖曾在西漢武帝年間鼎盛一時,但不久之後即因不合於儒家傳統的郊祀禮制等種種原因而消失。

注　釋:

[1]　伊利亞德(Mircea Eliade)著,楊素娥譯:《聖與俗——宗教的本質》(臺北:桂冠圖書,2001年),第82—92頁。

[2]　瀧川龜太郎:《史記會注考證》(臺北:洪氏出版社,1986;以下簡稱《史記》),卷二七《天官書》,第471頁。據《考證》引錢大昕改。

[3]　《史記》,卷二十七《天官書》,第471—472頁,《索隱》引《春秋・合誠圖》云:"紫微,大帝室,太一之精也";《正義》:"泰一,天帝之別名也。劉伯莊云:'泰一,天神之最尊貴者也'"。

[4]　錢寶琮:《太一考》,《李儼錢寶琮科學史全集》第九卷,(瀋陽:遼寧教育出版社,1998年),第210頁。

[5]　李零:《"太一"崇拜的考古研究》,《中國方術續考》(北京:東方出版社,2000年),第273、237頁:"雖然現在我們還無法得知'太一'崇拜究竟起源於何時,因此也無法直接斷定'太一'與'道'、'太極'這類哲學概念到底是什麼關係,但是我們至少可以證明'太一'在先秦時代就已經是一種兼有星、神和終極物三重含義的概念。"

[6]　陳遵媯:《中國天文學史》(臺北:明文書局,1985年),第二冊《星象編》,第8頁:"在司馬遷時代,以帝為極星(小熊座β星),它是當時北極附近唯一明亮的二等星。"

[7]　《中國天文學史》，第二冊《星象編》，第37—38頁。
[8]　《史記》，卷二七《天官書》，第472頁："後句四星，末大星正妃，餘三星後宮之屬也。環之匡、衛十二星，藩臣。皆曰紫宮。"《中國天文學史》，第二冊《星象編》，第8頁："後勾四星"當指勾陳四明星，從帝星算起，最近帝星的是勾陳四（小熊ζ星），次為勾陳三（小熊ε星），再次為勾陳二（小熊δ星），最後最亮的勾陳一（小熊星α），也即太史公稱之為正妃。"
[9]　《史記》，卷二七《天官書》，第472頁。
[10]　前揭書，卷二八《封禪書》《索隱》所引，第508頁。
[11]　《"太一"崇拜的考古研究》所引《錢寶琮理解的太一、天一在星圖中的位置》圖，《中國方術續考》，第218頁。原圖見《李儼錢寶琮科學史全集》，第九卷《太一考》，第215頁。
[12]　安居香山、中村璋八：《緯書集成》（河北人民出版社，1994年），第649頁，認為"春秋說"指《春秋緯·元命包》。
[13]　王先謙：《漢書補注》，（北京：中華書局，2001年），卷二五上《郊祀志》，第1232頁，《集解》："李奇曰：'牡荊作幡柄也'；如淳曰：'牡荊，荊之無子者，皆絜齋之道'；晉灼曰：'牡，節間不相當也，月暈刻之為券以畏病者'"；王先謙：《後漢書集解·續漢志》（北京：中華書局，2001年），卷六《禮儀志下》，第3144—3145頁，記喪禮之制："旐之制，長三仞，十有二游，曳地，畫日、月、升龍"，可知：此等物主要的巫術功能為避邪。然消極避邪、積極駕馭本為巫術最主要的成分，一體兩面，故仍與戰勝相關。
[14]　《史記》，卷二八《封禪書》，第513頁。《集解》引徐廣曰："《天官書》曰：'……斗口三星曰太一'"，然卷二七《天官書》，第472頁，作"天一"；卷十二《孝武本紀》，第218頁，亦然，《集解》所見本殆有誤。
[15]　《"太一"崇拜的考古研究》，《中國方術續考》，第219頁。
[16]　同上注，第225頁。
[17]　如《漢書補注》，卷二六《天文志》，第1283頁："太白，兵象也。出而高，用兵深吉淺凶；埤，淺吉深凶。行疾，用兵疾吉，遲凶；行遲，用兵遲吉，疾凶。"
[18]　《史記》，卷八《高祖本紀》，第164頁："季為沛公，祠黃帝，祭蚩尤於沛庭，而釁鼓、旗。"卷二八《封禪書》，第501頁："兵主，祠蚩尤。"
[19]　《後漢書集解·續漢志》，卷十《天文志》，第3215頁。
[20]　"皇"蓋爛壞為"王"，復因形近而訛為"生"。"帝"蓋因形近而訛為"業"，復因音近，轉寫為"列"。"北"因形近而訛為"大"。
[21]　據李善注《文選》（臺北：藝文印書館，1974年），卷一，《賦甲·京都上》所收班固：《西都賦》善注引《春秋元命包》，第24頁，校補。
[22]　據《史記》，卷二七《天官書》《索隱》所引《文耀鉤》，第473頁，補。
[23]　據瞿曇悉達《開元占經》（長沙：嶽麓書社，1994年），卷六七，第706頁，改。
[24]　林忠軍校點：《易緯導讀》（濟南：齊魯書社，2002年），第188頁。孔穎達：《禮記注疏》（臺北：藝文印書館，2001年），《禮記正義序》，第5頁引作："《易緯·通卦驗》云：天皇之先，與乾燿合元。君有五期，輔有三名。"又，從下引鄭注，可知："七"乃"十"之誤，七、十因形近而訛，例甚夥。
[25]　賈公彥：《周禮注疏》（臺北：藝文印書館，2001年），卷十八《春官·大宗伯》賈疏所引，第271頁。
[26]　同上注，第270頁。
[27]　《禮記注疏》，卷一《曲禮》，第16頁。
[28]　孔穎達：《毛詩注疏》，卷一，第4頁。有關五帝傳說、五天帝與五人帝的關係等問題，詳參楊寬：《中國上古史導論》，《古史辨》（臺北：藍燈文化，1987年），第七冊，第254—265頁。
[29]　《禮記注疏》，卷一《曲禮》，第16頁。

[30] 《開元占經》，卷六九，第724頁。《緯書集成》，第932頁。
[31] 孔穎達：《左傳注疏》（臺北：藝文印書館，2001年），卷六《桓公五年》孔疏，第108頁。
[32] 《史記》，卷二八《封禪書》，第508頁。
[33] 楊士勛：《春秋穀梁注疏》（臺北：藝文印書館，2001年），卷九《僖公三一年》楊疏，第95頁。可知：鄭玄認為魯國雖得到相當的特權，可行郊祭，但祭的對象是周王也會於夏至祭的感生帝：青帝靈威仰，因周乃得木德而興者。至於"冬至祭天於圓丘者，祭天皇大帝，魯不得祭之"，乃周王所專。
[34] 《左傳注疏》，卷六《桓公五年》孔疏，第108頁。
[35] 《中國上古史導論》，第252頁。
[36] 《史記》，卷六《秦始皇本紀》，第116頁。
[37] 前揭書，卷二八《封禪書》，第501頁，記載：定秦德運時，或曰："昔秦文公出獵，獲黑龍，此其水德之瑞"，卻未見文公立時祭黑帝，事悖常理，可見：此事蓋出於始皇時方士之附會。
[38] 前揭書，卷六《秦始皇本紀》，第116頁。
[39] 前揭書，卷二八《封禪書》，第498頁。
[40] 以上引文見前揭書，卷二八《封禪書》，第504頁。所謂"雍四畤"，對照第505頁，漢文帝十四年（166B. C.）崇德報功詔，增"雍五畤"與增"西畤、畦畤"分列，禮制不一，可見：不包括西畤、畦畤。此二畤於秦時均為祭白帝之所。
[41] 前揭書，卷二八《封禪書》，第501頁，記載：始皇東遊海上，祠天主、地主、兵主、陰主、陽主、月主、日主、四時主八神，似乎有以"天主"為最高神的模樣，但並沒有禮制上的區分。
[42] 以上並見前揭書，卷二八《封禪書》，第505頁。
[43] 前揭書，卷十《孝文本紀》，第200頁。
[44] 同上註，第201頁。
[45] 《史記》，卷二八《封禪書》，第506頁。
[46] 至於《封禪書》兩次言祭祀的月份在"夏四月"，非冬、夏二至，這尚可以祭祀太一、地祇非文帝親臨為辭。
[47] 《史記》，卷二八《封禪書》，第501頁。
[48] 前揭書，卷二八《封禪書》，第508頁："後人復有上書，言'古者天子常以春解祠，祠黃帝用一梟、破鏡；冥羊用羊祠；馬行用一青牡馬；太一、澤山君、地長用牛；武夷君用乾魚；陰陽使者以一牛。'令祠官領之如其方，而祠於忌太一壇旁。"此祠不在太一壇上，而在其"旁"，五色帝祇剩下黃帝，太一下降為與冥羊、馬行、澤山君、地長、武夷君、陰陽使者等一般神祇相當的地位，其中黃帝、太一、地長三神具有上帝的性格，但據種種禮制看來，此並非"郊祀"的規模。
[49] 據前揭書，卷六《秦始皇本紀》，第116頁，始皇議帝號時，丞相王綰等共同提議："古有天皇、有地皇，有泰皇，泰皇最貴。"上古天帝、人帝觀念並沒有清楚的分別，是此時已普遍有"泰皇"在天地之間為至上帝的觀念。
[50] 前揭書，卷二八《封禪書》，第509頁，記載：因為文成將軍聲稱："上即欲與神通，宮室被服非象神，神物不至"，乃於甘泉宮臺室"畫天、地、太一諸鬼神"，以期"致天神"，此處"天神"的"天"乃相對於"人"而言，故太一、地一都包括在內。
[51] 據前面正文，天一、太一本來先後為極星，然石氏《星經》在天一、太一即北極神之上復有一天皇大帝。一再增高唯一至上神的位階，這也可以證明：當時對天界的態度確實傾向於統一化。
[52] 《史記》，卷十二《孝武本紀》，第216—217頁。又，卷二八《封禪書》，第511頁。
[53] 前揭書，卷十二《孝武本紀》《索隱》，第213頁："姓謬，名忌，居亳，故下稱薄忌。"
[54] 前揭書，卷二八《封禪書》，第512頁。
[55] 同上註，第513頁。
[56] 《禮記注疏》，卷二六《郊特牲》，第497頁。

［57］ 前揭書，卷十六《月令》，第319頁。至於將皇天、上帝視為二，乃鄭玄一家之言，已詳上文。
［58］ 《周禮注疏》，卷十九《春官·小宗伯》，第290頁，鄭注："黃帝亦於南郊"；卷十三《地官·牧人》，第195頁，賈疏有："祭地於北郊，祭天於南郊"之說。
［59］ 郭慶藩：《莊子集釋》（臺北：漢京文化事業有限公司，1983年），卷十下《天下》，第1093頁。
［60］ 前揭書，卷五上《天地》，第425頁。
［61］ 馮時：《郭店楚簡〈太一生水〉研究》，《出土古代天文學文獻研究》（臺北：臺灣古籍出版社，2001年），第78頁。
［62］ 《史記》，卷二八《封禪書》，第501頁："天齊，淵水"，《索隱》："顧氏案：解道彪《齊記》云：'臨菑城南有天齊泉，五泉並出，有異於常，言如天之腹臍也'。"此當為原始信仰之遺跡。
［63］ 同上注，第512頁。
［64］ 《聖與俗——宗教的本質》，第二章《神聖時間與秘思》，第116頁："每一個宗教節慶、所有的禮儀中的時間，都是將發生於過去的神聖事件，也就是發生於'在起初'（"in the beginning"）的秘思性過去，再次實現於此時。"
［65］ 《後漢書》，卷三十下《郎顗傳》注引，第1068頁。《緯書集成》，第809頁。
［66］ 《禮記注疏》，卷十四《月令·孟春》孔疏引鄭注《易·繫辭》，第283頁。

唐代胡姓術士事蹟

蔡鴻生

隋唐時代的西胡族類，多次東遷，由邊陲而河西，直至京都關內。其後裔在融入中國社會的過程中，出現過謀生方式多樣化的趨勢。除胡姓商販和胡姓農戶外，投身軍旅、寺院和教坊的也不少。佔有社會生活一席之地的，還有巫、卜、祝之類的方術之士，可概稱之為"胡姓術士"。下面就輯集所及的"九姓胡"歷史資料，考述這個職業群體的事蹟，及其本土化的特徵。力求詳人所略，為胡人華化進一解。

一、隋唐之際的胡姓術士

隋末唐初，正當新舊王朝蛻嬗之間際，群雄蜂起，風雲多變。胡姓術士為了苟全生命於亂世，曾經散佈種種讖語和預言，利用政治危機大售其術。見於歷史文獻的，有下述三事：

（一）安迦陀事

隋煬帝大業十年（616），"討遼東，有方士安迦陀，自言曉圖讖，謂帝曰：'當有李氏應為天子。'勸盡誅海內凡姓李者。"這個"妖讖"被宇文述所利用，誣構其政敵李渾、李敏謀反，於是煬帝"誅渾、敏等宗族三十二人，自餘無少長，皆徙嶺外"[1]。方士安迦陀的來歷雖不得而知，但他胡姓胡名，則是顯而易見的。揆以"酒泉胡安諾槃陀"之例（《周書·突厥傳》），安迦陀既"曉圖讖"，又通宮禁，當可視為一名以"方士"為業的土生胡。

（二）佚名胡巫事

武德二年（619），在河西據地稱王的李軌，"遣其尚書左丞鄧曉隨使者入朝，表稱皇從弟大涼皇帝臣軌而不受官。時有胡巫惑之曰：'上帝當遣玉女從天而降。'遂徵兵築臺以候玉女，多所糜費，百姓患之。"[2]按涼州當時是群胡聚居之地，尤以安姓為大，如安修仁之類。能"惑"李軌的這名"胡巫"，很有可能是出身安姓的術士。

（三）日者史生事

西涼王族後裔李大師，隋大業（605—617）末年官渤海郡主簿。竇建德據有山東，召為尚書禮部侍郎，武德三年（620），被遣使入唐。"大師少時，嘗筮仕長安，遇日者姓史，因使占。""時大師弟行師亦預賓貢，因問史生吉凶。"[3]為李氏兄弟預卜仕途的史生，其"日者"的身分一清二楚，至於史姓屬胡，則是據"昭武九姓"推導所得，故疑其為史姓胡的後裔。

胡姓的方士、巫師和日者，在隋唐之際的動亂局面中，無論對社會集團的興亡，還是世家子弟的沉浮，所言凶吉，均有鮮明的政治色彩，既是讖言，又是輿論。到了李唐創業大局已定之後，胡姓術士的社會角色，纔變得更加行業化和平民化，從而形成常規的生存形態。

二、唐代胡姓術士的生存形態

唐代的方術之士，分屬官民兩大系統。胡姓術士是民間術士的組成部分，其地位和功能，與官署術士有別。

唐代太常寺置太卜署，設令一人，丞二人，卜正二人。下轄卜師二十人，巫師十五人，卜博士二人，助教二人，卜筮生四十五人。這支專業性和御用性極強的卜筮隊伍，其功能是占卜邦家大事和承辦太廟祭祀[4]。

與太卜署術士不同，胡姓術士無職無俸，謀食於京師和州郡，其生存形態更具多樣性，下面略述梗概。

（一）市井賣卜

貞觀初年，玄奘法師西行求法，動身前曾向長安一名祖籍中亞何國的胡姓術士問卜：

> 在長安將發志西方日，有術人何弘達者，誦咒占觀，多有所中。法師令占行事，達曰："師得去。去狀似乘一老赤瘦馬，漆鞍橋前有鐵。"既睹胡人所乘馬瘦赤，漆鞍有鐵，與何君言合，心以為當，遂即換馬。胡翁歡喜，禮敬而別。[5]

何弘達的"占觀"之法，能展現人、馬的狀態顯然就是"卦影"之法。宋人筆記，言之甚詳。據朱彧云：

> 熙寧間（1068—1077），蜀中日者費老筮易，以丹青寓吉凶。在十二辰，則畫鼠為子，畫馬為午，各從其屬。畫牛作二尾則為失，畫犬作二口為哭，畫十有一口則為吉，其類不一，謂之卦影。亦有繇詞，以相發明。[6]

卦影"繇詞"即用詩配畫，洪邁有具體記述：

> 狄武襄之孫倩，得費孝先分定書，賣卜於都市。蕲林向伯共（子諲），自致仕起貳版曹，倩為寫卦影，作乘巨舟泛澄江，舟中載歌舞婦女，上列旗幟，導從之屬甚盛。岸側一長竿，竿首幡腳獵獵從風靡。詩云："水畔幡竿險，分符得異恩。潮迴波似鏡，聊以寄君身。"[7]

可知，卜者"以丹青寓吉凶"，就是"寫卦影"。其術無非用圖解來把預言形象化，藉以取信於人。何弘達在街頭卦攤上為玄奘法師西行占事，所述之"狀"即為畫面，其中表現出"老馬識途師得去"的吉兆。玄奘，高僧也；何弘達，術人也。前者"發志西方"，竟要後者"占行事"，這就說明占卜之術，在僧界和俗界，都是大有市場的。

何術人因"多有所中"而享譽長安，無獨有偶，洪州則出了個何婆，因善琵琶卜而招來大批信眾。兩何一男一女，雖異性而同姓，雖異地而同業，其人其事自可相提並論。而何婆用胡樂伴卜，更顯出她善於彈唱的特技：

> 江淮南好鬼，多邪俗，病即祀之，無醫人。浮休子（張鷟）曾於江南洪州停數日，遂聞

土人何婆善琵琶卜,與同行郭司法質焉。其何婆士女填門,餉遺滿道,顏色充悅,心氣殊高。郭再拜下錢,問其品秩。何婆乃調絃柱,和聲氣曰:"筒丈夫富貴。今年得一品,明年得二品,後年得三品,更後年得四品。"郭曰:"阿婆錯,品少者官高,品多者官小。"何婆曰:"今年減一品,明年減二品,後年減三品,更後年減四品,更得五六年總沒品。"郭大罵而起。[8]

唐代洪州,即豫章郡,是商胡貿遷之所。何婆作為胡裔謀生於此,正是物以類聚。至於她竟能"士女填門,餉遺滿道",那無非是得力於詭作。何婆的卜詞,表面上類乎瘋話,實則是用加減法來談富貴經:加品似升,減品似降,直至沒品一身輕。這是詭辯,也是寓言,似錯非錯,正是何婆"心氣"的高處。順帶說明一下,江南的琵琶卜,是以樂器為法器。邊地的琵琶卜卻是燒羊胛骨,據云:"其占筮,則灼羊之枚子骨,驗其文理之逆順,而辨其吉凶,天棄天予,一決於此。信之甚篤,謂之燒琵琶,事無纖粟不占,占必再四不已。"(《黑韃事略》)兩種琵琶卜,名同物異,不可牽混。

(二)挾術獻謀

除在市井懸榜賣卜者外,也有挾術居家、待召獻謀的人,事例如下:

其一,史敬忠。唐玄宗天寶(742—756)史中丞兼京畿採訪使楊慎矜,遭楊國忠、王鉷謀陷,導致家破人亡:

> 慎矜父塚草木皆流血,懼,以問所善胡人史敬忠。敬忠使身桎梏,裸而坐林中厭之;又言天下且亂,勸慎矜居臨汝,置田為後計。會婢春草有罪,將殺之,敬忠曰:"勿殺,賣之可市十牛,歲耕田十頃。"慎矜從之。婢入貴妃姊家,因得見帝。帝愛其辯惠,留宮中,寢侍左右。帝常問所從來,婢奏為慎矜家所賣。帝曰:"彼乏錢邪?"對曰:"固將死,賴史敬忠以免。"帝素聞敬忠挾術,間質而然。婢具言敬忠夜過慎矜,坐廷中,步星變,夜分乃去,又白厭勝事。帝怒。[9]

源出胡族的史敬忠,身份是一名"還俗僧"[10],其所挾之術,包括厭勝術、步星術和預知"天下且亂"的圖讖術,真是五花八門,難怪連玄宗皇帝也"素聞"其名了。

其二,米寶(或作"米賓")。唐懿宗的長女同昌公主,咸通九年(869)下嫁,十年病亡。她也與胡姓術士打過交道:

> 公主始有疾,召術士米寶為禳法,乃以香燭遺之。米氏之鄰人,覺香氣異常,或詣門詰其故,寶具以事對。出其燭,方二寸,長尺餘,其上施五彩,蒸之,竟夕不盡。鬱烈之氣,可聞於百步餘。煙出於上,即成樓閣臺殿之狀,或云,燭中有屬脂也。[11]

米寶施禳法驅逐病魔,獲得同昌公主厚賞。香燭點燃後竟能煙現樓臺,很可能是這位術士的幻法。

此外,見諸記載的唐代胡姓術士,還有大曆年間(766—779)的石巨,"胡人也,居幽州,性好服食"[12];寶曆年間(825—827)在湖州售其術的石旻(見段成式《酉陽雜俎》卷五、卷六);以及開元年間(713—741)戶部令史的"鄰舍胡人,胡亦術士"[13],降伏妖魔,純屬物語,而非事蹟,就不必詳引了。

(三）世襲廟祝

胡姓術士住廟為祝，也有一例：

東京城北有祆（呼煙切）廟，祆神本出西域，蓋胡神也。與大秦穆護同入中國，俗以火神祠之，京師人畏其威靈，甚重之。其廟祝姓史，名世爽，自云家世為祝累代矣。藏先世補受之牒凡三：有曰懷恩者，其牒，唐咸通三年（861）宣武節度使令狐綯給，令狐者，丞相綯也；有曰溫者，周顯德三年（956）端明殿學士、權知開封府王所給，王乃樸也；有曰貴者，其牒亦周顯德五年（958）樞密使、權知開封府王所給，亦樸也。自唐以來，祆神已祀於汴矣，而其祝乃能世繼其職，逾二百年，斯亦異矣。[14]

史姓家族世繼其職並由官府給牒，說明廟祝之業具有世襲性和合法性，故能逾二百年而不墜，使張邦基感到驚異。從歷史上看，廟祝職事的穩定性取決於主客觀條件：自身的信念和外界的信眾。關於前者，由於唐及周三封官牒均已佚失，史姓廟祝對祆神的宗教屬性和神話功能究竟抱什麼樣的信念，無從窺測。至於北宋，則據"俗以火神祠之"一語，可知汴京信眾是將祆神視為"祝融之神"，因怕火而敬火，完全失去西域奉火的本意了。從信眾心目中的祆神形象來看，確實已經面目全非，下列兩例，足以為證：

其一，祆神以"土偶短鬼"現身：

魯公（范質）隱於民間。一日坐封丘巷茶肆中，有人貌怪陋，前揖曰："相公無慮"。時暑中，公所執扇偶出"大暑去酷吏，清風來故人"詩二句。其人曰："世之酷吏冤獄，何止如大暑也，公他日當深究此弊"。因攜其扇去。公憫然久之。後至祆廟後門，見一土偶短鬼，其貌肖茶肆中見者，扇亦在其手中，公心異焉[15]。

其二，祆神以"梵相"救治瘧疾

元祐八年（1093）七月，常君彥輔就開寶寺之文殊院，遇寒熱疾，大懼不良。及夜，禱於祆神祠。明日，良愈。乃祀於庭，又圖像歸事之。屬某書，且使世知神之休也。祆祠，世所以奉之梵相也[16]。

據上所引，可知自晚唐經五代至北宋，汴京祆廟的崇拜對象，已發生實質性變化：祀祝融、祀土偶、祀梵神，與原本的"祆"大異，被染上濃重的民俗色彩了。試與盛唐時期東都洛陽胡祆神廟的祈福儀式相比，便可一目瞭然：

河南府立德坊及南市西坊，皆有胡祆神廟。每歲商胡祈福，烹豬羊，琵琶鼓笛，酣歌醉舞。酹神之後，募一胡為祆主，看者施錢並與之。其祆主取一橫刀，利同霜雪，吹毛不過，以刀刺腹，刃出於背，仍亂擾腸肚流血。食頃，噴水咒之，平復如故。此蓋西域之幻法也。[17]

盛唐與晚唐，其時異也；洛陽與開封，其地異也；胡祆與祝融，其神異也。既然如此，可知史世爽及其祖輩雖然以廟祝為業，但已無祆教信念可言，衹不過是謀生手段罷了。史姓廟祝"逾二百年"的職能蛻變，可以看作是祆教華化的縮影。從西域來到中原，人神俱化，蔚為奇觀。

（四）變法創曆

唐代的胡姓術士，大多是法術之士，但也有一名曆術之士，事蹟如下：

> 唐建中時（780—783），術者曹士蔿始變古法，以顯慶五年（660）為上元，雨水為歲首，號《符天曆》，祇行於民間。[18]

按李唐三百年，曆法八改，德宗時的官曆為《建中正元曆》[19]。曹士蔿（或無"士"）所創的《符天曆》，是僅行於民間的小曆。據《通志》卷六十八著錄，名為《曹公小曆一卷》，注云："唐曹蔿撰，李思議重注，本天竺曆。"可知所謂"符天曆"，其實是由天竺文化與華夏文化合成的。

三、胡姓術士的本土化特徵

唐代社會的胡姓術士，既與官署術士不同，也與西來術士不同。後者挾其西域之術來中國，未經華化，格格不入，觀下引兩例可知：

> 貞觀（627—649）中，西域獻胡僧，咒術能死生人。太宗令於飛騎中揀壯勇者試之，如言而死，如言而蘇。帝以告太常卿傅奕，奕曰："此邪法也。臣聞邪不犯正，若使咒臣，必不得行。"帝召僧咒奕，奕對之，初無所覺。須臾，胡僧忽然自倒，若為所擊者，便不復蘇。
> 景雲（710—711）中，西京霖雨六十餘日。有一胡僧名寶嚴，自云有法術，能止雨。設壇場，誦經咒。其時禁屠宰，寶嚴用羊二十口、馬兩匹以祭。祈請經五十餘日，其雨更盛。於是斬逐胡僧，其雨遂止。[20]

前者被"掌邦國禮樂、郊廟、社稷之事"的太常卿所破，後者則雖突破禁屠令仍勞而無功，都是挾異域邪法而來，以身敗名裂告終。其故非本文所能詳，但胡僧的原生態咒術遭到破滅，則是顯而易見的。

本文對唐代胡姓術士事蹟的探討，涉及占卜凶吉、祈福禳災、世襲廟祝及變法創曆諸端。其人的胡姓，源出"昭武九姓"，分屬安、史、何、米、石、曹，當為入華已久的九姓胡後裔，即所謂"土生胡"是也。

胡姓術士既在漢人社會中謀生，其生存形態也就入境隨俗，具有本土化的特徵。從事蹟看，他們是"土生胡"方技化的產物。無論為玄奘法師占行事的何弘達所掌握的"卦影"法，還是連玄宗皇帝也聞其名的史敬忠擁有的"步星"術，均屬漢族傳統的方術遺產，並非什麼"西域幻法"。卜卦影即是源遠流長的軌革術，《宋史·藝文志》著錄多種，如：《軌革秘寶》、《軌革指迷照膽訣》、《軌革金庭玉鑒》和《軌革傳道錄》等[21]。正是這類神秘典籍成了胡姓術士的思想資源，換句話說，方技文化也是胡人華化的途徑之一。

關於唐代胡漢關係的研究，胡人聚落雖已備受關注，但視野似乎尚未充分展開。除分佈情況外，聚落的形態和生計，當也不可忽略。可以設想，胡姓聚落中的居民，一旦融入社會，其謀生手段必定是多種多樣的。他們可以是販客，是醫士，是藝人，也可以投身軍旅，出家為僧，或挾術惑眾。所有這些，倘要全面顯其真相，仍有待對文獻和文物作進一步的搜羅和闡釋。本文之作，旨在探索，所舉例證，未能盡善，聊備研究唐代胡漢文化因緣的參考而已。

2007年初稿

注　釋：

[1] 《隋書》卷三十七，《李穆傳》。《資治通鑑》卷一八二，繫其事於大業十一年二月。
[2] 《舊唐書》卷五十五，《李軌傳》。《資治通鑑》卷一八六，繫其事於武德元年十二月。
[3] 《北史》卷一百，《序傳》，《李大師傳》。
[4] 《唐六典》，卷十四，中華書局，1992 年，第 411—412 頁。
[5] 慧立：《大慈恩寺三藏法師傳》，卷一，支那內學院校刻本。
[6] 朱彧：《萍洲可談》，卷三，上海古籍出版社，1989 年，第 51 頁。
[7] 洪邁：《夷堅志》，甲志，卷十三，上海古籍出版社，1981 年，第 109 頁。
[8] 張鷟：《朝野僉載》，卷三，中華書局，1979 年，第 63 頁。
[9] 《新唐書》，卷一三四，《楊慎矜傳》。
[10] 《舊唐書》，卷一〇五，《楊慎矜傳》。
[11] 《太平廣記》，卷二三七，"同昌公主"條。
[12] 《太平廣記》，卷四十，"石巨"條。
[13] 《太平廣記》，卷四六〇，"戶部令史妻"條。
[14] 張邦基：《墨莊漫錄》，卷四，中華書局，2002 年，第 110 頁。
[15] 邵伯溫：《邵氏聞見錄》，中華書局，1983 年，第 62 頁。
[16] 董逌：《廣川畫跋》，卷四，四庫全書本，子部一一九。
[17] 張鷟：《朝野僉載》，卷三，第 64—65 頁。
[18] 《新五代史》，卷五十八。
[19] 《新唐書》，卷二十五。
[20] 劉餗：《隋唐嘉話》，中華書局，1997 年，第 21 頁；張鷟：《朝野僉載》，卷五，第 116 頁。
[21] 俞樾：《茶香室叢鈔》，三鈔卷二十一，"宋時軌革之術"條，中華書局，1995 年，第 1307—1308 頁。並參陳樂素《宋史藝文志考證》，廣東人民出版社，2002 年，第 296 頁。關於宋代"卦影"的流行及其與"軌革"的關係，詳見白化文《閒談"卦影"》，見《萬象》第 11 卷第 6 期（2009 年 6 月）第 148—158 頁。

景教《志玄安樂經》敦煌寫本真偽及錄文補說[1]

林悟殊

10年前筆者曾發表《敦煌本景教〈志玄安樂經〉佐伯錄文質疑》一文[2]，評說學術界通用的佐伯好郎《志玄安樂經》（以下簡稱《志經》）錄文失範之處，指出佐伯博士本人並未親睹寫本原件，其錄文不過是據羽田亨的版本臆測添補，且誤解羽田本的版式，因而認為在寫本真跡尚被秘藏，無從依據寫本製作新錄文之前，學界徵引或研究《志經》，應以羽田錄文為尚。而今，《志經》寫本隨同流日的成批敦煌文書重見天日[3]，全卷完整照片公刊[4]，編號為"羽13"，分拍成照片六幀[5]（見彩版一、彩版二）。就如新近洛陽景教經幢的面世確證小島文書之偽造[6]，《志經》寫本的刊佈也證實了當年佐伯錄文之失範。當然，《志經》寫本的公刊，其重要意義更在於：使學界得以就寫本真偽作進一步的確認，得以將羽田錄文重校，補正原有之瑕疵。本文擬就此作一嘗試，以就教方家。

一、《志經》寫本真偽補說

《志經》寫本原由著名大藏書家李盛鐸（1858—1937）所珍藏，而流入日本也有案可稽[7]，因此對其真偽，學界向未見有公開質疑者。無論是榮新江教授與筆者當年對小島文書真偽的質疑[8]，抑或筆者對《志經》佐伯錄文之評論，於《志經》寫本之真偽，均未細加論證，便直當真品以作參照。學界有所微言，固可理解。如今寫本公刊，補此一課，正是其時。

（一）《志經》承傳關係

考《志經》寫本並非像英藏、法藏、京藏的成批敦煌文書那樣，當年出洞後即入藏國家圖書館；其亦不在李氏當年利用職權攫取的成批敦煌精品之列。因此，就該寫本早期之承傳鏈，誠如學者所提示，確有無可彌補之缺環。不過，筆者早年質疑《志經》佐伯錄文的文章中，已提到1958年京都出版的《羽田博士史學論文集》下卷，刊出了該寫本原件首末兩端照片。從照片可看到李氏於卷末之一行題記："丙辰秋日，于君歸自肅州，以此見詒，盛鐸記。""丙辰"當為民國五年（1916），意味著是年秋天，李氏始得到寫本，係于君饋贈之物。現公佈的寫本全件卷末正與文集照片同。觀寫本題記下鈐"李印盛鐸"，而尾題復鈐有"木齋審定"印、"麐嘉館印"；而寫本卷首經題下則有"木齋真賞"印，李盛鐸之子"李滂"印。如是，題記和李氏父子所鈐諸多印章，在在顯示李氏對該寫本珍視有加。竊以為，其間不存在李氏蓄意作假之可能性。其時外間但聞李氏曾攫取一批敦煌文書精品，但具體數量實無所知，故李氏誠無必煞費周章，託詞于君"見詒"，直稱該件源於藏書洞又何妨？何況，查現有材料，直到1928年李氏將《志經》寫本展示羽田氏，家況尚佳，斷難想像其竟會不惜自家身份，甘與製作贗品之骨董商人為伍。因此，李氏所題應是事實。至於于君為何人，迄今未聞學界考實。但既被稱君，輩分恐在李氏之下。以敦煌寫本饋贈李氏，可能出於與李氏之世誼，亦可能是有求於李氏，故投其所好，送以厚禮。不論出自何動機，其必定清楚李氏是此道之權威，從主觀上斷不敢以贗品來矇騙李氏。而于君歸自肅州，從肅州得到敦煌寫卷合乎情理，緣當年確有一批數量未明的敦煌卷子流入當地社會，為私家所藏[9]。是故，于君如何得到該寫本雖難查清，但即便于君上當受騙，所得寫本為贗品，然李氏閱敦煌文書無數，憑其第一感覺，當不難識穿，斷不至於目為真品珍藏，直至晚年因家境困頓，始不得不隨同其他寫本成批售諸東洋。由是李氏或于君蓄意作假詐騙之可能性，當可排除。

就敦煌寫本真偽之鑒定而言，若承傳關係清楚，當然省事得多；但當今衆多流散社會有待鑒定的"敦煌寫本"中，實際大部分均無從完整還原承傳鏈。《志經》之承傳關係實際也止於于君，此前一無所知；而李氏單憑直覺進行判斷亦非絕對可靠，名家看走眼的事例多的是。因此，要真正確認《志經》寫本之真偽，尚需多方考證。

（二）《志經》一名之聞世

考《志經》之名，在敦煌文書發現之前，向無所聞。就算當今大量古籍已數據化，人們也無從檢索到此前有《志經》其名，或相關的暗示。此名始見於1908年伯希和所得敦煌寫本P.3847。該寫本內容包括著名的《景教三威蒙度讚》（以下簡稱《讚經》）；另有《尊經》，其開篇敬禮三位一體暨諸法王，接著敬禮景教諸經，臚列經名三十五個，《志經》名列第三者；《尊經》之末尚附有一"按語"，說明該等經文之由來[10]。1909年，羅振玉先生率先刊佈P.3847寫本，見氏編《敦煌石室遺書》第3冊，頁45至47，羅氏還為該件撰跋[11]。至於李氏收藏《志經》寫本消息，儘管學人圈中早有傳聞，但最早公開披露，則見於1923年出版的抗父《最近二十年中國舊學之進步》一小冊子。其中綜述"敦煌千佛洞石室所藏古寫書"時，稱"德化李氏藏《志玄安樂經》、《宣元至本經》各一卷"[12]。當年，學界已享盛名的日本京都大學教授羽田亨（1882—1955）博士當由此獲悉《志經》寫本信息。但時至1928年10月7日，羽田氏幾經周折，通過多位民國學界名士的懇篤介紹和斡旋，始得以在天津英租界黃家園拜訪李氏，獲睹原件，並著錄全文。翌年8月，羽田氏將錄文連同相關考釋，以《景教經典〈志玄安樂經〉考論》（以下簡稱《考論》）為題，刊佈於《東洋學報》[13]。至此，《志經》之名始聞天下。由是，假如《志經》是今人偽造的話，其如是取名，絕非偶合，必定法自《尊經》，那麼，其"作案"時間上限應不早於羅振玉刊佈該寫本之1909年，即便偽造者信息特別靈通，也絕無可能早於該寫本出洞之1908年。至於下限，倘排除李氏參與造假之可能性，則應為其得到寫本之1916秋天；若仍非把李氏列為"疑犯"不可，則應在抗父披露消息之1923年，至遲亦不能晚於羽田氏抄錄該寫本的1928年。也就是說，《志經》若為今世贗品，造假時間也祇能局限於這段時間。

（三）《志經》寫本篇幅及內容

公刊的《志經》寫本紙面26.2×282.7釐米，由五紙粘接而成，文字凡159行，首尾均有"志玄安樂經"五字經題，各佔1行。第2至10行凡9行，因紙張爛損各有脫字。除第24行因意思到一段落，僅13字外，其他概滿行書寫，各行字數略有加減，個中17字者凡91行，18字者凡29行，16字者25行，19字者2行。按卷首缺字諸行內容，蓋為經文之開篇，不存在分段之可能，因此當應滿行書寫，若以17字計，誤差不過1字。是以，寫本若完整無損，應為2685字，即便有誤差，若干字耳，脫落字不外稍多於80個。由於寫本首尾均有經題，因此，不存在寫本另有成片脫落之可能性。是以，傳世《志經》可謂基本完整。由於卷首脫落部份屬於開篇，並非經文的實質性部份，由是，迄今學界於《志經》思想內容之討論，乃建立在寫本基本完整的基礎上。

觀現存《志經》之二千六百言，實際是作者從自身所奉宗教的角度，完整系統地向世人宣講如何達至安樂之境地，即經文中屢屢提及之"安樂道"。作者所奉宗教之名稱，儘管經題沒有標示，但寫本中多處明確道出為景教，如行37稱"衆真景教，皆自無始"，行129云"持勝上法，行景教因"，而行137—138、140—141、144更三度出現"唯此景教勝上法文"之謂。因此，其與《尊經》所列景教經題適相契合。經文對安樂道之闡發，吸收了道教、佛教還有儒家的諸多成分，借用了彼等諸多詞彙、概念，但卻與古代基督教之教義溶成一體，學者很難指證其中有何相悖之處[14]。是以，撰作該經文之人若不諳古代基督教之義理，而單憑道佛之知識而欲炮製此文，蓋無可能。

筆者尤特別注意到經文一再提到的"景教勝上法文"，見寫本行137—148：

> 唯此景教勝上法文，能為含生，禦煩惱賊，如彼甲仗，防護身形。若復有人，將渡大海，必資船舶，方濟風波，船舶既全，前岸可到。惟此景教勝上法文，能与含生，度生死海，至彼道岸，安樂寶香。若復有人，時逢疫癘，病者既衆，死者復多，若聞反魂寶香妙氣，則死者反活，疾苦消念。惟此景教勝上法文，能令含生，反真智命，凡有罪苦，咸皆滅除。若有男女，依我所言，勤修上法，晝夜思惟，離諸染汙，清淨真性，湛然圓明，即知其人，終當解脫。是知此經所生利益，衆天說之，不窮真際。

此處之"景教勝上法文"，竊以為當係基督教《聖經》之謂，要信衆好好誦讀《聖經》，便可排除各種煩惱、病苦，離諸污染，達至清淨，終得解脫，這是地地道道傳教士之口吻。因此，作者若非傳教師，斷寫不出這樣的文句。

復考《志經》其名，趙璧礎教授曾釋道：

> "志玄"到底是什麼？《康熙字典》謂"志"者心之所之也。慕也，意所擬度也；葛洪《抱朴子·暢玄篇》論"玄"曰："玄者自然之始祖，而萬殊之大宗也。"似基督教所指之天，甚至神也。"志玄"則隱若表示"切望天上的"或"切慕屬神的"涵義。至於安樂二字，實今人所謂之"安息"，全文《志玄安樂經》則註釋作"切慕天上安息論"，經者，論述而已![15]

趙教授此解誠可成一家之言。不過，把"玄"往"基督教所指之天"掛靠，似有點牽強。考《說文解字》謂"玄，幽遠也"[16]。吾人無妨將其引申為長久、永遠之意，如是，"志玄安樂"便可簡單釋為追求長久、永遠之安樂，這正是針對世人但求眼前一時之享樂而言。觀《志經》整個內容，正是圍繞這一主題。可謂文題契合。

按《尊經》所列經題名稱如次：

> 《常明皇樂經》，《宣元至本經》，《志玄安樂經》，《天寶藏經》，《多惠聖王經》，《阿思瞿利容經》，《渾元經》，《通真經》，《寶明經》，《傳化經》，《罄遺經》，《原靈經》，《述略經》，《三際經》，《徵詰經》，《寧思經》，《宣義經》，《師利海經》，《寶路法王經》，《刪河律經》，《藝利月思經》，《寧耶頤經》，《儀則律經》，《毗過啟經》，《三威讚經》，《牟世法王經》，《伊利耶經》，《遏拂林經》，《報信法王經》，《彌施訶自在天地經》，《四門經》，《啟真經》，《摩薩吉斯經》，《慈利波經》，《烏沙郁經》。[17]

該等名稱，有實義者，有音譯者，有兩者兼有者，但含意均非淺顯易懂。因其晦澀難解，又乏具體內容可資參考，今人擬釋譯其名尚頗傷腦筋，遑論欲以其經題進行命題作文。若言20世紀初葉之人，從《尊經》獲悉《志經》其名，遂假造某些殘片斷簡加以附會，這不無可能，但云能洋洋灑灑，一氣呵成，敷衍出二三千言，成就一篇切題之經文，則實在令人難以想像。可況其時學界於景教本土化之認識未深，而作假之人竟能糅道、釋、景於一體，渾然成文，更是無從置信。

（四）《志經》之作者

上揭敦煌寫本P.3847《尊經》之末尚附有一"按語"：

> 謹案諸經目錄，大秦本教經都五百卅部，並是貝葉梵音。唐太宗皇帝貞觀九年，西域大德僧阿羅本，屆於中夏，並奏上本音。房玄齡、魏徵宣譯奏言。後召本教大德僧景淨，譯得已上卅部卷，餘大數具在貝皮夾，猶未翻譯。[18]

此間稱上列經文為"本教大德僧景淨"所譯。此大德僧，無疑與撰作西安景碑碑文之景淨同人。考古代外來宗教漢文經典之所謂"譯"，其實未必是現代意義之"翻譯"，實際多為編譯、撰譯，甚至是僧人據本教義理，因應華情，加以變通，直接用漢文撰寫，個中當然也有華夏文士參與，學界對此已多有共識，不贅。在《尊經》所列經名中，位居第25之《三威讚經》，一般認為就是見於同寫本首篇之《讚經》，位居第二的《宣元至本經》（以下簡稱《宣經》），今尚存有敦煌寫本殘卷，也為李氏所藏而後流入日本，寫本照片曾刊上揭《羽田博士史學論文集》下卷，見該書圖版七。《宣經》在唐代之流行，已得到新近面世之唐代洛陽景教經幢之確證，該經幢也勒刻其部分文字[19]。筆者曾據敦煌本《宣經》之行文與西安景碑碑文作比較，認為兩者如同出一轍，當為景淨手筆[20]。既然《尊經》"按語"稱《志經》與《宣經》、《讚經》都同為景淨所"譯"，此說又得到《宣經》之證實，那麼，吾人無妨將《志經》與其他三個景教文典略作考察，觀其是否有類同處。

依筆者閱讀的直覺，頗感《志經》的行文風格，與景碑碑文及《宣經》同。當然這種直覺祇能意會，難以言傳。但出於同一作者的不同作品，於某些特有事物，往往都會提到。前輩學者早已注意到《志經》142—144行所云之"反魂寶香妙氣"，西安景碑已有類似表述。見碑文正文第12行："案《西域圖記》及漢魏史策：大秦國南統珊瑚之海，北極眾寶之山，西望仙境花林，東接長風弱水；其土出火綄布、返魂香、明月珠、夜光璧。"[21]景碑為張揚景教發祥地之豐饒，而提及此物。而《志經》142—145行則云："若復有人，時逢疫癘，病者既眾，死者復多，若聞反魂寶香妙氣，則死者反活，疾苦消愆。惟此景教勝上法文，能令含生，反真智命，凡有罪苦，咸皆滅除。"顯以返魂香為喻闡發教理。由是暗示彼等作者蓋於此物情有獨鍾。

出於同一作者的不同作品，其表述模式和一些專用詞往往亦見類同。《志經》與其他三篇景教文典每每使用"無（无）"字。《志經》寫本出現凡68例；而《宣經》敦煌本和經幢本互補後，可讀字634字，該字頻現35次。而景碑正文近一千七百漢字，可見21例；《讚經》327字，有11例。更有，《志經》和《宣經》均多用"無"作為否定詞來表述教理，如《志經》：

> 无動无欲，則不求不為；无求无為，則能清能淨。（13—14行）
> 无欲无為，離諸染境，入諸淨源；離染能淨，故等於虛空。（22—23行）

无德无闻者，任運悲心，扵諸有情，悉令度脫。(31—32行)

我扵眼法，見无礙色；我扵耳法，聞无礙聲；我扵鼻法，知无礙香；我扵舌法，辨无礙味；我扵身法，入無礙形；我扵心法，通無礙智。(33—36行)

无欲、无為、无德、无證。如是四法，不衒已能，離諸言說；柔下无忍，潛運大悲。人民无无邊欲，令度盡扵諸法中，而獲最勝。(44—50行)

《宣經》亦然：

無元、無言、無道、無緣，妙有非有，湛寂常然。……无發，无性，无動。(第5行)
無界非聽，悉聽聽故；無界無力，盡持力故。無界無嚮，无像无法。所觀无界无邊，獨唯自在；善治无方，鎮位无際。(第9行)[22]

還有，就教主耶穌基督的稱謂而言，這幾個文典都一致嚴格寫成"弥施訶"。而且"弥"均不寫成正體的"彌"。《志經》出現該詞，見寫本第8、52、60、78、136、155行；西安景碑則見正文第4行："我三一分身景尊弥施訶，戢隱真威，同人出代。"《讚經》見第12行"弥施訶普尊大聖子"，21行"大聖普尊弥施訶"[23]。《尊經》第2行"應身皇子弥施訶"、17行《弥施訶自在天地經》[24]。《宣經》第12行"弥施訶應大慶原霊故"[25]。"弥施訶"乃音譯自敘利亞文Messiah[26]，學界已成共識。但可音譯Messiah的漢字很多，如被認為同屬景教經典的富岡文書《一神論》和高楠文書《序聽迷詩所經》均作"弥師訶"；佛典也然，成書於唐代大曆年間的《曆代法寶記》提到西域的罽賓國，"其王不信佛法，毀塔壞寺，殺害眾生，奉事外道末曼尼及彌師訶等。"[27]

此外，《志經》以弥施訶答岑穩僧伽問之形式來宣講教理，該"岑穩僧伽"在寫本中頻現九次，見行16、25、33、41、47、60、70、72、83、154。就該名稱，當年羽田氏發表《志經》錄文時，力辨其源自粟特語之Šim'on sang，亦即《聖經》中的西門彼得[28]。其論學界多以為然。上揭《尊經》第7行也有"岑穩僧（伽）[29]法王"之謂[30]。

以上就文字表述將《志經》與其他景淨文典比較，其近似性或類同性可資佐證其作者當為景淨。這就意味著，若《志經》內容係教外人所偽撰，該人竟然顧及模仿景淨文風如此微妙之細節，則其人當不亞神明矣。

（五）"囉稽浼福"試釋

證明《志經》內容不可為教外人偽造的另一證據是：寫本中兩度出現"囉稽浼福"四字。其一見第38行，上下文如次：

眾真景教，皆自无始，暨因緣初，累積无邊，囉稽浼福，其福重極萬億，圖齊帝山，譬所莫及。

其二，見第42行，上下文如下：

岑穩僧伽，如是无量，囉稽浼福，廣濟利益，不可思議。

如此表述，不見現存其他景教文典。其間"囉稽"兩字，顯為音譯詞，佐伯好郎將其還原為敘利亞文 Ruha，意為聖靈[31]；翁紹軍先生或採其說，稱："囉稽：敘利亞文 Rukha 的音譯，指'靈'。'涗'：形容水盛之狀。《詩·邶風·新臺》：'河水涗涗。'這裏'涗福'指'洪福'。"[32]

考 Rukha 之音譯漢字已見上揭《尊經》開篇對三位一體之敬禮：

敬礼：妙身皇父阿羅訶，應身皇子彌施訶，證身盧訶寧俱沙，已上三身同歸一體。[33]

此間的"皇父"對應當今漢譯三位一體的"聖父"，"皇子"對應"聖子"，而"盧訶寧俱沙"則被考為敘利亞文 Ruka da quašă（Spirit of Holininess）的唐代音譯，對應"聖靈"，這已成為學界的共識[34]，不贅。而今，如果把《志經》之"囉稽"亦目為敘利亞文 Ruka 之音譯，那就意味著敘利亞文的 Ruka 被唐代景僧一音二譯，而"盧訶"和"囉稽"不僅字形迥異，而且彼等之發音，無論古今也有不同，不存在通假問題。法國吳其昱先生也許注意到這個問題，故另求新解，稱："惟《志玄安樂經》有'囉稽涗福'一詞，案敘文有 lakmā'，有'如是量洪福'之意。如敘文還原不誤，頗疑此卷可能真出敦煌，如是今人偽撰似未必用敘文也。"[35] 吳先生此解，自比佐伯合理得多。不過，此解似把"囉稽涗"三字目為一組音譯字，以對應敘文 lakmā'，其間"囉稽"與 lak 對音，"涗"則對應 mā'。考"囉稽"作為古代音譯術語，有例可循，見隋代漢譯佛典之咒語[36]；而"囉稽涗"作為音譯詞組，則未之見；而"涗"字，則鮮見用於音譯。筆者檢索《大藏經》"涗"字數十用例，無一用於音譯者，這至少意味"涗"字，並未入選古人音譯胡語的"常用漢字表"。即便日後能找到譯例，亦當屬絕無僅有者。觀現存景教文典，未見把"涗"用於音譯，這當然並非景僧不諳此字，緣敦煌本《宣經》殘卷，"涗"字已有三見：第10行的"開无開異，生无心涗"；第13—14行的"涗諸名數，无力任持"；第19行的"觀諸涗有，若之一塵"[37]。在該等語境中，"涗"字顯作實義用。像 mā' 之類以 m 為聲母之胡音，漢譯佛典已有諸多現成常用漢字可資音譯，諸如"末"、"莫"、"摩"、"牟"、"曼"等，擅於撰譯經典的景僧，當無謂標新立異，另把"涗"字選入常用音譯字表。更有，如果"囉稽涗福"釋讀為"如是量洪福"，其後面所云"其福重極萬億"等，便顯屬贅語。古人寫作，惜墨如金，焉會如此喋喋不休？

蒙張小貴君在倫敦亞非學院圖書館覓得一敘文用語 Lakhumara，意指基督教東敘利亞教會於週日和宗教節日之禮拜儀式[38]。如是，若把"囉稽"唐音目為 Lakhumara 之省譯[39]，而"涗"，據辭書又可作央求、請託解[40]，則"涗福"可作求福解[41]。若然"囉稽涗福"，可釋讀為週日、節日祈禱求福。如是解讀，則經文豁然可通。經文出現"囉稽"這一音譯術語，很可能意味著唐代基督徒把週日和各節日的宗教活動咸稱為"囉稽"。倘此復原不謬，則益證明《志經》內容確屬唐代來華景僧的原創，不惟20世紀初國人無從杜撰這一術語，明末清初奉耶教之士人也無從借鑒該詞，緣其既源於古代東方基督教會所用之敘利亞文，即與耶教所屬西方教會用語迥異。

（六）《志經》寫本為景教徒真跡

以上就《志經》內容之完整性，表述之口氣，遣詞造句之習慣，以及特有用語等，比對其他已確認的景教文典，進行考察，認為就寫本文字內容而言，很難想像教外人、近代人能夠杜撰出這樣的經文，其原創者很可能就是撰作西安景碑碑文的景淨。

當然，稱寫本文字內容確屬唐代景教是一回事，寫本是否果為唐代景教徒真跡又是另一回事。筆者曾懷疑高楠氏藏景教《序聽迷詩所經》以及富岡謙藏氏藏景教《一神論》屬於"精抄贗品"，即本有殘破之敦煌寫本可依，造偽者據以謄寫，製作出漂亮之寫本高價而沽[42]。如是"精抄贗品"，雖內容亦有本可依，未必全屬杜撰，然作為文獻資料使用，其可信度必定要大打折扣，緣抄寫者未必十分忠實原件，其間無意或有意之脫漏、錯謬實不知凡幾。當今之《志經》寫本，即便已完全排除近世偽造之可能性，但由於無從確認其出自敦煌17號窟藏書洞，因此，寫本產生的最遲年代自亦難以判定。何況，如清末民初學者葉德輝先生《書林清話》所提示："自宋本日希，收藏家爭相寶貴，於是坊估射利，往往作偽欺人。"[43]而這種刻偽，據葉氏考證，"始於前明"[44]。因此，從學術研究力求謹嚴的角度，吾人尚有必要排除《志經》寫本係唐後，尤其是明代仿抄本的可能性。

鑒定現存《志經》寫本之抄寫年代，固然可採用專業科技手段。但依筆者之凡胎肉眼觀之，該寫本不可能是教外人之仿抄本，應是古代虔誠景教徒之手跡。寫本書寫漂亮、卷面潔淨，書寫僧能辦到，但畢竟也是職業偽造者之所長；寫本像其他敦煌文書真品那樣，多用唐代異體字，據筆者過錄估算，單字約一百四十，同一異體字又多反復出現，故寫本可謂滿紙盡是唐體字，難怪當年羽田氏稱其"書寫之字體殆屬晚唐時期無誤"[45]。不過，仿抄古體字，於造假者來說，亦屬在行。是故，單憑對寫本外觀之直覺判斷，即便是專家權威，亦難免有千慮一失之虞。惟於經文抄寫之一絲不苟，則缺乏宗教虔誠心之人所難做到，遑論一心牟利的專業文書造假者。觀《志經》寫本逾二千六百字，但可疑為筆誤者不外一二三處，其一見寫本112—113行：

譬如蚌蛤，含其明珠，漁者破之，採而死，但能美人，不知己苦。

從上下四字格的行文看，"採而死"若改為"採而死之"或"採之而死"，讀起來則更朗朗上口，疑抄寫時脫漏一"之"字，但脫漏此字亦無損本意。

其二見行73—74的"大玆大悲，無上一尊"，其間"玆"顯為"慈"之誤。"大慈大悲"，稍通漢語之人，無不耳熟能詳。是以，當年羽田過錄時，未必有注意到此誤，便徑錄為"慈"。按"玆"、"慈"形近音亦近，而且《志經》寫本惟此一見，並未再現，倘該字見於是經不止一次，則抄寫者或許會注意而修正之。更有，"大慈大悲"係地道的佛教用語，"南無大慈大悲觀世音菩薩"，為佛教善心每天所念誦。景淨曾和佛僧般若合譯佛經[46]，足見其亦知佛。此處將佛教徒稱頌觀世音菩薩所用"大慈大悲"四字冠於本教"无上一尊"（弥施訶）之上，正是其力圖把景教本土化的表現。然而，寫本的抄寫者或許於"大慈大悲"這一短語尚為陌生，始會出現"慈""玆"之誤。這一筆誤反過來似可佐證寫本應出自古代基督教徒之手，緣"大慈大悲觀世音菩薩"，自唐代佛教華化後，國人無不滾瓜爛熟，焉會在"慈"字出錯。

考宗教徒抄寫經文，難免亦有差錯發生，但出於對神明敬畏之心，往往都會認真校對，補遺改錯。京藏的敦煌摩尼教經[47]，其間不但有更正塗改，更有整句補入者。《志經》寫本顯然細心得多，但也有個別地方修正補字，如：第59行：

安心靜住，常習我宗，不安求樂，安樂自至。

本來，"不安求樂"也未嘗不可讀通，但抄寫者在"安求"二字之旁加一"√"號，表示二字應倒置，改讀成"不求安樂"。另外第103行末端用唐寫體補一很小的"醉"字，使與104行連貫可讀：

七者觀諸人間，飲酒淫樂，昏迷醉亂，不辨是非。

從這兩細微處之修改，益見抄寫者於經文之一絲不苟；寫本如屬後世贗品，仿抄者實不必多此一舉，以致畫蛇添足，自傷卷面美觀。

以上據抄寫者對經文不敢增刪一字一句之虔誠態度，而判定寫本為古代景教徒之真跡。然耶非耶？有待日後技術鑒定之印證。

二、《志經》羽田錄文補說暨《釋文》

上面已提到羽田氏於天津英租界黃家園拜訪李氏、過錄《志經》後，即於次年在《東洋學報》發表《考論》。該文的緒論部分介紹《志經》發現的背景資料，及其造訪李氏過錄《志經》的經過。據其披露：具體時間是在1928年10月7日上午。與其同往造訪的，還有一位稱為"杉村勇造氏"的助手，正是得力於此氏幫助，即座抄錄了全卷一百五十九行。是文還披露當時李氏尚同意給予拍照，但因當日午後，羽田氏自感不適，遂痛失拍照機會。其匆匆過錄經文，未及校對，故自忖難免有"魯魚之誤"，但倒相信不至於有大的差錯，惟寄望日後再與原件"校合"，云云[48]。

以往筆者閱讀此文時，對上揭細節未多措意，如今寫本全卷刊佈，得以將羽田氏當年錄文校勘，重溫這些細節，感觸良深。觀是文所刊《志經》錄文，不加句點，原原本本，按行刊佈，每隔五行則在頂端標一序列號，未能確定之字則在旁標以問號。筆者將錄文與公刊之寫卷照片比較，首先發現寫本卷首破爛處之若干殘字，完全失錄，而脫落之諸多文字則無何符號標示。其間原因自緣當年行事匆促，無暇細察，故忽略之。至於寫本之眾多古代異體字，當年羽田氏過錄時是否照寫，不得而知，但所刊錄文概轉寫為正體字，顯為便於排版和閱讀。就這兩點，實際都不能目為錄文本身之瑕疵，更不可厚非。至於錄文與寫本文字有差，據筆者對勘，發現有十七處之多。其間有些確屬"魯魚之錯"，如54行的"敷條散□（葉）"誤作"數條散葉"；第85—86行的"巧設訓喻"，訛為"巧說訓喻"。該等瑕疵或緣排版植字之過失。有的則屬過錄時之明顯差錯，如140行，寫本作"方濟風波，舩舶既全，前岸可到。"其間"全"字十分清晰，前後意思亦可讀通，然錄文卻作"方濟風波船舶既□前岸不可到"。竊疑當年羽田過錄時，脫漏了"全"，爾後讀文時，發現意思難解，故以為原寫本有漏字，遂加一缺字號；復推測所脫漏之字為"缺"，便臆添了一"不"字，以使意思可通。竊思如此臆補而又不加說明，自屬失範。以羽田氏之治學之謹嚴，未必就是其本人所為，或許其時身體不適，而助手杉村勇造氏發現脫漏後自行添補而成。究竟誰之錯，祗有目睹當年錄文手稿始能確認。

羽田氏在該論文中，還對《志經》文字內容、專用術語等多所考釋，確認其景教屬性，發覆良多。是文無疑是國際學界研究《志經》的奠基性著作。然而，筆者發現爾後羽田氏似於該寫本興趣不再，不惟未見續有研究文章發表，而且從1935年年底寫本流入日本後，直至1955年4月13日自己去世前，其並未據《志經》寫本原件，重新校對當初的錄文。筆者如此判斷，是將該文初刊《東洋學報》的版本與其身後論文集，即1958年刊行的《羽田博士史學論文集》下卷版本比對之結果。按該文集是後人為紀念羽田氏而編輯出版的，個中還附錄了多幅與羽田氏研究領域有關之古寫本照片，上揭《志經》寫本首尾照片便屬其中之一。文集所收入《考論》，即據當年《東洋學報》之版本。文集版的錄文，不惟上面提到的一些"魯魚之錯"未見訂正，連上揭第140行的明顯錯誤，也照搬不改。竊思倘羽田氏生前本人或助手能對照原件稍為校讀，當立可發現訂正。但在文集版中既依然如舊，足證羽田生前無意或無暇顧及《志經》，生前並無留下校錄本；否則，文集編者不致仍將舊本付排。至於文集版之《志經》錄文，起始部份補添了若干字，即第8行之"哉"字，第9行"復坐斂神"四字，第10行的"樂性隨"三字，顯非羽田氏生前所為，而是文集編者在選用《志經》首尾照片時，發現該等字樣明晰可辨，遂信手補上。然而，文集編者雖添補了這若干字，但付排後，錄文又被植錯了一二字，見第55行"布影□（垂）陰"，初版正確，但文集版將"布"字誤植為"有"；第154行"則如光明，自然照耀"，初版無誤，文集版卻脫漏"照"字；而卷末第155的"彌施訶曰"，初版"施"作"師"，儘管該部份已見文集照片，但這一細微處未為編者所注意修正，而且文集版於"彌"字之後復衍植一"益"字，成"彌益師訶"。由是，更證明文集編者收錄此文時，既未發現羽田氏生前有該文之修訂本，亦無意借次機會將羽田錄文重新校訂，提供學界更臻完善之版本。竊意或與繼續保密該批敦煌文書有關。但不論何故，最終是導致佐伯錄文長期誤導學界之結果。

吾人固知，大凡過錄重要寫本，無不校對再三。上面披露的細節已示知吾人，當時李氏答應拍照，這對羽田氏來說，應是大喜過望、求之不得之事，即使自身不適，但尚有助手"杉村勇造氏"，當可繼續"補課"。然羽田氏竟何以如此錯失良機，此筆者所不解也。而事隔數年後，即於1935年，該寫本便隨同李氏所藏其他敦煌寫本成批售諸東洋。寫本流入日本後，便即銷聲匿跡，此後外間長期不知其所蹤，連畢生專治景教的權威學者佐伯好郎都不得其門而入，未能得睹原件。而今原件公開，以羽字編號，由是，足證文書流入日本後，雖未必歸羽田氏個人所有，但無疑是由他經手整理。就此，20世紀末以來，學界對李氏舊藏文書之追蹤所得到之信息，也可佐證：20世紀90年代，榮新江教授曾在京都大學羽田博士紀念館看到李氏所藏諸多敦煌寫本照片，包括本文提及的《志經》、《宣經》；爾後池田溫教授也正式披露，該館藏有敦煌文書寫真933張[49]。2000年6月在北京舉行的紀念敦煌藏經洞發現一百週年國際學術討論會上，日本學者落合俊典博士簡介了羽田亨教授遺稿《敦煌秘笈目錄》，其中也披露了在1938年到1940年間，日本企業家西尾新平在羽田氏的幫助下，購得了李盛鐸舊藏的432件敦煌經卷[50]。由是將前後諸事連繫起來，綜合思考，筆者不禁疑日人購置李氏敦煌文書之計劃，應由來已久，羽田氏顯然參與其事。也許1928年10月羽田氏之造訪李氏，是整個計劃之序幕，係探路之行，借過錄《志經》之名，意在確認李氏收藏敦煌文書精品傳聞之真實性，既已得到肯定的答案，即不在乎是否能夠拍照了。爾後，寫本原件流入日本後，雖然他盡可接觸，也未將錄文與原件"校合"，可見當年之造訪李氏，研究《志經》未必是主要目的。當然，也可能原先並明確計劃，然因得觀《志經》，確信李氏藏寶之真，遂頓發購置這批文書之念頭，回國後便致力遊說日本財團進行。但無論如何，李氏成批敦煌文書精品之最後流入日本，若追根溯源，當年羽田氏天津租界黃家園之行或可謂發其端。

不管怎樣，既然羽田氏初刊《志經》錄文時，已表達日後與原件"校合"之願望，但畢竟終生未付實行。而今原件刊佈，筆者據以校勘其錄文，製作新的《志經》釋文，也算是踐行羽田教授遺願之舉。

下面釋文依照刊出的寫本照片，與羽田錄文之初版和文集版一一校勘，相異處均加注說明。至於寫本所採用唐代俗字，則藉助電腦，儘量仿造，首次出現時，以括號加附正體字。斷句標點則參考各家錄文酌加。新的釋文，難免仍有不善甚或差錯之處，伏望學界同仁指正，更祈徵引時兼參原件照片為尚。本釋文初稿蒙張淑瓊博士協助校對，謹此誌謝！

《志玄安樂經》釋文

01 志玄安（安）樂經（經）
02 聞是至言，時无（無）上□□□□[51]□□□□
03 河，淨霊（虛）堂内，与（與）諸□□□□□□□□□
04 衆，左右環遶（遶），恭（恭）敬侍立（立），[52]□□□□□□□
05 伽徔（從）衆而起（起），交臂（臂）□□□□□□□□□□
06 我等（等）人衆，迷惑（惑）固□□□□□□□□
07 何方便救護（護），有情□□□□□□□□
08 弥（彌）施詞荅（答）言："善哉（哉）[53]□□□□□□□
09 生，求預勝（勝）法，汝□復（復）[54]坐，斂（斂）神□□□□□□[55]
10 一切品類（類），皆有安樂性，随（隨）□□□□□□[56]
11 如水中月，以水濁故，不生影像；如草中火，以
12 草濕故，不見光明。含生沉埋，亦復（復）如是。岑穩（穩）
13 僧伽，凡修（修）勝道，先除動欲（欲）。无動无欲，則不求不
14 爲（為）；无求无爲，則能（能）清能淨。能清能淨，則能晤
15 能證；能晤能證，則遍照（照）遍境；遍照遍境，是安
16 樂緣。岑穩僧伽，譬（譬）如我身，奇相異誌，所（所）有十
17 文，名為四達。我扵（於）四達，未甞（嘗）自知；我扵十文，未甞
18 自見。為化人故，所（所）以假名，本扵真宗，實无知見。
19 何以故？若（若）有知見，則為有身。以有身故，則
20 懷生想；懷生想故，則有求為；有所求為，是名動
21 欲。有動欲者，扵諸苦惱（惱），猶未能免，況扵安樂，
22 而得成就（就）？是故我言：无欲无為，離諸染（染）境，
23 入諸淨源；離染能淨，故等扵霊空。發惠（惠）光
24 明，能照一切；照一切，故名安樂道。
25 復次，岑穩僧伽，我在諸天，我在諸地，或（或）扵神
26 道，或扵人間，同類異類，有識无識，諸善緣者，
27 我皆護持；諸惡（惡）報（報）者，我皆救抜（拔）。然扵救護，實
28 无所聞；同扵霊空，離功（功）德（德）相。何以故？若有功德，
29 則有名聞；若有名聞，則為自異；若有自異，則
30 同凡（凡）心。同凡心者，扵諸矜（矜）夸，猶未度脱（脫），況扵
31 安樂，而獲圓通？是故我言，无德无聞者，任
32 運悲心，扵諸有情，悉（悉）令度脱。資神通故，曰（因）晤
33 正（正）真；晤真故，是安樂道。次復，岑穩僧伽，我扵
34 眼法，見无礙（礙）色；我扵耳法，聞无礙聲（聲）；我扵鼻
35 法，知无礙香；我扵舌法，辨无礙味；我扵身法，

36 入無礙形（形）；我扵心法，通無礙智[57]。如是六法，具
37 呈（足）荘（莊）嚴，成就一切。衆真景（景）教，皆自无始，暨曰
38 緣初，累積无邊，囉稻（稽）浣福，其福重椓（極）万（萬）億，圖（圖）
39 齊帝山，辟（譬）呵莫及。然可呵致（致），方始善衆，會合
40 凸真，曰兹惠明，而得遍照。玄通昇進，至安樂
41 鄉（鄉）。超（超）彼凝（凝）圓，无轉（轉）生命。岑穏僧伽，如是无量，
42 囉稻（稽）浣福，廣濟利益，不可思議。我今（今）自念，實
43 无呵證。何以故？若言有證，則我不得稱无礙也。[58]
44 是故我言：无欲、无爲、无德、无證。如是四法，不銜
45 已觥，離諸言訜（說）；柔下无忍，潛（潛）運大悲。人民（民）无
46 无邊欲，令度盡扵諸法中，而獲（獲）最（最）勝。得最
47 勝故，名安樂道。"尒（爾）時岑穏僧伽重趕作礼（禮）讚
48 言："大芁无上一尊！大芁无上一尊！乃觥演訜徵（微）
49 妙勝法，如是深奥，不可思議。我扵其義，猶未了
50 晤，顉（願）更誨喻。向者尊言，'无欲、无爲、无德、无證，
51 如是四法[59]，名安樂道'。不審无中，云何有樂？"一尊
52 弥施訶曰："妙芁斯問！妙芁斯問！汝當審聽（聽），與
53 汝重宣。但（但）扵无中，觥生有體；若扵有中，終无
54 安樂。何以故？辟如空山，呵有林木，敷[60]條散萊（葉），
55 布[61]影垂（垂）陰；然此山林，不求鳥獸，一切鳥獸，自
56 来（來）栖（棲）集。又如大海，呵有水泉，廣大无涯（涯），深
57 潛（潛）不測；然此海水，不求鱗介，一切鱗介，自住
58 其中。含生有緣，求安樂者，亦復如是。但當
59 安心静住，常習我宗，不求安樂[62]，安樂自至。是
60 故，无中觥生有法。"弥施訶又告岑穏僧伽及
61 諸大衆曰："此經呵訜，神妙難思，一切聖賢，
62 流（流）傳法教，莫不以此深妙真宗，而爲其本。辟
63 如有目之顉，将（將）欲[63]遊行，必曰日光，方可遠見。岑
64 穏僧伽，此經如是，觥令見在及以未來有善
65 心者，見安樂道，則爲凡聖諸法本根。若使復
66 有人扵此經文，聞訜歡喜，親近、供養、讀誦、受持，
67 當知其人乃祖乃父，非一代二代與善結緣，必
68 扵過去積代善根，扵我教門觥生恭敬，曰兹
69 獲祐，故懷顉樂。辟如春雨霑灑，一切有根之
70 物，悉生苗牙；若无根者，終不滋長。岑穏僧伽，
71 汝等如是，觥扵我呵，求問勝法，是汝等數（數）代
72 父祖親姻（姻）積[64]善尤多，轉及扵汝。"岑穏僧伽，恭
73 敬悲賀，重趕（起）作礼，上白尊言："大兹[65]大悲，无上
74 一尊，乃觥如是，仁愛扵我，不以愚蒙，曲成

75 讚誘。是則爲我，及一切衆，百千萬代，其身父
76 母，非唯今日，得安樂緣。但我等積久，沉淪昏（昏）
77 濁，雖頻進俢，卒未能到。不審以何方便，作
78 漸進緣？"一尊弥施[66]詞曰："如是如是，誠如汝言。譬
79 如寶山，玉林珠菓，鮮明照耀，甘美芳香，能療
80 飢（饑）渴，復痊衆病。時有病人，聞說斯事，晝夜
81 想念，不離菓林。然路遠山高，身尪力弱，徒積
82 忒顇，非遂本懷。賴有近親，具足智巧[67]，爲施梯橙，
83 引接輔持，果尅可求，乃蠲固疾。岑穩僧伽，當
84 来衆心，久纏惑悩，聞无欲菓，在安樂山，雖念
85 進俢，情信中殆，賴善知識，作彼近親，巧誋（設）[68]訓
86 喻，使成梯橙，皆能晤道，銷除積迷。當有十種
87 觀（觀）法，爲漸俢路。云何名爲十種觀法，一者觀
88 諸人間，肉身性命，積漸衰老，无不滅（滅）亡[69]。譬如
89 客店，蹔（暫）時假宿，施牀席，具足珎（珍）羞，皆非我有，
90 豈開（關）人事，會當弃（棄）去，誰得久畄（留）？二者觀諸
91 人間，親愛眷屬（屬），終當離坼（坼），難保會同。譬如
92 衆鳥，共生一樹，風霜既至，枝（枝）榦（幹）即凋，分（分）散零落，
93 略无在者。三者觀諸人間，高大尊貴，榮華興盛，
94 終不常居。譬如夜月，圓光四照，雲霧逓（遞）起，晦
95 朔遷移，雖有其明，安可久恃？四者觀諸人間，
96 強梁（梁）人我，雖欲自益，反[70]爲自傷。譬如虫（蟲）蛾（蛾），逢（逢）
97 見夜火，旋飛投擲，將以爲好，不知其命，滅在
98 火中。五者觀諸人間，財寶積聚，勞神苦形，
99 竟无所用。譬如小瓶（瓶），纔容升（升）升（升），酌江海水，將
100 注瓶中，盈滿之外，更无所受。六者觀諸人
101 間，色慾（慾）耽（耽）滯，從身性起，作身性宼（冤）。譬如蝎（蠍）
102 虫，化生木內，能傷木性，唯食木心，究竟枯
103 朽，漸當摧折。七者觀諸人間，飲酒淫（淫）樂，昏迷醉（醉）[71]
104 乱（亂），不辨是非。譬如清泉，鑑（鑒）照一切，有形之物，
105 皆悉洞明；若添（添）淤泥，影像頓（頓）失，但多穢（穢）濁，諸
106 无可觀。八者觀諸人間，猶玩戲（戲）劇，坐消時日，
107 勞伇（役）精神。譬如狂人，眼花妄見，手足攀撓（撓），晝[72]
108 夜不伏（休），筯（筋）力盡疲，竟无所獲。九者觀諸人間，
109 施行雜教，唯事有爲，妨失直正。譬如巧工，尅作
110 牛畜，莊（莊）嚴彩畫，形狼（貌）頗真，將爲田農，終不扠（收）
111 穫（獲）。十者觀諸人間，假俢善法，唯求衆譽，不念
112 自欺。譬如蚌蛤，含其明珠，漁者破之採而死[73]
113 但能美人，不知己苦。觀此十種，調禦（禦）身心，言
114 行相應，即无過失，方可進前四種勝法。云何

115 四種？一者无欲，所謂內心，有所動欲（欲），求代上
116 事，作衆惡緣，必須制伏，莫令輒起。何以故？
117 譬如草根，葴（藏）在地下，內有傷損（損），外无見知，見
118 是諸苗稼，必當凋萃（萃）。人亦如是，內心有欲，外不
119 見知，然四支（支）七竅，皆无善氣，增長衆惡，斷安
120 樂曰。是故，內心行无欲法。二者无為，所謂外形，
121 有所為造，非性命法，逐靈（虛）妄緣，必當捨棄，勿
122 令親近。何以故？譬如乘（乘）舩（船），入大海水，逐風搖
123 蕩，隨浪遷移，既憂沉沒，无安寧者。人亦如
124 是，外形有為，營造俗法，唯在進取，不念劬
125 勞，於諸善緣，悉皆忘癈，是故外形，履无為道。
126 三者无德，於諸功德，不樂名聞，常行大慈，廣
127 度衆類，終不辭（辭）說，將為所能。何以故[74]？譬如大
128 地，生養衆物，各隨其性，皆合所宜（宜），凡有利益，
129 非言可盡。人亦如是，持朕上法，行景教曰，蒹（兼）度
130 含生，使[75]同安樂。於彼妙用，竟无所稱，是名无
131 德。四者无證，於諸實證[76]，无所覺知，妄棄是非，
132 泯（泯）齊德失，雖曰[77]自在，遼（邈）然靈空。何以故？譬如
133 明鏡，鑑照一切，青黃雜色，長短衆形，盡能洞
134 徹，莫知所以。人亦如是，晤真道性，得安樂心，遍
135 見衆緣，悉能通達，於彼覺了，忘盡无遺，是
136 名无證。"弥施訶又曰："若復有人，將入軍陣，必資
137 甲仗，防衛其身，甲仗既堅，不懼寇賊。唯此蒹
138 教朕上法文，能為含生，禦煩惱賊，如彼甲仗，
139 防護身形。若復有人，將渡大海，必資舩舶，
140 方濟風波，舩舶既全[78]，前岸可到。[79]惟此景教朕
141 上法文，能与含生，度生死海，至彼道岸，安樂
142 寶香。若復有人，時逢疫癘，病者既衆，死者復
143 多，若聞反魂（魂）寶香妙氣，則死者反活，疾苦消
144 念。惟此景教朕上法文，能令含生，反真智命，
145 凡有罪苦，咸皆滅除。若有男女，依我所言，勤
146 脩上法，晝夜思惟，離諸惑污（汙），清淨真性，湛然
147 圓明，即知其人，終當解脫。是知此經所生利益，
148 衆天說之，不窮真際。若人信愛，少分脩行，
149 能於明道，不憂諸難；能於闇道，不犯諸灾；能
150 於他方異處（處）常得安樂，何況專（專）脩？汝等弟子
151 及諸聽衆，散（散）於天下，行吾此經，能為君王安護
152 境界。譬如高山，上有大火，一切國人，无不視者。
153 君王尊貴，如彼高山，吾經利益，同於大火。若能
154 行用，則如光明，自然照耀。"岑穩僧伽，重起請

155 益。弥施[80]訶曰："汝當止止，勿復更言。譬如良井，水則
156 无窮，病苦新念，不可多飲，恐（恐）水不消，便成勞
157 復。汝等如是，善性初興，多聞致疑，不可更說。"
158 時諸大衆，聞是語已，頂受歡喜，礼退奉行。
159 志玄安樂經

注　釋：

[1] 2011 年 8 月 8—11 日，甘肅敦煌研究院暨香港大學饒宗頤學術館於莫高窟聯辦"慶賀饒宗頤先生 95 華誕敦煌學國際學術研討會"，弟子未克躬赴盛會，遺憾之至。今商借《華學》一角，權以此文為禮，敬祝饒老康泰匜壽！

[2] 是文原提交 2000 年 7 月 25—26 日於香港大學舉辦的"紀念敦煌藏經洞發現一百週年敦煌學國際研討會"，正式發表於《中山大學學報》（社會科學版）2001 年第 4 期；修訂稿見拙著《唐代景教再研究》，2003 年，北京，中國社會科學出版社，第 146—155 頁。

[3] 參見陳濤《千呼萬喚始出來 猶抱琵琶半遮面——清末李盛鐸舊藏敦煌文書日本面世》，《中國文物報》2010 年 3 月 31 日第 7 版。

[4] 武田科学振興財団杏雨書屋編《敦煌秘笈》影片冊一，武田科学振興財団，2009 年 10 月，第 128—133 頁。

[5] 承蒙首都師範大學歷史系游自勇教授、暨南大學歷史系張小貴副教授轉賜該寫本之高清掃描本，謹衷致謝忱！

[6] 參馮其庸《〈大秦景教宣元至本經〉全經的現世及其他》，見葛承雍主編《景教遺珍——洛陽新出土唐代景教經幢研究》，北京，文物出版社，2009 年 5 月，第 60—66 頁。

[7] 1935 年，李盛鐸將家藏的一批敦煌寫本精品，"以八萬日金，售諸異國"，目錄載於是年 12 月 15 日及 21 日的《中央時事週報》，計有 360 件之多，《志玄安樂經》寫本列其中第十三件。

[8] 林悟殊、榮新江：《所謂李氏舊藏敦煌景教文獻二種辨偽》，初刊香港《九州學刊》1992 年 4 月第四卷第四期，第 19—34 頁。最新校訂本見榮新江《辨偽與存真：敦煌學論集》，上海古籍出版社，2010 年，第 28—46 頁。

[9] 詳參榮新江《甘肅敦煌文獻知多少》，刊《檔案》2000 年第 3 期，第 16—19 頁；《有關甘肅藏敦煌文獻的珍貴記錄》，2000 年 7 月 25—26 日香港舉行的紀念敦煌藏經洞發現一百週年敦煌學國際研討會論文。

[10] 《敦煌景教寫本伯 3847 之再研究》，刊《敦煌吐魯番研究》第 5 卷，北京大學出版社，2001 年，見第 59—77 頁。修訂稿《敦煌景教寫本 P.3847 之再考察》，見拙著《唐代景教再研究》，北京，中國社會科學出版社，2003 年 1 月，第 123—145 頁。

[11] 羅振玉 1910 年刊行的《石室秘寶》印以玻璃版本，1917 年印行的《鳴沙石室佚書續編》也予收入。

[12] 抗父：《最近二十年中國舊學之進步》，載東方雜誌社編《考古學零簡》（東方文庫第七十一種），上海，商務印書館，1923 年 12 月，第 98 頁。

[13] 羽田亨：《景教經典志玄安樂經に就いて》，《東洋學報》18-1，昭和 4 年（1929）8 月，第 1—24 頁；收入《羽田博士史學論文集》下卷，京都，1958 年，第 270—291 頁。錢稻孫先生便以《景教經典〈志玄安樂經〉考論》為題節譯該文，載《清華週刊》第 32 卷第 10 期，1929 年，第 23—30 頁。

[14] 國內外學界就這方面討論甚多，不贅。參閱拙文《敦煌漢文景教寫本研究述評》，余太山主編《歐亞學刊》第 3 輯，北京，中華書局，2002 年，第 251—287 頁；修訂稿見《中古三夷教辨證》，北京，中華書局，2005 年，第 161—214 頁，有關論述見第 170—179 頁。近年國人專門研究《志經》

文章主要有吳昶興《論〈志玄安樂經〉的安樂世界》，刊《臺灣浸信會神學院學術年刊》2007年，第101—128頁；王蘭平《以〈志玄安樂經〉"十觀"為例看唐代景教與佛道之間的關係》，刊《敦煌學輯刊》2008年第1期，第157—162頁。

[15] 趙璧礎：《就景教碑及其文獻試探唐代景教本色化》，載林治平主編《基督教與中國本色化》，臺北，宇宙光出版社，1990年，第173—191頁。引文見第182頁。

[16] （東漢）許慎撰，（宋）徐鉉校定《說文解字》，北京，中華書局影印本，1963年，第84頁上。

[17] 見上海古籍出版社、法國國家圖書館編《法國國家圖書館藏敦煌西域文獻》（以下簡稱《法藏》）（28），上海古籍出版社，2003年，第357頁下。

[18] 見《法藏》（28），上海古籍出版社，2003年，第357頁下。

[19] 林悟殊、殷小平：《經幢版〈大秦景教宣元至本經〉考釋——唐代洛陽景教經幢研究之一》，《中華文史論叢》，2008年第1輯，總89輯，第325—352頁。

[20] 詳參拙文《敦煌遺書〈大秦景教宣元本經〉考釋》，刊香港《九州學刊》第六卷第四期敦煌學專輯，1995年，第23—30；頁修訂稿《敦煌本〈大秦景教宣元本經〉考釋》，見拙著《唐代景教再研究》，北京，中國社會科學出版社，2003年1月，第175—185頁。

[21] F. S. Drake, "The Nestorian Literature of the T'ang Dynasty Ⅲ", *The Chinese Recorder*, 66, 1935, p. 741. 碑文參路遠《景教與景教碑》，西安出版社，2009年第335—336頁拓本圖版。

[22] 《宣經》敦煌版、經幢版拼接之錄文見林悟殊、殷小平《經幢版〈大秦景教宣元至本經〉考釋——唐代洛陽景教經幢研究之一》，《中華文史論叢》2008年第1輯，第329—331頁；並見葛承雍主編《景教遺珍——洛陽新出土唐代景教經幢研究》，北京，文物出版社，2009年，第70—72頁；景教經幢清晰圖版同見是書。

[23] 《法藏》（28），上海古籍出版社，2003年，第357頁上。

[24] 《法藏》（28），上海古籍出版社，2003年，第357頁下。

[25] 見林悟殊、殷小平《經幢版〈大秦景教宣元至本經〉考釋——唐代洛陽景教經幢研究之一》，《中華文史論叢》2008年第1輯，第331頁。

[26] J. Legge, *The Nestorian Monument of His-an Fü in Shen-hsī*, China, London, 1888, p. 5, n. 8.

[27] 《大正新脩大藏經》（以下簡稱《大正藏》）（51），No. 2075，頁179上。有關討論參榮新江《〈曆代法寶記〉中的末曼尼和彌師訶——吐蕃文獻中的摩尼教和景教因素的來歷》，見氏著《中古中國與外來文明》，三聯書店，2001年，第343—368頁。

[28] 羽田亨：《景教經典志玄安樂經に就いて》，《東洋學報》18-1，昭和4年（1929）8月，第13—14頁；並見《羽田博士史學論文集》下卷，京都，1958年，第280—282頁。

[29] 原件無"伽"字，佐伯好郎等均據《志經》補上。

[30] 見《法藏》（28），上海古籍出版社，2003年，第357頁下。

[31] P. Y. Saeki, *The Nestorian Documents and Relics in China*, Tokyo, 1937, repr. 1951, pp. 286, 308 - 309.

[32] 翁紹軍校勘並註釋：《漢語景教文典詮釋》，北京，三聯書店1996年，第183頁。

[33] 見《法藏》（28），上海古籍出版社，2003年，第357頁下。

[34] P. Y. Saeki, *The Nestorian Documents and Relics in China*, Tokyo, 1937, repr. 1951, p. 273. A. C. Moule, *Christians in China before the* 1550, p. 55.

[35] 吳其昱：《唐代景教之法王與尊經考》，刊《敦煌吐魯番研究》第5卷，北京大學出版社，2000年，第31—32頁。

[36] （隋）闍那崛多等譯：《東方最勝燈王如來經》："爾時世尊復告諸比丘言：'諸比丘，我今更說陀羅尼章句，為利益安樂，增長功德，威勢色力，名聞隨意安樂，不生惱害常守護故。'而說呪曰：'多絰他 阿嚏婆嚏 吒 稽吒囉稽 吒嚧末底 覡嚧末底 兜隸覡羅兜隸婆隸 娑隸 覡隸度隸 度度隸 蘇隸 婆哂呬 婆哂利 嗟利 畢利 底利莎婆呵。'"《大正藏》（21），No. 1354，第870頁上；並見唐釋道世撰《法苑珠林》卷第六十，《大正藏》（53），No. 2122，第738頁中。

[37] 見拙著《唐代景教再研究》，2003 年，北京，中國社會科學出版社，第 343 頁圖版。

[38] Arthur John Maclean, *East Syrian Daily Offices*: *Translated from the Syriac with Introduction* ..., London: Rivington, Percival, & Co. 1894, p. 3.

[39] 蒙黃佳欣君賜示中古音查詢網站 http://www.eastling.org/tdfweb/midage.aspx，中古"囉"讀 la，"稽"讀 kiei、kei，至感。

[40] 《辭海》，上海辭書出版社，1999 年版普及本，第 2667 頁；《漢語大辭典》(5)，上海辭書出版社，1986 年，第 1255 頁。

[41] 筆者上網曾查得《全後漢文》卷四十五《河間相張平子碑》之銘文有"廩廩其庶，峻酒浼福，厝數命世，紹聖作師"之云，然王媛媛、張小貴、張淑瓊、殷小平四君檢索查閱該書諸電子文本和紙本，惟未見"廩廩其庶，峻酒浼福"之謂，而作"廩廩其庶，亹亹其幾"。諸君復翻查海內外多種大型辭書，亦未見"浼福"條。苟存疑。

[42] 參閱拙文《高楠氏藏景教〈序聽迷詩所經〉真偽存疑》，《文史》第 55 輯，2001 年 7 月，第 141—154 頁。修訂稿見拙著《唐代景教再研究》，北京，中國社會科學出版社，2003 年 1 月，第 208—228 頁。《富岡謙藏氏藏景教〈一神論〉真偽存疑》，刊榮新江主編《唐研究》第 6 卷，北京大學出版社，2000 年，第 67—86 頁。修訂稿見《唐代景教再研究》，第 186—207 頁。

[43] 葉德輝：《書林清話》卷十，北京，中華書局，1957 年，第 264 頁。

[44] 同上注，第 266 頁。

[45] 羽田亨：《景教經典志玄安樂經に就いて》，《東洋學報》18-1，昭和 4 年（1929）8 月，第 4 頁；《羽田博士史學論文集》下卷，第 272—273 頁。

[46] 事見《貞元新定釋教目錄》卷十記載："時為般若，不嫻胡語，復未解唐言；景淨不識梵文，復未明釋教。雖稱傳譯，未獲半珠；徒竊虛名，匪為福利。錄表聞奏，意望流行。聖上睿哲文明，允恭釋典，察其所釋，理昧詞疏。且夫釋氏伽藍、大秦寺，居止既別，行法全乖。景淨應傳彌師訶教；沙門釋子，弘闡佛經。欲使教法區分，人無濫涉；正邪異類，涇渭殊流。"日本學者高楠順次郎最早注意及此，見 J. Takakusu, "The Name of 'Messiah' Found in a Buddhist Book; the Nestorian Missionary Adam, Presbyter, Papas of China, Translating a Buddhist Sutra", *T'oung Pao* vol. VII, 1896, pp. 589-591.

[47] 任繼愈主編：《國家圖書館藏敦煌遺書》第四冊，北敦 00256，宇 56，北京，國家圖書館出版社，2005 年，第 357—366 頁上。

[48] 羽田亨：《景教經典志玄安樂經に就いて》，《東洋學報》18-1，昭和 4 年（1929）8 月，第 2—3 頁。

[49] 見池田溫《李盛鐸舊藏敦煌歸義軍後期社會經濟文書簡介》，見潘重規等著《慶祝吳其昱先生八秩華誕敦煌學特刊》，臺北，文津出版社，2000 年 1 月，頁 34。

[50] 落合俊典：《羽田亨稿〈敦煌秘笈目錄〉簡介》，收入郝春文主編《敦煌文獻論集：紀念敦煌藏經洞發現一百週年國際學術研討會論文集》，瀋陽，遼寧人民出版社，2001 年，第 91—101 頁。

[51] 查現存寫本"无上一尊"之稱謂凡三例，見第 48、73—74 行，而"一尊弥施訶"稱謂的出現則有二例，見第 51—52、78 行。因此，推測原寫本對教主"弥施訶"的完整敬稱應為"无上一尊弥施訶"。在經文中首次提到教主時，諒必用完整之敬稱，因此，寫本第 2 行接續"无上"之脫落字可能為"一尊弥施訶"。

[52] 殘留字跡"⊥"，從文意看，可推測為"立"。佛經中，言佛陀說經，而僧眾"侍立"恭聽的表述不勝其數。如有云："爾時如來與大菩薩中大阿羅漢等，前後圍遶，恭敬侍立。"見〔隋〕那連提耶舍譯《佛說德護長者經》卷下，《大正藏》(14)，No. 0545，第 845 頁下。

[53] "㦲（哉）"，寫本清晰，羽田本初刊缺錄，文集版有補遺。

[54] 殘留字跡"⿱"適與寫本"復"字寫法"復"之下半同，揆諸文意，當可復原為是字。

[55] 寫本第 9 行錄文，羽田本初刊時僅錄"生求預法汝"，文集本增錄"復坐斂神"四字。至於"復"

字，文集本旁加"?"，說明尚無把握。觀寫本"汝"與"復"之間尚有一字之空間，有墨蹟殘存，如強要復原，依文意和墨跡，竊意或可作"等"。

[56] 寫本第10行錄文，羽田本初刊時僅錄"一切品類皆有安"7字，文集本增錄"樂性隨"3字，"樂"字旁加"?"號。觀"安樂性隨"四字位置，顯有破損，裝裱時略有錯位，依字跡和文意，如此復原應無誤。

[57] "智"，羽田本誤作"知"。

[58] 是行羽田本錄為"旡所證何以故若言證則我不得證我不得稱旡礙也"，凡22字，竟錯錄多字，恐屬走神所致。

[59] "法"，羽田本誤作"方"。

[60] "敷"，羽田本誤作"數"。"敷條"作"展枝"解。（魏）應瑒《迷迭賦》文曰："列中堂之嚴宇，跨階序而駢羅；建茂莖以竦立，擢修幹而承阿；燭白日之炎陰，承翠碧之繁柯；朝敷條以誕節，夕結秀而垂華；振纖枝之翠粲，動彩葉之莓莓；舒芳香之酷烈，乘清風以徘徊。"《四庫全書》子部，類書類，《藝文類聚》，卷八十一。

[61] "布"，羽田初刊作"布"，文集版誤植為"有"。

[62] "不求安樂"，羽田本作"不安求樂"，但"安求"二字加旁注"求安?"，意味羽田疑寫本有誤。其實，細察寫本圖版，"安求"二字旁邊有加"√"號，已表示二字先後應倒置。

[63] "欲"，羽田本脫漏。

[64] "積"，羽田本誤作"戚"。

[65] "兹"，羽田本徑錄為"慈"。

[66] "施"，羽田本誤作"師"。

[67] "巧"，羽田本誤作"功"。

[68] "縠"，羽田本誤為"說"。

[69] "亡"，羽田本旁加"?"號，意有疑問。細察原件圖版，該字雖貌近"云"字，但與寫本其他"云"字之寫法稍稍有別。由於整個寫本，該字僅出現一次，無從參照確認，但從文意看，無疑應為"亡"。

[70] "反"，羽田本誤作"及"。按"反"、"及"二字書寫雖類近，但該字在寫本中第143行再現二次："反（魂）寶香妙氣"，"死者反活"，復見第144行之"反真智命"。觀文意立可判該字應讀為"反"。寫本"及"字多見，上橫特別長，與"反"字寫法有明顯區別。

[71] "醉"，字形特別小，顯為發現脫漏後補上。

[72] "晝"，羽田本誤作"盡"。

[73] "採而死"，從文意看，若補一"之"，作"採而死之"或"採之而死"，則似較可讀。

[74] "何以故"，羽田本誤錄作"以何故"。

[75] "使"，羽田本誤作"便"。

[76] "證"，羽田本脫漏。

[77] "曰"，羽田本誤作"日"。

[78] "全"，寫本圖版清晰，羽田本代以缺字號"□"。

[79] "前岸可到"，寫本清晰無誤，羽田本誤作"前岸不可到"，擅添一"不"字。

[80] "施"，羽田本誤作"師"，文集版作"彌益師詞"，衍植一"益"字。

十六世紀江南城鄉商貿與市鎮網絡

謝 湜

明代江南市鎮經濟的興起和發展，是中國社會經濟史研究的重要課題之一。關於16世紀市鎮經濟的繁盛景象，論者著墨甚多，至於14、15世紀大量商業市鎮興起的原因，討論較為薄弱，筆者曾撰文進行專門討論，以元明之際至明中後期江南社會結構演變、賦役制度改革為線索，揭示14至15世紀大量市鎮興起的社會機制。筆者由此注意到，16世紀以均田均役為中心的賦役改革，對土地開發，以及市鎮發展影響頗大，其中最突出的是江南高地水利的荒廢，以及棉花種植興起所帶來的種植結構和市場網絡的改變[1]。明代中葉以來江南市鎮的整體發展，是不同時期崛起的市鎮興廢疊加的過程，在16世紀棉業發展的大環境下，又有一批新興的棉業市鎮湧現出來，這對於江南地區的市場運作都有著非同尋常的意義。本文將圍繞城鄉商貿、商業市鎮發展、棉布運銷以及商人活動等方面，初步討論16世紀江南市鎮網絡的拓展及其對市場的整合作用。

一、官布、貨布與土紗

有關明代中葉以前江南地區棉植的發展，文獻記載較少。學界一般認為，太湖以東最早開始種植棉花，是在宋元之際。最早植棉的地方，是在松江府的高地（高鄉），特別是烏泥涇一帶[2]。據元人熊潤谷所作《木綿歌》所云"秋陽收盡枝頭露，烘綻青囊翻白絮。田婦攜筐採得歸，渾家指作機中布。……半擬償私債，半擬輸官賦……"[3]可知當時植棉織布與賦稅徵收有關。元代孔齊在《靜齋至正直記》中曾敘及"松江花布"的織造狀況：

> 近時松江能染青花布，宛如一軸院畫，或蘆雁花草尤妙。此出於海外倭國，而吳人巧而放之，以木棉布染蓋印也，青久浣亦不脫，嘗為靠綢之類。[4]

顯然，松江花布在元代已經頗有名氣，其樣式在海貿環境中還受到海外文化的影響。在明前期，明太祖獎勵植棉，並把木棉列入田賦稅種，西嶋定生強調了這一變化的重要轉折意義。[5]棉布正式進入賦稅體制，刺激了江南高鄉的棉業，令低鄉的蠶桑業一度相形見絀。據明代嚴書開所述：

> 至宋元間其種始至，關陝閩廣，首得其利。洪永之際遂遍於天下，其利殆百倍於絲枲。自此而天下之務蠶者，日漸以少。[6]

永樂以後的田賦改革進一步提高了棉布在賦稅體制中的地位，宣德年間，嘉定縣二十萬匹官布的折征改革，緩解了連負田糧難以追比的壓力。弘治至正德年間，這一筆折征的官布變成蘇州府和常州府間用以調節財政的賦稅配額,賦役體制中的官布,一度變得奇貨可居。西嶋定生還注意到崇禎《松江府志》所收成化年間張弼的一段政論:

> 棉布雖松江所產,舊亦不多,故無其額。自二三十年來,松江之民多倚織布為生。見今正糧多折糧布,以之起科入冊,何不可耶?況非入冊,民恐後患,誰肯從耶?[7]

成化二十二年(1486)松江知府樊瑩還曾奏請松江稅糧折銀,並令布行人代糧長輸布。據此可知松江府的棉布折征制度也漸已成型[8]。成化年間,不少商人已從事江南棉布的販賣活動,松江府地區的棉花和棉布的流通尤為活躍[9]。到弘治時期,蘇州府屬各縣的棉花種植也有了發展,據弘治《常熟縣志》載:

> 凡高鄉皆種棉花,工紡織為布,貿之以資生業。[10]

正德年間,高鄉的棉植進一步鋪開,正德《松江府志》稱:

> 木棉本出閩廣,可為布,宋時鄉人始傳其種於烏泥涇。今沿海高鄉多植之。[11]

棉業的興起,改變了農村的生產面貌。在植棉的嘉定縣,"邑之民業,首籍棉布。紡織之勤,比戶相屬。家之租庸、服食、器用、交際、養生、送死之費,胥從此出"[12]。在昆山農村,"鄉村女婦最為勤苦,凡耘耨、刈穫、桔槔之事,與男子共其勞。官府有召,則男子避去,而使老嫗當之。至於麻縷機織之事,則男子素習焉,婦人或不如也。"[13]

明中後期江南棉布品種繁多,規格不一,大致分為官布(充賦役入官和官用布匹)、一般商品布(上市販賣)、自用布(織戶自用)三類。這三者在規格上就有明顯的區別。官布規格特殊,有三梭、二梭、木棉加闊等。一般商品布品種十分繁複,大致有兩類。一種是比較高級的,如番布、雲布、斜紋布等,織造精細,市場上很少流通。另一種是一般品種,占生產量的絕大部分,各地名稱雖有差異,大體上有標(或稱束套)、扣(或稱中機)、稀三種,或者分別稱為大布、小布、闊布。另外還有棉絲、棉麻的交織品,但在整個商品土布所占的比重甚小[14]。

據崇禎《外岡志》記載,在當時鄉村和市鎮的棉布生產中,"闊大者為官布,不常織,惟官買時為之。"[15]這說明當時農村和市鎮的棉布織造,並非以集中的官布生產為主。西嶋指出,當時官布的生產主要採取政府訂購的方式,並集中在松江府城等城市進行織造[16]。也即是說,官布生產並非獨立的商品經營形態。一般商品布的織造和經營則成為民眾重要的經濟來源。當時人們常稱這類商品布為貨布,嘉靖《常熟縣志》就指出:

> 至於貨布,用之邑者有限,而稛載舟輸,行賈於齊魯之境常什六。彼氓之衣縷,往往為邑工也。[17]

顯然,貨布產品不是自給,而是直接進入長途貿易市場,以販布得錢,或者進行商業交易為目的。在商品布中還有一些簡單的棉制產品,例如棉襪,也是農村棉紡織業生產的初級商品,進入城市和市鎮的商貿運作之中。例如松江"郡治西郊,廣開暑襪店百餘家,合郡男婦皆以做襪為生,從店中給籌取值,亦便民新務"[18]。在一般商品布之外,棉絲、棉麻等土紗產品在棉業市場中所占比重雖很小，但也有一定的銷路。據徐新吾研究，個別地區織布技術差，農民除織自給布外，很少織商品布，故有餘紗出售，從而出現了最早的棉紗商品市場[19]。譬如正德《金山衛志》稱：

> 婦善績麻為綱，織棉布麤，不及松人，故紡木棉為紗者，市錢，不自織。[20]

正德《松江府志》也有一段常被研究者引用的典型記載：

> 紡織不止鄉落，雖城中亦然。里媼晨抱紗入市，易木綿以歸。明旦復抱紗以出，無項刻間。織者率日成一匹，有通宵不寐者。田家收穫，輸官償息外，未卒歲，室廬已空。其衣食全賴此。[21]

在低鄉金澤鎮一帶，"無論貧富，婦女無不紡織，肆中收布之所曰花布紗莊。布成持以易花，或即以棉紗易，輾轉相乘，儲其餘為一家禦寒具，兼佐米鹽。"[22]

土紗產品儘管沒有進入大的棉布市場貿易體系，但它在聯繫城鄉棉業生產，以及溝通城鄉物資交流方面，也有著重要的意義。

二、棉業市鎮與商業水網

商品布的生產和流通帶動了一些新興市鎮的崛起，歸有光在嘉靖中葉便提到，嘉定縣的新涇鎮"四十年前為荒野，今起為市，商賈湊焉"[23]。萬曆《嘉定縣志》也記載了這一"棉花管屨所集"的棉業市鎮[24]。康熙《昆山縣志稿》曾列舉了明後期到清前期縣境內興起的九個新興市鎮，撰者在按語中稱：

> 已上九處皆花布魚米鹽之所輻輳，商賈貿易之所也。集附近鄉村，鬱然成市，較兵墟、泗橋諸鎮倍盛，今並增入。[25]

這段敘述，反映了由於棉花、棉布和糧食等物資流動而導致農村聚落中出現市鎮的趨勢。明後期城鄉的物資交流，有許多是圍繞市鎮來進行的，洪煥椿在《明清蘇州農村經濟資料》一書中，曾將明末《沈氏農書》的《逐月事宜》篇中所述前往市鎮添購物資的事項摘錄如下：

> 正月：買糞（蘇杭）、糶豆泥（角直）、買糟燒酒（蘇州）
> 四月：買牛壅磨路（平望）、買繭黃（南潯）
> 九月：買牛壅（平望）
> 十月：買牛壅（平望）、租窖（各鎮）[26]

據此可知，市鎮方便了商品交換，為日常的農事活動提供了許多物資交易的平臺。萬曆年間耿橘在常熟治水時，就曾提到唐市在白茆與陽澄湖之間低窪水區中的重要地位，他說：

> 本區亦低窳區也……若遇洪濤洶湧，室廬盡遭漂蕩，何有於田疇耶？所恃唐市砥柱其中，商賈輳集，居民稠密，享有貿易之利，此民之得免於離散也。[27]

安亭鎮是明後期在昆山、嘉定兩縣交界地帶興起的棉業市鎮，據清代的鎮志回顧：

> 安亭鎮介昆山、嘉定之間，一闤之市，四鄉之民朝往暮歸，猶四境之聯於城邑也。故凡事物之在吳塘西、瓦浦東、雞鳴塘南、吳淞江北岸者，其疆域雖分隸昆、嘉，要不可不統謂之安亭。[28]

這段敘述將安亭鎮與周邊鄉村的關係，比作縣治與一縣四境的聯結關係，反映了市鎮與鄉村之間網路的重要性。在明後期，許多市鎮實際上成為其附近鄉村聚落的中心。川勝守還注意到，明後期許多新興市鎮的鄉鎮志中，敘及本鎮的四至八到時，常以其他市鎮為距離的參照點，譬如嘉定外岡鎮的鎮志中記道：

> 鎮之境東抵泭涇三里，至縣治十五里，西至吳塘三里，至昆山界十二里，西南至安亭鎮十五里，南抵方泰寺十里，至黃渡鎮十五里，東南至南翔鎮三十六里，北抵葛隆鎮六里，至太倉劉家河二十里，東北至婁塘鎮二十里。[29]

川勝守認為，這種四至八到的標示，揭示了外岡鎮棉業的經濟圈、通商圈[30]。

明代中後期，江南地區還出現了不少商人書、經商指南等日用類書，許多經商指南記載了由府治、縣治城市，以及市鎮連接而成的水陸交通路線，這引起了許多學者的關注[31]。川勝守認為，明代中後期商人書中所記載的水路，都是當時的連接各市鎮的商業水路，表明了當時棉業和絲織業興起後，市鎮之間在產品生產與流通方面關係非常緊密[32]。譬如黃汴的《一統路程圖記》一書對江南水路中蘇、松地區水陸路線記載如下：

> 蘇、松二府至各處水路（路須多迂，布商不可少也）
> 蘇州府由嘉興府至上海縣……
> 　　嘉善縣至嘉興府，或遇順風，由本縣西門過跨塘橋，十二里至三店石條街，又十七里出嘉興。北離橋不通大船，橋低，遇風可行，無縴路，近九里。
> 　　松江府由南翔至上海縣……蘇州府由周莊至松江府……嘉興府至金山衛水、陸路……松江府至吳淞所水、陸路……松江府至烏泥涇……陶橋至各處……
> 　　嘉興至松江，無貨勿雇小船。東柵口搭小船至嘉善縣，又搭棉紗船至松江，無慮大船。至上海，由泖湖東去，黃浦為外河，有潮、盜之防。松江至蘇州，由嘉定、太倉、昆山而去，無風、盜之憂。上海駁船，怕風防潮。南翔地高，河曲水少，船不宜大，過客無風、盜之念，鋪家有白日路來強盜之防。地產香芋、黃雞，並佳。至上海，或遇水涸，七寶、南翔並有騾馬而去，港多橋小，雨天難行。嘉善由三白蕩至蘇州，無縴絡，亦無賊，且近可行。由泖湖雙塔船至蘇州，有風、盜、阻遲之憂，船大人多，雨天甚難。船屬官家，永久難變，甚受其害。乾糧宜帶。泖橋東去黃浦，西去黃河，南往嘉興，北去松江，早晚多盜，宜防。[33]

這篇路線指南，在標題中就注明是為棉布商人提供路線指南，介紹具體路線十分詳盡，限於篇幅，拙文所引省略了部份地名、河名、湖名、橋名以及鎮、村地名。整體看來，這個商業路線結構，其實就是由水（陸）路以及府治、縣治、市鎮組成的交通網絡。西嶋對於這段材料反映的棉業運作狀況，有兩個精妙的解讀。其一，他認為"路須多迂，布商不可少也"表明了當時選取迂回的水路，實則對客商經商有利，可以在各地收買棉布，增加盈利的效率。其二，嘉興到松江的水路中，"無貨勿雇小船。東柵口搭小船至嘉善縣，又搭棉紗船至松江，無慮大船"，即是說，不帶貨物的旅客，在嘉善縣和松江府之間可以就便搭乘棉紗船，這表明當時嘉興府和松江府之間有棉紗船往來。結合天啟《海鹽縣圖經》關於海鹽縣紡紗織布的記載，便可知道嘉善縣就是海鹽縣與松江府之間棉產品運輸的轉運點[34]。

綜上所述，商業水網實際上支撐著整個棉業市場最基本的運作。在商業水網和市鎮網絡不斷發展的過程中，市鎮與鄉村的關係越來越緊密。16世紀太湖以東棉業市場的空間形態，其實就是市鎮及商業交通路線組成的網絡。

三、布行、布莊與布商

商業化水路和市鎮網絡是市場運作的平臺，而活躍在這一平臺之上的，則是形形色色的商人。當時不少棉布批發商，就居住在各地的市鎮之中。開設布莊，收買棉布。市鎮中還有許多棉布牙行，充當交易中介。

在明代中後期，朝廷對官布的需求量仍然較大，除了宮廷用布、賞賜用布，大部分的官布是供應九邊的軍需。在松江府，明中葉以前的官布征輸一般由糧長承擔，但隨著明中葉糧長制的變化，以及賦稅折銀化改革的趨勢，糧長輸布出現不少弊端。成化二十二年（1486），松江知府樊瑩進行了稅糧的折銀改革，並規定由布行代替糧長輸布，允許布行"齎持私貨，以贍不足"[35]。於是，布行"代糧輸布"，在賦稅折銀化的改革中漸成定制。范濂在《雲間據目抄》中提到：

> 松民善織，故布為易辦，而文襄以布代銀，實萬世良法，況今北邊每歲賞軍市虜，合用布匹無慮數萬。朝廷以帑藏赴督撫，督撫以帑藏發邊官，邊官以帑藏齎至松郡，而牙行輩指為奇貨，置酒邀請邊官，然後分領其銀，貿易上海、平湖稀布，染各種顏色，搪塞官府。[36]

牙行通過收買負責採辦的邊官，獲得辦布的特權，從採辦官布過程中牟利。這些辦布的牙行分佈在當時各地鄉鎮中，成為充當棉布交易中介的布行。在布行之外，還有布莊，布莊擁有大量資本，是經營大規模的中間買賣和倉庫業的批發業者，其販賣的交易物件是外來的布商。棉布牙行即布行則是外來的布商和布莊間的媒介，許多布行可能從屬於布莊[37]。除了布行、布莊，還有一種包買商制度——布號。傅衣凌根據顧公燮《消夏閑記摘抄》所載"前明數百家布號，皆在松江、楓涇、洙涇樂業，而染坊、踹坊、商賈悉從之"[38]，參以其他材料，認為明代江南布號在經營牙行式的收購業務之外，也開始從事包買主的活動，以原料付與小生產者，而使其隸屬於自己，這種由商業資本支配的結構延至清代[39]。

在16世紀，州縣田賦中原來已折布的稅額，大部分以白銀方式徵收，然後由官府下撥到布莊和布行，令其採購，這樣可以避免官布征輸在中間環節上出現過多的弊端。改革之後，布行實際上就成為政府的採購商，並在官布運輸環節從事其他的商業活動，商業活動在貨幣化逐漸提高的貢賦體制內，也就越來越發揮其靈活的作用。傅衣凌在《明清時代商人及商業資本》一書中，曾提到洞庭商人從松江販布，經商於大梁、陝、揚州，輾轉牟利，他還敏銳地注意到，成化年間一些江南布商已經組成行會，在山東臨清從事棉布的販賣[40]。隆萬年間，這類客商行會頗為興盛，江南布商利用大運河沿線水道，在棉布客商貿易中獲利。

在江南本地，牙行對市鎮棉業的影響則最為直接，萬曆《嘉定縣志》有一段常被研究者引用的資料，描述的就是牙行在市鎮中的形象："市中交易，未曉而集。每歲棉花入市，牙行多聚，少年以為羽翼。攜燈攔接，鄉民莫知所適。搶嚷之間，甚至亡失貨物。"[41]在明後期棉業發展中，布行發揮積極作用的同時，也存在著欺行霸市的現象，譬如在太倉州，

  州為小民害者，舊時棍徒，赤手私立牙店，曰行霸。貧民持物入市，如花布米麥之類，不許自交易，橫主價值，肆意勒索，曰用錢。[42]

牙行在代收官布的同時，有諸多的經營自由，他們常常為外地客商收布，充當中介，外地客商則扮演著販運棉布的主要角色[43]。許多棉業市鎮正是因為布行和客商集聚，商品布運銷量擴大，出現了繁盛的局面。清初葉夢珠在《閱世編》中就稱：

  前朝標布盛行，富商巨賈操重貲而來市者，白銀動以數萬計，多或數十萬兩，少亦以萬計，以故牙行奉布商如王侯，而爭布商如對壘。牙行非藉勢要之家不能立也。[44]

這段記述形象地描述了當時布行與布商的關係，由於布行既擅官布之利，又爭商貨之利，因此必須倚仗勢要之家，纔能力保其地位不失。"幸運"的是，16世紀後許多官紳之家也樂於染指業賈經營之事，嘉靖年間蘇州人黃省曾在《吳風錄》中曾說：

  自劉氏、毛氏創起利端，為鼓鑄囤房，王氏債典，而大村名鎮，必張開百貨之肆，以權管其利，而村鎮之負擔者俱困，由是累金百萬。至今吳中縉紳大夫多以貨殖為急，若京師官店，六郭開行債典，興販鹽酤，其術倍克於齊民。[45]

可以看出，正德、嘉靖年間大村名鎮商貨之興，與官紳的投資和經營頗有關係。

隆慶、萬曆年間，商業氛圍較為濃厚，許多外地客商攜重貲前來投資商品布的買賣和運銷，促進了棉業市鎮商業規模的擴大。嘉定的外岡鎮，"神宗初年，民益稠密，俗稱繁庶，四方之巨賈富駔，貿易花布者，皆集於此，遂稱雄鎮焉。"[46]太倉州棉產區"隆萬中閩商大至，州賴以饒"[47]。在外地客商中，徽商的活動尤為突出，譬如在嘉定縣南翔鎮，向來有許多徽商寓居，"百貨填集，甲於諸鎮"，而到了萬曆年間，嘉定的羅店鎮"比閭殷富，今徽商湊集，貿易之盛，幾埒南翔矣。"[48]當時的棉布，還常因為徽商在某一個市鎮採購，而因鎮名布，例如錢門（鳴）塘布，據明末《外岡志》載：

  各鎮名色不一。惟外岡布因徽商僦居錢鳴塘收買，遂名錢鳴塘布。[49]

清代修纂的《錢門塘鄉志》則突出了"錢門塘布"的品牌效應：

丁娘布，紗細工良。明時有徽商僦居里中，收買出販，自是外岡各鎮多仿為之，遂俱稱錢門塘布。[50]

徽商通過在高鄉市鎮收買棉布，再投入到長途販賣，不斷積聚財富。他們除了經營棉業貿易，還從事土地開發活動。16世紀布行和客商的商業活動，與官府亦有不少牽連，由於商人掌握了雄厚資本和便捷的運銷管道，官府缺糧輸兌的時候也曾向商人借米。[51]這充分顯示了當時商人的影響力。

四、棉業市場與米糧市場

16世紀後期，徽商之所以在棉布運銷中獲得比較突出的支配地位，是與全國性棉業市場的行情變化有關的。萬曆初年，江南的商品布市場行情較好，尤其是標布，朱家角鎮就是在標布貿易中興起的"巨鎮"[52]。標布的運銷主要是由秦晉商人支配的。《木棉譜》的作者褚華，其六世祖長史公，是明後期布行的坐商，據褚華回憶：

> 明季從六世祖贈長史公，精於陶猗之術。秦晉布商皆主於家，門下客常數十人，為之設肆收買，侯其將戒行李時始估銀與布，捆載而去。其利甚厚，以故富甲一邑。[53]

據此可見，秦晉商人與江南布莊、布行交往密切，在標布貿易中獲利甚豐。

明後期北方棉業興起之後，標布北販開始受阻。徐光啟曾對北方棉業興起後江南棉業的前途表示了擔憂[54]。當時北方各省如山東的棉業興起，主要是受到賦役改革的影響。許檀指出，降慶年間山東在一條鞭法的改革中，將原先徵收本色的棉布折銀，促使山東的棉紡織業出現了新的跡象，即是"家庭棉紡織業由賦稅性生產向商品性生產轉化"。明中後期山東方志中明確記載有商品布出產的州縣就有18個，此外又有一些沿海地區如登州府，本地不產棉，多從江南輸入棉花原料再進行加工織造[55]。總體看來，江南標布在北方的需求量明顯減少。另一方面，從明代中葉開始，早期盛產棉花的閩廣地區反而停滯衰落，出現了北花南運的現象。隨著江南棉區的日益擴展，上海地區的棉花與閩廣的糖、木材等進行了沿海貿易，同時產棉區也需要其他地區的糧食補給，從而使棉花、棉布和糧食的商品交換發達起來。這是當時全國商品遠距離貿易的主流[56]。在這種全國性的市場變化之下，江南的徽州布商促使棉布業者生產適合在南方銷售的新改布，即"中機"。西嶋定生對此過程進行了非常詳細的考察，他分析了明末松江"標布"販出衰退、"中機"販出增長的總體趨勢，指出華北各省棉布業興起引發的市場變動，並從中闡述松江府市鎮中徽商勢力崛起、秦晉商幫淡出的過程，從中揭示全國市場的變化以及商幫勢力的角逐和沉浮[57]。

在分析棉業市場變化的同時，還有必要對16世紀米糧市場及其他物資的市場情況略作考察。龍登高認為，明後期江南棉織業和絲織業專業化、商業化的發展，是市鎮網絡形成的重要原因。市鎮網絡是商品從產地向市場流動的重要環節，而糧食是非糧食生產者的基本需求，江南絲棉專業生產區糧食需求巨大，商品糧市鎮完成了這一功能[58]。成化、弘治時期江南低地（低鄉）興起的許多市鎮，在米糧貿易上已經發揮了極大的作用。譬如弘治時期吳江縣城的縣市就是一個重要的米糧轉運市，"其運河支河貫注入城，屈曲旁通，舟楫甚便。其城內及四門之外，皆市廛闤闠，商賈輻輳，貨物騰踴，壟斷之人居多。當冬初輸糧之際，千艘萬舸，遠近畢集。其北門內外兩倉場，米廩如南山之筍，何其盛也。出東門，過長橋，為江南市居民，又千百家，使舟官艦之往來，貢賦財物之接遞，朝暮不絕，難以備述。"[59]吳江的平望鎮，水路四通八達，交通非常便利，在弘治以後發展為一個非常重要的米糧市鎮：

  明初居民千百家，百貨貿易，如小邑然。自弘治迄今，居民日增，貨物益備，而米及豆麥尤多，千艘萬舸，遠近畢集，俗以小楓橋稱之。[60]

時人認為平望甚至可與蘇州城外楓橋米市相媲美。楓橋米市到了16世紀又有新的發展，其商貿規模和線路繼續拓展，據嘉靖《吳邑志》記載：

  運河一名漕河，在西城下，……自閶門北馬頭抵胥門，館驛長五六里，東西兩岸居民櫛比，而西岸尤盛。……河中荊襄川蜀大船多於東泊，鹽艘商賈則於西泊。官舫鉦鼓，晝夜不絕……自此過釣橋，水北流，由南濠至楓橋將十里，人煙相續而楓橋為盛，凡上江、江北所到菽麥綿花，大貿易咸聚焉此。[61]

該志卷14《物資》還詳細敘述了當時在南濠、楓橋一帶各村鎮物資轉輸的情況：

  鹽出東海……邑之南濠，眾艘聚焉，轉輸村鎮，施及傍邑，莫不賴之。其用造醬醃菜，冬夏尤急。大率多夾帶私醝，法不能禁也。豆麥自上江來，皆泊楓橋上塘等處，其多萬斛，歲時常然也。綾錦紵絲紗羅綢絹，皆出郡城機房，產兼兩邑，而東城為盛，比屋皆工織作，轉貿四方，吳之大資也。[62]

據說當時蘇州城外楓橋一帶，由於水道便利，所以"郡中諸大家之倉廩與客販囤園棧房，陳陳相因，以百萬計"，官方曾有意在這一帶修築防衛堡壘，但考慮到這些官商豪戶必定不肯內遷，祇好作罷[63]。這表明楓橋一帶商貨轉輸的重要性在16世紀有增無減。

  米糧市場的流通，使得棉業發展有了一定保障，而米糧市場波動之時，棉業也會受到較大影響。棉業市場發生變化之時，米糧市場的穩定也顯得非常重要。在萬曆前期棉布市場變化過程中，高鄉棉作區的州縣所受到的衝擊不盡相同。蘇州府嘉定縣在宣德年間漕糧折徵官布的改革基礎上，進行了漕糧永折的改革，基本擺脫了標布販運受限的困境[64]。相比之下，太倉州沒有進行類似改革，在棉布市場變化中所受衝擊頗為嚴重。由於"齊豫皆捆載，而南貨多用寡，日賤其值，祇恃閩廣之貿易"，因此，太倉地區"少資纖作，而百無一至，盡畎畝之獲，朝夕且不支，其不能清理賦役之事也。"[65]到了明末旱災之年，太倉州常受棉業市場和米糧市場同時受阻的威脅，太倉知州錢肅樂論曰：

  方盛時，不暇慮困陋，富商大賈，挾重貲，轉輸相屬，升斗之需，仰給市廛，勿為怪。故人飽於花，而饑於粟矣。比十三年，常鎮兩郡旱，米價石三兩，州中木棉倍收，櫛比叢生，望之如荼。然方是時，民苦漕甚，則何也？內之花不能出，外之粟不能入，各縣嚴粟米出境之禁，地棍乘機蜂起，金錢半委泥沙矣。[66]

為此，他主張州境內不能盡種木棉，而應該多種粳稻，以降低對外地米糧市場的依賴性[67]。明末王在晉敘及太倉水利時也有同樣的觀點[68]。明末官府對辟荒治田的重視，與當時棉布市場和米糧市場的變化不無關係。

餘 論

明代江南棉業是在棉布納入賦役徵解體制的條件下逐步興起的，明中後期田賦的貨幣化，伴隨著商業活動的興起，進一步刺激了棉植和棉布業的迅速發展。綜合起來考察，明代江南棉業發展一直與王朝的賦役體制"掛鉤"，並與賦役折銀改革息息相關。正如明末徐光啟所總結的那樣：

> 壤地廣衰，不過百里而遙，農畝之入，非能有加於他郡邑也。所縣共百萬之賦，三百年而尚無視息者，全賴此一機一杼而已。非獨松也，蘇杭常鎮之幣帛枲絟，嘉湖之絲纊，皆恃此女紅末業，以上供賦稅，下給俯仰。若求諸田畝之收，則必不可辦。[69]

棉業的發展促進了各種城鄉物資的流動。江南市鎮在14、15世紀興起之後，到16世紀又出現了普遍發展的勢頭。16世紀高低鄉市場中的物資交流和商人活動，是圍繞市鎮網路和商業水網進行的。明代黃汴的《一統路程圖記》，在介紹"杭州府、官塘至鎮江府水路"時，稱"緩則用遊山船漫漫遊去，急則夜船可行百裏，秋無剝淺之勞，冬無步水之涉。"[70]據此可見當時的水路運輸之便利。商業水網的拓展使市鎮與鄉村的關係越來越緊密，也使得江南的棉業市場逐漸整合，並與全國市場緊密相連。在16世紀棉布走俏的情況下，江南不產棉花的地區也有棉紡織業的發展，例如在嘉興府海鹽縣，

> 地產木棉花甚少，而紡之為紗，織之為布者，家戶習為恒業，不止鄉落，雖城中亦然。往往商賈從旁郡販棉花，列肆吾土，小民以紡織所成，或紗或布，侵晨入市，易棉花而歸，仍治而紡織之，明旦復持以易。無頃刻間，紡者日可得紗四、五兩，織者日成布一匹。[71]

通過"商賈從旁郡販棉花"，低鄉民人紡布，然後納入棉布市場，在市鎮網路中，原料、勞動力和產品實現了有效的流動。

成化、弘治以後，江南低地的絲織業的發展也是頗為顯著的，以蘇州府吳江縣為例，

> 綾綢之業，宋元以前，惟郡人為之。至明熙、宣間，邑民始漸事機絲，猶往往雇郡人織挽。成、弘以後，土人亦有精其業者，相沿成俗。於是盛澤、黃溪四五十里間，居民乃盡逐綾綢之利。有力者雇人織挽，貧者皆自織，而令其童稚挽花。女工不事紡織，日夕治絲。故兒女自十歲以外，皆蚤暮拮据以糊其口。而絲之豐歉，綾綢價之低昂，即小民有歲無歲之分也。[72]

到了明後期，吳江縣盛澤鎮的絲織業在太湖流域頗具盛名，小說《醒世恒言》曾記載了當時盛澤鎮中絲業發展以及商賈輳集的情況：

> 鎮上居民稠廣，土俗淳樸，俱以蠶桑為業。男女勤謹，絡繹機杼之聲，通宵徹夜。那市上兩岸綢絲牙行，約有千百餘家，遠近村坊織成綢匹，俱到此上市。四方商賈來收買的，蜂攢蟻集，挨擠不開，路途無佇足之隙；乃出產錦繡之鄉，積聚綾羅之地。江南養蠶所在甚多，惟此鎮處最盛。[73]

無論是 16 世紀江南的棉業市場還是絲業市場，商人活動都相當活躍，棉布牙行和本地布商、外地布商在收買解輸官布的同時，從事大規模的商品布貿易。隆慶、萬曆年間，以松江府為中心的江南棉布生產和運銷規模相當龐大，並具備了較高的市場運轉水準。

在高鄉棉植普及的情況下，米糧的流通有時受到諸多因素的掣肘，但總體上還是保障了當時高鄉棉作區的市場平衡。為了彌補糧食運銷因政區利害而造成轉糴上的弊端，在普遍植棉的趨勢下，江南地方特別是高鄉州縣在土地的墾荒和糧食的種植上仍著力甚多。總體上看，棉業市場和米糧市場的有效聯繫，維持了太湖以東區域內的物資流通和經濟平衡。另一方面，儘管全國棉布市場在 16 到 17 世紀發生較為重大的變化，但商人勢力此消彼長，新的棉布樣式和長途運銷線路應運而生，商人唯利是圖，其經營活動總能適應市場的變化。此外，牙行和布號繼續在高低鄉的市鎮中發揮著溝通商貨、聯絡客商的靈活特點，保證了 17 世紀江南棉業的繼續發展，並使得區域內市場與長途市場實現了較好的對接，這些充分顯示了 16 世紀江南的市場整合水準。

注　釋：

[1]　謝湜：《十五至十六世紀江南糧長的動向與高鄉市鎮的興起》，《歷史研究》2008 年第 5 期。

[2]　此說主要根據元代陶宗儀的記載，見（元）陶宗儀：《輟耕錄》卷 24 "黃道婆"，《元明史料筆記叢刊》，北京：中華書局，1959 年，第 297 頁。

[3]　（元）熊澗谷《木綿歌》，見於正德《松江府志》卷 5《土產·雜植八》，《天一閣藏明代方志選刊續編》，上海：上海書店，1990 年，第 5 冊，第 240 頁。

[4]　（元）孔齊：《靜齋至正直記》卷 1 "松江花布"，《四庫全書存目叢書》，山東：齊魯書社，1997 年，子部第 239 冊，第 216 頁。

[5]　［日］西嶋定生：《中國經濟史研究》，馮佐哲等合譯，北京：農業出版社，1984 年，第 541 頁。

[6]　（清）嚴書開《逸山集》卷 8《濠上贅言》，《四庫禁毀書叢刊》，北京：北京出版社，1998 年，集部，第 90 冊，第 404 頁下。

[7]　（明）張弼：《附南安守東海張公弼積荒糧議》，見於崇禎《松江府志》卷 10《田賦四·賦議利弊》，《日本藏中國罕見地方志叢刊》，北京：書目文獻出版社，1991 年，第 256 頁上。

[8]　［日］西嶋定生：《中國經濟史研究》，第 54 頁。

[9]　范金民、夏維中：《蘇州地區社會經濟史（明清卷）》，南京：南京大學出版社，1993 年，第 75 頁。

[10]　弘治《常熟縣志》卷 1《土產》，《四庫全書存目叢書》，山東：齊魯書社，1996 年，史部第 185 冊，第 34 頁上。

[11]　正德《松江府志》卷 5《土產·雜植八》，《天一閣藏明代方志選刊續編》，上海：上海書店，1990 年，第 5 冊，第 240 頁。

[12]　萬曆《嘉定縣志》卷 6《物產》，《中國方志叢書》，臺北：成文出版社，1983 年，華中地方第 421 號，第 476 頁。

[13]　嘉靖《昆山縣志》卷 1《風俗》，《天一閣藏明代方志選刊》，上海：上海書店，1981 年，第 9 冊，第 30 頁。

[14]　徐新吾編著：《江南土布史》，上海：上海社會科學院出版社，1992 年，第 82—83 頁。

[15]　崇禎《外岡志》卷 2《物產·貨之屬》，上海市地方志辦公室編：《上海鄉鎮舊志叢書》，上海：上

海社會科學院出版社，2004年，第2輯，第27頁。
[16] ［日］西嶋定生：《中國經濟史研究》，第619—623頁。
[17] 嘉靖《常熟縣志》卷4《食貨》，《北京圖書館古籍珍本叢刊》，北京：書目文獻出版社，1997年，史部地理類第27冊，第1053頁上。
[18] （明）范濂：《雲間據目抄》卷2《記風俗》，民國年間上海進步書局印本，第2b頁。
[19] 徐新吾編著：《江南土布史》，第70頁。
[20] 正德《金山衛志》下卷之二《風俗》，《松江府屬舊志二種》，上海：傳真社，1932年，第32b頁。
[21] 正德《松江府志》卷4《風俗》，第214頁。
[22] 乾隆《金澤小志》卷1《風俗》，《中國地方志集成·鄉鎮志專輯》，南京：江蘇古籍出版社，1992年，第2冊，第430頁下。
[23] （明）歸有光：《李惟善墓誌銘》，載（明）歸有光著、周本淳校點：《震川集》卷20《墓誌銘》，上海：上海古籍出版社，1981年，第487頁。
[24] 萬曆《嘉定縣志》卷1《疆域考上·市鎮》，第124頁。
[25] 康熙《昆山縣志稿》卷2《鄉保 附市鎮》，南京：江蘇科學技術出版社，1994年點校整理本，第31—33頁。
[26] （清）張履祥輯補、陳恒力校釋、王達參校增訂：《補農書校釋》上卷《沈氏農書》《逐月事宜》，北京：農業出版社，1983年，第11、16、20、21頁。洪煥椿編：《明清蘇州農村經濟資料》，南京：江蘇古籍出版社，第282頁。
[27] （明）耿橘：《常熟縣水利全書》卷7，常熟圖書館古籍部藏傳鈔本，第26b頁。
[28] 嘉慶《安亭志》《凡例》，上海市地方志辦公室編：《上海鄉鎮舊志叢書》，上海：上海社會科學院出版社，2004年，第2輯，第1頁。
[29] 崇禎《外岡志》卷1《里域》，第2頁。
[30] ［日］川勝守：《明清江南市鎮社會史研究——空間と社會形成の歷史學》，東京：汲古書院，1999年，第324頁。
[31] 相關商人書、經商指南文獻介紹可參陳學文：《明清時期太湖流域的商品經濟與市場網路》第三章《明清時期太湖流域的水陸交通與商路》，杭州：浙江人民出版社，2000年，第52—74頁；陳學文：《明清時期商業書及商人書之研究》，臺北：洪葉文化公司，1997年；楊正泰：《明代驛站考》《增訂本前言》，上海：上海世紀出版集團，2006年，第1—16頁，等。
[32] ［日］川勝守：《明清江南市鎮社會史研究——空間と社會形成の歷史學》，第177—190頁。
[33] （明）黃汴纂，楊正泰點校：《一統路程圖記》卷7《江南水路·蘇、松二府至各處水路》，收入楊正泰撰：《明代驛站考》附錄，上海：上海古籍出版色，2006年，第266—268頁。
[34] ［日］西嶋定生：《中國經濟史研究》，第614、639頁。
[35] 崇禎《松江府志》卷8《田賦一》，《日本藏中國罕見地方志叢刊》，北京：書目文獻出版社，1991年，第196頁下—197頁上。
[36] （明）范濂：《雲間據目抄》卷4《記賦役》，第3b頁。
[37] ［日］西嶋定生：《中國經濟史研究》，第641—642頁。
[38] （清）顧公燮：《消夏閑記選存》"芙蓉塘"，收入江蘇省立蘇州圖書館編：《吳中文獻小叢書》第13種，蘇州：江蘇省立蘇州圖書館，1939年，第23頁。
[39] 傅衣凌：《論明清時代的棉布字型大小》，收入傅衣凌：《明代江南市民經濟試探》附錄，北京：中華書局，2007年，第336—339頁。
[40] 傅衣凌：《明清時代商人及商業資本》，北京：中華書局，2007年，第95—96頁。
[41] 萬曆《嘉定縣志》卷2《風俗》，第154頁。
[42] 崇禎《太倉州志》卷5《風俗志·流習》，明崇禎十五年刻清康熙十七年補刻本，第9a頁。
[43] 徐新吾編著：《江南土布史》，第54頁。

[44]（明）葉夢珠：《閱世編》卷 7，《清代史料筆記》，北京：中華書局，2007 年，第 179 頁。
[45]（明）黃省曾：《吳風錄》，收入（明）楊循吉等著，陳其弟點校：《吳中小志叢刊》，揚州：廣陵書社，2004 年，第 178 頁。
[46] 崇禎《外岡志》卷 1《沿革》，第 1 頁。
[47]（清）吳偉業：《梅村家藏稿》卷 10《木棉吟 並序》，《四部叢刊》初編集部，上海：上海書店，1989 年，第 15a 頁。
[48] 萬曆《嘉定縣志》卷 1《疆域考上·市鎮》，第 124—125 頁。
[49] 崇禎《外岡志》卷 2《物產·貨之屬》，第 27 頁。
[50] 民國《錢門塘鄉志》卷 1《土產》，上海市地方志辦公室編：《上海鄉鎮舊志叢書》，上海：上海社會科學院出版社，2004 年，第 2 輯，第 17 頁。
[51] 萬曆《嘉定縣志》卷 7《田賦考下》《漕折始末·萬曆十一年本縣糧塘里老等役通狀》，第 481—483 頁。
[52] 崇禎《松江府志》卷 3《市鎮》，第 66 頁下。
[53]（清）褚華：《木棉譜》，收入《上海掌故叢書》，《中國方志叢書》，臺北：成文出版社，1983 年，華中地方第 404 號，第 886 頁。
[54]（明）徐光啟：《農政全書》卷 35《蠶桑廣類·木棉》，《景印文淵閣四庫全書》，臺北：臺灣商務印書館，1986 年，子部農家類，第 731 冊，第 506 頁下—507 頁上。
[55] 許檀：《明清時期山東商品經濟的發展》，北京：中國社會科學出版社，1998 年，第 85—92 頁。
[56] 徐新吾編著：《江南土布史》，第 4 頁。
[57] 可參［日］西嶋定生《中國經濟史研究》第四章第三節，第 638—652 頁。
[58] 龍登高：《江南市場史——11 至 19 世紀的變遷》，北京：清華大學出版社，2003 年，第 68 頁。
[59] 弘治《吳江志》卷 2《市鎮》，《中國方志叢書》，臺北：成文出版社，1975 年，華中地方第 163 號，第 78—79 頁。
[60] 乾隆《吳江縣志》卷 4《鎮市村》，《中國方志叢書》，臺北：成文出版社，1983 年，華中地方第 446 號，第 123—124 頁。
[61] 嘉靖《吳邑志》卷 12《水·城外河渠》，《天一閣藏明代方志選刊續編》，上海：上海書店，1990 年，第 10 冊，第 1036—1038 頁。
[62] 嘉靖《吳邑志》卷 14《物資》，第 1101 頁。
[63] 嘉靖《吳邑志》卷首《圖說》，第 695 頁。
[64] 萬曆《嘉定縣志》卷 7《田賦考下》《漕折始末·萬曆十一年本縣糧塘里老等役通狀》，第 482 頁。
[65] 乾隆《沙頭里志》卷 1《附屬隸始末》，《中國地方志集成·鄉鎮志專輯》，南京：江蘇古籍出版社，1992 年，第 8 冊，第 541 頁。
[66] 崇禎《太倉州志》卷 8《賦役志》，第 30a—b 頁。
[67] 崇禎《太倉州志》卷 8《賦役志》，第 32a 頁。
[68]（明）王在晉：《水利說》，載崇禎《太倉州志》卷 14《藝文志·文征》，第 89a—b 頁。
[69]（明）徐光啟：《農政全書》卷 35《蠶桑廣類·木棉》，《景印文淵閣四庫全書》，臺北：臺灣商務印書館，1986 年，子部農家類，第 731 冊，第 506 頁下。
[70]（明）黃汴纂，楊正泰點校：《一統路程圖記》卷 7《江南水路·杭州府、官塘至鎮江府水路》，第 265—266 頁。
[71] 天啟《海鹽縣圖經》卷 4《方域篇第一之四·物產》，《中國方志叢書》，臺北：成文出版社，1983 年，華中地方第 589 號，第 337 頁。
[72] 乾隆《吳江縣志》卷 38《生業》，《中國方志叢書》，臺北：成文出版社，1983 年，華中地方第 446 號，第 1132 頁。
[73]（明）馮夢龍：《醒世恒言》卷 18《施潤澤灘闕遇友》，濟南：齊魯書社，1995 年，第 381 頁。

論夏商周時期南北基本格局的改變
——兼論《燹公盨銘》"廼黎方克征"解讀

郭偉川

引　言

夏禹之前的五帝時期，在南北統一戰爭的問題上，雖然歷經黃帝三戰炎帝而得其志；又與蚩尤戰於逐鹿之野，而最終擒殺蚩尤[1]。黃帝在炎帝及諸侯"咸進委命"[2]的情況下即帝位，首次統一了南北，並"帝炎帝，神祝融"[3]，使南方"民神異業"。但至顓頊及帝嚳之時，南方又發生"共工氏作亂"[4]及"九黎亂德"[5]，顓頊（《史記·楚世家》則謂為帝嚳）平之，並封重、黎分司南方之神權與民政。據《國語·楚語下》云：

> 顓頊受之，乃命南正重司天以屬神，命火正黎司地以屬民，使復舊常，無相侵陵，是謂絕地天通。

但是，至堯、舜、禹的時代，南方土著民族三苗一再發生暴亂，與北方華夏政權對抗。有關這方面，《尚書》的《夏書》中許多篇什皆有述及。顯然，在顓頊及帝嚳時代作亂的九黎，至此已大體歸服北方的堯、舜政權。所以在《尚書》中凡涉及"黎"者，大都包含和平敦睦之意。如《尚書·堯典》中云：

> "曰若稽古帝堯……克明俊德，以親九族，……平章百姓，……協和萬邦，黎民於變時雍。"——顯示與南方九黎之民親和敦睦，一片祥和之象。

至舜帝時，九黎之地發生饑荒。舜命后稷教導彼等發展農業，幫助解決民生問題。《尚書·舜典》對此有所記載，云：

> 帝曰："棄，黎民阻飢，汝后稷，播時百穀。"

舜帝後期，大禹秉政，與九黎亦保持良好的關係。《尚書·大禹謨》云：

> 曰若稽古大禹，曰，文命敷於四海，祗承於帝。曰，后克艱厥后，臣克艱厥臣，政乃

乂，黎民敏德。

而舜帝另一名臣皋陶對九黎之民亦多行德政，黎民對其甚爲懷念。這一點，連大禹都發自内心對皋陶加以讚賞，曰：

> 朕德罔克，民不依，皋陶邁種德，德乃降，黎民懷之。[6]

又《尚書·虞書·益稷》言及禹協助舜治天下，除"苗頑"之外，包括九黎之萬邦都入貢共爲帝臣。説明堯舜時期，九黎已服而三苗不服的歷史事實。《尚書·虞書·益稷》云：

> 禹曰："俞哉，帝光天之下，至於海隅蒼生，萬邦黎獻，共惟帝臣。……苗頑弗即工，常其念哉！"

由此可知，至舜禹之際，三苗仍頑固不化，繼續對抗，不行貢職。"弗即工"者，即不入貢也。這反映了其時南方三苗集團確實没有臣服舜帝之事實。因此，這一時期北方對南方的統一問題，其主要矛盾，便是如何解決三苗長期的叛亂和抵抗，以及如何在南方佔領區實行有效的統治——這一極其艱巨的歷史責任，便落在大禹的肩上。

一、夏禹的征苗、治水與《燹公盨銘》

對南方三苗集團的統一戰爭，堯、舜二帝時期早已進行。尤其在帝舜時代，《尚書·舜典》言其"竄三苗於三危"、"分北三苗"。《淮南子·修務訓》云："舜南征三苗，道死蒼梧。"——説明舜終其一生，與南北統一戰爭中征服三苗之史事有關。但三苗集團在南方勢力極盛，舜祇能將其一部分驅逐至西北部今甘陝之地，即"竄三苗於三危"。鄭玄引《河圖》及《地説》言三危山在鳥鼠西南，與岐山相望。據此知三危在西北之地。而"舜征三苗，道死蒼梧"，其殁身之所亦在中南偏西區域。然而三苗的勢力主要卻在中南偏東之地，《戰國策·魏策》云：

> 昔者有三苗之居，左彭蠡之波，右洞庭之水；文山在其南，而衡山在其北。恃此險也，爲政不善，而禹放逐之。

由此説明舜對三苗的征服遠未竟全功，對南方的統一戰爭，其歷史任務便落在禹的肩上。

我認爲禹對三苗的統一戰爭，作爲統帥，其所率領的南征軍與三苗的戰爭極爲慘烈。而戰爭期間適逢連日暴雨，江河泛濫，發生特大洪災。而由於中國地理西高東低的特點和江河的走向，長江中下游地區成了重災區，無論古今，這都成爲必然的結果。而三苗傳統的住居地恰好處於此而成爲重災區。有關禹征三苗適逢連日暴雨，又兼地震及特大洪災的歷史事實，史有明載。《墨子·非攻下》云：

> 昔者三苗大亂，天命殛之。日妖宵出，雨血三朝。龍生於廟，犬哭乎市。夏冰，地坼及泉，五穀變化，民乃大振。……禹親把天之瑞令，以征有苗。……苗師大亂，后乃遂幾。禹

既已克有三苗焉，磨為山川，別物上下，卿制大極，而神民不違，天下乃静。則此禹之所以征有苗也。

《墨子·非攻下》這一重要的歷史記載，《今本竹書紀年》亦有類似的記述。

上述記載之所以重要，我認為為後世提供歷史的真相：應先是發生日蝕，繼之發生地震，又接連三日暴雨。因為結合《今本竹書紀年》以《隨巢子》引《汲冢紀年》注云："三苗將亡，天雨血，夏有冰，地坼及泉，青龍生於廟，日夜出，晝（白天）日不出。"——白天不見太陽，顯然就是日蝕；"地坼及泉"，就是地震引起地裂而見泉。而大雨三朝，地盡為洪水所淹，青蛇衹能匿於廟樑之上，故曰"青龍生於廟"。堯、舜、禹之時發生氣候反常有科學上的根據，許多古環境專家的研究結果，證明在距今4000—4200年（即相當於堯、舜、禹的時代）左右，世界相當一部分地區出現了氣溫的降低及降雨量不正常的反常氣候。根據竺可楨先生《中國近五千年來氣候變化的初步研究》[7]以及其他科學家的相關著作顯示，在此一時期，我國的江蘇、浙江、上海、內蒙、北京、遼寧、河南、甘肅等地，確曾出現異常的氣候情況。王巍先生《試論氣候環境變化對中華文明形成過程的影響》一文，根據近年考古發現與上述結論得到互相印證。其中述及"在長江中游發現的距今四千多年的湖北石家河等龍山時期的城址，城牆外往往有寬達十數米乃至十米的護城壕，這些護城壕有些是利用了天然河道，有相當一部分則是人工挖掘而成的，其主要目的應當是為了抵禦洪水"。同時還論及"長江下游平原地區一些良渚文化遺址也位於高於四周的人工堆築的土墩之上，在有的位於丘陵地區的聚落周圍，也發現有壕溝；在數處良渚文化的遺址中，發現泛濫的洪水形成的淤土"[8]。

因此，根據我國的環境氣象考古及地下考古的互相印證，説明《墨子·非攻下》及《竹書紀年》有關禹率南征軍攻伐處於長江中下游三苗地區之際，該地區曾發生過日蝕、地震、連日暴雨、山洪暴發及江河泛濫的描述，完全有科學的依據；也證明了我國古史文獻上對堯、舜、禹時期的氣象異常及江河長期泛濫造成災害的敘述，是完全正確的。如：

《尚書·虞書·堯典》云：

帝曰："湯湯洪水方割，蕩蕩懷山襄陵，浩浩滔天。"

《尚書·虞書·大禹謨》云：

（舜）帝曰："來禹，洚水儆予，成允成功，惟汝賢。"

《尚書·虞書·益稷》云：

禹曰："洪水滔天，浩浩懷山襄陵，下民昏墊。予乘四載，隨山刊木。既益奏庶鮮食。予決九川，距四海，浚畎澮，距川。"

近期，保利藝術博物館所藏燹公盨已證明為西周青銅器，《華學》第六輯特別組織專家學者為此彝器作了考證特輯。其銘文一開首即為"天命禹敷土，隨山濬川，廼荼（黎）方刲（克）征"。——可説是大禹治水和征服三苗最有力的證據。所謂"黎方"者，即上古九黎傳統居住的南方之地，而三苗乃九黎之後，故征黎方實際即征三苗。

有關燹公盨銘文的解詁演繹，諸家訓釋略有不同。饒師宗頤先生認為銘辭"'廼󰀀方󰀁征'一句，是關鍵性的句子"。其說甚是。而饒先生乃訓"󰀀"為"來"，訓"󰀁"為"󰀂"，其全句遂為"廼󰀀（來）方󰀁（󰀂）征"[9]。李學勤先生則訓此句為"廼差地設征"[10]。而周鳳五先生此句則訓為"廼󰀀（釐）方、󰀁（藝）、征"[11]。

有關󰀀字，我從饒師之說釋為"來"，但我最終確定此字為"黎"字，是因為上古"來"、"黎"相通。如《尚書·虞書·益稷》謂"萬邦黎獻"，即為萬邦來獻之意。至於"󰀁"字，其實銘文原字為󰀃，左邊為󰀄，我認為是"木克土"之意；右側象形，意為一人持刀伐木，即"金克木"之意。所以"󰀃"字之形義，我認為乃"克"字。故此句我訓為"廼黎方克征"，表示禹克征故九黎之地、現三苗之所居，即《戰國策·魏策》所言："昔者三苗之居，左彭蠡之波，右洞庭之水；文山在其南，而衡山在其北。恃此險也，為政不善，而禹放逐之。"——說明禹曾克征三苗所居之地，而三苗為九黎之後，故此地我認為古稱"黎方"。鄭玄注釋《尚書·周書·呂刑》中之"苗民"，云：

> 苗民，謂九黎之君也。九黎之君，於少昊氏衰而棄善道，上效蚩尤重刑必變。九黎言苗民者，有苗九黎之後，顓頊代少昊誅九黎，分流其子孫，居於兩裔者，為三苗；至高辛世衰，又復九黎之惡，堯興又誅之；堯末又在朝，舜臣堯，又竄之。禹攝位，又在洞庭逆命，禹又誅之。[12]

結合《國語·周語》載太子晉諫周靈王曰："王亦鑒於黎、苗之王，下及夏、商之世。"顯示黎、苗二大南方民族的確存在歷史的傳承，說明九黎與三苗確有密不可分的關係。

根據古史文獻和地下出土資料，我認為大禹平生做了三件大事：一是克征三苗，統一南北；二是收拾地震和特大洪災之殘局，進而治理南北江河之水；三是治水功成，分天下為九州。在這個意義上而言，中國歷史上第一次南北的真正統一，是在禹手頭完成的。而禹征三苗與治水幾乎是同時進行的。根據《墨子·非攻下》之記載，甚至可以說三苗之亡，乃七分天意，三分人力。其文可證之：

> 昔者三苗大亂，天命殛之。日妖宵出，雨血三朝；……夏冰，地坼及泉，五穀變化，民乃大震。

——說明先是日蝕、地震及連續三日暴雨造成特大洪災，洞庭水淹，三苗人心大震，部族向西部山地大規模遷徙逃命。苗族遷徙的原因，自古以來的說法是逃水災。如湖北宣恩小芳坡營的龍、石二姓苗族傳說其祖先因怕遭水災纔遷到其他。利川苗族傳說其祖先一步一步從水邊遷到高坡經過三次纔躲過水災，故居地取名"三望慶"[13]。說明上古苗族逃避特大洪患確為事實。在這種情況下，"禹親把天之瑞令，以征有苗……苗師大亂，后乃遂幾。禹既克有三苗焉，磨為山川，別物上下，卿制大極，而神民不違，天下乃靜，則此禹之所以征有苗也"。

自上古以來，南方土著部落勢力極盛，自黃帝、顓頊、高辛以降，頻繁地進行對南方的統一戰爭；至舜、禹之世，南方之三苗勢力仍極強大，舜終其一生征伐三苗，但最終"道死蒼梧"，未竟全功。禹之時，如果不是地震、連日暴雨引起居於長江中下游地區的三苗部落遭受特大洪患而被逼遷徙廣西、貴州、雲南等西南高原地帶避難，禹要徹底攻克居於湘、鄂、贛中南地區的三苗部落，絕非易事！我認為當年三苗西徙之地，就是現今苗族分佈西南數省之區域。其西遷之路綫，我認為應是自洞庭湖一帶之區域，分別自雪峰山及武陵山等高山地帶趨西南至苗嶺，此處為滇、黔、湘三省交會之地，為南嶺之幹脈。在滇境西接烏蒙山；東走入黔，綿亘省南；其東即為湘境，盡於湘、桂交界處。此處岡巒重疊，林木幽深，為當年及現今苗族聚居之所，故有"苗嶺"之稱。

當年的地震及隨後之連續三日大雨造成的特大洪災淹沒了中南部及東部等長江中下游的廣大地區，三苗部族為亡命乃大規模西徙，禹之南征大軍遂變為治水大軍。而無論古今，抗洪治水之有成，必藉強大的軍隊力量。禹於是由南征軍統帥一變而為"抗洪治水總指揮"。故禹南征與治水之同時進行，是特定歷史時期特定的自然氣候造成的結果。故《墨子·非攻下》說"禹親把天之瑞令，以征有苗。……禹既克有三苗焉，磨為山川，別物上下……。"——證明禹克征三苗與治水同時進行。這與《燹公盨銘》所言"天命禹敷土，隨山濬川，廼莽（黎）方刲（克）征"，幾乎完全一致。而且《墨子·非攻下》言禹"征有苗"、"克有三苗"，可見"克"、"征"二字在禹時為習用之辭。故在《燹公盨銘》中，我訓"莽"為"黎"，與"莽"通。"莽"、"黎"在形、音、義上確有可通之處。而"刲"之訓為"克"字，我則從字之形義上體現的"木克土"、"金克木"而釋為"刲"[14]，其義即"克"，與"征"字連用，說明禹"克征"居於黎方之三苗。所以我認為《燹公盨銘》前三句乃為一整體，不可點斷，即"天命禹（敷）土，隨山濬川，廼莽（黎）方刲（克）征"。——說明禹其時敷土治水，緣於克征黎方三苗時發生特大洪災。三苗既克，遂有和平的歷史環境，禹得以從容治水。這是理所當然之事。這與《墨子·非攻下》、《古本竹書紀年》以及《尚書》一些篇什所述禹征三苗與治水二事同時進行，紙上文獻與地下出土資料互證，可以無疑。而《燹公盨銘》中最關鍵的一句："廼黎方克征"，於此亦較可解。

二、禹南征、治水與大越之立國

如前所述，三苗部族既避特大地震與洪災以及禹南征軍之威逼而大規模西徙至西南諸省，其原所盤據的中心區域兩湖地區及江浙一帶，遂為禹所佔領。此乃長江中下游地區，亦是洪患的重災區。禹的南征軍一變而為治水大軍。這一轉變乃勢所必然，大禹治水亦是時勢使然的。而根據歷史記載，當時之洪患非祇長江，黃河、淮河亦皆洪水滔天。故禹之治水，上述水系皆須治理，不僅中下游須疏通，上游源頭亦要隨山刊木，敷土濬川，其艱巨可想而知。有關這方面的記載，《尚書·禹貢》頗為詳細：

> 禹敷土，隨山刊木，奠高山大川。冀州既載，壺口治梁及岐，既修太原，至於岳陽；覃懷底績，至於衡漳。

就《禹貢》開首所言，禹治水之範圍遍及黃河上下及大江南北。如上述開首一段，已涉北方四省，若冀州之為河北；壺口、太原及岳陽皆在山西，岐為陝西，覃懷在河南；又東及山東至於海，如言"海岱惟青州，嵎夷既略，濰淄其道"，其地域及河流皆在山東。而禹治水南及三苗舊居之地。如《禹貢》云：

> 淮海惟揚州，彭蠡既瀦，陽鳥攸居，三江既入，震澤既定，滌蕩既敷。

此處言"彭蠡既瀦",即顯示禹治彭蠡（今鄱陽湖）之水,恢復其蓄水之功能。而此處適為三苗之淵藪。誠如《戰國策·魏策》所言:

> 昔者三苗之居,左彭蠡之波,右洞庭之水;文山在其南,而衡山在其北。

禹不僅治彭蠡,而且治衡陽。《禹貢》也云:"荆及衡陽惟荆州。江、漢朝宗於海。九江孔殷,沱、潛既道,雲土夢作。"這説明昔日三苗所據之湖北、湖南及江西地區,概為禹所有。此處乃長江中下游地區,為此次大地震及特大洪水之重災區。禹領導軍民,艱苦砥礪,經過十餘年之苦戰,終於治水成功。《禹貢》言禹將天下劃為九州之事,云:

> 九州攸同,四隩既宅;九山刊旅,九川滌源,九澤既陂,四海會同。……東漸於海,西被於流沙,朔南暨。聲教訖於四海。錫禹玄圭,告厥成功。

所以,禹克征三苗,抗洪治水,使南方納於北方政權的有效管治之下。可以説,歷史上第一次真正的南北統一,是在禹手頭實現的。禹並在三苗之腹地會稽一帶闢為大越。《吳越春秋》對此事有記載,云:

> （禹）三載考功,五年政定。周行天下,歸還大越,登茅山,以朝四方群臣,觀示中州諸侯。防風後至,斬以示衆,示天下悉屬禹也。乃大會計治國之道。……遂更名茅山曰會稽之山。因傳國政,休養萬民,國號曰夏后。

據南宋學者徐天祐引《十道志》云:"會稽山,本名茅山,一名苗山。"

可見會稽一帶原亦為三苗聚居之地。——因為上古羋、髦、茅皆與苗通,《十道志》言茅山一名苗山,顯有所據。依照《吳越春秋》上文所言,禹在南方建大越在先,"登茅（苗）山,以朝四方群臣,觀示中州諸侯。防風氏後至,斬以示衆,示天下悉屬禹也"——我認為禹作為原南征軍統帥兼"抗洪治水總指揮",領導南北軍民,經過十餘年艱苦卓絶之奮鬥,終於治水成功,南北人民得以安居樂業。當此之時,禹有強大軍隊的支持,有南北人民的衷心擁戴,有地方實際的行政權力,當時的歷史情況確如《吳越春秋》所言:"天下悉屬禹也。"所以,舜説"禪讓"亦好,被逼交出政權亦好,總之"因傳國政"於禹。禹乃即位於陽城（今河南登封）,"休養萬民,國號曰夏后"。又據《今本竹書紀年》載,禹即位"五年巡狩會諸侯於塗山。八年春會諸侯於會稽,殺防風氏;……秋八月帝陟於會稽"。

由此看來,禹即位在中州,但死所卻在會稽。可見禹征三苗、治洪水並統一南北而劃為九州,是其前無古人之大功;但創立大越並最後終命而葬於會稽,説明南方大越確為其創立的根基所在,亦是其最終安身立命之所。北人過長江,首次在南方建立鞏固的地方政權,並前後延續約1500年之久（自禹至戰國中期越滅於楚,時在公元前355年）,此一意義實在非同小可,因為它根本改變了自古以來南北截然兩分的政治格局。在此之前,黄、炎二帝雖曾在名義上達致統一,但北人的實際治權未過長江,堯、舜時雖屢發生南北統一戰爭,但南方之三苗勢力仍極強大。祇有到了夏禹之時,三苗遠徙西南以避洪患,禹終能在南方建立政權,此固為人謀之功,實亦出於天助（即不可抗拒之自然力,如日蝕、地震、連日暴雨造成海嘯及洪患即是）。總之,禹在南方建立大越首先改變了南北的政治格局，卻是不爭的歷史事實。至於夏少康封其庶子於會稽，以奉守禹之祀，延及允常、勾踐而在南方稱越王，凡此種種，《史記·越世家》頗有述及，於此不贅。

三、季連部族追隨禹在南方創業與荊楚立國之淵源

季連部族屬於北方黃帝的族群系統，這一點，《史記·楚世家》對其世系的來龍去脈，有頗為詳細之記述：

> 楚之先祖出自帝顓頊高陽。高陽者，黃帝之孫，昌意之子也。高陽生稱，稱生卷章，卷章生重黎。重黎為帝嚳高辛居火正，甚有功，能光融天下，帝嚳命曰祝融。共工氏作亂，帝嚳使重黎誅之而不盡。帝乃以庚寅日誅重黎，而以其弟吳回為重黎後，復居火正，為祝融。吳回生陸終，陸終生六人，坼剖而生焉。其長一曰昆吾；二曰參胡；三曰彭祖；四曰會人；五曰曹姓；六曰季連，芈姓，楚其後也。……季連生附沮，附沮生穴熊。其後中微，或在中國，或在蠻夷，弗能紀其世。周文王之時，季連之苗裔曰鬻熊。鬻熊子事文王，蚤卒。其子曰熊麗。熊麗生熊狂，熊狂生熊繹。熊繹當周成王之時，舉文、武勤勞之後嗣，而封熊繹於楚蠻，封以子男之田，姓芈氏，居丹陽。楚子熊繹與魯公伯禽、衛康叔子牟、晉侯燮、齊太公子呂伋俱事成王。

季連上承黃帝北方之世系，下啓熊楚一大系統，《史記·楚世家》的上述記載十分明確而清楚。可以說，楚國乃是禹立大越外，北人在南方建立的另一政權。

那麼，季連及其芈姓子孫究竟何時在南方建立政權的呢？

據羅泌《路史·後紀五》云：

> 伯禹定荊州，季芈實居其地。生附敍（按《史記·楚世家》作附沮，《大戴禮》作附祖），始封於熊，故其子為穴熊。荊楚，名也，夏有楚狐父。厥後鬻熊子者，師臣西伯。成王時，熊氏畔，乃復封子繹於荊，居丹陽，是為楚十七世。

拙作《古三苗新考——兼論三苗與南方諸族及楚國之關係》曾作如下之考析：

> 我認為楚最終定為熊姓之國，實與追尊及根溯先祖黃帝有熊氏有極大的關係。《史記集解》徐廣說黃帝"號有熊"。而譙周說黃帝是"有熊國君"；皇甫謐則指"有熊，今河南新鄭是也"。所以將新鄭定為軒轅黃帝故里，顯有確據。[15]

季連既為黃帝之孫顓頊之苗裔，"始封於熊"，其地應在河南新鄭，此亦其後楚得姓之始。禹征三苗之際大軍在河南，季連部族追隨禹南征。當發生大地震及連朝暴雨引致特大洪災，逼使三苗遠徙西南雲貴高原一帶以避水。而伯禹治水時，季連部族亦追隨治水。禹"陂九澤"，荊江為其一；"度九山"[16]，荊山亦為其一。季連部族應該是度荊山、治荊江之主力。及後禹定九州，荊州為其一，季連部族是以有荊州之地。故《路史·後紀五》載"伯禹定荊州，季芈實居其地"。顯然有其前因後果。

《路史·後紀五》又説"荊楚，名也，夏有楚狐父"。——其實，準確地説，應該是"荊"乃地名，乃荊山、荊江、荊州；而"楚"乃為人名，如"夏有楚狐父"。所以，由此推斷夏朝時，季連後人楚狐父據有荊州之地，"荊楚"之名由此而起。至周成王時熊繹臣服，仍就封於荊，居丹陽，"是為楚十七世"。——應為夏朝時楚狐父於荊立國時之第十七世裔孫。這説明西周之前，荊楚早就立國於南方了。有關這一點，亦可得到文獻學上的佐證。如商朝末年，西伯昌在岐山時，"太顛、閎夭、散宜生、鬻子、辛甲大夫之徒皆往歸之"[17]。其中鬻子即鬻熊，説明商朝時楚國即為子爵之國，故其君鬻熊始稱"鬻子"。而西岐的姬昌則為伯爵之國，故稱"西伯"。由此可知封爵的制度早已自商代起。楚為子爵之國，不僅有文獻為證，而且出土文物亦有確據。1977年陝西岐山周原遺址出土的甲骨文有"曰今秋楚子來告"[18]的記載，説明《史記·周本紀》中記述鬻子往西岐歸之西伯昌，得到考古學上極為確切的印證。至於商朝時期熊楚治下之湖湘地區，其青銅文化已甚具規模。馬承源《中國青銅器》一書指出：

> 湖南商周青銅器從洞庭湖畔到南嶺北麓，從湘東幕阜山到湘西黔川交界山地，都有所發現。……湖南地區商文化遺存，相當於鄭州二里岡時期。在石門皂市商代文化層中，出土有盛有銅渣溶液的陶器，鑄造銅鏃的石範和青銅鏃，銅鏃的形制和中原地區相同。從而説明湖南地區青銅冶煉技術在商代早期已開始。[19]

上述的考古發現説明熊楚治下之湖南地區，其青銅冶煉技術在商代早期已開始。而此一地區之青銅器中，銅鏃的形制和中原地區相同。其實，熊楚乃黃帝裔孫顓頊之後，季連部族本身就來自中原地區，故銅器形制與中原地區相同，是不足為奇的。

《路史·後紀五》説"伯禹定荊州，季芈實居其地"。而荊州除包括湖湘外，還包括江西在內。據《尚書·夏書·禹貢》云：

> 荊及衡陽惟荊州。江、漢朝宗於海。九江孔殷，，潛既道。

鄭玄謂"荊州界自荊山南，至衡山之南"。[20]

荊山在湖北，衡陽在湖南，而九江在江西。故熊楚據荊州，很早就奄有江西之地。而近年江西的考古發現亦證明商代熊楚轄下之此一地區，在青銅的開採和冶煉技術上，都居於領先地位。據《中國文物報》1990年1月4日報導：

> 江西瑞昌銅嶺還發現一處商代中期大型銅礦遺址。有地下開採的井巷遺址，也有露天採礦遺跡。採坑、槽坑、選礦槽、尾沙地、工棚等保存完好。礦井井巷均用木支護，以保證安全和採掘深度，地下開採利用鑿井的高低引起氣流變化解決通風問題。發現的遺物，有用來照明的竹簽、採掘用的銅斧、鉞、錛、鑿等工具。……（以前）國內發現的最早古銅礦為西周晚期，這一發現把我國採銅歷史向前推了幾百年。[21]

這説明楚地多銅礦，其開採與冶煉技術亦處於領先地位。而殷商時代江西地區最為典型的是"吳城文化"，主要分佈在鄱陽湖和贛江流域的廣大地區。吳城文化的青銅器發現的數量較多，包括生產工具、武器和生活用品，還有禮器、樂器等，並且出現文字遺跡（參閱胡厚宣、胡振宇《殷商史》，上海人民出版社，2003年）。所以，在上古時期，在農業經濟乃至於礦業生產以及青銅器製作技術上，南並不亞於北。而究本窮源，以大禹克三苗及治理南北洪患而真正達到北人據有南土，大越與荆楚先後在南方立國，就是劃時代的標誌。尤其是熊楚，由於其力量完全集中於南方的湖湘及九江地區發展，深得江漢之民擁護，遂得以迅速發展，及後且長期成為南方之大國。反觀"大越"，由於禹子啟建大夏政權於中州以治天下，重點在北不在南，至夏少康之世始重視南方之分支，封其後以奉禹祀。因此，南方之越始終不及楚強。至戰國前期，越最終為楚所滅，此蓋有其深遠的歷史前因。

熊楚之所以能在南方逐漸壯大的原因，除其祖先不畏艱辛，篳路藍縷以啓山林而深得江漢之民信任外，我認為楚之先祖曾任南方祝融，主祭祀以通天，與南方各部族之首領以及民衆夙有淵源，有其深厚的歷史和宗教上的關係，是另一重要的原因。拙文《論上古南北統一戰爭與王權、神權及"絕地天通"諸問題》曾論及黃帝在戰勝炎帝並取得其合作，及後又擒殺蚩尤，乃在南方實行"帝炎帝、神祝融"[22]的措施。由炎帝為南方之帝，我認為這是黃帝採取"南人治南"的策略；但由北人任南方"通天"之神祝融，則是採取"人神異業"之措施，藉以剝奪南人通天之神權，以潛消彼等借天命以造反的野心。而至帝嚳高辛氏之際，南方又出現共工氏作亂，"帝嚳使重黎誅之而不盡，帝乃以庚寅日誅重黎，而以其弟吳回為重黎後，復居火正，為祝融"。[23]

這位任南方"祝融"的吳回，恰好就是楚祖季連的祖父。《史記·楚世家》説"吳回生陸終。陸終生六人，……六曰季連，芈姓，楚其後也"。證明楚之祖先曾任南人最高宗教領袖"祝融"的歷史事實。有關這一點，西周末年周史伯向鄭桓公亦提出了相同的歷史證據。他分析中原及其四方的政治形勢，指出荆楚在南方有極其深厚的歷史淵源，勢力非常雄厚，説：

> （楚之先）重黎之後也。夫黎為高辛氏火正，以淳耀敦大天明地德，光照四海，故命之曰祝融，其功大矣。……祝融亦能昭顯天地之光明，以生柔嘉材者也。其後八姓於周未有侯伯。……融之興者，其在芈姓乎？芈姓，夔、越不足命也；蠻芈蠻矣，唯荆實有昭德。若周衰，其必興也。[24]

所以，荆楚其後之所以能在南方勃興，與其先祖在上古時期曾在南方任通天之神職祝融，顯然有其深遠的歷史關係。因楚為靈媒之後，有通神之家族淵源，故楚地民俗尚鬼神崇拜，巫覡祀鬼祭神之活動獨多，顯然與上述原因有極大的關連。而季連家族通過神權以加強政權，這亦是楚國得以在南方迅速發展不可忽視的歷史原因。

大越（亦稱於越）為禹所肇建，此乃古文獻之所載，亦是史家之共識。但楚祖季連率族衆追隨禹南下奮鬥，在禹於會稽建於越時，亦據有荆州，故荆楚之立國，亦在禹時。此點春秋時墨子亦予肯定。《墨子·兼愛中》云：

> 古者禹治天下，……南為江、漢、淮、汝。流之注五湖之處，以利荆楚、於越與南夷之民。

《墨子》此一史料極之重要！遂使南宋羅泌《路史·後紀五》所載"伯禹定荆州，季芈實居其地"一事得到春秋時期文獻之證實。由於禹的功績，北人南來立於越、荆楚二國，從而根本地改變了禹以前北地華夏族與以九黎、三苗為主的南方民族隔江而治的政治格局，自此三苗退出傳統祖地湖湘江浙一帶而遠徙西南雲貴高原，於越、荆楚之建立，實際上即佔據三苗上述地區，是北方民族及其政治在南方之延伸。及至殷周之際，周太伯南奔，在今江蘇一帶建立吳國。至此南方之大部，實際上已為北方民族所佔有。越、楚、吳三國，皆有北方貴族之血統。越乃禹夏之苗裔；楚出自黃帝孫顓頊之血緣；而吳則為姬周之宗親。故自夏肇始，迄於商周，南北主要國家的種族血緣及其文化基本上是以黃帝系統的北方民族及其文化為主體的；我認為日後漢族之組成亦是以此為主體的；而中華民族同樣是以此為主體的。秦及其後國家之統一、漢民族之獨特凝聚力以及中國文字和中國歷史之綿延不絕，我認為實得力於大禹之時對南北的統合，從而根本上改變了南北民族的分佈和基本的政治格局。禹功之偉大，正在於對國家民族的統一以及中華文化的凝成，發揮了無與倫比的歷史作用，其意義並不在治水功績之下。

2009 年 4 月 23 日於香港

注　釋：

[1]　《史記·五帝紀》。
[2]　《路史·後紀五》。
[3]　《尚書大傳》。
[4]　《史記·楚世家》。
[5]　《國語·楚語下》。
[6]　《尚書·虞書·大禹謨》。
[7]　竺可楨：《中國近五千年來氣候變化的初步研究》，《考古學報》1972 年第 1 期。
[8]　王巍：《試論氣候環境變化對中華文明形成過程的影響》，載饒宗頤主編《華學》第六輯，紫禁城出版社 2003 年。
[9]　饒宗頤：《公盨與夏書佚篇〈禹之總德〉》，載饒宗頤主編《華學》第六輯，紫禁城出版社 2003 年。
[10]　李學勤：《遂公盨與大禹治水傳說》，載《中國社會科學院院報》2003 年 1 月 23 日。
[11]　周鳳五：《遂公盨銘初探》，載饒宗頤主編《華學》第六輯，紫禁城出版社 2003 年。
[12]　《尚書·周書·呂刑》鄭注。
[13]　王希輝、田萬振：《承傳與遺忘——湖北苗族移民特徵的文化人類學分析》，載《汕頭大學學報》2006 年第 6 期。
[14]　"𣂴"字我釋為"𠚯"，字之形義：左側為木克土，右為一人持刀伐木，我訓為"克"字。原字見《燹公盨銘》原文，載饒宗頤主編《華學》第六期拓本照片，紫禁城出版社 2003 年。
[15]　拙文：《古三苗新考——兼論三苗與南方諸族及楚國之關係》，載《汕頭大學學報》2007 年第 3 期。
[16]　《史記·夏本紀》。
[17]　《史記·周本紀》。
[18]　引自楊寬《西周史》，第 598 頁。臺灣，商務印書館 1999 年。
[19]　馬承源：《中國青銅器》，上海古籍出版社 1991 年。引文見第 486—487 頁。
[20]　《尚書·夏書·禹貢》鄭玄注。
[21]　引自 1990 年 1 月 4 日《中國文物報》，標題為《去年文物考古獲得豐收》。
[22]　引自 1990 年 1 月 4 日《中國文物報》，標題為《去年文物考古獲得豐收》。
[23]　《史記·楚世家》。
[24]　《國語·鄭語》。

璀璨的藝術結晶
——論中國古代橋梁的科學文化價值

於賢德

中國古代橋梁是我們的祖先征服江河峽谷的物質成果，又是社會向前推進的歷史表徵。它以實實在在的物質形式，包含著多方面多層次的歷史文化內涵。首先，巍然屹立在江河之上，向我們昭示著古人在當時比較簡陋的條件下所達到的智慧和科學，他們在認識自然、改造自然的過程中顯示出高度的科學知識、理性精神和創造才能。其次，建成於不同年代的橋梁，總是自覺不自覺地表現著當時人們對人與自然相互關係的認識，從中可以讓我們看到建橋人的哲學思想、功能追求和審美趣味。橋梁又是祖先留給我們的文化心理巨著，它是情感的果實，凝結著古人對大自然敬畏而又敢於抗爭的心理體驗，體現著他們對美的認識和審美理想。橋梁不但向我們展示著設計者匠心獨運的機智，而且也是橋工們精湛技藝的最好見證。還有，有不少橋梁是人類與自然的反覆較量中纔最後建造成功的。因為掌握客觀規律，在改造自然中獲得勝利不是一蹴而就的，正是在屢毀屢建的歷史中，顯示出人的意志力的堅強與偉大。由此可見，中國古代橋梁包涵著十分豐富的歷史文化內涵，俏得我們深入的研究。

一、科學創新的輝煌卓越

從中國橋梁發展的角度來看，每一座重要的橋梁建造，都是在克服了設計、施工、使用及維護方面的困難，從而取得了技術的進步和科學的發展之後，纔有可能完成新的創造任務。就拿橋梁施工方法來說，早期橋梁建設中，由於材料、結構等諸多因素的限制，多採用木樁來做橋柱。這就是把事先準備好的木樁打入泥土中，使它深入土層，通過它與周圍土壤產生的摩擦力和樁尖的承載力，牢固地支承起橋梁的上部結構。當中國橋梁發展到秦梁漢柱這一階段時，木樁開始成為橋梁基礎的一種形式。人們把木樁打入水下的土層中，再在上面砌築石軸或石墩。這樣就能架設較大的橋梁。這種方法一直沿用了相當長的時間。重修於清道光十三年（公元1833年）的西安灞橋，就是在木樁基礎上建石軸，在石軸上架木梁建成的，這是"關中地區一個特殊系統的橋式"[1]。

當人們要在水深流急的河流中，或在江海匯合處建橋時，打樁築基的做法有時就不適用。新的方法首先為建造泉州洛陽橋的宋代橋工們所創造。為了解決江潮夾擊難於打樁築基的困難，橋工們在"甃石為浮橋"的經驗的啟迪下，首創了現代工程學上稱為"筏形基礎"的施工技術。筏形基礎，就是利用當地石料豐富的優勢，在江底建橋位置拋填大量石塊，築成一道水下石堤，用來作為橋墩基礎。洛陽橋的筏形基礎，寬約25米，長500餘米，平均高度在3米以上，拋石總數達3萬多立方米。為使這些石塊連成一體，橋工們還大膽地利用種植牡蠣加固橋基的獨特做法，因為牡蠣殼能夠附生在岩礁上面，並且能與拋下去的石塊相互膠結，達到牢不可破的程度。"橋下種蠣固其基"[2]，使成叢成片的牡蠣鑽入石塊的縫隙中安家落戶，把分散的石頭膠結為牢固的整體。同時，牡蠣還把橋梁基礎與石板橋墩緊緊地聯結起來。這一創造，使得洛陽橋安然地立在江水、海潮之中，歷時千年仍很牢固，為泉州人民提供了安全便利的過江條件。這不能不歸功於默默無聞地臥在水底的筏形基礎！它使橋梁在浪急水深的洛陽江口扎了根。筏形基礎是中國橋梁建設史上的一大碩果，是中國橋工對世界建橋技術的杰出貢獻。

又如橋梁泄洪問題的解決，同樣顯示了中國古代橋梁建設者自覺的創新精神。橋梁的牢固不祇取決於基礎，而且還必須解決水的問題。水，在平時一派溫柔，我們用它來比喻情感的親切與柔和，常說"柔情似水"。然而，當水匯集成洪流，而且必然要往低處奔湧，其產生的力量，卻有"來似雷霆放震怒"的狂暴和無情，人們又把它跟猛獸並列在一起，稱之為"洪水猛獸"。許多橋梁正是在洪水的沖擊下傾坍。因此，善知水情就成為橋梁建設中最基本的先決條件之一。在漫長的橋梁建設史上，橋工們不斷摸索，逐漸悟出了內在的規律，積累了豐富的經驗。同時，對水的了解不斷加深，在建造橋梁時也就能夠採取相應的措施。橋墩迎著洪水，受著沖刷，如中流砥柱，搏擊水流。在這一方面，中國古代橋梁建設者所作出的貢獻，同樣是不同凡響的。

如舉世聞名的趙州橋，從橋型選擇、橋體設計等各個方面，都充分注意到水暢其流的要求。根據有關書籍記載，洨河水一年中漲落十分顯著，每逢夏秋，"大雨時行，伏水迅發，建瓴而下，勢不可遏"。如果建造多跨木、石梁橋，是很難適應河流的泄洪要求的。因此，梁橋的安全就很難保證。正是出於上述考慮，以李春為代表的橋梁建築大師創造性地選用了單跨圓弧形坦拱為基本橋型。採用單跨而不是聯拱，使河道中間沒有橋墩阻擋水流；坦拱跨徑大，可以讓兩岸的橋臺盡量緊貼河岸，而不會像半圓拱之類橋臺向河道中央伸出。這樣做的目的就是給洪水預先留下了足夠寬敞的通道，讓它有路可走，不會再和橋梁發生衝突。為以防萬一，橋的大拱兩肩還各設兩個小拱，把拱橋從實腹式改為敞腹式，這是又一個偉大的創舉。這樣做不僅節約了材料，減輕了橋的自重，而且還為溢洪布置了又一道防綫。這四個小拱猶如抗洪大軍的四支奇兵，唐朝張嘉貞在《安濟橋銘》中說：建四小拱"蓋以殺怒水之蕩突"[3]。事實上，它們確實保證了夏秋季節洪水的順利下泄。

中國古代橋梁建設過程中為戰勝水患，人們創造出了許多新招奇招。例如，為減輕水流對橋墩的局部沖刷，在墩形的設計上採取改善橋墩迎水面的形狀的做法來提高排水能力，保證橋梁的安全。如中外聞名的蘆溝橋，在永定河上安臥了800多年，同樣有賴於它在排洪、破冰上的有效措施。民間傳說蘆溝橋上裝有斬龍劍，說每當大雨時節，永定河上游有10條惡龍，張牙舞爪，直向橋拱撲來，善良的人們都為大橋的安危捏了一把汗。但惡龍一到橋下，不但無法肆虐，而且立即化為烏有，洪水也馴服地從橋孔中流過。於是，人們都以為蘆溝橋上斬龍劍發揮了巨大威力。其實，制服洪水的"分水劍"就是蘆溝橋橋墩的特殊設施，是橋梁建設者實實在在的創造，這纔是抗洪排水真正的"法寶"。原來，永定河自懷柔以下，經過高山峽谷，水流特別急。在春夏之交的三、四月，上游冰雪消融，河水驟漲，河面上又有大量冰塊，乘著水勢向橋墩惡狠狠地撞來。如果按一般常規設計橋墩，蘆溝橋就可能常遭厄運。為此，從建橋實踐中掌握了戰勝水患竅門的橋工們，對橋墩作了不同尋常的處理：首先加大橋墩體量，做得比一般石拱橋的橋墩大好多，長度起碼有4.5米，最長的達到5.2米，各墩的寬度在6.5~7.9米之間，這就是通常所說的厚墩聯拱橋。其次，橋墩的造型前尖後方，呈船形，"迎水面有5米寬，4.5~5.2米長的分水尖。尖端豎立尖角鐵柱，以抵禦漂流物及流冰的撞擊，俗稱'斬龍劍'"[4]。在拱券券脚的鳳鳳臺上，砌起6層厚度共有1.82米的石板層，石代工程學上叫"壓面石"，以增加分水尖的壓重，起著保護拱腳不被流冰冲壞的作用。

二、審美創造的新穎生動

中國橋梁在發展過程中不斷趨向完美，裏面包含了歷代橋梁建設者的心血和汗水。他們堅持不懈地探索一切跟建橋有關的大自然的奧秘，在橋梁科學的研究中，不斷地從必然王國走向自由王國。茅以昇先生曾經十分自豪地談到中國橋梁的美，他說，一座橋梁"如果強度最高而用料用錢都是最省的，它就必然是最美的，那裏沒有多餘的贅瘤，而處處平衡。這樣的橋就與自然界諧和了，就像秦少游詞所說的'秋千外綠水橋平。東風裏，朱門映柳'"[5]。這就是說，中國橋梁的美是來自科學的理性、高超的技術和浪漫的藝術想象的。這正好是橋梁美的三個基本要素：科學美、技術美和藝術美。

法國著名科學家彭加勒對於科學美有一個很深刻的表述，他說："我的意思是說那種比較深奧的美，這種美在於各個部分的和諧秩序，並且純粹理智能夠把握它。"[6]橋梁的科學美，就是人們在建橋實踐中對客觀規律的把握。這是橋梁建設成敗、美醜的前提。人類正是在同激流、泥沙和各種建材打交道的過程中，纔不斷地找到了駕馭它們的方法，讓這些自然因素服從人的意志。這種自由境界的達到，必須經過科學研究這一途徑，由此產生的對自然界的掌握以及人在精神上的滿足，就是由科學研究的成果而引起的。

技術美是指"人們在物質生產中把合規律性的科學精神，與合目的性的創造意願有機地統一起來，把外在於人的純客觀的自然物質轉化為合乎人的實用功利需要的產品，同時又拓展著自己的精神世界。產品的物質形態顯示著人類偉大的創造力，使技術活動促進著人類物質文明與精神文明的進步，從而閃耀著美的光彩"[7]。橋梁的技術美，就是指人們在動手勞作的過程中，把自然界原有的材料，或者人工合成的材料，按照事先的構思去建成橫跨江河的空中坦途。這是對具體物質的征服和支配，因此在確定的物質性中洋溢著功利的色彩，讓車輛行人自由自在地跨越河流的阻隔。同時，在橋梁這一人類改造自然的現實作品面前，人們看到了自己的力量和本領，那種在利用自然的基礎上創造一個更美好的"第二自然"的願望，經過雙手的勞動，終於一步步變成了現實。這是人的本質力量的組成部分——建造力的實現，當然會讓勞動者本人乃至全人類都感到由衷的喜悅。

而橋梁的藝術美，是指人們在建橋的過程中，除了要有洞幽燭微、條分縷析的探究能力和移山填海、伐木劈石的建造能力之外，還要有豐富、生動的想象能力。衹有先在創造者的頭腦裏有美好的構思，纔能在動手加工時把它變為美的現實。因此，奇特新穎的想象力是創造力的先驅，那些看上去似天馬行空、荒誕不經的幻想，却是一絲不苟、腳踏實地的科學研究和技術製作的催化劑。可見，橋梁的藝術美，與那些屬於純粹觀念形態的藝術品的美，是有所不同的，它以科學美為基礎，以技術美為中介，在物質功利的制約中表現著心靈的自由。因此，橋梁的外在造型蘊涵著科學的智慧和技術的機巧，它是橋梁各種審美要素的載體，是以社會功利為基礎的群體情感的形象顯現。這裏，我們想通過對中國主要橋式在造型上的審美分析，去透視一下積澱在其中的豐富的美學內涵，在欣賞千姿百態的橋梁整體形象的基礎上，去領略它們的獨特魅力。

從造型的特徵來看，梁橋是以直綫為最基本的構成因素。無論在橋梁的材料、結構、體量上有多大變化，古今梁橋都是以堅實的橋樁或橋墩立於水中，並靠它們承托起梁體。如果我們把橋椿與橋墩的實體性和多種細節忽略不顧，或者說把它們原有的"體"的特徵暫時加以淡化，作一點抽象而看作"綫"的話，那麼，矗立在水中的橋椿或橋墩都可以看作是垂直綫，而平鋪其上的梁體也完全可以看成水平綫。橋梁史和大量的實物都告訴我們，梁橋最基本的構成就是由直立的墩、柱和平直舒展的橋面相互組合而成的，也就是說，垂直綫與水平綫的組合，是梁橋最基本的構圖特徵。這橫豎相接的綫條組合似乎有點過於簡單了，其實不然，裏面却包含著豐富的力學原理和心理因素，而這正是梁橋造型美的特徵。

從綫條本身來看，直綫是兩個點之間距離最短的連接，雖然它缺少變化，也没有裝飾性，但是它的簡捷明快却包含著力的傳遞最直接最迅速的優點；從空間構成來看，直綫的組合形狀最明確最肯定。那麼，主要是由直綫構成的梁橋，雖然與多數橋梁一樣，在平面上是用直綫把此岸和彼岸連接起來，但是，它和拱橋、索橋不同，從立面來看整個橋梁，同樣也是一條平展的水平綫，而拱橋一般是向上凸起的圓弧形，索橋則與拱橋相反，呈中間下垂的弧綫，它們都不是直綫。由於橋梁最根本的用途就是溝通兩岸，作為空中坦途最標準的形式，呈水平綫的梁橋以最短的距離連接兩岸，車輛行人就能以最短的時間過橋，而且由於它是一條水平綫，又能使過橋者處於最省力的狀態。因此，梁橋對於交通來說，就比拱橋與索橋具有更大的便利和快捷。尤其是在今天，汽車火車已成為陸上主要交通工具的情況下，梁橋橋面的水平綫狀態對於提高車速是有極為重要的意義。因此，這一點正引起橋梁科學家的普遍重視，並且把這一優點推廣到其他橋型上，讓各種不同橋式的橋面都以水平綫出現。這樣做不但提高了運輸能力和橋梁使用壽命，而且使現代橋梁變得更加豐富多彩。

綫條的力學特徵是和它的美學特徵緊密地聯繫在一起的。直綫的堅挺有力雖然因為缺乏變化在審美上有單調的欠缺，但它却有另外一種美。從梁橋的柱和墩來說，以垂直綫為基本特徵的綫條，確實没有曲綫的柔和與優雅；但剛勁有力就使它們具有挺拔銳利的美學意味。

拱橋，尤其是石拱橋的建造，為古代中國的建築贏得了聲譽，至今仍為世界土木工程界所重視。由於技術上的成熟和進步，石拱橋的數量在中國古橋中占到一半。石拱橋之所以在中國橋梁建設史上有如此重要的地位，首先當然是它在實用功能上的出色變現，但是，拱橋的曲綫美也是一個不可忽視的因素。拱橋的建築材料雖然有石、磚、竹、木，但以石拱橋最為常見。而木拱橋則在由梁橋向拱橋的轉型期，發揮過重大的作用。這就是在橋梁結構形式上由伸臂梁橋經叠梁拱橋最終發展為完全的拱橋的全過程；從結構上來看，是由梁橋以綫的跨越為主向拱橋以塊的堆砌的轉變；從造型上來看，這幾種橋型自有不同的特點，但却表現為由直綫的基本形式向曲綫的整體構成轉化的發展趨勢。

為了更好地了解這一轉變過程，我們還是先來看看伸臂梁橋的結構與造型的特點。伸臂梁橋最早都是用木材建成的，它利用木材的長度，在橋臺上橫直相間，朝河的一邊層層挑出，使用的木材一層比一層長，每叠挑出的那部分就越逼近河心。當兩岸橋臺相對伸出的部分靠得很近時，再在它們的上面安放短梁。從造型的特點來看，雖然每排木材本身仍然可以看作比較規範的直綫，但它的整體輪廓已跟一般的梁橋不一樣了。它在層層挑出的那部分整體組合中，形成了較為粗放的弧綫。當然，這種外在形狀的變化祇是表面，因為橋梁內部重力傳遞的途徑，已經通過局部的直綫的互相交接，在整體上表現為一條弧形的虛綫了。當然，短梁部分依舊是直綫，祇是由於它比較短，在橋梁整體中就無法處於支配地位了。因此，可以說伸臂梁橋的構成特點就是直綫向曲綫的轉變和過渡，是由木材那現實的直綫，向伸臂梁中層層挑出形成的倒階梯形輪廓的弧形連接綫轉化，盡管這條曲綫還是虛的，但它却代表了橋梁造型的一個新的發展趨勢。

真正的石拱橋是以曲綫為最主要的造型要素。曲綫在視覺美學上被看作最優美的綫條，它不像直綫那樣剛勁有力，但却比直綫富於變化，它能表現事物的活力和動勢，具有很高的生動性。因此，石拱橋的曲綫也就富有流動的美。特別值得指出的是，每一座拱橋常常是幾條曲綫的復合，大凡成功的作品都是以和諧的曲綫群表現出美的空間形態。這些綫條中最顯著的是拱券和橋面這一組曲綫，由於石拱橋的橋臺一般都很堅固，以便承受住石拱的推力，這就需要橋臺不同程度地伸進水中，而橋面與堤岸道路連接處總要比橋臺外沿要向岸邊離得近一些。這樣，作為兩個橋臺的連綫，無論拱券的弧度多麽小，它總是比不上兩岸之間的連綫——橋面曲綫的長度，也就是說，橋面曲綫總是要比拱券曲綫長一些。這樣，兩條相似（都是曲綫）而不相同（弧度、長度有差別）的綫條組合在一起構成一組復合綫條，在統一中存在著差異，在多樣中呈現著統一，既有整體的和諧，又有個體的生動。這使得石拱橋的基本造型從整體上看確實使人十分悦目。

同時，從材料的運用和加工技藝上看，石拱橋的曲綫已經進入了比較自由的審美境界。當人們能夠比較熟練地建造石拱橋時，他們已經很好地掌握了開採石料的技術，並且能夠根據工程的技術要求，把它打制成各種形狀的構件。石料的輪廓可以做得很規整，綫條很清晰。這樣的構件在組裝成拱券或鋪設成橋面時，就會有比較光滑平潔的表面。這樣，橋梁的總體結構所顯示出來的綫條就不會是充滿皺褶，零亂分散的了，而是顯得十分柔和與明確。技藝的高水平在這裏就轉化為較高的審美價值了。

三、人文積澱的璀璨壯麗

橋梁建設就是這些不同的社會實踐活動相互融合、滲透的創造活動，科學、技術使得建橋活動能夠在駕馭客觀規律的前提下展開，而"按照美的規律來建造"是人類展現自身的智慧和力量、情感和想象的必由之路，因此，建造活動就必然向藝術創造升華。正是在這一背景下，橋梁建造不但通過整體造型的審美追求去體現它的藝術品位，同時還注重細節的審美化處理，讓人們獲得一個盡可能完美的外在形象。除此之外，在橋梁的裝飾、環境的美化、橋名的標示等環節中，人們還採用各種藝術手段，使橋梁臻於完美的境界。

運用藝術手段美化橋梁形象，最重要的或許就是雕塑了。雕塑的造型手段在橋梁構造中最有施展本事的機會，圓雕以三維空間為媒介，能夠適應橋梁空間特點，在望柱、抱鼓石、橋頭堡等四圍臨空的橋梁構件上，都十分適宜。浮雕在欄板、拱冠石等板塊實體上大有用武之地。栩栩如生的形象，精雕細刻的技藝，使橋梁在供人通行的同時，還給人們以美的享受，實用要求和精神愉悦在這裏得到了高度統一。

中國古代橋梁常常選用吉祥的動物和植物為雕塑原型。最常見的是龍和獅子。趙州橋的龍在橋梁雕塑中享有盛名，不但數量多，欄杆花板、望柱、拱冠石等都是龍的形象，而且在造型上也各盡其妙，難怪人們贊美趙州橋是"碧玉環中過綠水，蒼龍宮裏行車馬"，其雕塑藝術具有很高的造詣，歷來為中外人士稱道。蘆溝橋的獅子同樣是橋梁雕塑中的極品，其數量之多，技藝之精可以說是中國古代石橋中獨占鰲頭的。我們在談橋欄時已有介紹，這裏就不再重複。另一座有大量石獅雕刻的是浙江建德新安江鎮的白沙大橋，這座橋建於1960年，橋欄望柱上配有姿態各異的石獅260隻，形象傳神，雕刻精細，可以與蘆溝橋相媲美。更值得一提的是，橋頭還有成對雄獅盤踞。高達2米多的大石獅，氣勢軒昂，體態活潑可愛，狀似含笑迎人；給整座橋梁增添了雄壯的氣派和熱情的氛圍[8]。

用龍和獅來裝飾橋梁，最早是出於"厭勝"的目的，就是讓這些力大無窮的神獸來為人們鎮住水族中的精怪，石頭的靈物寄托著美好的願望。後來，這類想法慢慢被科學技術的發展沖淡，而石雕形象的威武雄渾，神氣靈動，既使人們對自己親手建成的橋梁，更容易產生一種特別的喜愛之情，生動的藝術也有助於改變技術產品平實硬直的外觀形式，從整體上提高橋梁的審美價值。於是，盡管以神獸為主題的橋梁雕刻在社會進步中早已退出巫術禮儀的歷史舞臺，但却逐漸轉化為橋梁裝飾藝術的重要角色，繼續保持著它那強大的生命力。特別是在以手工生産方式建造的古代石橋中，這種狀況表現得格外突出。

中國橋梁還運用語言藝術來提升自身的文化層次，這主要包括題名和碑文兩個方面。前者是用語言的巨大表現力，表達人們對橋梁的思想感情，起到擴大橋梁在社會生活中的影響，拓展橋梁藝術内容的廣度和深度的作用；後者常常通過對建橋過程的回顧、有功人員的褒揚、橋梁新貌的描繪和效益的介紹，既有高度的史學價值，又是人類改造自然的生動記録，可以使人們更多地了解橋梁的歷史和建造者的功績。而碑文的精煉、明晰等文學之美，又成為橋梁藝術的有機組成部分。

和西方橋梁在題名時更多地講究科學性不一樣，中國橋梁題名一般不採取直接用裏程標記，也不用某條道路上橋梁的序數詞作橋名。那些被叫做"123公裏橋"或"4號橋"、"6號橋"的，有的是西方人曾把持中國早期鐵路建設大權所遺留下來的印記，有的則用在那些處於較為偏僻的交通綫路上，對人們的日常生活影響不大的橋梁上。更多的橋梁，則是使用詩化的語言，取上一個琅琅上口的美名。這是因為中國人重視事物的命名，"名不正言不順"的古訓，可謂深入人心。而且作為詩的國度，又有可以獨立使用、靈活組合而内涵豐富的漢字文化，因此，中國橋梁的題名總是洋溢著濃厚的文學氣息，包涵著深邃的文化意蘊。

在橋梁題名的手法上，普通橋梁常用地理名稱移作橋名，如用村莊、河流和道路的名稱來稱呼橋梁：如楊家橋、錢塘江橋、東門路橋及中央門立交橋等等。而一些上乘的橋名，則是採用特定的藝術手法來確定的。這些手法大致有以下幾種：

第一是謳歌橋梁功用，重點在於表揚橋梁的通達作用，謳歌這一戰勝水流的建築工程。因此，稱為"通濟"、"通洲"、"安濟"、"滅渡"、"登瀛"，都是用一個動詞和一個表示水域的名詞組合而成的，這一動賓結構表示著人類通過自己的實踐，獲得了支配這一水面的主動權，而橋梁就是這一成就的物質顯現。這類橋名通常都用兩個字構成，雖然字面簡潔明了，但是所包容的思想哲理却是博大深刻，這種對人的本質力量的體認，可以起到欣賞自己的創造成就，進一步鼓舞斗志的巨大作用，所以為人們樂於採用。

第二是贊美橋梁形象，通過橋梁這一人工建造物的體量、長途、外形、材料上的奇特壯麗，在揭示其物質特徵的基礎上，去實現歡呼人的作為的目的。這一手法與第一種有相似之處，就是以橋梁建設的成就去反觀人類實踐的意義，但也有不同之處，第一種是從橋梁功用的褒揚著手，第二種是從橋梁形象的描繪出發。前者重内容，後者重形式。在語言藝術上，前者較為規範，後者則更靈活。它祇要抓住橋梁的形象特徵，可以用一個字題名，如"虹橋"、"長橋"、"花橋"、"畫橋"、"金橋"，等等。也可用兩個字，如"垂虹橋"、"萬年橋"（意為堅固無比，萬年可用）、"寶帶橋"、"萬里橋"，等等。

第三是記載與橋有關的奇聞趣事，以引起人們對橋梁的興趣，達到擴大橋梁社會影響的目的。這類橋名，有的與建橋事蹟有關，是對有貢獻的人和事的表彰，如湖北孝感的"績麻橋"，傳說是由居住在這一帶的民女，把績麻所得的收入，捐獻出來建造的；"夫婦橋"，就是四川灌縣的竹索橋，清代何先德開始建造，橋未成而身先死，他的妻子繼承丈夫遺志，最終把橋建成；貴州平越的葛鏡橋，是明代萬歷年間富紳葛鏡捐資興建，"屢為水決，三建乃成，糜金巨萬，悉罄家資"。人們用他的，姓名來命名橋梁，是對他最好的紀念。用這一類記事方式給橋梁題名，具有飲水不忘掘井人，過橋常憶建橋事的作用，通過對前輩艱苦奮斗，建成橋梁的偉業的緬懷，可以達到激勵後人的目的。

第四是抒發思想感情，以情名橋，橋情交融，常常更具詩的意境美。如西安灞橋又叫"銷魂橋"，是指東漢時人們送客到橋邊，折柳贈別，別離之情，涌上心頭，情緒恍惚，似有銷魂之狀。橋名道出別情的深厚，可說別具一格。杭州西湖有"斷橋"，有人說是因"段家橋"轉音而來，我看未必如此。因為在中國文化中，用"斷"字稱呼橋梁，是十分忌諱的，人們不會用這種惡作劇的方式來對待橋梁。更有可能的是受了民間傳說《白蛇傳》中白素貞與許仙，在橋上恩義將斷未斷這一富有戲劇性的情節的影響，用一"斷"字採感嘆"夫妻本是同林鳥，大難到時各自飛"的悲劇境遇，抒發人情莫測的悲歡情懷。這大概是失意文人的創造，雖然與橋梁題名的一般規則相違背，但偶爾為之，也有劍走偏鋒、出奇制勝的效果。

語言藝術還通過橋梁碑記來充實橋梁建設的精神內涵。這種碑記常為簡練的敘事散文，內容大多包括建橋的緣起，開工和竣工的時間，中間所遇到的重大困難及解決辦法，主持工程的官員和出錢出力較多的有功人員，以及橋梁建成後的壯麗景象和造福社會的實際功效。碑記是橋梁建造史的原始文獻，是人類改造大自然的社會實踐的實錄。因此，雖有贊美之詞、喜悅之情，但大多是以比較真實的態度，嚴肅的文字去頌揚橋梁建造者的功績。舊時碑文雖有個別奉承統治者的例子，但更有居功不傲的謙謙君子。下面是宋代泉州太守蔡襄撰寫的《萬安橋記》，可以說是橋梁碑文的代表作，它在語言藝術、篇章結構上表現出很高的文學價值，充分顯示了作者的高尚人格，值得一讀：

> 泉州萬安渡石橋始造於皇祐五年四月庚寅，以嘉祐四年十二月辛未訖工。累址於淵，釃水為四十七道。梁空以行。其長三千六百尺，廣丈有五尺。翼以扶欄如其長數而兩之。靡錢一千四百萬。求諸施者，渡實支海。去舟而徒，易危為安，民莫不利。職其事者，盧錫、王實、許忠、浮圖義波、宗善等十有五人。既成，太守莆陽蔡襄為之合樂燕飲而落之。明年秋，蒙召還京，道由是出。因記所作，勒於岸左。

這段文字言簡意明，有實事求是之心，無嘩眾取寵之意。材料翔實，應該記錄的事情記得十分完備，數字確鑿具體，過程交代清晰。作為工程的主要決策者和領導人，隻字未談個人的勞績，這是難能可貴的。這樣的記事散文，雖短小卻能使路人了解橋梁建設的歷史過程（祇有短小精煉，纔能使過往行人有時間有興趣來閱讀），能夠為橋梁形象的觀賞提供更全面的背景材料，讓人們讀著文章，憑欄遠望，建橋時的場景就會浮現在人們的想象之中。這就有利於更加充分深入地把握橋梁審美的意蘊。

跟語言藝術結合在一起，在橋梁美化中同樣有著不可替代的作用，還要提一下書法藝術。書法藝術是中國傳統文化的結晶，它用特定的書寫工具，通過綫條的流轉飄逸、結構的疏密有致，筆墨的濃淡變化，去表現特定的情感。這是以書藝的技術美為基礎，以形式的意味為載體，從書寫的實用性中升華出來的藝術樣式。它通過對具有意義的文字的書寫，去產生另一層次的字體形象之美。中國橋梁不但要有美好的名字和簡明的介紹來渲染自身，而且還要把它們鐫刻在石頭上，或者把這種刻石砌築到橋上，或者豎立橋頭，供人誦讀。這就首先要求有較高層次的書法家去寫成高妙的書法藝術作品，然後纔能請石工鐫刻。

從上述橋梁中的藝術因素的簡單介紹中，我們可以發現，觀念形態的純藝術在和具有實用功利内容的建築藝術的結合之中，互相烘托，相得益彰。物質的實用功能與精神的意識作用，共同促使中國橋梁成為重要的人文景觀，在這裏，藝術因素直接成為橋梁審美的組成部分。

綜上所述，古代橋梁不但是中國科學技術和文化創新的偉大的杰作，也是世界科學殿堂和文化寶庫的不可或缺的組成要素。它包涵著中華民族努力掌握自然奧秘的探究能力，體現了先民們生生不息的創新精神，凝聚著深厚的科學精神和人文内涵，從科學研究、技術革新、、文藝創造等各個方面都在生動地展示了巨大的成就。正因為它具有高度的科學價值，確實是彌足珍貴的世界文化遺産，所以必須得到科學的保護和良好的承傳。筆者堅信：中國古代橋梁完全有資格申報世界文化遺産，而這一合理願望的實現應該是指日可待的。

注 釋：

[1] 唐寰澄：《中國科學技術史·橋梁卷》，北京，科學出版社，2000年，第47頁。
[2] 《泉州府志》卷十，民國十六年補刻本，1984年影印，第9頁。
[3] 陳思：《寶刻叢編》卷六，王雲五主編《叢書集成初編》，上海，商務印書館，1937年。
[4] 唐寰澄：《中國科學技術史·橋梁卷》，北京，科學出版社，2000年，第376頁。
[5] 《茅以昇文集》，北京，科學普及出版社，1984年，第87頁。
[6] ［法］彭加勒：《科學的價值》，北京：光明日報出版社。1988年，第357頁。
[7] 陳望衡：《科技美學原理》，上海：上海科技出版社，1992年，第224頁。
[8] 參見唐寰澄《中國科學技術史·橋梁卷》，北京，科學出版社，2000年，第736頁。

附：

《華學》總目
（第一至十輯）

第一輯

讀《老子想爾注》斷想
　　——從道家到道教思想接合點的探索　李錦全（1）
"情"的喚醒
　　——論白沙心學在儒學發展史上的地位
　　　　　　　　　　　　　　　　馮達文（6）
摩尼教"三常"考
　　——兼論景教碑"啓三常之門"一句之釋讀
　　　　　　　　　　　　　　　　林悟殊（18）
青銅鼎與錯金壺
　　——道教語言在中晚唐詩歌中的使用　葛兆光（25）
儒學與評點之學　　　　　　　　　　吳承學（41）
殷代的日祭與日書蠡測
　　——殷禮提綱之一　　　　　　　饒宗頤（50）
說"挎函"
　　——兼釋甲骨文"櫓"字　　　　　裘錫圭（59）
《尚書·高宗肜日》與古代的鳥占　　連劭名（63）
文王玉環考　　　　　　　　　　　　李學勤（69）
論齊國"遷盟之璽"及其相關問題　　曾憲通（72）
馬王堆帛書《刑德》試探
　　　　［法］M. 卡林諾斯基（Marc Kalinowski）（82）
馬王堆漢墓星占書初探　　　　　　　劉樂賢（111）
簡帛兵學文獻軍術考述　　　　　　　陳偉武（122）
五兵佩　　　　　　　　　　　　　　孫　機（139）
變文的南方源頭與敦煌的唱導法匠　　姜伯勤（149）
日本天理圖書館藏卷敦煌本《本際經》論略
　　　　　　　　　　　　　　　　萬　毅（164）
敦煌庶民與莫高窟的營造　　　　　　馬　德（181）
秦漢虎患考　　　　　　　　　　　　王子今（189）
漢魏拜親跪妻之俗　　　　　　　　　胡守為（197）
述論兩漢時期蒼梧郡之文化　張榮芳　王　川（205）
從碑刻資料論唐代粤西韋氏家族淵源　王承文（222）
《王會篇》海陽及搖毋餘封海陽再考　郭偉川（233）
　附：饒宗頤函　　　　　　　　　　　　（241）
從"河圖、洛書"、"陰陽五行"、"八卦"在
　　西藏看古代哲學思想的交流　　　王　堯（243）
　附：饒宗頤跋　　　　　　　　　　　　（257）
對美索不達米亞文獻中有關"火"的記載之解釋
　　　　　［法］J. 蒲德侯（Jean Bottéro）（259）
　附：饒宗頤讀後記　　　　　　　　　　（266）
班菩文化遺址源流考　　　　　　　　段立生（267）
編後記　　　　　　　　　　　　　　　　（273）

第二輯

吐火羅文A《彌勒會見記劇本》第一幕
　　第一張第一頁譯釋（英文本）　　季羨林（1）
談饒宗頤教授在甲骨學研究上的貢獻　劉　釗（5）
商代禮制論叢　　　　　　　　　　　連劭名（11）
殷墟甲骨文"彗"字補說　　　　　　裘錫圭（33）
驗證饒解曾侯鐘銘文"冴"和"索"　陳應時（39）
金文的"友"　　　　　　　　　　　趙　誠（43）
燕國銘刻中的"泉"字　　　　　　　吳振武（47）
楚帛書論綱　　　　　　　　　　　　劉信芳（53）
九店楚簡日書研究　　　　　　　　　劉樂賢（61）
軍器及其題銘與簡帛兵學文獻　　　　陳偉武（71）
淺談饒宗頤先生對湖南出土竹帛書的研究
　　　　　　　　　　　　　　　　周世榮（87）
簡牘符號考述　　　　　　　　　　　李均明（93）
本字、正字、借字及其相互關係　　　姚孝遂（108）
二里頭陶器的一個奇異符號　　　　　李學勤（115）
仙橋石璋
　　——兼論先秦中原文化對嶺南的影響
　　　　　　　　　　曾　騏　邱立誠　吳雪彬（118）
選堂先生與荊楚文化研究　　　　　　曾憲通（127）
從西漢南越王墓出土的玉器看秦漢時期嶺南
　　文化與中原文化的融合　　　　　張榮芳（135）
論《史記》的禮治思想
　　——兼論"樂"與"仁"及大一統觀
　　　　　　　　　　　　　　　　郭偉川（142）
《南齊書·魏虜傳》書後　　　　　　高　敏（152）
論唐代廣東文化　　　　　　　　　　李慶新（165）
宋大峰祖師崇拜流行泰國述略　　　　林悟殊（180）
暹羅入明貢使"謝文彬"事件剖析　　陳學霖（190）
康雍朝營建川藏臺站道與轉變中邊政態勢的關係
　　　　　　　　　　　　　　　　馬楚堅（206）
重理宗教與文學的因緣
　　——關於中國大陸對佛教道教與文學關係的研究
　　　　　　　　　　　　　　　　葛兆光（218）

梵學的傳入與漢語音韻學的發展
　　——兼論饒宗頤先生對梵學研究的貢獻
　　　　　　　　　　　　　　李新魁（227）
藏族四大詩人（米拉日巴、薩迦班智達、宗喀
巴、倉央嘉措）合論　　王　堯　褚俊傑（247）
《南柯太守傳》箋證　　　　　周紹良（274）
東坡樂府小箋　　　　　　　　羅忼烈（284）
新編全像南北插科忠孝正字劉希必金釵記
（校注稿選登）　　　　　　吳國欽（288）
嫺女地券與早期道教的南傳　　劉昭瑞（303）
柏林印度藝術博物館藏吐魯番漢文佛典札記
　　　　　　　　　　　　　　榮新江（314）
敦煌戒壇與大乘佛教　　　　　姜伯勤（318）
戒壇流變史之研究　　　　　　湛　如（329）
唐判論略　　　　　　　　　　向　群（356）
承前啟後獨行遠
　　——觀讀《饒宗頤書畫》有感　郭紹綱（367）
才人之詩・學人之詩・詩人之詩
　　——《選堂詩詞集》窺管　　王　素（370）

第三輯

"貞"的哲學　　　　　　　　饒宗頤（1）
禮的道德意義　　　　　　　　王啓發（14）
《鄧析子》非偽書考辨　　　　董英哲（29）
孟子思想的歷史命運及其雙重的社會效應
　　　　　　　　　　　　　　李錦全（38）
象數哲學與古代人體學說　　　詹鄞鑫（45）
緯書的遠古聖王及其文化創造　張廣保（55）
征服與轉化
　　——5至7世紀中國思想史中的佛教　葛兆光（68）
景教在唐代中國傳播成敗之我見　林悟殊（83）
臨濟義玄河北傳法考　　　　　楊曾文（96）
宋明儒家的"祠祀"觀念與書院、會講之發展
　　　　　　　　　　　　　　陳　來（104）
關於《藥地炮莊》的撰寫之期　彭迎喜（112）
乾嘉學派成因新論
　　——從清代的家學與經學談起　陳居淵（119）
著作考據之爭與焦循易學
　　——焦循"徒托空言"發微　程　鋼（136）
《清儒學案》雜識　　　　　　陳祖武（153）
《石鼓文・車工》篇"弓茲以寺"考釋　徐寶貴（160）
侯馬、溫縣盟書曆朔的再考察　李學勤（165）
《堯典》星象、曆法與帛書《四時》　刑　文（169）
帛書黃帝五正考釋　　　　　　魏啓鵬（177）
楚帛書月名新探　　　　　　　王志平（181）

楚簡《老子》校釋之一　　　　廖名春（189）
《歸藏》與夏啟的傳說
　　——兼論臺與祭壇的關係及釣臺的地望
　　　　　　　　　　　　　　王明欽（212）
騎兵和甲騎具裝二論　　　　　楊　泓（227）
戰國燕王戈研究　　　　　　　馮勝君（239）
尹灣漢墓出土曆譜及其相關問題　劉樂賢（247）
中國畫的得意、寫意和會意　　楊　新（258）
張騫與馬其頓音樂的傳入　　　楊共樂（262）
漢魏南北朝的俳優　　　　　　胡守為（264）
分裂的局面與禮壞的社會
　　——略論魏晉南北朝的社會政治與思想風氣
　　　　　　　　　　　　　　郭偉川（273）
晉武帝"罷州郡兵"問題辨析　高　敏（282）
薩寶府制度源流論略
　　——漢文粟特人墓誌考釋之一　姜伯勤（290）
德國"吐魯番收集品"中的漢文典籍與文書
　　　　　　　　　　　　　　榮新江（309）
八思巴《彰所知論》諸問題考補　王啓龍（326）

第四輯

冊祝考、冊伐與地理
　　——論工典及有關問題（殷禮提綱之一）
　　　　　　　　　　　　　　饒宗頤（1）
續釋甲骨文中的"乇"、"舌"、"𦧲"
　　——兼及舌（昏）的結構、流變以及其他
　　古文字資料中從舌諸字　　趙平安（9）
《甲骨文合集補編》校勘記之一
　　——評《資料來源總表》和《釋文》綴合按注
　　　　　　　　　　　　　　沈建華（12）
殷代的日界　　　　　　　　　黃天樹（17）
論甲骨綴合　　　　　　曾毅公　遺作（26）
論虎簋蓋二題　　　　　　　　李學勤（37）
古兵二題　　　　　　　　　　楊　泓（41）
石鼓文漁獵研究　　　　　　　徐寶貴（48）
郭店楚簡《緇衣》篇引《詩》考　廖名春（62）
郭店楚簡識小錄　　　　　　　陳偉武（76）
郭店楚墓竹簡考釋補正　　　　陳斯鵬（79）
釋楚簡文字"瘿"　　　　　　李天虹（85）
《窮達以時》與《呂氏春秋・慎人》　劉樂賢（89）
愛親與尊賢的統一
　　——郭店簡書《唐虞之道》思想論析與考證
　　　　　　　　　　　　　　丁四新（95）
睡虎地秦簡中的楚《日書》　　胡文輝（108）
《神烏賦》零箋　　　　　　　王志平（118）

吐魯番出土沮渠氏北涼真興年間	
"畫可"文書初探　　王　素（127）	
黑城出土《宋淳熙九年壬寅歲（1182年）	
具注曆日》考　　鄧文寬（131）	
政治及哲理與宋代古文字學　［法］麥里筱（136）	
希臘上古綫形文字說略	
——兼比照、參析"黍"（乙種綫形文字）	
與"黍"（甲骨文）　劉以煥（140）	
中國史前時代的築城　　鍾少異（159）	
姬周族的起源及其與夏文化的關係　江林昌（174）	
地問	
——"天圓地方"考　　董楚平（188）	
《論語·述而》"文莫吾猶人也"章商兌	
兼釋"廣莫"、"子莫"　俞志慧（207）	
《老子》索隱（六則）　　張丰乾（213）	
尹文學說的內容和特色　　董英哲（225）	
《荀子平議》平議　　駱瑞鶴（238）	
《史記索隱》引韋昭《漢書音義》考實辨正	
李步嘉（247）	
隋朝之統一乃建基於南北文化之統一	
——兼論儒家禮治在南北統一進程中的作用	
郭偉川（255）	
唐代首所景教寺院考略　　林悟殊（275）	
景教在中古中國的命運　　陳懷宇（286）	
華夏與《真賞齋帖》　　施安昌（299）	
阮元實學思想述評	
——兼論阮元對人生"三不朽"的價值取向	
李錦全（305）	
關於康有為公羊學的淵源　陸振嶽（312）	
第五輯	
由出土銀器論中國與波斯、大秦早期之交通	
饒宗頤（1）	
西安北周薩保安伽墓圖像研究	
——北周安伽墓畫像石圖像所見伊蘭文化、突厥	
文化及其與中原文化的互動與交融　姜伯勤（14）	
《道教靈驗記》	
——中國晚唐佛教護法傳統的轉換	
［法］傅飛嵐（38）	
候風鳥與相風鳥	
——論紹興306號墓銅屋上柱與鳥功能	
劉昭瑞（65）	
堯舜禹伐三苗的綜合研究與夏代始年的討論	
江林昌（73）	
覭民、苗民考　　饒宗頤（91）	

《甲骨文合集補編》校勘記（二）	
——讀所收《懷特》、《東京》、《天理》	
甲骨文和釋文　　沈建華（94）	
叔多父盤與《洪範》　　李學勤（108）	
吳王光編鐘銘文的再探討　　曾憲通（112）	
楚帛書"德匿"以及相關文字的釋讀　劉信芳（130）	
江陵望山楚簡"青帝"考釋　　袁國華（140）	
秦王政時期曆法新考　　黃一農（143）	
談春成侯盉與少府盉的銘文及其容量　李家浩（150）	
從馬王堆星占文獻看《河圖帝覽嬉》　劉樂賢（162）	
"黽"字上古音歸部說　　麥　耘（168）	
試論出土古文字資料之擬補　陳偉武（174）	
郭店簡《老子》校釋札記　　廖名春（182）	
《老子》異文例釋	
——以郭店簡本為中心　李若暉（195）	
簡帛《五行》"經文"比較　　梁　濤（215）	
試論"文子"與孟嘗君的關係　張丰乾（222）	
關於上博所藏楚簡論詩者是誰的討論　楊澤生（232）	
郭店楚簡文字研究綜述　　陳斯鵬（241）	
周公稱王與周初禮治	
——《尚書·周書》與《逸周書》新探	
郭偉川（253）	
論《朱子家禮》在朝鮮時代的播遷　彭　林（276）	
試論元代民族思想的演變和發展　周少川（298）	
回應新知的舊學	
——晚清對於中國古典的重新詮釋（二）諸子學	
葛兆光（313）	
第六輯	
燹公盨與夏書佚篇《禹之總德》　饒宗頤（1）	
遂公盨銘初探　　周鳳五（7）	
燹公盨銘與大禹治水的文獻記載　羅　琨（15）	
讀燹公盨銘文小札　　沈建華（26）	
燹公盨銘"陸山叡川"考　　張永山（31）	
燹公盨銘文的學術價值綜論　江林昌（35）	
談談上博簡和郭店簡中的錯別字　裘錫圭（50）	
《詩論》發微　　王志平（55）	
上博簡《緇衣》篇"叄"字解　沈　培（68）	
楚竹書《容成氏》的篇名及其性質　趙平安（75）	
郭店簡從"朵"之字考釋　　廖名春（79）	
郭店楚墓竹簡補釋　　李　銳（85）	
包山一二九簡釋文補釋一則	
徐在國（94）	
新蔡楚簡零釋　　陳　偉（95）	
新出楚系竹簡中的專用字綜議　陳偉武（99）	

戰國文字中的鹽及相關資料研究	
——以齊"還（徙）鹽之璽"為中心	
趙平安（107）	
睡虎地秦簡《日書》釋讀札記 劉樂賢（114）	
張家山漢簡所見刑罰等序及相關問題 李均明（122）	
張家山二年律令簡中的損害賠償之規定 徐世虹（135）	
"偏妻""下妻"考	
——張家山漢簡《二年律令》研讀札記	
王子今（147）	
銀雀山兵陰陽書與馬王堆兵陰陽書之比較	
陳松長（155）	
申論四方風名卜甲 李學勤（161）	
牆盤騰語 何琳儀（166）	
《呂氏春秋新校釋》平議 李若暉（170）	
《禮記·王制》篇與古代國家法思想 王啓發（181）	
《金人銘》研究	
——兼及《孔子家語》編定諸問題 朱淵清（201）	
漢魏時期我國對西方世界認識的加深 楊共樂（217）	
中亞粟特胡名"伽"字考證 葛承雍（225）	
南明永曆朝廷與天主教 黃一農（230）	
丁茶山禮學與清人禮學之比較研究 彭　林（255）	
試論氣候環境變化對中華文明形成過程的影響	
王　巍（280）	
陸機赴洛年代重探 朱曉海（284）	
論宋代理學之歷史本源	
——宋遼關係對北宋社會思潮的影響	
郭偉川（294）	
祈雨與宋代社會初探 皮慶生（322）	
一位被遺忘的科學家與軍事家——揭暄	
田旭東（344）	
"白蛇故事"戲曲在清乾隆前的演變 汪詩珮（350）

第七輯

大學與大師 黃達人（1）
選堂先生與中山大學之夙緣 陳偉武（3）
治學遊藝七十春	
——賀饒宗頤教授"米壽" 曾憲通（6）
選堂訪古隨行紀實 經　法（13）
饒公與新古史辨 沈建華（35）
《"西南文化創世紀"——殷代隴蜀部族地理	
與三星堆文化》序言 俞偉超（40）
廣揚"四堂"又一"堂"——甲骨學五氏同"堂"	
——兼談古文字的破譯與釋讀 劉以煥（42）
饒宗頤先生與簡帛學 李均明（46）
哲人之書	
——讀選堂先生的書法有感 陳永正（57）
饒宗頤先生畫學淵源略論 章文欽（58）
論"選堂樂府" 劉夢芙（62）
十八、十九世紀潮州的家族經濟與士紳階層的	
價值取向	
——讀《潮安饒氏家譜》札記 饒春傑（78）
"九州平"及"地平天成"說 饒宗頤（87）
再論家譜刻辭 李學勤（89）
眉縣楊家村窖藏《四十二年逨鼎》銘文初探	
周鳳五（93）
五祀𫵷鐘新讀 李朝遠（104）
山東秦國考 趙平安（117）
隨縣竹簡選釋 何琳儀（119）
由郭店簡《性自命出》的"室性者故也"	
說到《孟子》的"天下之言性也"章 裘錫圭（127）
說𦰩 單周堯（136）
讀楚簡劄記（二則） 曹錦炎（141）
郭店楚簡《老子》"絕智棄卞"解 郭鵬飛（145）
新蔡竹簡中的楚先祖名 賈連敏（150）
上海博物館藏楚簡《彭祖》新釋 陳斯鵬（156）
上海藏簡第三冊《恒先》試探　黃人二 林志鵬（165）
讀上海藏簡第三冊零劄 陳偉武（174）
戰國秦漢文字同形刪簡現象研究 黃文傑（179）
東漢鎮墓文中所見到的"神藥"及其用途	
劉昭瑞（191）
東漢的歌謠 胡守為（203）
唐會昌毀祆後的祆神祆祠與祆僧 姜伯勤（219）
沙洲歸義軍史事繫年示例　榮新江 余　欣（223）
從姓氏看汪古馬氏的華化 殷小平（234）
元《竹西樓記》摩尼教信息辨析 林悟殊（242）
澹歸金堡與《元功垂範》關係考辨 何方耀（253）
論周文王的立國思想與西周禮樂制度	
——兼論文王與儒家文化的淵源 郭偉川（268）
讀三史《儒林列傳》札記 何廣棪（278）
"三言二拍"中與粵東閩語詞義相同詞語	
考釋（名詞篇） 林倫倫（285）
國家話語與移民社會的"分類意識"	
——以清代臺灣"義民"的研究為中心	
陳春聲（293）
清初明遺民詩人棲遲韶關丹霞山史事綜考	
潘承玉（306）
清代杭州城市管理與社會生活	
——以火政為中心的研究 謝　湜（319）

第八輯

壽辭篇	李學勤（1）
回顧盛會 為先生壽	郭偉川（3）
呂國編鐘"若華"、"嚻聖"與大戴禮帝繫	
——附論昭武安氏早期稱為華裔之附會	
	饒宗頤（1）
關於周公廟遺址的幾點思考	彭 林（10）
史牆盤與商頌	江林昌（16）
莊白癲器的再考察	李學勤（21）
宗周鐘（周王𫖮鐘）新考	郭偉川（26）
晉公𥂴再研究	王澤文（38）
西周晚期四要素俱全的高王年金文曆日的相容性研究	徐鳳先（47）
試論中國古代青銅器器類之間的關係	張懋鎔（53）
商代青銅器銘文字形時代性的考察	嚴志斌（60）
從卜辭"觀籍"看殷曆的建正問題	武家璧（82）
甲骨文"帝於北方曰伏"等卜辭讀法	徐寶貴（89）
甲骨文"丿"讀為"奇"申論	楊澤生（92）
關於花東子卜辭主人世系及身份的幾點推測	魏慈德（96）
論商王田獵與河東鹽池	王 迎（102）
周原新出甲骨刻辭考釋	唐冶澤（109）
易學文獻的布局圖式研究法 ——從上博戰國楚簡《周易》談起	邢 文（113）
上博竹書《周易》字詞考釋	孟蓬生（121）
孔子與《鳲鳩》 ——讀上博簡《詩論》劄記	晁福林（127）
《恒先》分章語譯	季旭昇（142）
再論《容成氏》中的"方為三俈"	王志平（147）
失傳已久的魯兵書——《曹沫之陳》	田旭東（155）
讀《上海博物館藏戰國楚竹書（四）》劄記	廖名春（161）
關於楚簡"視日"的新推測	陳 偉（168）
郭店楚墓竹簡補釋	李 銳（171）
新出《史律》與《史籀篇》的性質	趙平安（184）
東漢"序寧"簡補釋	劉樂賢（190）
名家與先秦名辯思潮	董英哲（196）
苗本《吳越春秋》校商	李步嘉（213）
北朝至隋唐從西域來華民族人士墓葬概說	楊 泓（218）
唐兩京摩尼教寺院探察	葛承雍（233）
宋代禮學的承傳發展及其學派分流	王啓發（240）
宋代祠神信仰傳播研究 ——以五通為例	皮慶生（251）
《五行精紀》與《三命通會》	劉國忠（259）
清宮檔案與内府刻書研究 ——《清代內府刻書檔案資料彙編》序	章宏偉（271）
清前期官府圖書的流通及管理	朱賽虹 宋淑潔（281）
鄭觀應的道教信仰與濟世志業	楊俊峰（287）

第九、十輯

選堂教授九十壽序	羅忼烈（1）

主題演講

論中華文化的復興	許嘉璐（3）
故宮、故宮文化與故宮學	鄭欣淼（13）
饒宗頤教授九十華誕國際學術研討會賀辭	柳存仁（21）
從殷商刻辭甲骨到《春秋》 ——淺論中國"歷史"觀念的形成	［法］汪德邁（Léon Vandermeersch）（23）
六世紀佛教藝術與中印交通	屈志仁（26）

甲骨學／古文字學

選堂先生"三重證據法"淺析	曾憲通（33）
饒宗頤先生之甲骨文研究 ——為慶賀饒宗頤先生九十華誕而作	陳煒湛（39）
An Astronomic Dating Study of the Scorpios Supernova Recorded near 1182 B. C. in the Oracle-Bone Inscriptions	Fan Yuzhou（范毓周）（48）
《易經》之"易"乃剔也及簡易也的字義溯源 ——由甲骨卜辭之數字卦至《周易》陰陽兩爻的易數之學	余廼永（55）
從小臣牆刻辭談殷代的西北地理及其有關問題	沈建華（70）
集合與象徵 ——從甲骨文看殷人的集合觀念和構字法則	黃競新 梁文偉（79）
說"度天心"	劉 釗（112）
說"營窟" ——兼釋"宮"、"營"二字	孫景濤（114）
東周金文所見"康寧"類叚辭探論	鄧佩玲（121）
釋西周獄𣪘丙銘中的𦣞字	吳振武（131）
西周伯戕父毁銘識小	張光裕（133）
秦子簋蓋補釋	王 輝（139）
襄樊團山墓地出土一件蔡公子加戈	黃錫全 劉江聲（146）

簡帛／上古文獻

篇名	作者	頁碼
初讀《饒宗頤新出土文獻論證》	陳偉武	(153)
饒宗頤先生與睡虎地秦簡《日書》研究	劉樂賢	(157)
饒宗頤先生與馬王堆帛書研究	陳松長	(161)
帛《易》源流蠡測	劉大鈞	(166)
《論語》"民可使由之"章的再研究——以郭店楚簡《尊德義》篇為參照	廖名春	(171)
戰國楚簡《孔子詩論》與《詩經》類序考析	郭偉川	(176)
《孔子詩論》"讒人之害"眾說評議	李雄溪	(193)
簡帛文獻與《楚辭》研究	黃靈庚	(198)
魯侯爵銘新探	邱德修	(224)
《左傳》"鄭伯男也"解	許子濱	(236)
《三德》與《鬼神之明》校讀	陳偉	(246)
讀《老子》偶記	宗靜航	(251)
談楚帛書讀"厭"之字	徐在國	(259)
長沙走馬樓吳簡所反映的戶類與戶等	李均明	(265)
《爾雅·釋言》"流，覃也；覃，延也"解	郭鵬飛	(279)
說《魯邦大旱》"抑吾子如重命亓歟"句	裘錫圭	(285)
公元前1000年前後東西文明交流三則	夏含夷	(288)

考古學與上古史

選堂先生新世紀著作的先聲——讀《符號·初文與字母——漢字樹》	姜伯勤	(293)
甲骨文西南部族地理的新認識——讀選堂先生新著《西南文化創世紀》	曹錦炎	(299)
談考古發現的丂字等符號	劉昭瑞	(307)
概說粵港古陶符及其相關問題	楊式挺 黃青松	(314)
資源與文明：安陽時期的商王國	金正耀	(426)
《商頌》作於商代的考古印證與《夏頌》、《虞頌》存於《天問》的比較分析——兼論先秦秦漢時期的"圖"與"書"	江林昌	(431)
周代之朝貢及畿服制度	楊靜剛	(458)
論《春秋》學的時代使命——並簡介我對《春秋》經傳禘祫問題的研究	黃彰健	(472)
春秋時期方座形銅器的定名與用途	方輝	(481)
琢玉新解	鄧聰	(488)
全球定位系統（GPS）、3D衛星影像導覽系統（Google Earth）與古代邊塞遺址研究——以額濟納河烽燧及古城遺址為例	邢義田	(491)
認同與歧議：漢晉時期"西南絲綢之路"的考古學研究	霍巍	(506)
楊樹達《與董作賓書》二通讀後	何廣棪	(519)
新五德終始說及其框架下的三個帝德譜	楊權	(525)
琮為何物——漢儒誤釋遠古禮器一例，兼論《周禮》六器說之不足信	楊建芳	(547)
粵東地區文明化進程的考古學考察	李伯謙	(558)
關於西漢南越國遺跡的幾個問題	麥英豪	(570)
漳州窯的窯爐技術及相關問題	栗建安	(585)
"北假"芻議	唐曉峰	(592)
玉器·玉文化·繼承與創新	張忠培	(598)
失落的文明——廟子溝原始文化聚落探源	魏堅	(602)

文化交流史

篇名	作者	頁碼
儒學的現代意義	湯一介	(609)
省、港、澳：近現代嶺南文化核心及其對外文化交流	鄭德華	(622)
北涼曇無讖依龜茲國文字說十四音事辯證	王邦維	(635)
略論饒宗頤與當代悉曇學研究——兼略評當今一些誤論	譚世寶	(646)
悉曇經傳的梵字現象略析	林光明	(661)
祆教釋名	張小貴	(677)
從虞弘墓看敦煌經變天宮樂舞圖像來源——祆教、佛教、中土傳統融合一例	張倩儀	(693)
西方星盤傳入中國小考	馮錦榮	(703)
佛醫東漸：以耆婆及其醫方、醫著為中心	陳明	(717)
美國夢·歐洲夢·中國夢——探討世紀之交的人生巨變	樂黛雲	(735)
略述日本《千載佳句》一書之版本及其對《全唐詩》的補遺校勘價值	宋紅	(743)
泉州晉江新發現摩尼教遺跡辨析	林悟殊	(754)
反者道之動：圓、循環與復歸的辯證意義	張隆溪	(768)
道學文化的新科學觀	胡孚琛	(781)
尼雅出土蠟染棉布研究	趙豐	(790)

敦煌學

論饒宗頤的敦煌樂譜研究	陳應時	（805）
饒公與敦煌吐魯番學研究	鄭會欣	（813）
敦煌詩歌研究的反思與展望	朱鳳玉	（818）
敦煌寫本書法研究回顧	毛秋瑾	（832）
吐魯番出土文獻研究的新進展	陳國燦	（846）
再談德藏吐魯番出土漢文典籍與文書	榮新江	（854）
評《國家圖書館藏敦煌遺書》	郝春文	（878）
《敦煌大字典》編著中的一些問題	黃征	（883）

Hypothesis regarding the gender of the creators of the song lyrics in the *Yunyao ji*, a collection discovered in the Mogao Caves at Dunhuang
　　　　　Lily Xiao Hong Lee（蕭　虹）（890）

伯二五〇六曲子詞鈔		
——《敦煌曲子詞集新校》之一	徐俊	（934）
自莊嚴堪所藏《維摩詰經》卷背十三首		
曲子詞校讀	林玫儀	（944）
敦煌學郎詩抄與唐五代詩歌的傳播	柴劍虹	（955）
韓朋故事考源	伏俊璉	（961）
敦煌俗文化學經典之作		
——《破魔變文》	高國藩	（964）
吐魯番交河溝西墓地新出土高昌墓塼初探		
	張銘心	（974）
P.3317號敦煌文書及其與莫高窟第61窟		
佛傳故事畫關係之研究	樊錦詩	（981）
佛教視域中的女性		
——唐五代敦煌比丘尼教團考察	徐曉麗	（1005）
索勛記德碑考釋復原	鄭炳林　李強	（1015）
"神皇幼小時已被緇服"試解	趙和平	（1019）
吐蕃宰相尚綺心兒事跡補正	楊銘	（1023）
論敦煌民間的結社抗災	孟憲實	（1029）
敦煌石窟寺院教育功能探究		
——論敦煌三界寺的寺學	鄭阿財	（1040）
敦煌文獻中的慶生儀禮及其源流	王三慶	（1051）
《本際經》的"續成"問題及其對南北道教		
傳統的融合	劉屹	（1061）
唐西州的少數民族官吏	李方	（1070）
高昌郡時期縣廷官制研究	王素	（1081）
吐蕃"鉢闡布"論綱	王堯	（1087）

Comparative Aspects of Eurasian Avian Colloquies
　　　　　Victor H. Mair（梅維恒）（1091）

Constructing the Pure Land: Architecture in Early Tang Wall Paintings at Dunhuang
　　　　　Puay-peng Ho（何培斌）（1107）

歷史學／潮學

饒宗頤先生治學方法芻議	饒芃子	（1123）
饒宗頤教授文史互證的治學方法	黃嫣梨	（1127）
略談饒宗頤教授與"潮學"的興起	詹伯慧	（1138）
論饒宗頤對潮學的貢獻	李衍平	（1136）
潮汕文獻的開發與利用研究	高曉軍　陳俊華	（1142）
潮州方志之發展與創新之探略	馬楚堅	（1147）
汕頭開埠前的潮州海外移民：以族譜資料為中心		
	黃挺	（1200）
"三言二拍"中與粵東閩語詞義相同詞語		
考釋（非名詞篇）	林倫倫	（1213）
檳城潮幫的祭祀和戲劇	田仲一成	（1223）
地域社會史研究中的族群問題		
——以"潮州人"與"客家人"的分界為例		
	陳春聲	（1237）
論潮人對百年泰華文學的貢獻	翁奕波	（1243）
泰國僑批史略	洪林	（1253）
北宋黃河東北流之爭與朋黨政治	鄒逸麟	（1268）
明代宋史研究考論		
——程敏政《宋移民錄》的啟示	許振興	（1284）
岳珂與《三命指迷賦》的注解	劉國忠	（1293）
草創時代德教的建構與演變	陳景熙	（1299）
近代嶺南的詩畫社團："清遊會"活動新探		
	趙雨樂	（1323）
方志學的現代理念與應用	劉智鵬	（1341）
元代的對外開放與史學的發展	周少川	（1346）
朱元璋祀龍禱雨紀事小考		
——兼述王叔英《禱雨文》	陳學霖	（1358）
明神宗經筵進講書考	朱鴻林	（1367）
古北口楊令公祠考辨	鄧昭祺	（1379）
元周伯琦在潮州的肅政廉訪活動	邱樹森	（1387）
澳門的歷史與記憶	吳志良	（1391）
北宋召試除職——蘇軾	金中樞	（1394）
盡信書不如無書		
——讀新刊《張文襄公（未刊）電稿》		
	馬幼垣	（1404）

宗教

大師風彩　聲名遠播		
——饒宗頤先生與法門寺文化研究	韓金科	（1415）
華梵人文的時代意義		
——記選堂大師對華梵大學的貢獻及講學法緣		
	陳仁眷	（1435）
宋代禪宗叢林組織制度辨析	湛如	（1446）
泰國佛教史上的若干問題	黎道綱	（1453）

關於王母籌	柳存仁（1462）	古典文學	
正史中的唐五代禪宗史料		選堂形上詞之我見	林　立（1811）
——略論社會思潮對史書編纂的影響		道教與道統	
	張子開（1469）	——讀饒宗頤教授《韓愈南山詩與曇無讖譯	
敦煌所出藏文宗義書所見之"經中觀"		馬鳴佛所行讚》札記	黃耀堃（1824）
	姚治華（1484）	世紀奇跡　詞史罕有	
中國佛教的三個發祥地	淨　因　明　梅（1490）	——略論饒宗頤耶魯時期的樂府創作	
物理學步入禪境：緣起性空	朱清時（1509）		趙松元（1831）
《老子想爾注》三題	姜　生（1514）	選堂教授《佛國集》詩藝淺探	葛曉音（1843）
關於道教神真圖的考辨：以清代道正宗師圖為例證		文學與文字	
	李遠國（1528）	——饒宗頤與漢字樹（上篇）	施議對（1849）
論"茅山派"的實義	文英玲（1545）	談話錄四篇	王元化（1862）
道家思想形態芻議	黃海德（1561）	略論司馬相如《子虛賦》、《上林賦》的"三字句"	
論民間神靈信仰的功能與社會機制的關係			何沛雄（1867）
——以掠剩神信仰為例	劉長東（1571）	文學總集的性質及兩種型態的遞變	鄧國光（1883）
In Search of Folk Humour the Rebellious Cult of Nezha		黃佐的《六藝流別》與"文本於經"的思想	
Christina Miu Bing Cheng（鄭妙冰）（1586）			吳承學（1889）
從《孔目章》的判教學說看智儼教學的背景和取向		《廣雅》釋《詩》與毛、鄭異義考	陳雄根（1897）
	廖明活（1608）	詩情畫意	
藝術		——文學的文字、文字的文學	陳遠止（1906）
饒宗頤與香港學術與藝術	李鑄晉（1619）	變臉的神女：《文選·神女賦》之後世轉義	
試論饒公的畫史研究	薛永年（1620）		胡曉明（1917）
饒選堂先生書法略論	陳永正（1629）	論才學之興起及其貢獻	楊　勇（1929）
饒宗頤書法的重、拙、大	梁榮基（1632）	謝靈運山水詩與永嘉山水及現代人文審美意義	
豪放派藝術大師饒宗頤教授	黃兆漢（1637）		章方松（1939）
A Representation of the Contemporary Traditional		王維《鹿柴》詩與大乘中道觀	陳允吉（1946）
Chinese Painting: The Art of Jao Tsung-i		敦煌《雲謠集》韻律新探	黃坤堯（1953）
Maria Cheng（鄭寶璇）		宋詩詞義例釋	李家樹（1966）
Tang Wai Hung（鄧偉雄）（1646）		北京大學圖書館藏明私淑軒刊本《文心雕龍》	
選堂書法藝術的當代意義	洪楚平（1660）	徐燉題記考釋	馬泰來（1979）
金石之美：中國古代北方民族耳飾	許曉東（1663）	黃宗羲《留書》版本考	
阿馬拉瓦底大塔的建造性質與造像	古正美（1675）	——中華書局所藏《南雷黃子留書》及相關問題	
Early Transmission of Esoteric Images from China			俞國林（1985）
to Japan in The Seventh and Eighth Centuries		詩肖宋人，文學桐城	
Dorothy Wong（王靜芬）（1712）		——范當世及其詩文簡述	高克勤（1995）
論用筆與結字：書法藝術成熟的三大歷史階段		《遁窟讕言》之成書與港澳穗之關係	王晉光（2000）
	劉正成（1736）	呂碧城詩文芻論	李保民（2011）
從壯遊到臥遊		孟稱舜《節義鴛鴦塚嬌紅記》的再生緣	
——談明代中晚期的名山圖	傅立萃（1744）		司徒秀英（2023）
吳漁山繪畫之擬古脫古	章文欽（1758）	唐人行旅路綫中的文化史	
唐代陳拙《琴籍》殘帙的釐次	楊元錚（1770）	——文學與文化遺產學跨學科彙通小例	
論閔貞不應列入"揚州八怪"	卞孝萱（1788）		陳　玨（2041）
春秋戰國楚系青銅器與簡帛書法	洪　娟（1793）		
考古攝影	梁子明（1806）		

Autobiography, Travel, and Imaginary Journey:
　The "Xianzhi fu" Of Feng Yan
　　　　　　　David R. Knechtges（康達維）（2050）
論《文心雕龍·樂府篇》　　　　劉慶華　（2066）
"阮公"與"惠孫"：陶淵明《詠貧士》詩
　未明人物考實　　　　　　　范子燁　（2077）

白居易與北宗禪
　——陳寅恪相關假說的論證　黎活仁　（2087）
朱彊邨先生年譜及其詩詞繫年　何泳霖　（2105）
況周頤先生年譜稿　　　　　　鄭煒明　（2240）
附錄　會議資料　　　　　　　　　　　（2413）

益意安樂經

聞是言時於上
河淨處室內與諸
僧迦葉眾五百繞道恭敬待
我等人眾速藏圍
何方便救護有情
生求頗勝法沒必
一切品類皆有怨身性性
如水中月以水淨故不生景像如是於
草濕故不見光明令生沈埋赤濱如是本稔
僧伽凡聞淋道光除動光欲則不求
為光求名為則稔僧可聞俗諸行十
條證能曉諸行通照能淨別稔恰
樂緣稔曉僧伽群如我身不支求寺
父名為四遵我於我身不曾相異求實求則
自見為化人故何以故若不於真寺無知則
何以故若有知見則為有求為有身故則
懷生惣懷生想故則諸善惱稔未能免現於安巢
欲有動欲是故成就是欲令無為離諸源
而得淨源能涂能淨故等於虚堂發恵光
入諸淨願離涤能淨故等於虚堂發恵光
明能照一切照一切故名安樂道
復次峯穩僧伽我在諸天我在諸地我在諸神
道或於人間同顧我興頗有藏光識諸故護貧
我皆諡持諸惡郡者我皆救拔然於故護貧

道或於人間同顧興頗有藏光識諸善緣者
我皆諡持諸惡郡者我皆救拔然於故護貧
光所聞同行虚空離功德相何以故若有切德
則有名聞若有名聞則為甘興若有切德
同光心同光者於諸輸夸稱未度就光於
安樂而稷圓通是故我言光德光聞者住
運悲於於諸有情悲令度親資種通欲捨
匹無路於我身故是安樂道次復本稔僧伽我於
眼法見光能色我於可法聞光碗薩我於鼻
法知碗形我於舌法辨光碗味我於身法
入無磯形我於意法通光磯智如是六法具
足在嚴我就一切眾教皆自光始經日
緣初累積光邊嗶指沈福重擬万億圓
齋帝山益應明而得通照言通升進主安樂
鄉超彼裝圓光耕生命光利不可思諡我今曰念
曦骨況福齋濟利益下光忽潜運大悲人民光
已能離諸言說余時峯穩僧伽重趣作禮讚
光遏歉今度壹於諸法中而獞歉勝得服
是故我名安樂道
勝故名安樂道
言大我光上一尊万能演諡徽
妙勝法如是深與不可思諡我於其義頼未
晤頻更渝向者尊言光欲光為光證如是四法不衝
如是四法名發樂道不審光中必有樂一
稱施河曰妙我斯問妙我斯問汝嘗審聽興
汝更宣但於故群如空山門有林木敷條
安樂何以故群如空山門有林木敷條散葉

汝重宣但於光中能生有體若於有中於光
安樂何以故群如空山門有林木敷條散葉
布影喬陰默此山林所有水泉廣大光涯源
末稱集又如大海所有水泉廣大光涯源
瀟不測默此此海水不求鯆作一切餘一
其中含生有緣求安樂宗不發求安樂曰是
安光靜於常背我宗不發求安樂曰是
安樂中能生有法稱施河又告本稔僧伽友
諸大眾曰此稔施河所詑本稔僧伽聖賢
派傳法教莫不以此深妙真宗而為其本
如有因之頼歡遊行必日日光方可遠見本
稔僧伽如此經如是能今光方有善
有人於此經文聞詑歡喜親近供養讀誦受持
心者見安樂道則為光戛諸法本根者使須
當知其人乃和万父非一代二代與善蝻緣必
於過去稷代善根於我教門能生敬日
獞和故懷頗樂群如春雨露潤一切有根之
物惑生茁牙者然不滋長本稔僧伽代
汝等如是於我所求言於本稔僧伽
歉悲賀重趣作禮上曰尊言不以愿家曲成
一尊万能如是仁爱於我一切眾生使我
諡諡是則為我及一切眾百千万代其身父
母非难今日得安樂緣但我等稷久沈海谷
難頗逵頗卒未得到不審我等以何方便作
漸逵緣一尊稱施河日如是如此言辟
如實山王林珠葉鮮明照雖甘美芳香能療
飢渇頗產眾病將有病人明諡甘美芳能
想念不雖藥林默路速山高身力弱使至

飢渴疲家病時有病人閒說斯事盡疾
但念不離影林猷路遠遠山高身起力弱徒積
涼頹非逢不懷頹有近視其足智物為施佛娛
引援輔持果剋所求功竭因疲尚在安樂山韓念
來眾心久熊咸惱閒無欲樂在安樂山韓念
進惰情信中始頹頹善知識作親坊設訓
諸人閒兩身性命精漸渴老光不滅去僻如
客店暫時飯宿施床席其足誰得久留二者觀諸
宣開人事會當弃去誰得久留二者觀諸
驗使戒擇樳皆能晤道銷除積述當有十種
人閒觀愛春屬於富會難保即洞分散家舍
泉業共生一樹風宿既雲枝摧即洞分散家舍
然不常居僻如夜月圓光四照雲霧近晦
雖悠移難有其明安可久持四者觀諸人閒
組菜人我難免又為自傷群如蟲蛾遠
見夜火旋飛投擲將以為好不知其命滅在
火中五者觀諸人閒財寶積眾勞神苦
人闇歆歌溢眠從身性惟兔飢如
見化生木內能傷木性雖食木心究竟
朽斷當推折七者觀諸人閒如清泉鏡
魯不辨是非僻如狂象飲酒濁混惑迷醉
狂可觀八者觀諸人閒須臾戲劇坐消時日
勞役情神群如狂人眼光妄見手足舉捉盡
夜不休蓋力盡疲竟光所獲九者觀諸人閒

勞役精神群如狂人眼光妄見手足舉捉盡
夜不休蓋力盡疲竟光所獲九者觀諸人閒
施行難教難事有為妨失真正僻如巧工起作
牛畜莊嚴彩畫形相擔頹真持為田農終不救
獲十者觀諸人閒飯倚善法雖求眾善不念
自欣觀待路舍共明休漁者被之林而無
四種一者光欲所誦內心有所動欲求代上
但能見美人不知已者觀此十種調藥身心有
行相應即無通达夫方可進前四種脫身心有
是諸因緣必當間華人亦如是內心有欲不見
是外形形有為智適俗法難在進取不念動
勞視諸善緣愛既沈沒光安寧人亦如
湯隨浪逆漫光明群如來縱八大海水逐風擾
令觀近何以故群如米縱八大海水逐風擾
三者光愁於諸功德不樂名聞常行大悲廣
樂因是故內心行光欲二者光為捨棄勿
有所為造非性命法逐慮妄緣必當捨勿
是知諸苗緣必當洞萃人亦如是內心有欲不
見是故光為智造俗法雖在進取不念動
事作眾惡緣名酒飲伏魔念起何以故
群如草根藏在地下內有傷外光見知何見
四者光證於諸功德不樂名聞常行大悲廣
度眾頹然不辭說功德為所能何以故群如大
地生養眾物各隨其性皆令所宜見有利
益非言可盡人亦如是待勝上法行是故
合生受同安樂於彼妙月竟無所稱是名無
德四者光證於諸資證光所寬知妄弃是
派奢德失難日月在退獄靈空何以故群如
明鏡鐵昭一切青黃雜色長短眾形盡能
徹莫知所以人亦如是晤真道性得安樂心通
見眾緣感感能道達於彼覺了意盡無遺是

徹莫知所以人亦如是晤真道性得安樂心通
見眾緣懸起道達於彼覺了意盡無遺是
名光證於施訶又日看復有人將入軍陣必資
甲仗防術其身甲仗既堅不懼寇賊此緣
果剋所勝上法文能為舍生度生死海至彼岸安樂
寶香若頌有人時近廢病死者屍就自消
防護身形以善法文能令合生受生死族告消
多者閒及魂魄既寶香妙氣則死者復消
念惟此景教勝上法文能令眾生安寶命
及有罪告成皆滅除若有別女係戒所動
俯有上法盡夜思惟離諸染汙清淨真性湛然
圓明即止法文其人於當解脫是知此義無
上上訣若於世上法文能與合生度生死海利益
果天就之不窮真際若人信受少分行
犹他方界常得安樂僻於說道不尊無辟者
及諸鶴眾散於天下行吾山經所益
珍界明誦如其人於狂眠者禍作兵陣賠者
其王尊贊如彼高山吾經利益同於大火者能
行用即如光明自然眠盡離冬夜僧伽重趣諸
益弥施河於諸苦念不可多飲怨水不消復
無窮病告斯念不可多飲怨水不消復
溥汝等病如是善性初興多開眩諝不可更說
時諸大眾聞是諸已頂受歡喜禮退奉行

志盡安樂經

丙辰秋日于忠臨甘肅州武見正載敬記